기독교문서선교회 (Christian Literature Center: 약칭 CLC)는 1941년 영국 콜체스터에서 켄 아담스에 의해 시작되었으며 국제 본부는 미국 필라델피아에 있습니다. 국제 CLC는 59개 나라에서 180개의 본부를 두고, 약 650여 명의 선교사들이 이동도서차량 40대를 이용하여 문서 보급에 힘쓰고 있으며 이메일 주문을 통해 130여 국으로 책을 공급하고 있습니다. 한국 CLC는 청교도적 복음주의 신학과 신앙 서적을 출판하는 문서선교기관으로서, 한 영혼이라도 구원되길 소망하면서 주님이 오시는 그날까지 최선을 다할 것입니다.

추천사 1

김 정 훈 박사
전 백석대학교 교수

나의 논문 지도를 받고 박사 학위를 취득한 제자 민경애 박사의 학위 논문이 약간의 수정과 세련화 작업을 거쳐 기독교 명문 출판사인 기독교문서선교회(CLC)의 신중한 검토와 격려하에 출판된 것을 진심으로 축하합니다.

민경애 박사의 논문은 2019년에 백석대학교 기독교전문대학원에서 우수논문상을 수상한 바 있습니다. 논문 리서치를 위해 민 박사가 보여 준 진지한 학문적 자세와 성실한 노력, 인내, 겸손을 생각하면, 이러한 결실의 복은 그에게 매우 합당한 일로 여겨집니다.

이 책은 고린도후서에 나타난 "바울의 사도직 이해"에 대한 연구의 결과물로, 바울이 자신의 사도직에 대해 스스로 어떤 인식을 가졌으며 그러한 인식에 따른 자신의 사도적 사역에 대한 이해가 무엇이었는지에 대해 집중합니다.

민경애 박사가 이 책에서 주목하는 논점들은 다음과 같은 것입니다.

첫째, 바울은 "언약과 그리스도"라고 하는 큰 주제 아래 종말론적-구속사적 관점으로부터 자신의 사도직에 대한 이해를 피력하고 있습니다.

둘째, 바울은 자신의 다메섹 체험을 통해 정립하게 된 성경신학적 통찰을 배경으로 자신의 사도직 본질에 대해 논증하고 있습니다.

셋째, 바울은 '아포스톨로스'라고 하는 자의식적 용어와 '디아코노스' 또는 '디아코니아'라고 하는 직분론적 개념을 통해 자신의 사도직 본질을 설명하고 있습니다.

이러한 논점들을 따라 민 박사는 해당 본문들에 대한 철저한 분석은 물론, 그 본문들 안에 내포된 중요 개념들의 의미 고찰과 연관 본문 연구, 성경신학적 조망, 조직신학적 통찰들을 통해 사도직에 대한 바울의 신학적 사색이 무엇이었는지 탐구합니다.

민 박사의 연구에서 가장 인상 깊은 것은 크게 두 가지입니다.

첫째, 민 박사는 바울이 자신의 사도직을 "새 언약의 일꾼," "그리스도의 일꾼"으로 규정하고 또한 "중매자" 은유로써 자신을 "참된 일꾼"으로 자처한 사실에 주목하면서, 이 개념들이 함의하고 있는 성경신학적 의미를 종말론적, 구속사적 관점에서 밝혀내고자 합니다.

둘째, 민 박사는 바울이 자신의 사역을 성령의 역사(役事)를 따라 "살리는 일," "자유케 하는 일," "변화시키는 일," "하나님의 의를 선포하는 일"이라고 한 진술에 집중하면서, 이 개념들은 바울이 사도로서 사역을 새 언약의 종말론적 성취와 완성이라는 신학적 틀 안에서 성령의 사역에 동참하는 직분, 언약 공동체를 섬기는 직분으로 인식하고 있음을 암시하고 있다고 주장합니다.

이상과 같은 민 박사의 연구는 자신이 소망하는 대로 오늘날 교회의 사역자들에게 목회직의 본질과 기능에 대한 성경신학적 통찰을 제공하는 데 상당한 기여를 할 수 있으리라고 확신합니다. 더구나 민 박사가 우려하는 대로, 오늘날 일부 사역자들이 목회직의 뿌리와 본질에 대한 이해의 결여로 개인적 목회관이나 신비 체험에 의존하여 목회철학과 조직 체계를 세우고 교회를 사설 집단화하거나, 이단사설에 대해 아무 감각도 없이 신사도 운동과 같은 비성경적 활동에 동조하는 한국교회의 현실에 경종을 울릴 수 있으리라고 봅니다.

이 책을 읽는 모든 독자가 사도직에 대한 보다 깊은 통찰을 통해 교회가 무엇인지, 교회의 사역자들이 누구인지 바로 이해하고, 하나님의 교회를 더욱 견고히 세워가는 주역들이 되기를 빕니다.

추천사 2

김 병 국 박사
백석대학교 기독교학부 교수

먼저 민경애 박사를 통해 귀한 책이 세상에 나올 수 있도록 허락하신 하나님께 영광을 돌립니다. 참으로 감사한 일입니다. 신학교 교수로 일하면서 경험할 수 있는 여러 기쁨들 중에서도 훌륭한 제자를 만나는 기쁨은 참으로 큰 것입니다.

민경애 박사는 항상 모범적인 학생이었습니다. 박사 과정을 밟고 논문을 쓰는 일은 결코 쉬운 일이 아닙니다. 민 박사는 가정과 교회의 모든 사역을 다 충실하게 감당하면서도 그 일들을 우수한 성적을 받으면서 이루어 냈습니다. 그것은 하나님의 말씀에 대한 뜨거운 사랑과 자신이 맡은 사명을 이루고자 하는 남다른 성실함이 있었기 때문에 가능한 일이었습니다.

이 책은 민경애 박사의 박사 학위 논문을 책으로 엮은 것입니다. 보통 신학 논문이라고 하면 교회의 현실과는 분리된 어렵기만 한 글이라고 생각하기 쉽습니다. 하지만 민 박사의 글은 그렇지 않습니다. 그것은 철저히 한국교회를 위한 글이고 한국교회를 향한 절절한 사랑이 담긴 글입니다.

이 책은 다음과 같은 특징들을 가지고 있습니다.

첫째, 이 책은 한국교회의 문제를 분석하고 그것에 대한 해결책을 제시하려는 마음에서 시작된 글입니다. 누구나 하는 말이지만 현재의 한국교회는 큰 위험에 처해 있습니다. 출석 교인들의 수는 급락하고 있고 사회적으로도 교회와 목회자들에 대한 비판이 끊이지 않고 있습니다.

이 책은 이런 상황 속에서 작은 힘이나마 교회를 회복시키는 데 도움을 주겠다는 심정으로 쓰인 글입니다. 결코 학문성 자체를 과시하기 위한 허공에 뜬 논문이 아닙니다. 한국교회가 향해야 할 방향을 제시하고자 하는 간절한 심정이 곳곳에서 느껴집니다.

둘째, 이 책은 교회의 뼈대를 이루는 직분들을 분석하는 일에 초점을 맞추고 있습니다. 한국교회의 문제는, 우선 커다란 구조적 문제부터 살펴보아야 할 것입니다. 교회의 구조를 이루고 있는 것은 직분자들입니다. 직분자들이 하나님이 맡기신 사명을 제대로 잘 수행하고 있는데 교회가 잘못될 리가 없습니다. 한국교회가 잘못되고 있다면 그것은 직분자들이 자신의 사명을 제대로 감당하지 못하기 때문입니다.

그렇기 때문에 민경애 박사는 교회의 직분에 주목합니다. 성경에 등장하는 직분이 여러 가지가 있지만 그 중에서도 직분의 원조요 최고봉인 사도직에 주목합니다. 그리고 사도들의 대표라고 할 수 있는 바울의 사도직을 샘플로 제시합니다. 이 책은 성경을 기초로 하여 바울의 사도직의 본질에 대해 자세히 분석합니다. 우리는 민경애 박사의 수고를 통해 하나님께서 바울에게 제시하셨던 사도직의 본질이 무엇인지를 알게 됩니다. 한국교회의 직분자들은 이 책을 통해 그들이 배워야 할 점과 고쳐야 할 점이 무엇인지를 깨닫게 됩니다.

셋째, 이 책은 교회의 직분자가 전해야 하는 메시지의 내용까지 제시합니다. 직분자는 그리스도께서 이루신 복음을 전하는 자가 되어야 합니다. 하나님께서 원하시는 바른 내용이 선포되지 않는다면 외적인 직분의 모양을 아무리 잘 갖추었다고 해도 교회는 그 권능을 회복할 수 없을 것입니다. 이 논문에서 '새 언약의 일꾼, 영의 직분, 의의 직분'으로 표현된 것들이 바로 그것입니다. 목회자들이 자신의 사역의 본질을 제대로 깨닫지 못한다면 교회는 결국 힘을 잃게 될 것입니다.

모든 성도가 한국교회의 현재와 앞날에 대해 근심하고 있는 요즈음, 민경애 박사의 이 책은 참으로 시의적절한 것이라고 생각합니다. 한국교회의 직분자들은 자신의 위치를 회복해야 하고 바른 복음을 전하는 새 언약의 일꾼이 되어야 합니다. 그리고 섬기는 종의 자세로 성도들을 섬겨야 합니다. 성경 말씀에서 한 걸음도 벗어나지 않고 교회 직분의 본질과 핵심을 설명해 주고 있는 이 책을 기쁜 마음으로 추천합니다. 하나님께서 민경애 박사의 사역과 건강을 늘 지켜 주셔서 앞으로도 더욱 귀하게 쓰임을 받으시기를 바랍니다.

추천사 3

장 기 성 박사
총회신학교 신약학 교수

이번에 민경애 박사의 박사 학위 논문("고린도후서에 나타난 바울의 사도직 이해에 대한 연구")이 『바울의 사도직 이해』라는 제목의 책으로 출간된 것을 기뻐하며 축하합니다. 연초에 저자의 박사 학위 논문을 증정받고 기쁨으로 읽어보았습니다. 이 책은 민경애 박사가 수년간 각고의 노력 끝에 내놓은 학위 논문의 결실입니다.

저자는 고린도후서에서 바울이 자신의 사도직을 새 언약의 일꾼, 그리스도의 일꾼, 중매자로서의 참된 일꾼으로 인식하고 있음을 밝히고 있습니다. 바울은 '새 언약의 일꾼'에서 자신의 사도적 직분을 성령의 사역에 참여하는 직분으로, '영의 직분'(살리는 일, 자유롭게 하는 일, 변화시키는 일)과 '의의 직분'으로 설명합니다.

'그리스도의 일꾼'에서는 새 언약의 성취자이신 그리스도의 죽음과 부활이 그의 사도직의 신학적 동기와 근거임을 논증하고 있습니다. 그로 말미암은 자신의 사도직을 하나님의 새 창조 사역과 화목 사역의 참여자로서 하나님과 함께 일하는 일꾼으로 인식하고 설명합니다. 그뿐만 아니라 그는 자신의 사도직에 대해 대적하는 자들의 정체를 드러냄으로 자신의 사도직이 참됨을 증명하고자 합니다.

이때 그는 자신의 사도적 사역을 그리스도와 교회의 관계를 결혼 메타포로 설명하며 중매하는 사역자로 묘사합니다. 그리고 그의 대적자들이 자랑하는 "강함"과 대조되는 "약함"이라는 주제로 논증하고 있습니다. 이것은 그리스도의 죽음에 연합된 모습입니다. 이러한 그의 사도적 직분과 사역에 대한 이해는 철저히 삼위 하나님의 일꾼이며, 그 사역에 참여하는 직분자라는 인식에 의한 것입니다.

저자는 이와 같은 바울의 사도직 이해를 하나님의 언약과 그리스도와의 관계에 대한 성경신학적 관점에서 풀어갑니다. 즉 종말론적 성취 개념의 사도 직분 의식과 사도적 이해를 도출하고 있습니다. 이러한 이해는 목회자가 신적 통치를 받는 언약 공동체적 교회 중심으로, 그리고 하나님의 종으로서 섬김의 목회를 해야 한다는 인식을 갖게 합니다.

이는 오늘날 섬김이라는 목회직의 본질을 망각한 교회 사역자들이 반드시 새겨야 할 인식입니다. 특히 이 책은 그리스도인의 정체성과 사역에 대한 이해와 인식을 재정립시키는 데 도움이 될 것이며, 그로 인해 영적 에너지를 공급해 줄 수 있을 것입니다.

학위 논문을 지도해 주신 교수님께서 저자가 수준 높게 글을 아주 잘 쓰고 있다고 칭찬하시는 말씀을 몇 차례 들었습니다. 저자는 건강이 좋지 않은 상태에서도 꾸준하고 성실하게 연구하여 훌륭한 책을 내놓게 되었습니다. 저자의 노고에 감사를 드리며 목회자들과 신학도들에게 일독을 적극 추천합니다.

An Understanding of Paul's Apostleship

바울의 사도직 이해

An Understanding of Paul's Apostleship
Written by Min, Kyung Ae
All rights reserved.
Korean Edition Copyright ⓒ 2021 by Christian Literature Center, Seoul, Korea

바울의 사도직 이해

2021년 1월 22일 초판 발행

| 지 은 이 | 민경애
| 편　　집 | 정재원, 구부회
| 디 자 인 | 김현진
| 펴 낸 곳 | (사)기독교문서선교회
| 등　　록 | 제16-25호(1980.1.18.)
| 주　　소 | 서울특별시 서초구 방배로 68
| 전　　화 | 02-586-8761~3(본사) 031-942-8761(영업부)
| 팩　　스 | 02-523-0131(본사) 031-942-8763(영업부)
| 이 메 일 | clckor@gmail.com
| 홈페이지 | www.clcbook.com
| 송금계좌 | 기업은행 073-000308-04-020 (사)기독교문서선교회

ISBN 978-89-341-2229-6(93230)

이 도서의 국립중앙도서관 출판예정도서목록(CIP)은 서지정보유통지원시스템 홈페이지(http://seoji.nl.go.kr)와 국가자료공동목록시스템(http://www.nl.go.kr/kolisnet)에서 이용하실 수 있습니다. (CIP제어번호: CIP2020051314)

이 책의 저작권은 저자와 (사)기독교문서선교회가 소유합니다. 신저작권법에 의하여 한국 내에서 보호받는 저작물이므로 무단 전재와 무단 복제를 금합니다.

신학박사 논문 시리즈 57
CLC 바울 연구 시리즈 20

바울의 사도직 이해

민경애 지음

CLC

차례

추천사   1
   김 정 훈 박사 | 전 백석대학교 교수
   김 병 국 박사 | 백석대학교 기독교학부 교수
   장 기 성 박사 | 총회신학교 신약학 교수

저자 서문   14

약어표   20

제1장 서론   24
   1. 문제 제기와 연구 목적   24
   2. 연구사   42
   3. 연구 범위와 방법   55

제2장 고린도후서에 나타난 사도직에 관한 용어들   60
   1. 서언   60
   2. 사도(ἀπόστολος)   61
   3. 일꾼(διάκονος), 직분, 직무(διακονία)   81
   4. 결론   91

제3장 대적자들의 문제 제기와 바울의 사도권 변호   **93**
  1. 서언   93
  2. 고린도후서의 통일성 문제와 본 서신의 구조   94
  3. 고린도교회의 정황과 바울의 대적자 문제   104
  4. 다메섹 체험에 근거한 바울의 사도권 변호   117
  5. 결론   130

제4장 새 언약의 일꾼   **133**
  1. 서언   133
  2. 새 언약에 대한 바울의 이해   135
  3. "새 언약의 일꾼"으로서의 "영의 직분"과 "의의 직분"   153
  4. 결론   195

제5장 그리스도의 일꾼   **201**
  1. 서언   201
  2. 그리스도를 대신하는 사신   203
  3. 하나님의 새 창조 사역과 화목 사역의 참여자   228
  4. 결론   258

제6장 중매자로서의 참된 일꾼   **263**
  1. 서언   263
  2. 중매자   264
  3. 참된 일꾼   295
  4. 결론   326

제7장 결론 – 한국교회를 향한 제언   **329**

참고문헌   **339**

저자 서문

민 경 애 박사
뜻을이루는열린교회 담임목사

    이 책은 필자의 박사 학위 논문인 "고린도후서에 나타난 바울의 사도직 이해에 대한 연구"(백석대학교 기독교전문대학원, 2019)를 약간의 수정을 거쳐 출간하게 되었다.

    이 책을 출간하게 된 계기는 필자의 지도교수이신 김정훈 교수님의 적극적인 권유와 추천이 있었기 때문이다. 김정훈 교수님은 필자의 연구를 책으로 출간된다면, 오늘날 목회 현장에서 사역하는 목회자들과 그리스도인들에게, 더 나아가 한국교회에 유익이 될 것이라고 격려해 주셨다.

    그것은 오늘날 말씀을 맡은 목회자들 스스로가 자신이 바울의 사도직에 대한 인식이 무엇이었는지 살피고, 그것을 자신의 목회직과 사역에 적용한다면 그들 자신은 물론 성도들의 신앙과 신학의 정립을 위해 유익할 뿐 아니라, 보다 넓게는 한국교회를 섬기는 일이 될 것이라는 기대 섞인 말씀이었다. 필자는 이러한 격려의 말씀에 용기를 얻어 주저하는 마음이 있었지만 출간을 위해 준비에 착수할 수 있었다.

    이 책은 바울의 사도직에 대한 심도 있는 진술들과 그가 전하는 복음을 거부하는 대적자들에 대한 변증으로 가득한 고린도후서를 다루고 있다.

특히 고린도후서에 나타나는 "사도"의 직분과 사역에 대한 바울 자신의 인식과 진술의 독특성에 주목하면서 이와 관련된 본문들을 주의 깊게 다루고 있다.

따라서 이 책은 바울이 인식하고 있는 사도직의 본질과 정체성에 대해, 그의 사도로서의 직분과 사역에 대해, 그가 자처하는바 "참된 일꾼"으로서의 삶에 대해 그리고 사도직에 대한 그의 다양한 이해에 대해 전반적으로 고찰하게 될 것이다. 이러한 접근은 고린도후서에 나타난 사도직에 대한 성경신학적 이해를 심화시켜 주며, 다양한 교의학적(종말론적, 구원론적, 기독론적, 교회론적) 통찰들을 제공해 줄 것이다.

이 책은 바울이 고린도후서를 통해 사도직을 신학적으로 언급하고 있는 중요 본문들에 대해 집중적 연구의 필요성을 제기한다. 이를 위해 필자는 사도직에 관한 용어 '아포스톨로스'(ἀπόστολος, 사도)와 '디아코노스/디아코니아'(διάκονος/διακονία, 일꾼/직분, 직무)의 용례와 기원에 관해, 고린도후서의 통일성 문제와 본 서신의 구조, 고린도교회의 정황과 바울의 대적자들에 대한 학자들의 견해, 그들의 문제 제기와 바울의 반응, 다메섹 체험에 근거한 바울의 사도권 변호(3:7-18; 4:6; 5:11-21)에 관해 자세히 살필 것이다.

이 책은 바울이 자신의 사도직을 "새 언약의 일꾼," "그리스도의 일꾼"으로 규정하고 "중매자"라는 은유적 표현으로 자신이 "참된 일꾼"임을 논증하고 있는 사실에 주목한다.

"새 언약의 일꾼"에 대해서는 바울이 언약 모티프(motif)를 통해 모세의 직분과 자신의 사도직을 비교하는 것에 주목한다. 바울은 옛 언약(출 31-34장)과 새 언약(렘 31:31-34[LXX 38:31-34]; 겔 36:26-28)의 대비를 통해 자신의 사도직이 옛 언약 아래 있는 모세의 직분보다 우월하고 영광스러운 "새 언약의 일꾼"직이라고 논증한다. 그는 자신의 사도직을 새 언약 아래서 성취된 "영의 직분"이며 "의의 직분"이라고 역설하고, 자신의 사역이 성령의 역사를 따라 "살리는 일," "자유케 하는 일," "변화시키는 일," "하나님의 의를 선포하는 일"이라고 주장한다.

이상의 고찰을 통해 필자는 바울이 자신의 사도적 사역을 새 언약의 종말론적 성취와 완성이라고 하는 신학적 조망 아래 자신의 사도직을 성령의 사역에 동참하는 직분이며 언약 공동체를 섬기는 직분으로 인식하고 있다는 사실을 밝힐 것이다.

"그리스도의 일꾼"에 대해서는 바울이 자신의 사도직을 그리스도의 대속적 죽음과 부활에 연관시키는 것에 주목한다. 바울은 구속사적 관점 곧 묵시론적-종말론적 관점에서, 자신이 사도직을 "그리스도의 일꾼"의 직분이라고 논증한다(고후 5:11-6:4a). 그는 자신의 사도직 동기를 "주의 두려움"과 "그리스도의 사랑"으로 묘사한다. 사도직의 신학적 근거로는 "그리스도의 대속적 죽음과 부활"을 제시한다. 그는 결론적 주제로 하나님에 의한 "새 창조"와 "화목" 개념을 제시하면서 이것을 자신의 사도적 사역과 연관시킨다.

또한, 바울은 자신을 "하나님과 함께 하는 일꾼"이라고 묘사한다. 이러한 관찰을 통해 필자는 바울 자신의 사도직을 '묵시적-종말론적-구속사적' 관점에서 말씀, 곧 복음 선포를 통해 하나님의 새 창조 사역과 화목 사역에 참여하는 것으로 묘사하고, 자신을 "그리스도를 대신하는 사신"이요 "하나님과 함께 일하는 일꾼"으로 인식하고 있는 점을 밝힐 것이다.

"중매자로서의 참된 일꾼"에 대해 바울이 결혼 메타포(metaphor)를 사용해 그리스도와 자신의 관계를 설명하고 있는 사실과, 자신의 사도직을 "참된 일꾼"이라고 규정하는 사실에 주목한다. 필자는 바울이 사용하는 "중매자," "한 남편인 그리스도," "정결한 처녀인 너희," "너희를 위한 하나님의 열심" 등의 개념들(고후 11:2)의 의미와 그가 자신의 대적자들을 "가장한 자들"이라고 한 말(고후 11:13-15)의 의미를 밝히는 데 집중할 것이다.

또한, 바울이 자신의 사도직 진정성을 논증하기 위해 제시한 "약함"(고후 10-13장)이라고 하는 주제와 사도의 역설적 삶의 모습(6:4b-10)에 대해서도 탐구할 것이다. 이 과정을 통해 필자는 바울이 자신의 사도직을 "이미와 아직"이라고 하는 종말론적 관점에서 하나님의 언약이 그리스도 안에서 이미 성취된 것을 현재에서 선포, 구현하며 동시에 그것의 궁극적 완성과 승리를 선포해야 할 직분으로 인식하고 있는 사실을 밝힐 것이다.

이상과 같은 연구를 통해 도출된 고린도후서에 반영된 바울의 사도직에 대한 자기 인식과 사도적 사역에 대한 성경신학적 이해가 독자들, 특히 목회자들에게 다음과 같은 유익이 있기를 바란다.

첫째, 목회자들이 하나님의 언약과 그리스도의 관계에 대한 성경신학적 통찰, 곧 종말론적 성취에 대한 조망 아래 사도직에 대한 바울의 이해를 자신들의 목회적 직분과 사역에 적용시킬 수 있기를 바란다.

둘째, 목회자들이 신적 통치를 받는 언약 공동체로서의 교회에 하나님에 의해 보내심을 받았다고 확신 가운데 그의 종들로서 섬김의 목회를 해야 한다는 인식을 갖게 되기를 바란다.

셋째, 목회자들이 사도직에 대한 바울 자신의 이해를 자신들의 목회적 자질과 목회 방향을 재점검 하는 시금석으로 삼을 수 있기를 바란다.

넷째, 목회자들이 현재와 같이 불확실한 상황이 연속되는 목회 현장에서 성도들에게 언약과 구속이라는 기독교의 기본 진리를 천착시켜 주고 묵시적-종말론적 신앙관으로 무장시켜 줄 수 있기를 바란다.

다섯째, 목회자들이 목회자의 직무와 사역에 대한 성경신학적 이해를 재정립함으로써 새로운 영적 에너지를 공급받을 수 있기를 바란다.

오늘날 한국교회가 여러 당면한 문제로 인해 심각한 위기 상황에 처해 있는 것은 누구나 다 인지하고 있는 사실이다. 한국교회는 목회 사역자들이 목회직의 본질에 대한 기본적 이해의 부족으로 개인적 신앙관이나 체험에 의존하거나 교회의 실천적 운영 체제(運營體制)에만 집중함으로써 목회 방향을 상실하고 방황하는 모습을 보이고 있다.

또한, 일부 목회자는 신사도 운동과 같은 비성경적이고 왜곡된 신학/목회 활동에 깊이 관여하는 모습을 보이고 있다. 또 한국교회는 코로나19가 몰고 온 세계적인 팬데믹(pandemic) 현상으로 인해 모이기에 힘써야 할 성도들이 뾰족한 해결책 없이 당혹해하는 실정이다.

이런 상황에서 목회자는 목회자대로, 일반 성도는 성도대로 교회론을 재정립하고 각자 자신의 정체성과 책임을 성경적으로 재정립할 필요가 있다. 물론 필자의 박사 학위 논문은 코로나19로 인한 교회 현장의 위기감이 나타나기 직전에 마무리된 것이다. 하지만 필자는 이 책에서 신학적 문제뿐 아니라 현실적 문제에 있어서 교회의 위기가 지속되고 있다는 사실을 지적하면서 "한국교회를 향한 제언"을 하고 있다.

따라서 필자는 독자들에게 그리스도인으로서 자기 정체성과 성경적 가치관을 정립하는 데 필요한 지식을 일정 부분 제공할 수 있기를 소망한다. 특히 필자는 이 책이 한국교회를 섬기는 주의 종들에게 목회자로서 자신의 위치와 역할에 대한 인식을 확고히 하는 데 도움이 될 수 있기를 소망한다. 이 책은 부족한 연구의 결과물이지만 주의 몸 된 교회를 섬기는 목회자, 신학도, 교회 직분자들, 일반 성도들 그리고 심지어 기독교에 대해 의구심을 품고 있는 독자들에게까지도 조금이나마 도움이 되었으면 하는 바람이다.

이 책을 출판할 수 있도록 길을 열어 주신 하나님께 무한 감사를 드린다. 또 누구보다도 석사 학위 논문("히브리서 10:1-18에 나타난 구약 인용문들의 언약신학적 의미," 백석대학교 기독교전문대학교, 2011)에서부터 박사 학위 논문까지 꼼꼼한 지도를 아끼지 않으시고, 추천사까지 써 주신 김정훈 교수님께 진심으로 감사를 드린다.

아울러 제자의 출판을 진심으로 축하하며 정성껏 추천사를 써 주신 백석대학교 김병국 교수님께도 감사를 드린다. 또 백석대학교 전문대학원 선배로서 추천사를 써 주신 총회신학교 신약학 교수 장기성 박사님께도 감사를 드린다. 무엇보다도 필자의 부족한 논문을 출판할 수 있도록 허락해 주신 기독교문서선교회(CLC) 대표 박영호 목사님께 심심한 감사를 드린다.

마지막으로 늦깎이 신학도인 아내를 위해 21년 이상 물심양면으로 뒷받침해 주며 언제나 아내 편이 되어 격려와 용기를 북돋아 준, 지금 목회자의 길을 함께 걷고 있는 남편 윤성채 목사에게 깊은 감사의 마음을 전한다. 또 사역자의 길을 걸으며 늘 버팀목이 되어 주고 큰 힘이 되어 주는 큰 딸 민영 전도사, 사위 김윤택 목사에게도 동일한 감사와 사랑의 마음을 전한다. 멀리 캐나다에서 자신도 홀로서기에 힘겨웠을 텐데도 항상 위로와 응원을 아끼지 않는 작은 딸 미진이에게도 사랑의 마음을 전한다.

뿐만 아니라 막내이면서도 막내 같지 않은 든든한 아들 병도에게도 사랑의 마음을 전한다. 또한, 항상 기도와 격려를 아끼지 않으신 친정어머니와 동생들 그리고 끝까지 신뢰하며 격려해 준 '뜻을이루는열린교회' 성도들에게도 감사의 마음을 전한다.

끝으로 부족한 큰딸을 위해 항상 큰 믿음으로 바라봐 주시고 사랑과 격려를 아끼지 않으셨던, 하늘나라로 먼저 가신 친정아버지께 그리움과 함께 감사의 마음을 전하고 싶다.

2020년 8월
하나님의 은혜의 빛을 간절히 사모하며

약어표

1. 일반

cf.	confer. compare
ed.	edited. edition. editor: editions
et al.	*et alii*. and others
LA	Leseart
lat.	lateinisch
NT	New Testament
OT	Old Testamnet
ReuExp	*Review and Expositor*
RQ	*Restoration Quarterly*

2. 성경 번역본

BGT	BibleWorks Greek LXX/BNT
BHS	Hebrew Old Testament(4th ed.)

BNT	BibleWorks NT(NA27)
BYZ	Robinson-Pierpont Majority Text
ERV	English Revised Version (1885)
ESV	English Standard Version(2007 update)
KJV	King James(1611/1769) With Codes
LXT	LXX Septuaginta(Old Greek Jewish Scriptures) edited by Alfred Rahlfs(1935)
LXX	The Septuagint
MT	Masoretic Text
NAS	New American Standard Bible With Codes(1995)
NIV	New International Version(1984)
NRS	New Revised Standard Version(1989)
RSV	Revised Standard Version(1952)
WTT	Codex Leningradensis Hebrews Text

3. 성경, 외경, 위경, 교부 작품 등

Apoc. Bar.	*Apocalypse of Baruch*
B(arn.)	*Barnabas(the Letter of)*
Bar	*Baruch*
1-2Cl.	*1-2 Clement*
Jdt	*Judith*
Jos.	*Josephus*
Macc.	Maccabees

Pss. Sol.	Psalms of Solomon
QH	QHodayot
QS	QRule of the Community
QpNah	Qnahum Pesher
Sir	Ecclesiasticus(Wisdom of Jesus the Son of Sirach)
T. Levi	Testament of Levi
Tob.	Tobit
Wis.	Wisdom of Solomon

4. 정기 간행물, 연속 간행물 및 참고자료

AB	Anchor Bible
ABD	*Anchor Bible Dictionary*. Edited by D.N. Freedman. 6 vols. New York, 1992
BADG	*A Greek-English Lexicon of the New Testament and Other Early Christian Literature*. 2nd.
BDAG	*A Greek-English Lexicon of the New Testament and Other Early Christian Literature*. 3rd
BDF	*Greek Grammar of The New Testament and Other Early Christian Literature*
CNTUOT	Commentary on the New Testament Use of the Old Testament
EuQ	*Evangelical Quarterly*

FRLANT	Forschungen zur Religion und Literatur des Alten und Neuen Testaments
ICC	International Critical Commentary
JDT	*Journal of Dispensational Theology*
JEST	*Journal of the Evangelical Theological Society*
JSNT	*Journal for the Study of the New Testament*
JTS	*Journal of Theological Studies*
NICNT	The New International Commentary on the New Testament
NICOT	The New International Commentary on the Old Testament
NIGTC	New International Greek Testament Commentary
NTS	New Testament Studies
Str-B	Strack, H.L., and P. Billerbeck. *Kommentar zum Neuen Testament aus Talmud und Midrasch*. 6 vols. Munich: Beck, 1922-1961
TDNT	*Teological Dictionary of the New Testament*
TNAC	The New American Commentary
TNTC	Tyndale New Testament Commentary
TWOT	*Theological Wordbook of the Old Testament*
WBC	Word Biblical Commentary
WUNT	Wissenschaftliche Untersuchungen zum Neuen Testament

제1장

서론

1. 문제 제기와 연구 목적

"사도"(ἀπόστολος)란 어원적으로 '보냄을 받은 자'라는 뜻이다. 사도의 직분은 근본적으로 하나님에 의해 주어지고 하나님의 임명에 의한 것이다 (막 3:14-15; 눅 6:12-16).[1] 성경적 개념의 견지에서 "사도"라는 개념은 주로 협의적으로 열두 명의 제자를 가리킬 때 사용되기도 하고, 광의적으로 교회가 택한 일꾼들을 지칭하기도 한다.[2]

하지만 사도직에 관한 판단 기준은 초대교회에서 확실하게 정해진 것이 없다. 사도 바울 시대와 그의 사후에도 확정된 것이 없다.[3] 그런데도 바울

---

[1] W. Bauer, W.F. Arndt, F.W. Gingrich, and F.W. Danker, *A Greek-English Lexicon fo the New Testament and other Early Christian Literature* (Third edition; Chicago and London: The University of Chicago Press, 2000), 121-2. 이하 *BDAG*라 약칭함.
[2] 김경진, 『하나님 나라와 윤리』(서울: 도서출판 그리심, 2007), 169-70.
[3] John Schuetz, *Paul and the Anatomy of Apostolic Authority* (Cambrige: Cambridge University Press, 1975), 21; 강창희, "고린도후서에서의 바울의 사도직 이해," 「신학과 선교」, Vol. 8 (2004), 101-2.

의 사도 개념에 대한 이해와 기준은 사도직에 대한 개념을 효과적으로 바꾸는 계기가 된다.[4]

바울은 자신의 사도 자격을 하나님의 뜻에 의한 것으로 인식한다(고전 1:1; 고후 1:1; 엡 1:1).[5] 그리고 그는 사도를 부활하신 그리스도에게 소명과 임무를 받은(행 1:22; 롬 1:1; 고전 9:1) 파송자로서, 그분을 대신하여 그분의 권위를 행사하는 기능을 가진 자라고 이해한다. 그는 사도를 부활한 그리스도의 대표자들로서 그 권위를 가지고 복음을 증거하고(딤전 2:7; 딤후 1:11), 복음의 전파자들로서 교회를 설립한 자들로 이해한다(고전 12:28a).[6] 바울은 사도에 대한 평가를 그리스도의 고난에 동참하는 십자가의 정신에 둔다.[7] 그는 사도에 대한 성경적 개념에 따라 자신을 분명히 사도로서 인식하고 있음을 표명한다.[8]

사도직에 대한 바울의 자아 인식의 표명은 그의 사역지 상황에 관한 논증적 진술에서 비롯된다. 복음서가 역사적 사실(historical facts)의 기록을 주요 내용으로 기술한 것에 반해, 그의 서신서들은 신학적, 교리적, 변증적, 목회적 성격을 띤다.[9]

---

[4] 왕인성, "'사도직'(apostolate)의 기원과 개념적 이해," 「부산장신논총」, Vol. 10 (2010), 95, 98-9.

[5] G. Kittel & G. Friedrich, *Theological dictionary of the New Testament*, Ed. G.W. Bromiley (Grand Rapids: Eerdmans, 1964-1976), Vol. 1, 423은 바울이 자신의 사도직을 하나님의 뜻과 명령에 복종케 하는 하나님의 거룩한 은혜의 징표로 여기는 사실에 주목한다. 이하 *TDNT*라 약칭함.

[6] *TDNT*, Vol. 1, 423은 아포스톨로스(ἀπόστολος; 고전 12:28a)를 교회의 직무자들이 아니라 교회를 설립하기 위한 그리스도의 직무자들로 본다.

[7] 이상목, "초기교회의 사도," 「신학사상」, 제173집 (2016, 여름), 56.

[8] 참조. 롬 1:1, 5; 11:13; 고전 1:1; 4:9; 9:1, 2, 5; 15:9, 10; 고후 1:1; 11:5; 12:11, 12; 갈 1:1, 17; 2:8; 엡 1:1; 골 1:1; 살전 2:6; 딤전 1:1; 2:7; 딤후 1:1, 11; 딛 1:1 등. 바울은 자신의 사도직에 대해 빌 1:1에서는 그리스도 예수의 종으로, 골 1:23에서는 '복음의 일꾼'으로 표현한다.

[9] 김경진, "바울과 누가: 동지인가, 적인가?," 「성경과 신학」, 66권 (2013), 98-100.

바울의 이방인 수신자들은 교회 내 동포 이방인들과 외부의 디아스포라 유대인들로부터 박해를 받는 상황이였다. 이러한 적대적 환경 가운데 바울이 섬기는 그리스도교회는 생존에 필요한 타종교와 구별된 기독교의 본질에 대한 확신이 절대적으로 필요했다.[10]

바울은 이런 상황에서 자신이 섬기는 교회들을 바로 세우기 위해, 자신의 사도성과 자신이 전하는 복음의 정통성을 확립하기 위해, 성경신학적 전망 가운데 사도직의 본질에 대해 논증한다(예, 고전 2:1-5; 4:14-21; 고후 5:11-21; 갈 1:6 이하 등).[11] 필자는 이런 바울의 사도직에 대한 성경신학적 이해가 오늘날 목회직의 본질이 무엇인지에 대해 답을 줄 것이라고 본다.

그러나 필자가 사도직에 대한 바울 자신의 이해로부터 오늘날의 목회자 신분의 본질에 대한 답을 얻고자 한다고 하여 이 둘을 동일 선상에 놓고 본다는 것은 아니다. 다만 오늘날의 목회자를 "구약 예언의 성취 시대에 사는 자로서, 예수를 통해 시작된 하나님의 종말론적 공동체요 이 공동체의 구현인 그리스도의 몸인 교회를 세우기 위해, 그리스도에 의해 주어진 다양한 은사들 가운데 하나를 받은 자이며(엡 4:11),[12] 목양에 헌신 된 자(요 21:15)라는 인식"[13] 하에서 고린도후서에 나타난 사도직의 본질에 대한 바울 자신의 이해가 무엇인지 연구하고자 한다.

이것은 바울이 자신의 사도직 출처를 자기 자신에게서 찾고 있다고 주장하는 것이 결코 아니다. 앞에서 이미 언급했듯이 바울은 자신이 사도로서 '주의 부르심을 받고 보냄을 받은 자'라는 분명한 의식이 있었다.

---

10 Ibid., 98-100.
11 Ibid., 100.
12 Loren Cunningham & David Joel Hamilton, "Why not Woman?," 49; cited in 이준호, "교회에서 여자의 위치와 역할에 대한 바울의 견해와 한국교회 여성안수 논쟁," (미발행 백석대학교 기독교전문대학원, 2006), 341.
13 류호영, "성경 해석의 관점" (백석신학대학원 강의교재, 2019), 289, 307-8.

그런데 필자가 특히 고린도후서에서 이 답을 찾고자 하는 것은, 바울이 자신의 사도직 본질과 사도 사역의 본질 그리고 사도적 사역과 관련된 진술을 할 때, 그 안에 의미심장한 성경신학적 통찰을 담아내고 있기 때문이다. 따라서 필자는 고린도후서에 나타난 사도직의 본질에 대한 바울 자신의 인식과 직분 의식 그리고 사도적 사역에 대한 그의 이해에 초점을 맞추어 이 책을 전개하고자 한다.[14]

고린도후서는 바울이 목회자로서 기록한 상황적 서신서[15]이며, 사도직에 대한 변증서다.[16] 그는 고린도후서에서 주로 개인에 대한 인신공격, 그의 사도직에 대한 고린도교회 일부 성도들의 거부(2:14-7:16과 10:1-13:10),

---

14   C.K. Barrett, *A Commentary on the Second Epistle to the Corinthians* (New York: Harper & Row/London: A. & C. Black, 1973), 53은 "고린도후서가 바울의 사도직에 대한 이해에 관해 가장 완전하고 열정적인 자료를 가지고 있다"고 본다. Clement, "The Letter of the Romans to the Corinthians commonly known as First Clement" 42는 1세기 말에 사도직에 관한 판단 기준 확립을 위해 고린도후서를 찾는다: M.W. Holmes, *The Apostolic Fathers : Greek texts and English translations* (Grand Rapids, Mich.: Baker Books, 1999), 75.
"The apostles received the gospel for us from the Lord Jesus Christ; Jesus the Christ was sent forth from God. (2) So then Christ is from God, and the apostles are from Christ. Both, therefore, came of the will of God in good order. (3) Having therefore received their orders and being fully assured by the resurrection of our Lord Jesus Christ and full of faith in the Word of God, they went forth with the firm assurance that the Holy Spirit gives, preaching the good news that the kingdom of God was about to come. (4) So, preaching both in the country and in the towns, they appointed their firstfruits, when they had tested them by the Spirit, to be bishops and deacons for the future believers. (5) And this was no new thing they did, for indeed something had been written about bishops and deacons many years ago; for somewhere thus says the Scripture: 'I will appoint their bishops in righteousness and their deacons in faith.'"
15   최흥식, "고린도후서의 구조와 신학적 주제들,"『고린도후서 어떻게 설교할 것인가?』 (서울: 두란노, 2009), 16.
16   Calvin Roetzel, *Paul: The Man and the Myth* (Minneapolice: Fortress Press, 1999), 54는 갈라디아서를 제외하고 고린도후서에 바울의 사도직에 대한 도전이 가장 강하게 나타난다고 본다: cited in 강창희, "고린도후서에서의 바울의 사도직 이해," 99.

그의 권면(특히 헌금)에 대한 소극적 반응(8:1-9:15) 등에 대응하여 단호하고 설득력 있는 변증적 진술을 통해 자기 뜻을 밝히고 있다.[17]

또한, 바울은 자신의 사도직에 대한 분명한 자의식(1:1)을 가지고, 사도직의 본질과 특성에 관해 서로 대조되는 어휘나 사상을 효과적으로 사용하며 설명한다(2:16, 17; 3:1-3, 5-6, 9, 13-14; 4:10-12, 17-18; 5:14-15, 17; 8:9; 9:5; 12:6-12 등).[18]

특히 고린도후서에는 1:17-24과 2:14-7:16, 10:12-18과 10:1-13:10에서 많은 분량의 사도직에 대한 신학적 논쟁과 변호적 진술이 나타난다. 이러한 고린도후서의 내용은 바울의 사도권에 대한 문제가 본 서신서의 중심적 위치를 차지하고 있음[19]을 확신하게 한다.

그런데 고린도후서는 그 성격상 복잡하고 직조적 구조 안에 기록된 개념들과 주제들로 인해 다양한 방향으로 연구되고 있다.[20] 이런 경향은 사도직 연구에서도 나타난다. 이 주제에 관한 연구는 주로 바울의 해석 방법론, 그의 대적자들의 정체 그리고 본 서신의 통일성 문제 등과 연관된 것을 보게 된다.

첫째, 바울의 구약 인용과 해석 방법론에 관한 연구는 대부분 고린도후서 3장에 국한되며, 특히 "새 언약의 일꾼"과 관련돼 있다. 이 연구와 관련하여 처음으로 시선을 끈 학자는 E. 케제만(E. Käsemann)이다.[21] 그는 고

---

17 김정훈, "신약 II," (백석신학대학원 강의교재, 2014), 239.
18 박익수, 『누가 과연 그리스도의 참 사도인가?』 (서울: 대한기독교서회, 1999), 74.
19 Larry J. Kreitzer, 『고린도후서』, 김병국 역 (서울: 이레서원, 2000), 55.
20 Ibid., 5-6.
21 Ernst Käsemann, "영과 문자," 『바울 신학의 주제』, 전경연 역 (1985), '복음주의 전집' 18권 [Ernst Käsemann, "The Spirti and the Letter," in *Perspectives on Paul* (Philadelphia: Fortress Press, 1971)], 180-88; Larry J. Kreitzer, 『고린도후서』, 84. P. Richardson,

린도후서 3장의 영과 문자의 대립 구조를 통해 종말론적 의미를 함의한 교회론과 사도직이 진술되고 있다고 파악한다. 곧 고린도후서 3장에서 사도직의 변호라는 주제가 바울 신학의 중심 주제인 "그리스도를 통한 하나님의 구원"이라는 주제에 근거하고 있다고 주장한다.[22]

R. B. 헤이스(R.B. Hays)는 바울과 구약성경이라는 두 텍스트 사이에 발생하는 변증법적인 상호 작용(dialectical interaction)을 강조하며, 구약이 대체되거나 폐지된 것이 아니라 복음의 증인으로 변화(transformed)되었다고 역설한다.[23] 그는 바울의 성경 해석에 관한 연구를 기존의 연구 방향인 '기독론 중심적'(Christocentric)에서 '교회 중심적'(Ecclesiocentric)으로 시선을 전환해야 한다고 주장한다.[24]

그 외에 바울의 구약 사용에 관해 연구하는 학자들 가운데 구약 본래의 의미에 충실했다고 보는 견해를 밝히는 학자는 월터 카이저(Walter Kaiser),

---

"Spirit and Letter: A Foundation for Hermenutics" (1973) *EuQ* 45, 208-88도 고린도후서 3장이 해석학에 기초가 되는 본문이라고 주장한다.

22 Käsemann, "영과 문자," 169-70, 178-88; idem., "The Spirit and the Letter," 138은 바울의 핵심 된 사상을 다양성보다 한 가지 중심사상을 찾아야 한다고 보고, 그것이 "이신득의" 사상이라고 주장한다. 이러한 주장은 초대교회 이후 율법과 복음, 문자와 영 등의 대립적 구조를 강조하는 보편적 신학 사고에 영향을 받은 것으로 보인다: 강창희, "고린도후서에서의 바울의 사도직 이해," 100.

23 Richard B. Hays, *Echoes of Scripture in the Letters of Paul* (New Haven London: Yale University, 1989), 158-9; 정성국, "바울의 선교적 구약 사용," 「신약연구」, Vol. 10 No. 2 (2011), 270. 특히 Hays, 『신약의 윤리적 비전』, 유승원 역 (서울: IVP, 2002), 87, 466-9은 고린도후서 3장을 통해 "구현된 은유인 교회"의 상(像)을 볼 수 있다고 한다. 그는 "바울 윤리의 근본적인 규범은 그리스도를 형상화하는(Christomorphic) 삶이며, 그리스도를 닮는다는 것은 자신의 권리와 유익을 포기한 사도들의 모범을 따르는 것"이라고 한다.

24 Hays, *Echoes of Scripture*, preface x은 바울서신을 연구할 때, "나의 관심은 이스라엘의 성서와의 복잡한 상호텍스트적 관련으로 이루어진 문학 작품으로서의 편지들을 읽는 것이다"라고 밝힌다.

G.K. 빌(G.K. Beale), 스코트 J. 하프만(Scott J. Hafemann) 등이 있다.²⁵ 반면 바울의 구약성경 해석에 대해 구약 본문의 의미가 논쟁적인 상황에서 만들어진 결과물이라고 보는 견해를 견지하는 학자들도 있다. 그들은 하스 빈디쉬(Has Windish), 기븐(Mark D. Given) 등이다.²⁶

하지만 정성국은 "고린도후서 3:1-4:6에 나타나는 바울의 선교적 구약 사용"에 관해 연구하는 과정에서 위 두 입장을 모두 수용하면서도 구약 이해의 해석학적 토대가 구약 밖에 있다고 주장한다. 그는 고린도후서 3장의 구약 해석을 이해하기 위해 바울의 '그리스도-완결적(Christotelic) 구약 해석법'과 선교적 관점에서 이해해야 한다고 주장한다.²⁷

정성국과 비슷한 시기의 최영숙은 고린도후서 3:7-18의 배경이 되는 "출애굽기 34:29-35에 대한 바울의 해석"이라는 제목 하에 바울의 구약 사용에 관해 연구한다. 그녀는 이런 주장을 펼치기 위해 수사학적, 문학적 연구에 집중한다.²⁸

---

25 Scott J. Hafemann, *Suffering and Ministry in the Spirit: Paul's Defense of his Ministry in II Corinthians 2:14-3:3* (Grand Rapids: Eerdmans, 1990); idem, *Paul, Moses, and the History of Israel, The Letter/Spirit Contrast and the Argument from Scripture in 2 Corinthians 3*, WUNT 81 (Tübingen: J.C. B. Moh, 1995); idem, 『NIV 적용주석 시리즈-고린도후서』, 채천석 역 (서울: 솔로몬, 2013)[idem, *2 Corinthians* (Grand Rapids: Michigan, 2000)], 49.
26 Hans Windisch, *Der Zweite Korintherbrief* (9th ed., Göttingen: Vandenhoeck & Ruprecht, 1924); Mark D. Given, *Paul's True Rhetoric: Ambiguity, Cunning, and Deception in Greece and Rome* (Harrisburg: Trinity Press International, 2001); cited in 정성국, "새 언약의 우월함에 대한 바울의 그리스-로마적 대답," 『성서학 학술세미나』, Vol. 2011 No. 9 (2011), 1.
27 Idem, "바울의 선교적 구약 사용," 『신약연구』, 제10권 제2호 (2011년 6월): 265-302. 참고. Sungkook Jung, "Paul's Missional Use of Scripture: A redefined Approach with Special Reference to 2 Cor 3" (Unpublished PhD thesis, Philadelphia: Westminster Theological Seminary, 2010).
28 최영숙, "출애굽기 34:29-35에 대한 바울의 해석 - 고린도후서의 옛 언약과 새 언약," 『신약연구』, Vol. 12 No. 1 (2013), 108-30.

이와 같은 바울의 구약 해석 방법론에 관한 학자들의 연구는 대부분 바울이 고린도교회를 향해 전하고자 하는 원칙적인 방식이 무엇가에 관심을 두고 연구한다. 그 과정에서 학자들은 고린도후서 3장에 함의된 신학적 내용을 잘 파악하고 있다.

하지만 이들은 바울의 해석학적 원리와 구약 사용에 관한 연구에 치중함으로써 이것들과 주요 주제들과의 연관성, 그 가운데 나타난 사도직의 본질과 정체성, 사도직과 교회와의 관계 등에 대한 것이 다소 소홀한 듯이 보인다. 또한, 이런 연구는 바울의 구약 사용에 초점을 두고 본문을 다룸으로써 고린도후서 3장의 국한된 부분만을(예, 3:1-3, 6, 14-16 등) 다루는 경향이 있다.

이로 인해 고린도후서 3장을 하나의 통합적 문맥으로 다루지 못하는 결과를 초래하기도 하고, 바울이 3장에서 말하고 있는 "새 언약의 일꾼"이라는 직분과 그 사역들(영의 직분, 의의 직분)이 의미하는 것들을 간과하기도 한다. 물론 주석서에 부분적으로 다뤄지지만 3장에서 통합적으로 진술하고 있는 성경신학적인 직분 의식과 그 사역에 대한 신학적 의미를 밝히는 것에 집중하지 않는다.

고린도후서 3장에서 바울은 "사도"(ἀπόστολος)라는 단어를 직접 사용하지 않는다. 그 대신 사도의 역할이나 기능의 관점[29]에서 사도직을 "새 언약의 일꾼"(διακόνους καινῆς διαθήκης)이라고 묘사한다. 그리고 사도의 직무에 대해 '율법 조문의 직분(3:7) vs. 영의 직분(3:8)', '정죄의 직분(3:9) vs. 의의 직분(3:9)' 등의 대조 개념을 사용하여 성경신학적 진술을 시도한다.

---

29 Scott J. Hafemann, *2 Corinthians 3*, 112-3; cited in 배재욱, "고린도후서 6:1-13에서 화해를 위해 일하는 διακόνος의 지도력," 「신약연구」, 제10권 제2호 (2011년 6월), 307.

이때 바울은 "새 언약의 일꾼"으로서의 사도직의 본질과 특성을 설명하기 위해 언약적 용어를 사용한다(새 언약과 옛 언약의 대조, 모세의 직분과의 비교. 수건의 이미지 등). 그뿐만 아니라 "추천서" 개념을 통해 사도직의 정당성을 언약 공동체로서의 고린도교회의 정당성과 연결 짓는다(3:1-3).[30]

곧 바울은 언약 공동체로서의 고린도교회를 성령에 의해 사도직을 수행한 가시적 결과물로 진술한 것이다(3:3).[31] 이처럼 바울은 자신의 사도직을 변호하기 위해 사도직의 본질과 정체성에 대해 신학적 진술(3:6-18)을 하면서 자신과 교회의 관계를 묘사하고 있다(3:1-3).

둘째, 고린도후서에서 두드러지게 나타난 논쟁 가운데 하나는 바울의 대적자 문제다.[32] 본 서신서는 바울과 고린도교회와의 갈등이 그의 사도적 권위의 문제로 확대되고 있음을 보여 준다. 이로 인해 바울은 대적자들의 강한 도전에 대해 사도로서 자신을 위해 소명(疏明)하는 논증적인 진술을 한다. 따라서 바울의 대적자에 대한 변호와 그의 사도직은 불가피하게 연관되어 있다. 그런데 이 주제를 중심으로 연구한 학자들은 주로 바울의 대적자들의 정체를 밝히는 데 집중한다. 특히 그들은 고린도후서 10-13장에 나타난 대적자들의 정체에 관해 관심을 표명한다.

물론 이외에서도 바울의 대적자는 고린도후서 3장에도 볼 수 있다. 이는 바울을 헬라주의적 유대 변증가라고 주장하는 D. 게오르기(D. Georgi)가 연구한 것에서 찾을 수 있다. 그는 바울의 대적자들이 모세를 "가장 우수한(par excellence) 신적 존재"(3:1; 11:4)로 여기고 자신들을 모세의 제자로

---

30 Larry J. Kreitzer, 『고린도후서』, 58은 바울이 지혜롭게도 자신의 사도직 정당성을 기독 공동체로서의 고린도교회의 정당성과 연결한 것으로 해석한다.
31 고린도후서 3장에서 바울은 자신의 사도직을 변호하며 교회와의 관계를 분명하게 진술하고 있다. 이는 특히 3:1-3을 통해 증명된다. 필자는 이 본문에서 특별히 고린도교회를 언약 공동체로서의 교회로 이해하고 있다고 본다.
32 Ibid., 53-81, 109-28.

자찬하며 바울과 자신을 비교한 자들이라고 주장한다.³³ 하지만 그들의 정체에 대한 직접적인 묘사가 기술되고 있는 곳은 주로 고린도후서 10-13장이다. 이런 이유에서 바울의 대적자에 관해 연구하는 학자들은 주로 고린도후서 10-13장에 관심을 집중한다.

사실 바울은 고린도후서 10-13장에서 자신 대적자들의 정체를 "가장한 자들"로 묘사하며(11:13-15), 자신의 사도 직분을 "지극히 크다 하는 자들"(11:5, 12:11)보다 못하지 않다고 주장한다.³⁴ 하지만 여기서 진술 목적은 그들의 정체를 밝히고 자신의 권위를 내세우려는 것이 아니다. 오히려 그들의 정체를 밝혀 자신의 사도성의 '참됨'을 논증하고자 한 것이다.

그래서 그는 고린도교회를 섬기는 사도적 사역을 "중매자"라는 은유적 언어로 묘사하고 자신의 사도적 사역에 대한 인식을 분명하게 표명한다(11:2). 이것은 바울이 사도직을 어떤 마음의 자세와 태도로 수행하고 있는지를 암시하며, 사도의 기준이 무엇인가를 제시하기 위한 것이다. 그뿐만 아니라 바울은 자신이 섬기는 고린도교회의 정체성을 밝히고 그들이 앞으로 어떻게 살아야 하는지를 권면한다. 이로써 바울은 자신의 사도의 직분의 '참됨'과 자신이 전하는 복음의 '참됨'을 증명하고자 하는 것이다.

이상으로 볼 때, 고린도후서 10-13장 중심으로 바울의 대적자들의 정체를 밝히는 연구는 중요하고 유력하다고 볼 수 있다. 하지만 필자는 더불어 바울이 고린도후서 10-13장에서 바울이 말하고자 하는 것이 무엇인지 그의 진술 의도를 파악하는 것도 필요하다고 본다.

---

33 Dieter George, *The Opponents of Paul in Corinthians*: cited in Barrett, "Pauls Opponents" in *II Corinthians*, 233-4. 바울의 대적자들에 대한 학자들의 견해는 이 책 제3장 3절에서 연구할 것이다.
34 고린도후서 10-13장에는 바울의 대적자들의 정체에 대해 '거짓 사도,' '속이는 일꾼,' '그리스도의 사도로 가장하는 자들,' '사탄의 일꾼,' '의의 일꾼으로 가장하는 것' 등으로 집중적으로 묘사된다(11:13, 15).

셋째, 고린도후서의 통일성 문제는 본 서신의 어조와 단어의 선택에 일관성이 없다는 이유로 학자들 간에 논쟁이 많다. 어떤 사람들은 본 서신서가 여러 개의 단편의 글들로 재구성되었다고 봄으로써 이 서신서의 통일성 문제에 대해 도전한다.

마틴(Martin)은 고린도후서 네 부분이 이러한 도전을 받아왔다고 본다. 그 네 부분에 대한 도전이란, 8장과 9장이 현재의 최종 본문 구성 속에서 서로 양립될 수 없다는 주장, 2:14-7:14이 후대의 삽입이라는 주장, 6:14-7:1이 비바울적인 후대의 삽입이라는 주장, 1-9장과 10-13장이 다른 서신이라는 주장이다.[35]

마틴(Martin)은 앞의 세 가지 주장에 대해서는 거부 입장을 견지하면서 본 서신의 통일성의 견해를 고수한다. 하지만 마지막 1-9장과 10-13장의 차이에 대해서는 후반부가 추가로 쓴 별개의 서신이라는 가설이 더 매력적이라고 본다.[36]

그런데 필자의 판단에 고린도후서의 통일성 문제에 도전을 주는 어조와 내용의 차이점이나 끊어지는 듯한 내용 등은 세 가지 점에서 그 이유를 찾을 수 있다고 본다.

① 이 서신서가 장기간 소용되어서 기록된 긴 서신이라는 것[37]
② 고린도교회가 혼합된 공동체라는 것[38]
③ 본 서신의 주된 기록 목적이 바울이 자신의 사도직을 변증하는 것에서 찾아야 한다는 것

---

35 R.P. Martin, 『고린도후서』, WBC 40, 김철 역 (서울: 솔로몬, 2009), 58-67.
36 Ibid., 65-6.
37 홍인규, "바울서신," (백석신학대학원 강의교재, 2019), 192.
38 Hafemann, 『고린도후서』, 37.

이런 이유로 고린도후서 연구는 본 서신서가 변증법적이고 목회적인 전략에서 진술되고 있다는 것을 전제로 해야 할 것이다. 그리고 바울의 사도직에 관한 연구가 그의 대적자들의 문제에 관한 연구 못지않게 문헌적 특징을 고려하며 진행하고 있다는 것을 간과해서는 안 된다. 아무튼, 본 서신서의 이러한 특징에도 불구하고, 이 책의 주된 관심은 바울이 일관되게 진술하고 있는 사도직에 대한 것이다.

고린도후서 연구로 유명한 C. K. 바레트(C.K. Barrett)는 사도직의 기원에 관한 연구를 한다. 그는 바울이 사도직의 권위의 존귀함과 역설적인 방식의 승리(영광의 신학)를 강조했다고 본다. 그는 사도적 권위가 위임받은 말씀의 진리성과 그리스도의 죽음과 부활을 근거한 바울의 삶과 활동에 있다고 이해한다.[39]

반면 사도직의 '고난' 혹은 '약함'을 중심으로 사도직의 본질을 연구하는 학자들은 그리스도의 십자가 신학을 강조한다. 따라서 그들은 주로 하나님의 능력을 강조하는 고린도후서 10장 이하에 집중한다.[40]

한국 학자 최영숙과 김영복 등도 사도직의 '고난'에 초점을 맞추고 있다. 최영숙은 사도직에 관한 연구를 위해 바울의 고난 목록(4:7-15; 6:3-10; 11:21 b-30; 12:9b-10)에 주목한다.[41] 하지만 김영복은 고린도후서 1-7장 중

---

[39] C.K. Barrett, *The Signs of An Apostle* (Philadephia: Fortress Press, 1972), 70; idem, 『국제성서주석·고린도후서』, 번역실 역 (서울: 한국신학연구소, 1996); 왕인성, "'사도직'(apostolate)의 기원과 개념적 이해," 93-4.

[40] Simon J. Kistermaker, *II Corinthians* (Grand Rapids: Baker Books, 1997); David E. Garland, 2 Corinthians, TNAC Vol. 29 (Nashville: Broadman & Holman, Publishers, 1999); P.W. Barnett, 『고린도후서 강해』, 정옥배 역 (서울: 한국기독학생회출판부, 2006); R.P. Martin, 『고린도후서』, WBC 40, 김철 역 (서울: 솔로몬, 2009), 이 외 다수의 『고린도후서』 주석서에는 바울의 사도직에 대해 "고난" 혹은 "약함"에 집중한다.

[41] YoungSook Choi, *Denn Wenn ich schwach bin, ich stark: Die paulinischen Peristasenkataloge und ihre Apostolatstheologie* (Tübingen: Franke, 2010).

심으로 사도직을 연구한다. 그는 바울의 고난 목록을 통해 사도직의 본질을 탐구한다.[42] 이외에도 바울의 사도직에 관한 연구는 다양한 관점과 방향을 따라 탐구되고 있다.

필자는 이들의 연구와 관련하여 연구 방법이나 관점에 이의를 제기하거나 다른 새로운 것을 제시하고자 하는 것이 아니다. 오히려 바울의 사도직에 대한 근본적 토대가 분명히 그리스도의 십자가 신학에 비롯된다는 그들의 주장에 전적으로 동의한다.

또한, 바울의 사도직을 연구하는 데 있어서 구약의 해석 방법론, 그의 대적자들의 정체, 본 서신의 통일성 문제 등과의 연관성 등을 배제하고서는 심도 있는 연구가 되지 못할 것도 인정한다. 그리고 사도직에 대해도 그 주제가 다양하다는 것을 인정한다. 하지만 필자는 앞선 사도직의 연구들이 고린도후서에서 바울이 사도로서의 직분 의식과 사도 사역에 대해 진술하고 있는 것을 간과하고 있는 사실도 발견한다.

그런데 필자는 이런 연구를 위해 본 서신서가 수사학적이나 문학적으로나 통일된 단일 서신이라고 하는 견해와 일관된 주제가 사도직이라는 견해에서부터 출발하고자 한다. 그 이유는 바울이 그 나름의 성경신학적 바탕 위에서 사도직의 본질에 대해 확고한 인식을 하고 자신의 사도직을 변호하고 있는 것으로 보이기 때문이다.

따라서 필자는 바울이 구약의 "언약과 그리스도"와의 불연속적이며 동시에 연속적인 면들에 대한 통찰을 바탕으로 한 성경신학적 관점으로 살펴보고자 한다. 다시 말하여, 이 책은 바울이 통시적 안목을 가지고 자신의 사도직을 설명하고 있다는 것과 사도로서의 직분 의식과 사도적 사역

---

[42] 김영복, "복음을 전하는 자의 고난과 사역 태도에 대한 바울의 변증 연구 – 고린도후서 1-7장 중심으로," (칼빈대학교대학원, 신학과 신약전공, 2010), 3-4.

에 대해 진술한 것에 주목하고자 한다.

특히 필자는 바울이 고린도후서에서 자신의 사도직에 대해 구약과 신약의 관계에 대한 성경신학적 통찰과 그리스도의 죽음과 부활에 대한 신학적 이해(고후 3장, 5장), 묵시론적-종말론적 관점으로부터의 하나님의 위로와 인내에 대한 통찰과 소망을 가진 자라는 이해를 내포하고 있다고 본다 (1:3-11; 4:7-18; 5:1-10; 6:4-10; 7:3-4; 10-13장).[43]

그리고 고린도후서 10-13장에서의 사도의 "약함"에 대한 진술이 그것을 통해 나타나는 하나님의 능력, 곧 그리스도의 죽음과 부활을 통해 나타나는 하나님의 구속 은혜를 증언하는 역할로서의 사도직에 대한 언급이라고 본다. 따라서 필자는 고린도후서에 반영된 바울의 사도직에 대한 인식이 다른 서신서와 달리 매우 독특하게 진술되고 있는 데 좀 더 주목하고자 한다.

첫째, 바울은 "언약과 그리스도"라는 성경신학적 이해를 바탕으로 종말론적-구속사적 관점에서 자신의 사도직에 대해 논증하고 있다. 그런데 필자는 바울의 논증 기저(基底)에 그의 다메섹 체험이 작동하고 있다고 본다. 그리고 이러한 필자의 주장이 타당한 것은 그의 사도직에 대한 변증에 다메섹 사건이 반영되고 있다고 보기 때문이다(4:6; 3:7-18; 5:11-21).

바울은 다메섹 체험에서 구약성경과 이스라엘 역사의 의미에 대해 새로운 통찰을 얻었음이 분명하다. 이는 사도직에 대한 바울의 이해가 다메섹 사건 때 자기에게 현현하신 부활의 그리스도에 대한 인식과 맞물려 있다는 것을 의미한다. 바울은 다메섹 사건에서 구약에 예언된 메시아가

---

[43] Martinus de Boer, "Paul, Theologian of God's Apocalyse," *Interpretation* 56 (2002): 21-33; cited in 류호영, "성경 해석의 관점," 230은 "바울에게 있어서 그리스도의 죽음과 부활을 모든 세상에 대한 하나님의 묵시론적-종말론적인 그리고 결정적인 침투의 사건"이라고 이해한다.

바로 죽음에서 부활한 예수 그리스도라는 사실을 깨닫고 그분이 자신을 복음 전파를 위한 그릇으로 세우셨다는 결정적 인식에 도달하게 되었을 것이다.

둘째, 바울은 자신의 사도직 신학적 동기와 근거와 근원을 그리스도의 죽음과 부활 그리고 언약 개념과 연관 지어 설명한다. 그는 고린도후서 5:11-6:4a에서 그리스도의 심판(5:10, 11)과 사랑(5:14), 그리스도의 대신 죽으심(5:14, 15, 21), 다시 살아나신 이(5:15), 사도직의 근원이신 하나님(5:18, 19, 20, 21; 6:1, 4) 등과 사도의 직분을 연관시킨다. 그리고 그는 자신의 사도직을 언약의 주체자이신 하나님과 성취자이신 그리스도로 인한 새 창조 사역(5:16-17)과 화목 사역(5:18-20)의 참여자로 설명한다.

이것은 하나님의 언약과 그리스도 그리고 새 언약의 성취 개념(하나님의 의가 됨; 5:21), 곧 새로운 시대의 도래로 인한 새로운 인식과 완성을 향해 가는 성취 시대에 그리스도의 죽음과 부활을 통해 그 능력을 경험할 수 있다고 설명한 것이다. 이처럼 바울은 자신을 대적하는 자들과 그들을 따르는 자들(5:11-13)에게 자신의 사도직 동기와 근거와 근원을 언약신학적이며 종말론적이며 구속사적으로 곧 구약과 신약 간의 통시적, 성경신학적 관점에서 논증하고 있다.

셋째, 다른 서신서들과 달리 고린도후서에서 사도직은 '아포스톨로스'(ἀπόστολος)라는 바울의 자의식과 '디아코노스'(διάκονος-3:6; 6:4; 11:15, 23)와 '디아코니아'(διακονία-3:7, 8, 9; 4:1; 5:18; 6:3; 8:4; 9:1, 2, 13; 11:8)라는 개념에 의해 설명된다.

고린도후서의 '디아코노스/디아코니아'(διάκονος/διακονία)는 주로 '일꾼,' '직분'으로 번역되어 사용된다. 그런데 오늘날 이 단어에 관한 연구는 주로 일반 사회복지의 관점에서 접근하거나 실천신학적 측면에서 접근한다. 그로 인해 어떤 경우 봉사와 헌신만을 강조해 중요한 신학적 이해를 배제하는 오류를 범하거나 혹은 교회의 직분론에서 사도직과 관련한 '일꾼/직분'으로서의 '디아코노스/디아코니아'(διάκονος/διακονία) 개념을 간과하기도 한다.

고린도후서에서 일꾼(διάκονος)은 "새 언약의 일꾼"(3:6), "하나님의 일꾼"(6:4), 변증법적 의미로 "의의 일꾼"(11:15), "그리스도의 일꾼"(11:23)에서 사용되며, 직분(διακονία; 섬기는 일, 봉사의 직무 등)은 "율법 조문의 직분"(3:7), "영의 직분"(3:8), "정죄의 직분"(3:9), "의의 직분"(3:9), "이 직분"(4:1; 6:3), "화목하게 하는 직분"(5:18), "섬기는 일"(8:4; 9:1), "봉사의 직무"(9:12, 13), "섬기기"(11:8) 등에 사용된다.

이 두 단어의 용례를 살펴보면, 고린도후서 3-6장에서는 사도의 직분과 직무에 대한 바울의 신학적 진술에서, 고린도후서 8-9장에서는 헌금을 봉사직무로 언급하는 데서, 고린도후서 11장에서는 바울의 사도직에 대한 대적자들의 반격에 대한 변호와 방어에서 사용되고 있다. 이것은 고린도후서에 나타난 사도직의 독특성으로, 크게 보면 사도의 직분 의식과 사도적 사역에 관한 것이다.

넷째, 바울은 자신의 사도직을 고린도후서 전체를 통해 일관되게 "교회를 섬기는 일꾼"으로 인식한다. 그것은 고린도후서 3:2-3과 11:2에서 찾을 수 있다. 바울은 고린도후서 3장에서 편지 메타포(metaphor)를 통해 고린도교회를 사도의 사역 결과로 진술한다. '편지'라는 표현은 그의 대적자들이 문제 삼았던 공식적인 '추천서' 요구에 대응해서 제시한 것이다. 이로써 바울은 자신이 수행하는 사도의 직무가 교회를 섬기는 것이며, 교회의 존재를 통해 사도로서의 자신의 자격의 증거가 공개된다고 논증한다.

또한, 고린도후서 11장 중심에서 바울은 자신의 사도직을 "중매자"라고 인식한다. 그 역할은 고린도교회와 그리스도의 관계를 정결하고 순결하게 지키기 위한 것이다. 이를 위해 바울은 "하나님의 열심"으로 수행하고 있다고 밝히고 있다(11:2). 이것은 바울이 자신의 사도직을 교회론적 직분론으로 기술한 것이다.

이처럼 바울은 자신의 사도직을 변호하기 위해 다른 어떤 이론이나 경험을 제시하지 않는다. 오히려 그는 철저히 성경으로 돌아가 사도직과 교회의 관계를 설명하고자 한다. 그것은 언약 관점에서 언약의 성취자이신 예수 그리스도(5:14-21)를 통해 설립된 교회 안에서 사도와 성도들 간의 관계(3:2-3; 11:2)를 보는 것이다.[44]

이러한 맥락에서 필자는 바울이 자신의 사도직에 대해 성경신학적 관점에서 종말론적으로 이루어질 하나님 나라와 그 나라 안에서의 사역자라는 신학적 의미를 기본적 토대로 삼아 진술한다고 본다. 즉 바울은 언약적 모티프(고후 3:3-14; 5:14-17-21; 11:3)[45]와 창세기의 하나님의 형상(영광: 고후 3:8-18; 4:6; 5:17)을 통해서[46] 자신의 사도직을 변호한다. 그뿐 아니라 그는 교회가 하나님 나라의 모습으로서의 언약 공동체(고후 3:2-3; 6:16-18; 11:2)임을 나타내고자 한다.

이러한 고린도후서의 사도직과 교회의 관계에 대한 이해는 종말론적으로 구현될 새 언약 공동체적 하나님 나라(고후 5:17; 6:2, 비교. 고전 11:24-25; 15:24-26)라는 신학적 개념 아래에 있다.[47]

---

[44] Scott J. Hafemann, 『고린도후서』, 195는 바울이 자신의 사도직을 변호하기 위해 성령의 임재와 능력으로부터 논증했을지라도 그가 논쟁 판결하는 마지막 호소의 법정을 '성경'으로 여기고 있다고 다음과 같이 주장한다.
"그는 고린도후서 3:3-18에서 모세의 율법과 구약성경의 선지자들에게로 돌아가서 하나님의 새 언약의 사역 특징과 목적을 정의하고, 이 언약의 구성원들이 되는 것이 무엇을 의미하는지에 대한 기준을 설정한다."

[45] 권호덕, "패러다임 변화의 관점에서 본 출애굽기," 『성경 해석으로서의 교의학』, '조직신학논문집' 2 (서울: Th & E, 2007), 49-85.

[46] 손석태, "창세기의 언약 사상," 『언약과 교회: 김의원 박사 정년퇴임기념논문집』 (용인: 킹덤북스, 2014), 230-2.

[47] L. Berkhof, 『조직신학』, 권수경·이상원 역 (고양: 크리스챤다이제스트, 2008), 826은

따라서 필자는 고린도후서의 사도직에 대한 독특한 언급들과 성경신학적 이해에 배경을 둔 진술들 가운데 나타나는 바울의 사도적 직분 의식과 사역에 관해 연구한 것을 이 책의 주목적으로 삼고, 이에 초점을 맞추어 쓰고자 한다. 이 책은 "새 언약의 일꾼"(고후 3장), "그리스도의 일꾼"(고후 5, 6장), "중매자"로서의 참된 일꾼(고후 11장)을 주요 장(章)들로 제시할 것이다.

이때 필자가 고린도후서에서 주목하고자 하는 것은 두 가지이다.

① 사도직에 대한 변증법적 진술에 반영된 그의 사도직의 이해
② 성경신학적인 이해를 바탕으로 한 바울의 사도직에 대한 진술에 투영되고 있는 사도직에 대한 그 자신의 인식

이 작업은 특히 사도직의 본질과 사도 사역에 대한 바울의 인식과 이해가 무엇인지 수많은 암시를 제공하는 고린도후서 3:1-18; 5:11-6:10; 11:2에 집중하게 될 것이다. 그리고 고린도후서 전반을 통해 나타나는 연구 주제와 관련된 주요 단어들과 개념들도 주목하게 될 것이다.

하나님 나라가 주로 종말론적인 개념이며, 성경에서 말하는 주요 개념은 하나님의 통치 개념이라고 한다(고전 15:24-26). 또한, 언약의 궁극적인 목적이 하나님께서 하나님 나라의 백성을 형성하는 것에 있다고 한다(렘 31:33; 겔 36:28). 고린도후서에서 바울은 언약 공동체가 시대의 전환점에서 '이미' 측면에 살고 있다고 묘사한다(고후 3:1-3; 5:17; 6:2).
Gordon J. Spykman, 『개혁주의 신학』, 류호준·심재승 역 (서울: 기독교문서선교회, 2002), 315-25; Herman Ridderbos, *The Coming of the Kingdom* (Philadelphia: Presbyterian and Reformed Publishing Company, 1975), 38-9는 언약과 하나님 나라 개념에 대해 독립된 주제가 아니라 동전의 양면과 같이 서로 밀접한 연관성을 가진 개념이라고 설명한다. 곧 "언약과 하나님의 나라는 창조세계의 방향을 설정하는 실재들로써 선한 창조 질서 안에서 신실하게 순종하며 종의 도를 실현하며 나아갈 방향을 제시한다"라는 것이다.

필자는 이러한 연구를 통해 실천적 측면에서 오늘날 목회자들에게 자신의 직분과 사역에 대한 새로운 도전과 빛을 제공해 줄 수 있기를 기대한다. 목회자들이 자신의 목회직과 사역에 대해 바울과 같이 심도 있는 성경신학적인 이해를 한다면 교회가 더욱 견고한 토대 위에 세워질 수 있을 것이다. 그래서 필자는 결론부에서 오늘날 한국 개신교회가 어떻게 이 시대의 위기를 극복하고 수많은 난제를 풀어갈 것인지에 대해 몇 가지 제언을 시도할 것이다.

2. 연구사

기독교에서 "사도"라는 용어는 초대교회의 지도자들을 지칭한다.[48] 그러나 지금은 초대교회에서 사용한 '사도'라는 개념과 그 의미를 충분히 알 수가 없다. 다만 이 단어의 역사적인 발전 단계를 성경의 자료들을 통해 추론해 볼 뿐이다. 베츠(H.D. Betz)는 사도직의 연구가 신학에서 가장 어려운 문제 중의 하나라고 한다.[49]

사도직에 대한 전통적 이해는 순교자 저스틴(Justin Martyr)의 것이다. 그는 사도를 예수의 열두 명의 제자이며, 예수의 지상 사역의 증인들이고, 교회 형성의 주축이 되는 자들로, 신약성경의 저자요, 선교사들이라고 본다.[50] 이런 사도에 대한 이해는 교회 역사 속에 자리를 잡은 전통적 견해다.

---

48 왕인성, "사도직의 기원과 개념적 이해," 79.
49 H.D. Betz, 『갈라디아서』, 번역실 역 (서울: 한국신학연구소, 1991), 186.
50 Morris Aschcraft, "Paul's Understanding of Apostleship," *Review and Expositor* 55 (1059), 400; 참고. 왕인성, "사도직의 기원과 개념적 이해," 79.

반면 이런 전통적 사도직에 대한 이해에 이의를 제기한 학자들이 있다. 이들은 J.B. 라이트풋(J.B. Lightfoot), A. V. 하르낙(A.V. Harnack), G. 크레인(G. Klein), W. 슈미탈즈(W. Schmithals), E. 로제(E. Lohse) 등이다. 이들은 사도를 예수의 열두 제자에 기원을 두지 않는다. 라이트풋(Lightfoot)은 초대교회 당시 흔히 사용되는 개념을 선교 목적으로 빌려 사용한 것이라고 한다.[51] 하르낙(Harnack)은 카리스마적인 유랑 예언자와 선교사들에게서 그 기원을 두고 있다고 주장한다.[52] 슈미탈즈(Schmithals)와 로제(Lohse)는 이런 주장을 수정해 발전시킨다.[53] 그러나 이들의 주장은 바울이 고린도전서 15:8-11과 갈라디아서 1:17, 19; 2:8 등에서 예루살렘에 있는 사도의 존재에 대해 언급하고 있으므로 선뜻 받아들이기 어렵다.

사도직에 대한 이런 급진적 견해에도 불구하고 전통적 견해를 유지하려는 학자들이 있다. 그들은 K. H. 렝스토르프(K.H. Rengstorf)와 A. M. 파러(A.M. Farrer) 등이다. 그들은 유대교의 살리아흐(שליח/Schaliach) 제도[54]와 초기 교회의 사도직을 연관 지어 그 기원을 찾는다.[55]

---

51 J.B. Lightfoot, "On the name and office of an Apostel," *The Epistles of St. Paul to the Galations* (London, 1865), 89-97; cited in 왕인성, "사도직의 기원과 개념적 이해," 80-1.

52 A. v. Harnack, *Die Mission und Ausbreitung des Christentum in den ersten drei Johrhunderten* Bd. I (Leipzig, 1906), 267-309; cited in 이승호, "바울의 사도 이해," 「신학과 목회」, Vol. 27 (2007), 56-7.

53 G. Klein, *Die zwoelf Apostel. Ursprung un Gehalt einer Idee*, FRLANT 77 (Goettingen, 1961); W. Schmithals, *Das kirchliche Apostelamt, Eine historische Untersuchung*, FLANT 79 (Gorttingen, 1961); E. Lohse, "Ursprung und Praegung des christlicheen Aposolates," ThZ 9 (1953), 259-275; cited in 이승호, "바울의 사도 이해," 58; idem, 『바울의 선교와 신학』 (서울: 대한기독교서회, 2009), 91.

54 *TDNT*, Vol. 1, 413, 421은 שליח(*Schaliach*)라는 개념이 보낸 자를 대표하는 사절로서 권위를 가진 제도와 직책을 말한다고 한다. 이 제도는 보냄을 받은 자에게 보낸 자와 같은 자격이 부여된다.

55 K.H. Rengstorf, "ἀποστέλλω, ἀπόστολος," *ThWNT* 1 (Stuttgart: Kohlammer, 1933), 397-448; cited in 이승호, "바울의 사도 이해," 58-9; 왕인성, "사도직의 기원과 개념적 이해," 86-7, 92.

이에 대해 클레인(Klein)과 슈미탈즈(Schmithals)는 살리아흐 제도가 세속적이고 법적인 개념이지만 사도직에 대해서는 예언자적 소명으로서의 종교적인 의미가 강하므로 반대한다.[56]

사도직을 바울에게서 찾기 시작한 것은 H. V. 캄펜하우젠(H. V. Campenhausen)이다. 그는 바울이 '사도' 개념을 이미 주어진 것으로 전제하고 자신의 사도직을 다른 사도들과 동일 선상에 놓았다고 본다. 그는 바울 이후의 시대에 열두 사도 개념이 형성되었다고 주장한다.[57]

바울의 사도직을 연구한 대표적인 학자는 C. K. 바레트(C. K. Barrett)다. 그는 사도직에 관한 연구 논문인 『사도의 표』(*The Signs of An Apostle*)에서 사도직의 기원을 찾는 데 집중한다. 이 연구에서는 사도직의 기원을 바울 안에서 찾으려 한다. 이것은 사도라는 개념이 이방 선교 과정에서 바울의 중심에 의해 형성되었다라고 보는 데 초점을 맞춘 것이다. 그는 바울이 자신의 사도직(*apostolos*)을 '선교적 대리자'로 이해하고, 자신의 사도권에 대해서는 십자가에 달려 돌아가신 예수 그리스도를 선포하는 것으로 이해했다고 본다(갈 3:1).[58]

이처럼 학자들의 "사도직"에 대한 연구는 대부분 사도직의 기원에 집중한다. 한국에도 바울의 사도직 기원에 대해 언급하고 있는 학자들이 있다. 그들 가운데 왕인성은 "사도직의 기원과 개념적 이해"에서 사도라는 용어의 용례와 개념들에 관한 연구와 사도직의 기원에 대한 여러 가설을 살핀다. 그는 이 연구를 통해 열두 제자에 국한된 사도의 개념보다 바울이 정립한 사도의 개념이 더 지지를 받고 있는 것을 알 수 있다고 주장한다.

---

56 이승호, "바울의 사도 이해," 94.
57 H. von Campenhausen, *Der urchristliche Apostelbegriff*, StTh 1 (197), 96-130; cited in 이승호, "바울의 사도 이해," 58-9.
58 C.K. Barrett, *The Signs of an Apostle*, 70; 왕인성, "사도직의 기원과 개념적 이해," 93-4.

그리고 그는 고린도후서에서 바울이 자신의 사도직 합법성을 주장하며 제시한, 참 사도의 표징이 예수의 임명보다 보내신 분이 맡긴 임무를 누가 잘 수행했는가에 비중을 두고 있다고 주장한다. 곧 바울은 자신의 사도성을 직책에 비중을 두기보다 그리스도와 성령의 능력으로 수행하는 복음전파 사명의 기능에 역점을 두었다는 것이다.[59]

왕인성의 사도직의 기원에 관한 이런 연구는 사도 개념과 그 기원에 대해 기본적인 지식과 정보를 준다. 그리고 왕인성의 사도의 직책에 관한 연구보다 그 기능에 관한 연구에 역점을 두어야 한다는 주장은 어느 정도 타당성이 있어 보인다.

하지만 필자가 볼 때, 바울의 사도직에 대한 자아 인식을 어떤 신학적 이해를 바탕으로 하고 있는지도 간과(看過)해서는 안 된다고 본다. 고린도후서에서 바울이 자신의 직분에 대해 다양하게 묘사하고 있는 것은 자신의 사도직에 대한 성경신학적인 깊은 통찰로부터 나온 것이다. 따라서 필자는 사도직에 대해 다른 어떤 성경보다 풍부한 진술을 제공하는 고린도후서를 연구하는 것이 가치 있는 일이라고 확신한다.[60]

고린도후서에 나타난 바울의 사도직 이해를 연구하기 위한 방법론적 접근들은 다양하다. 래리 J. 크라이쳐(Larry J. Kreitzer)는 이를 바울의 대적자들 중심으로 한 연구, 사회학적 연구, 수사학적 연구 등으로 구분한다.[61]

이 가운데 고린도후서 중심으로 한 바울의 사도직 연구는 주로 그의 대적자들 중심으로 한 연구가 주류를 이룬다. 크라이쳐의 "바울의 사도직 이해"에 대한 다양한 연구 방법론적 접근에 대한 제시는 이런 방향의 연

59　Ibid., 79-99.
60　강창희, "고린도후서에서의 바울의 사도직 이해," 99, 각주 2는 바울의 사도직에 대한 도전과 관련된 진술이 바울서신 가운데 갈라디아서와 고린도후서가 가장 강하다고 본다.
61　Larry J. Kreitzer, 『고린도후서』, 53-81.

구가 다방면으로 되고 있다는 것을 보여 준다. 그의 이런 제시는 고린도후서를 중심으로 바울 사도직에 대한 성경신학적 연구가 필요하다는 것을 보여 주는 것이기도 하다.

필자의 연구물의 것과 같은 목적을 가진 논문 형태의 선행 연구들은 거의 없다고 해도 과언이 아니다. 대부분의 선행 연구는 관련 텍스트들에 대한 주석 자료들 안에 부분적으로 포함되어 있을 뿐이기 때문이다. 따라서 필자는 몇몇 학자들의 고린도후서 주석에서 그들이 관련 텍스트들을 중심으로 바울의 사도직 이해에 대해 어떤 통찰을 하고 있는지 간략히 살피는 것으로 선행 연구를 대신하려고 한다.

앞서 언급했듯이, 바울의 사도직 이해에 관한 연구의 대표적 학자인 C. K. 바레트(C. K. Barrett)는 바울의 사도직의 권위에 초점을 맞추어 역설적 영광의 신학을 강조한다. 하지만 그는 교회와 사도 간에 직접적인 연관성이 있다고 보지 않는다.[62]

반면『고린도후서 강해: 약함 안에서의 능력』을 저술한 P. W. 바네트 (P. W. Barnett)는 바울의 사도직을 '그리스도의 고난' 중심으로 본다. 그는 바울의 사도직에 대한 자기 이해에 관해 따로 연구하지는 않는다. 하지만 그는 자신의 주석서에서 바울의 사도직이 다메섹 사건에서의 부활하신 주님에 의한 소명(1:1; 2:17; 3:5-6; 4:1; 10:8; 12:10; 13:10)과 바울의 고난(2:13; 5:16; 11:4)을 근거로 증명되는 것이라고 말한다. 그가 볼 때, 바울의 사도직의 고난은 예수께 진실해지려는 자신의 삶 속에 재연된 그리스도의 고난이다.[63]

사도직의 고난뿐 아니라 영광에 관해서도 관심을 보이는 D. E. 갈랜드

---

62 C.K. Barrett,『고린도후서』, 63, 170-1.
63 P. Barnett,『고린도후서 강해』; idem, (1988). *The message of 2 Corinthians : Power in weakness*. The Bible speaks today (4) (Downers Grove: Inter-Varsity Press, 1988); idem, "Apostle," *Dictionary of Paul and his Letters*, ed. Gerald F. Hawthorne & Ralph P. Martin (Downers Grove: VIP, 1993), 49-50.

(D. E. Garland)는 바울의 사도직을 수행함에 있어서 '고난'이 하나님의 영광을 드러내기 위한 것이라고 이해한다.[64] 그의 주장으로는, 고린도후서의 기록 목적은 바울의 사도직의 합법성을 위한 변증이 아니라 바울의 직무에 관련된 것이다. 그는 바울이 "약함 속에 나타난 하나님의 능력"이라는 주제(고후 4:7, 16; 6:9-10)를 통해 자신의 사도직 직무에 대해 말하는 것으로 이해한다.[65]

랄프 P. 마틴(Ralph P. Martin)은 바울이 십자가 신학을 근간(根幹)으로 자신의 사도직을 변호한다고 본다. 그는 바울이 사도직의 변호를 위해 십자가 신학의 케리그마에 나타난 자신의 '약함'을 드러내고 있다고 본다. 마틴은 이처럼 사도직의 '고난'에 집중하고자 한다. 그는 바울이 자신의 사도직을 변호하는 처지에서 사도직의 유효성을 가능한 한 폭넓게 보여 주고자 하는 데 관심을 가진다고 본다.[66]

하지만 스콧 J. 하프만(Scott J. Hafemann)은 위의 학자들과 다른 관점에서 고린도후서를 주석한다. 그는 고린도후서 2:14-3:3을 중심으로 사도직 연구하며, 고난과 성령이 바울의 사도직 변증의 두 기둥이라고 주장한다.[67]

---

64 David E. Garland, *2 Corinthians*; Savage와 Kistermaker와 Garland가 같은 주장을 한다: Timothy B. Savage, *Power through Weakness : Paul's Understanding of the Christian Ministry in 2Corinthians* (Cambridge: Cambridge UniversityPress, 1996); Simon J. Kistermaker, *II Corinthians*.
65 David E. Garland, *2 Corinthians*, 32는 바울이 고린도후서를 사도직의 직무에 대해 말하기 위해 썼다고 다음과 같이 주장한다.
"이 세상의 지혜에 사로잡혀 그리스도의 십자가의 영광을 보지 못하는 자들은 고난을 겪는 사도 속의 영광도 볼 수 없다. 이 편지는 바울 개인의 변증서가 아니라 그가 고린도 교인들에게 전할 십자가의 기본적 교리(고전 2:2)를 재진술한 것이다."
66 R.P. Martin, 『고린도후서』, WBC 40, 86-90.
67 Scott J. Hafemann, *Suffering and Ministry in the Spirit: Paul's Defense of his Ministry in II Corinthians 2:14-3:3* (Grand Rapids: Eerdmans, 1990). 이 외에도 그의 고린도후서에서 바울의 고난에 대한 글은 다음에서 찾아볼 수 있다: idem, "Suffering," in *Dictionary of Paul and His Letters*, 921; idem, "Letters to the Corinthians," in *Dictionary of Paul and His Letters*, 177-8.

그는 고린도후서 3:4-18의 배경을 출애굽기 32-34장, 예레미야 31장, 에스겔 36장에서 찾으며 "새 언약"이라고 하는 주제가 성경 후기 유대교에서 어떻게 발전하고 있는지 비교 연구한다.[68]

그의 주석서『고린도후서』에는 고린도후서 3장을 읽을 때에 전체 문맥을 염두에 둘 것을 주장한다. 그 이유는 바울이 구약을 인용할 때에 단순히 특정한 구절만을 가져오는 것이 아니라 그 인용한 본문 전체의 문맥을 토대로 논의하기 때문이라고 한다. 하프만의 고린도후서와 바울의 사도직 이해에 대한 진술은 주로 구약 배경연구에 집중되어 있다.[69]

이상의 주석가들을 통해 바울의 사도직 언급에 대한 이해가 무엇인지 일견해 보았다. 어떤 이들은 바울의 사도직을 주로 고난 중심으로 보고 있으며, 어떤 이들은 바울의 역설적인 대비들 곧 고난과 영광, 약함과 강함, 옛것과 새 것 등에 주목한다. 이러한 연구들은 고린도후서 본문 연구에 필요한 자료들이다.

특히 마틴과 하프만의 주석서는 고린도후서에서 바울의 사도직 이해를 연구하는 데 풍부한 정보와 자료들을 제공한다. 하프만의 연구는 바울의 사도직 이해의 구약적 배경과 관련 정보를 다양하게 제공한다. 하지만 바울 자신의 사도직 본질과 정체성 이해에 대한 독립적인 언급은 찾기가 쉽

---

68 Hafemann, *Paul, Moses*, WUNT 81.
69 Hafemann, *Paul, Moses*에서 주로 연구된 내용이다; cited in Peter Balla, "고린도후서,"『신약의 구약 사용 주석 시리즈 4 – 바울서신』, 이상규 역 (서울: CLC, 2012), 224; Peter Balla, "2 Corinthians," *Commentary on the New Tesament Use of the Old Testament*, ed. G.K. Beale & D.A. Carson (Grand Rapids: Baker Academic, 2007), 753-83. Hafemann은 이 연구를 통해 바울이 구약을 사용할 때에 구약 본래의 의미에 충실하게 적용하고 있다고 주장한다. Hafemann의 견해에 반해 Schröter는 바울의 본문을 이해하기 위해서는 구약 성경의 특정한 모티프와 인용한 짧은 본문들을 어떻게 사용했는지를 살피는 것으로 충분하다고 본다: J. Schröter, "Schriftauslegung und Hermeneutik in 2 Korinther 3: Ein Beitrag zur Frage der Schriftbenutzung des Paulus" (NovT: Westminster, 1998); cited in Balla, "고린도후서," 224.

지 않다. 이 사실은 위에서 소개한 학자들 외 많은 고린도후서 주석서에서도 마찬가지다.[70]

이제 바울의 사도직 이해에 대한 한국 학자들의 연구물들에 대해도 일견해 보자.

강창희는 "고린도후서에서의 바울의 사도직 이해"라는 연구에서 바울의 사도직에 대한 자기 인식이 "그리스도의 사도"라는 데에서 시작한다고 본다. 고린도후서에서 바울의 신학 중심주제는 "그리스도를 통한 하나님의 구원"이다. 그는 바울이 자신의 사도직을 변증하기 위해 그리스도의 구원 사건에 나타나는 대조적 유형―'죽음과 부활,' '겸비와 영광'이라는 기독론적 구원론의 중심 주제들―을 수단을 사용하고 있다고 주장한다.[71]

그리고 그는 이것이 바울이 '십자가 신학'과 '영광의 신학'을 균형 있게 다루고 있는 증거라고 본다. 하지만 그는 고린도후서가 변증적 서신서에 불과한 것이 아니라, "바울이 그리스도의 희생적 죽음에 나타난 하나님의 사랑과 그리스도의 영광 부활에서 나타난 하나님의 능력이 그의 사역에서 실제로 나타나고 있다는 것을 고린도 교인들에게 알리고, 함께 자신이 하나님과 화해한 것처럼 그들도 화해하길 바라는 목적으로 기록한 책"이라고 주장한다.[72]

---

70 한국 학자들에게서도 고린도후서에 대한 다양한 주석서를 찾아볼 수 있다: 강창희,『고린도후서』(서울: 횃불, 2007); 김판임,『고린도후서』(서울: 대한기독교서회, 2012); 김광수,『바울서신 다시 읽기: 고린도후서』(서울: 은성, 1999); 박윤선,『고린도전후서』(서울: 영음사, 1962); 박익수,『누가 과연 그리스도의 참 사도인가』; 전경연,『고린도후서』(서울: 성서교재간행사, 1990); 조병수,『고린도후서 어떻게 읽을 것인가?』(서울: 한국성서유니온선교회, 2013); 조석민,『고린도후서 주석』(고양: 이레서원, 2016) 등.

71 강창희, "고린도후서에서의 바울의 사도직 이해,"「신학과 선교」, Vol. 8 (2004): 98-130.

72 Ibid.

강창희의 이 연구는 고린도후서에서 바울이 자신의 사도직을 어떻게 인식하고, 어떤 방식으로 변증하고 있는가에 대한 아주 기본적인 것이라고 할 수 있다. 그럼에도 불구하고 그의 연구는 바울의 사도직에 대한 자의식을 보게 할 뿐 아니라 사도직의 근거에 관해서도 관심을 끌게 한다.[73] 하지만 그의 연구는 개요적인 것이기에 바울이 묘사하고 있는 사도직의 정체성과 본질과 그 배경에 대한 심도 있는 성경신학적 연구는 찾아볼 수 없다.

최영숙은 '고난'을 주제로 한 고린도후서 연구에서 바울의 사도직 이해를 밝히는 작업을 한다. 그녀는 고난 목록에 관한 고대, 현대의 문헌과 자료들을 분석, 정리해 주고 있으므로 그 분야 연구에 관련된 사람들에게 많은 도움이 될 것이다. 그녀는 바울의 고난 목록과 사도직과의 관계를 고린도전서 4:6-13, 고린도후서 4:7-15, 6:3-10, 11:21b-30, 12:9b-10을 중심으로 연구한다. 이를 통해 그녀는 고난 목록과 관련한 사도직의 이해에 관해 심도 있는 연구를 펼친다.[74]

또한, 최영숙은 고린도후서 3:7-18의 배경이 되는 "출애굽기 34:29-35에 대한 바울의 해석"이라는 제목으로 바울의 구약 사용에 관해 연구한다. 그녀는 바울의 구약 사용이 구약 본문과 상충하지 않을 뿐 아니라 바울이 출애굽기에 있는 사상을 바울 당시의 시점에서 해석하고 있다고 본다.

그 결과 최영숙은 바울의 대적자들이 그리스도의 십자가의 죽음을 외면한 유대교 출신이라고 단정한다. 그리고 바울이 그들에게 그리스도의 십자가의 죽음으로 세운 새 언약, 곧 진정한 복음에 대해 가르치고 있다고 본다. 그녀는 이러한 주장을 펼치기 위해 수사학적, 문학적 연구에 집중한다.[75]

---

73 Ibid.
74 YoungSook Choi, *Denn Wenn ich schwach bin, ich stark: Die paulinischen Peristasenkataloge und ihre Apostolatstheologie* (Tübingen: Franke, 2010).
75 최영숙, "출애굽기 34:29-35에 대한 바울의 해석-고린도후서의 옛 언약과 새 언약,"

김영복은 "복음 전하는 자의 고난과 사역 태도에 대한 바울의 변증 연구: 고린도후서 1-7장 중심으로"라는 학위 논문을 쓴 바 있다. 그는 "바울의 고난이 자신의 사도직에 대한 개인적 변호라는 해석이 옳은가"를 논문의 출발점으로 삼고 있다. 그는 바울의 고난 목록(1:4-11, 2:12-16, 4:7-15, 4:16-5:10, 6:3-13, 7:5-16)이 그 이유와 목적과 상황과 배경이 각기 다르다고 주장한다.[76]

그는 특히 고린도후서 1-7장과 10-13장을 구분해서 해석해야 한다고 주장한다. 고난 모티프가 수미쌍관(首尾雙關, inclusio) 구조를 이루고 있는 고린도후서 1-7장은 복음 전하는 자로서의 바울과 동역자에 대한 변증이지만, 고린도후서 10-13장은 사도인 바울 자신의 개인적 변증이라는 것이다.

하지만 필자는 고린도후서 1-7장과 10-13장을 구분해서 읽어야 한다고 생각하지 않는다. 왜냐하면, 그러한 구분은 고린도후서의 통일성 문제[77]

「신약연구」, Vol. 12 No. 1 (2013): 108-30.; 고린도후서 중심으로 한 최영숙의 연구는 "바울의 고난과 하나님의 능력," 「신약논단」, Vol. 17 No. 2, (2010): 395-425; "복음의 변증가 바울과 그의 선언문-고린도후서 2:14-17," 「신약연구」, Vol. 10 No. 3, (2011): 623-52; "단절인가? 구별인가? 고린도후서 6:14-7:1의 문제점," 「신약연구」, Vol. 11 No. 3 (2012): 705-34; "καυχᾶσθαι ἐν τινι"의 새 번역과 바울의 '자랑' 모티브에 대한 새로운 이해," 「성경원문연구」 Vol. No. 30 (2012): 84-102 등이 있다.

76 김영복, "복음 전하는 자의 고난과 사역 태도에 대한 바울의 변증 연구: 고린도후서 1-7장 중심으로," (미간행 박사 학위 논문, 칼빈대학교 대학원, 2010).

77 고린도후서의 통일성에 대한 전통적 견해는 이 서신서가 하나의 편지라고 본다(Bernard[1903], Lietzmann[1909], Menzies[1912], Goudge[1927], Allo[1936], Tasker[1958], Guthrie[1961-70], Huges[1962], Kummel[1963], Stephenson[1965], Bates[1965], Price[1967], Hyldahl[1973], Harris[1976]). 이에 반해 세 편의 편지(Semler[1776], Krenkel[1895], Drescher[1897], Windisch[1924], Pherigo[1949], Buck[1950], Munck[1954], Batey[1965], Bruch[1971], Brrett[1973], Furnish[1984]), 네 편의 편지(혹은 A. Hausrath"제4장의 가설"[Four Chapers Hypothesis]을 따르는 학자는 Kennedy[1900], Plummer[1915], Lake[1927], Geguel[1926], Strachan[1935], Filson[195], Waton[1984] 등) 여섯 편의 편지(W. Schmithals) 등으로 구분하기도 한다: Philip E. Hughes, 『고린도후서』, NIC (서울: 생명의 말씀사, 1983), 16; Victor Paul Furnish, II

를 발생시키기 때문이다.

정성국은 "새 언약이 우월함에 대한 바울의 그리스도-로마적 대답"이라는 제목으로 고린도후서 3:1-4:6에 나타나는 바울의 선교적 구약 사용에 대한 연구물을 제공한다.[78] 그는 고린도후서 3장의 구약 해석을 바울의 '그리스도-완결적(Christotelic) 구약 해석법'과 선교적 관점에서 이해할 수 있어야 한다고 주장한다.[79]

다시 말하면 그는 바울이 그리스도 사건이라는 구약 밖의 해석학적 토대에서 시작해서 구약의 이야기들과 율법의 기능을 재해석할 때, 고린도 교회의 배경이 되는 도시의 이방인 문화인 그리스도-로마 세계의 개념을 통해 그렇게 하고 있다고 주장하는 것이다.[80]

이러한 연구는 정성국이 주장하듯이 많은 부분에서 기여하는 바가 있을

Corinthians, The Anchor Bible (New York: Doubleday, 1984), 35-41; Dieter Georgi, *The Opponents of Paul in Second Corinthians* (Philadelphia: Fortress Press, 1986), 9-14; Walter Schmithals, *Gnosticism in Corinth*, trans. J. Steely (Nashville and New York: Abingdon Press, 1971), 96-101; R.P. Martin, 『고린도후서』, WBC 40, 49-75; idem, *2 Corinthians*, WBC 40 (Dallas: Word, Incorporated, 2002)), xxxiv-ix; M.E. Thrall, *The Second Epistle to The Corinthians*, ICC (Edinburgh: T. & T. Clark, 1994), 2 vols. 200. 계몽주의 이후 몇몇 비평가들은 지금 전해오는 고린도후서가 본래 본 서신의 형태가 아닐 것이라고 주장한다: 임영호, "고린도후서 구성의 통일성,"「고신신학」(2000년 겨울), 107. Larry J. Kreitzer, 『고린도후서』, 23-8은 1-9장의 논조와 10-13장에 담겨진 논조 사이의 긴장감 때문에 고린도후서를 두 부분으로 나눠 다루는 경향이 짙다고 한다.

78 정성국, "새 언약의 우월함에 대한 바울의 그리스-로마적 대답,"「성서학 학술세미나」, Vol. 2011 No. 9 (2011): 1-26; idem., "바울의 선교적 구약 사용,"「신약연구」, Vol. 10, No. 2 (2011): 265-302.

79 정성국은 자신의 연구가 ① 구약의 맥락을 벗어나 보이는 바울의 구약 사용의 이유를 밝히는 데 기여하고, ② 바울의 구약 사용의 신학적(theological), 문학적(literary), 역사적(historical), 사회-문화적(socio-cultural) 요소들의 중요성을 부각시키며, ③ '선교사 바울의 커뮤니케이션' 방법론으로 바울의 구약 사용을 이해하려고 하였고, 이로써 신구약에 대한 선교적 해석 운동에 기여한다고 주장한다: ibid., 22-4.

80 Idem., "새 언약의 우월함에 대한 바울의 그리스-로마적 대답," 22-4.

것이다. 특히 그는 바울의 구약 사용에 대해 다양한 관점으로부터 접근할 것을 요청한다. 그동안 바울의 구약 사용에 관한 학자들의 연구에서 신학적, 문학적 요소의 강조로 인해 바울의 선교적 이해를 부각하지 못했던 것에 대한 지적은 바른 지적이라고 본다.

그러나 그의 연구는 바울의 구약 해석 방법론에 집중함으로써 바울이 정작 고린도후서 3장에서 말하고자 하는 것이 무엇이며, 그 신학적 의미가 무엇인지 충분히 밝혀내지 못하고 있다. 비록 바울이 고린도후서 3장에서 구약 본문을 배경으로 선교적 관점에서 논증하고 있다 할지라도 우리의 관심은 그의 성경 해석의 원칙을 찾아내는 것이 아니라 그것들을 통해 바울이 말하고자 하는 것이 무엇인지에 있다.

배현주는 "악의 상징을 통하여 본 바울의 사도적 권위 형성: 고린도후서 10-13장에 관한 한 연구"라는 글을 발표한 바 있다. 그녀는 이 연구에서 고린도후서 11-13장에 등장하는 바울의 사탄 언급과 바울 자신의 사도적 권위 형성에 대한 노력을 연결한다. 그리고 십자가 신학과 영광의 신학, 혹은 약함과 능력을 배타적 관계가 아니라 통합적으로 이해해야 바울 자신의 사도직에 대한 이해를 명확히 할 수 있다고 주장한다. 그녀는 약함을 하나님의 능력을 발현케 하는 것으로써, 그리스도의 힘과 능력을 내포하는 역설적 실재라고 이해한다. 그녀는 바울이 고린도교회 공동체의 '안내자-지도자'이며 카리스마적인 '예언자-지혜자'로서 자신을 사도로 인식했다고 주장한다.[81]

필자는 배현주가 사도의 고난/약함을 십자가 신학과 영광의 신학을 동

---

81 배현주, "악의 상징을 통하여 본 바울의 사도적 권위 형성: 고린도후서 10-13장에 관한 한 연구," 「부산장신논총」, Vol. (2008): 59-88. 이 연구는 배현주의 박사 학위 논문의 요약, 번역한 글이라고 한다: idem., *The Symbolism of Evil Powers in 1 and 2 Corinthians: Power, Wisdom, and Community* (Drew University, 2001).

시에 내포하는 역설적 개념으로 이해하는 것에 대해 동의한다. 하지만 그녀가 '사탄'과 바울 사도의 권위를 대조하고자 할 때, 마땅히 사탄의 일꾼(고후 11:15)을 의의 일꾼으로 가장한 바울의 대적자들을 지칭하는 용어로, 또한 거짓 사도, 속이는 일꾼, 그리스도의 사도로 가장하는 자들(고후 11:13)을 지칭하는 용어로 사용하고 있다는 사실을 강조했어야 한다고 본다. 바울은 사도로서 자신은 "의의 일꾼"이요, "그리스도의 일꾼"이며, 반면 자신의 대적자들은 "사탄의 일꾼"이라고 변증하고 있다.

김태영은 최근 자신의 박사 학위 논문 "고린도후서에 나타난 바울의 사도직 이해: 고린도후서 10장-13장을 중심으로"에서 부제 그대로 고린도후서 10-13장에 대한 주석적 연구를 시도한다. 이 연구는 신사도 운동, 사도의 기원, 다메섹 체험, 바울의 새 관점, 사도직 등의 신학적 주제들을 다룬다. 그는 고린도후서가 바울의 사적 편지이며, 이 서신서에는 그의 적대자들과의 투쟁이 나타날 뿐이며, 이런 투쟁 속에서 바울이 자신의 복음과 사도직을 변증한 것이라고 주장한다.[82]

하지만 필자는 고린도후서가 바울의 사적 편지라기보다 이 서신서의 회람의 목적을 감안(勘案)할 때, 고린도교회 공동체와 믿음의 공동체에 전하는 복음의 메시지라고 본다. 특히 이 서신서에서 바울은 신학적 논의 토대로 자신의 사도직에 대해 변증한다. 이 사실은 고린도후서를 쓰는 이유와 목적이 복음 진리를 전하는 데 있다는 것을 반영한다.

지금까지 필자는 바울의 사도직에 대한 학자들의 이해와 강조점이 무엇인지 살펴보았다. 결론적으로 학자들의 다양한 관점과 접근에도 불구하고 사도직의 정체성과 본질에 대한 바울 자신의 이해에 관한 연구는 매우 단

---

[82] 비교. 김태영, "고린도후서에 나타난 바울의 사도직 이해: 고린도후서 10장-13장을 중심으로," (미간행 박사 학위 논문, 협성대학교 대학원, 2017).

편적이고 불충분한 것으로 보인다.

필자는 사도직에 대한 논의는 관련 본문에 대한 철저한 분석과 주해작업을 통해 이루어져야 하고, 무엇보다도 사도직에 대한 바울 자신의 이해가 무엇인지 살피는 것으로 시작해야 한다고 본다.[83] 따라서 이 책은 사도직에 대한 바울 자신의 진술이 무엇이며, 그것이 함축하고 있는 신학적 의미가 무엇인지 밝히는 일에 집중할 것이다.

3. 연구 범위와 방법

이 책은 고린도후서에 나타난 성경신학적 관점에서 진술되고 있는 바울의 사도직에 관한 연구임을 앞서 밝혔다. 그런데 고린도후서는 1-7장과 10-13장이 그 내용에 있어서 다소 다르게 보일지라도, 사도직에 관한 한 본 서신서 전체가 통일된 입장을 나타내고 있다.

이와 같은 주된 주제는 내용상 고린도후서 1-7장에서 사도의 직분 혹은 직무에 대한 바울의 이해가, 고린도후서 10-13장에는 사도직에 대한 바울의 변호 혹은 방어가 좀 더 강조되어 진술되고 있다. 특히 바울은 고린도후서 1-7장에서 3장과 5장 중심으로 한 사도직에 대한 신학적인 진술을 바탕으로 고린도후서 10-13장에서 자신의 사도성의 합법성과 그가 하는 사역의 참됨에 대해 좀 더 적극적으로 논증한다.

이때 그는 본 서신서에서 자신의 사도직을 다양한 방식으로 묘사하며, 그 정체성과 본질에 대해서도 자세히 설명하고 있다. 또한, 그는 사도의 직분의식과 사도적 사역에 관한 신학적 근거에 대해서도 심도 있는 논거를 제시하고

---

[83] J. Roloff, "Apostel/Apostolat/Apostolizitaet," NT, TRE 3 (Berlin: Walter de Gruyter, 1978), 430: 이승호, "바울의 사도 이해," 61.

하고 있다. 이러한 바울의 진술들은 변증적 진술이 아니라 사도직에 대한 기본적이고 근본적인 기독교적 진리를 토대로 하는 진술이다.

이러한 고린도후서의 내용과 특징은 바울의 사도권에 대한 문제가 본 서신서의 중심적 위치를 차지하고 있다는 것을 보여 준다. 따라서 필자는 고린도후서 전체를 연구 범위로 설정하고, 특히 바울이 사도직의 본질과 그 직분 의식과 사도적 사역에 관해 진술된 본문들(3:1-18; 5:11-6:10; 11:2)을 중심으로 연구할 것이다. 그리고 본 서신서 안에서 그와 관련된 단어와 개념들을 찾아 연구할 것이다.

하지만 필자는 바울이 사도직을 변증하게 하는 그의 대적자들이나 그와 관련된 기타 주제들에 대해서는 초점을 맞추지 않을 것이다. 다만 본 연구와 깊은 연관성을 나타내는 것은 예외이다. 왜냐하면, 필자는 고린도후서에서 바울이 자신의 사도의 정당성과 그의 사역의 참됨을 입증하려고 하는 노력을 사도직의 본질에서 기능적인 역할인 직분 의식과 사도적 사역을 설명하는 과정에서 하고 있다고 보기 때문이다. 그리고 바울 자신이 전하는 복음이 참된 진리임을 증명하므로 고린도교회를 바르게 세우고자 하는 목회적 의도가 강하다고 보기 때문이다.

이런 이유들로 필자는 고린도후서에서 바울이 자신의 사도직을 성경신학적으로 진술하고 있는 본문들을 중심으로 연구하고자 한다. 또한, 본 서신서의 특징적인 요소인 "언약과 그리스도"의 이해 아래 바울의 사도직의 정체성과 본질을 직분과 관련해 설명하고 있는 것들을 살펴볼 것이다.

이 책의 연구 방법은 고린도후서에 나타난 사도직에 관해 진술한 본문을 따라 거기에 나타난 주제와 단어의 개념들을 연구하는 방식을 취할 것이다. 특히 이 책의 "구속사적 하나님 나라의 종말론적 실현"이라는 성경해석 방법론을 본 연구의 도구(tool)로 채택하여 언약신학적 틀 안에서 고린도후서에 나타난 사도직의 의미를 고찰할 것이다.

이 방법의 연구는 더욱 구체적으로 바울이 구약을 인용하여 사도직에 관해 설명할 때 그 신학적 의도가 무엇이며, 그것이 의미하는 바가 무엇인지 파악하는 작업이 될 것이다.[84] 이로 인해 우리는 바울이 자신의 사도직을 변호하기 위해 어떻게 구약의 개념들과 예수 그리스도의 죽음과 부활을 통전적으로 이해해 성경신학적으로 설명하는가를 볼 수 있을 것이다(고전 15장; 고후 3장).

이러한 작업이 때로는 성경 외적 연구도 다소간 곁들일 것을 요청할 수도 있겠으나 가능하면 이러한 연구는 지양(止揚)할 것이다. 성경 내적인 연구도 될 수 있으면 고린도후서에 진술된 사도직과 관련된 본문들과 그 배경이 되는 본문들에 집중할 것이며, 이와 관련된 성경 간의 본문들을 찾아 살펴볼 것이다.

이 책은 다음과 같이 전개될 것이다.

제1장에서는 이미 밝혔듯이 문제 제기와 목적, 선행 연구 그리고 연구 범위와 방법에 대한 진술을 포함한다.

제2장에서는 바울이 자신의 사도직을 설명할 때 사용한 용어들에 관해 연구한다. 이때 연구할 용어는 '아포스톨로스'(ἀπόστολος)와 '디아코노스/디아코니아'(διάκονος/διακονία)다. 바울은 이 두 용어를 "사도"라는 자기 인식할 때와 그의 사도적 사역과 직무와 관련해 자신의 사도직을 논증할 때에 사용한다. 따라서 본 장에서는 이 두 용어의 용례와 기원에 대해 살펴봄으로써 바울이 어떻게 사도직을 이해 하고 논증하고자 하는지를 알아

---

84 이 연구 방법은 바울이 자신의 사도직을 변호하며 사용한 방법이기도 하다. 이 방법은 예를 들어 고후 3장의 사도직과 교회에 대한 신학적 이해관계가 종말론적으로 구현될 새 언약 공동체적 하나님 나라(고후 5:17; 6:2, 비교. 고전 11:24-25; 15:24-26)라는 신학적 개념 아래 진술된 것을 밝히는 작업과 같다.

볼 것이다.

제3장에서는 고린도후서가 바울의 사도직에 대한 변증서라는 입장에서 고린도교회와 그의 대적자들이 바울에게 제기한 문제들과 그에 대한 바울의 변증이 무엇인지 살필 것이다. 이를 위해 고린도후서의 통일성 문제와 본 서신의 구조 그리고 고린도교회의 상황과 바울의 대적자들에 관해서 연구할 것이다.

이때 필자는 바울이 자신의 사도직에 대해 변호하기 위해 어떤 변명이나 그들과의 논쟁에 집중하기보다 기독교적인 기본 진리가 되는 "언약과 그리스도"라는 성경신학적 진술에 집중하고 있다는 것을 밝힐 것이다.

필자는 이런 신학적 진술이 바울 자신이 다메섹 체험을 통해 새롭게 인식하게 된 신학적 체계를 토대로 변호하고 있는 사실에 주목한다. 이때 집중적 연구 본문은 다메섹 사건을 반영하고 있는 고린도후서 3:7-18, 4:6, 5:11-21이 될 것이다.

제4-6장에서는 본격적으로 바울이 자신의 사도직에 대해 논증하며 "새 언약의 일꾼," "그리스도의 일꾼," "중매자로서의 참된 일꾼"이라고 인식하고 있는 것에 주목할 것이다.

제4장에서는 바울이 자신의 사도직을 고린도후서 3:6에서 "새 언약의 일꾼"으로 지칭하고 그 사역에 대해 "영의 직분," "의의 직분"이라고 묘사하는 것이 무슨 뜻인지를 고찰할 것이다. 이 작업은 주로 고린도후서 3장을 중심으로 이루어질 것이다. 그리고 "의의 직분"과 관련된 고린도후서 5:21에 나오는 "하나님의 의"에 대해도 살필 것이다. 이 연구에 앞서 바울이 자신의 사도직 본질과 정체성을 교회론적 인식 안에서 설명하고 있는 고린도후서 3:1-3을 살필 것이다.

제5장에서는 바울이 자신의 사도직을 그리스도의 죽음과 부활 그리고 그리스도의 대속 사역과 관련된 직분으로 주장하는 것의 신학적 의미가

무엇인지에 대해 집중할 것이다. 이때 바울이 자신의 사도직을 하나님의 새 창조 사역과 화목 사역의 참여자로 인식하고 있는 것에 대해 살필 것이다. 이 작업은 주로 고린도후서 5:11-6:4a을 중심으로 이루어질 것이다. 그리고 사도의 사도적 사역의 근원을 하나님께 둔 것으로 이해하고, "하나님과 함께 일하는 자"(6:1)와 "하나님의 일꾼"(6:4)으로 묘사한 것을 "하나님과 함께 일하는 일꾼"으로 정해 연구할 것이다.

제6장에서는 바울이 고린도후서 11-12장에서 자신을 "참 일꾼"의 사역자로 비유한 "중매자"가 무슨 의미인지에 대해 살필 것이다. 이때 "참 일꾼"을 증명하기 위해 바울이 드러낸 그의 대적자들의 정체와 "참 일꾼"의 징표로 제시한 그리스도의 십자가 능력이 나타나게 하는 "약함"이라는 주제 그리고 고린도후서 6:4b-10에서 자신의 사도직과 그의 사역의 참됨을 논증하며 제시한 그의 사도의 삶의 모습에 대해 살필 것이다.

제7장에서는 결론으로 바울의 사도적 직분 의식과 사도적 사역에 대해 이해한 내용을 정리하며, 한국교회를 향한 몇 가지 제언을 시도할 것이다.

제2장

고린도후서에 나타난 사도직에 관한 용어들

1. 서언

성경에는 사도직에 대해 언급할 때에 기본적으로 '아포스톨로스'(ἀπόστολος)라는 용어를 사용한다. 하지만 고린도후서가 독특한 것은 사도직에 대해 진술할 때 주로 사도의 역할과 기능의 관점에서 하고 있다는 것이다. 이것은 바울이 사도직에 대해 언급하며 주로 '디아코노스/디아코니아'(διάκονος/διακονία)를 사용하는 사실에 의해 확인된다.

그러나 분명한 것은 바울이 자신이 사도라는 인식(1:1)을 근거로 이 용어들을 사용하며 자신의 사도직 본질을 논증한다는 것이다. 따라서 바울이 자신의 사도직을 직분론으로 설명하는 것은 매우 자연스럽다.

그렇다면 바울은 자신의 사도직을 어떻게 인식하고 있고, 사도 사역에 대해 무어라고 말하고 있는가?

이에 대해 알아보기 위해 필자는 사도를 가리키는 두 용어, '아포스톨로스'와 '디아코노스/디아코니아'에 대해 연구해 보고자 한다. 이 용어들은 바울이 사도직과 사도적 사역에 대해 어떤 이해를 하고 자신의 사도직을 논증하는지를 잘 드러내 준다.

2. 사도(ἀπόστολος)

"사도"(ἀπόστολος)라는 용어는 기독교 역사에서 그 기원과 개념에 관해 규정된 것을 찾기 어렵다. 학자들 역시 이 문제에 대해 가장 복잡하고 풀기 어려운 문제 가운데 하나라고 주장한다.[1] 하지만 바울은 고린도후서에서 자신을 "사도"로서 분명하게 인식하고 그에 대한 사도적 사역과 기능에 대해 신학적으로 설명하고 있다. 이에 바울의 사도직에 대한 신학적 이해를 고찰하기에 앞서, 그 배경적 연구로 "사도"의 용례와 기원과 그 의미에 대해 살펴보고자 한다.

1) 헬라 세계와 유대교와 구약에서의 용례와 기원

"사도"로 번역된 고전 헬라어와 후기 헬라어 '아포스톨로스'(ἀπόστολος)는 배로 화물을 운반하는 사람들을 가리키는 해상 용어로, 함대 원정 혹은 원정 지휘자를 의미한다.[2] 플라톤(Plato)은 이 단어를 형용사 용법으로 '출항준비가 된 배'라는 의미로 사용하기도 한다.[3]

이 용어와 유사한 헬라어 '프로페타이'(προφῆται)는 '신의 대변자'라는 의미로 위임이나 권위에 대한 특별한 의식이 없는 익명의 중개자들을 가리킨다.[4] 견유학파는 자신을 사자, 선포자, 감독자로 인식하고, 그 사역을 서술하기 위해 '아포스텔로'(ἀποστέλλω/보내다), '앙겔로스'(ἄγγελος/천사), '케륔

1　H.D. Betz, 『갈라디아서』, 186; H. Küng, 『교회』, 정지련 역 (서울: 한들출판사, 2011), 496; *The Anchor Bile Dictionary*, *ABD*, ed. by D.N. Freedman (NewYork: Doubleday, 1992), Vol. 1, 309; 김태영, "고린도후서에 나타난 바울의 사도직 이해," 15.
2　*TDNT*, Vol. 1, 407; *BDAG*, 122.
3　ἐν τοῖς ἀποστόλοις πλοίοις πλεῖν: Ibid., 122
4　*TDNT*, Vol. 1, 408.

스'(κῆρυξ/전령), '카타스코포스'(κατάσκοπος/정탐꾼) 등과 같은 단어들을 사용한다. 이 가운데 카타스코포스는 형식적 의미에서 신약의 아포스톨로스(ἀπόστολος)와 유사한 면을 나타낸다.[5]

하지만 이 단어들은 이들에 의해 주로 자신의 위임이나 임무에 대한 자기인식과 비인격적인 요소가 강화되어 사용되므로 신약의 아포스톨로스(ἀπόστολος) 개념과 멀어진다. 이처럼 아포스톨로스는 헬라 세계에서 신약의 용례에 대한 어떤 접근도 보이지 않는다. 이런 점은 70인역(LXX), 요세푸스(Josephus), 필로(Philo) 등이 모두 증언한다.[6]

유대-헬라 문헌에는 아포스톨로스가 요세푸스에 의해 두 번 발견되지만 한 경우에는 증명이 불충분하다. 다른 하나는 일반적이지 않지만 '로마에 유대인 사절을 보내다'라는 데에서 언급된다. 이것이 신약의 의미와 어떤 유사성을 보여 주는지는 알 수 없다.[7] 파피루스에는 대부분 적하증권, 송장, 여행증명서, 송신이라는 뜻이 되기도 하고, 특정한 목적을 위해 파견된 사신, 사자, 사절이라는 뜻을 가지기도 한다.[8]

70인역(LXX)에는 이 단어가 히브리어 '살리아흐'(שָׁלִיחַ/Schaliach)를 가리킨다. 이 단어는 열왕기상 14:6에서 '명령을 받아 전하다'라는 뜻을 나타낸다.[9] 제롬(Jerome)은 살리아흐(שָׁלִיחַ)를 신약의 아포스폴로스(ἀπόστολος)와 유사한 것으로 인정한다.[10] 그런데 동사 살라흐(שָׁלַח)는 '보내다'(qal형-창 37:13; 45:23; 출 9:14; 삼상 16:20; 삼하 24:13; [MT, LXX]왕상 5:23(왕상

---

5 Ibid., 408-412.
6 Ibid., 407-412.
7 Ibid., 413.
8 *BDAG*, 122.
9 열왕기상 14:6에는 '명령을 받아 전하다'는 의미로 히브리어 שָׁלַח을 사용한다. 이 단어는שָׁלַח의 수동태분사형으로 사용된다. *TDNT*, Vol. 1, 413. LXX에서 이 구절은 Vaticanus에서 누락되어 있어 일반적으로 Alexandrinus에 나오는 것을 따른다: "ἐγώ εἰμι ἀπόστολος πρός σε σκληητός": *TDNT*, Vol. 1, 413.
10 Ibid.,413

5:9); 14:6; 왕하 2:2; 잠 26:6 등), '보냄을 받다'(paul형-왕하 1:2; 잠 17:11; 단 10:11; 욥 1:1 등)라는 뜻을 나타낸다. 이것들은 대부분이 헬라어 아포스텔로(ἀποστέλλω)로 번역된다.[11]

이 단어의 동사형 살라흐(שׁלח)의 가장 기초적인 개념은 보냄을 받은 특사(envoy), 사자(messenger), 혹은 천사(ἄγγελος), 전령(κῆρυξ) 등으로 칭해지기도 한다. 신적인 권위자들로부터 보내진 사람이라는 의미가 있는 헬라어 단어는 주로 아포스톨로스(ἀπόστολος)가 사용된다.[12] 이승호는 '보내다' 혹은 '보냄을 받다'라는 뜻을 가진 동사형의 살라흐(שׁלח)가 두 가지의 특성을 드러낸다고 한다. 하나는 제도적 직책으로서가 아니라 그때마다 과제를 수행하는 기능적 의미이고, 다른 하나는 파송의 형태나 내용보다 파송하는 사람에게 더 강조점이 주어진다는 것이다(사 6:8).[13]

이처럼 70인역(LXX)에서 유대교의 '살리아흐'(Schaliach)는 신약의 아포스톨로스(ἀπόστολος)와 어느 정도 상응하는 단어로 볼 수 있다. 하지만 살리아흐(Schaliach) 개념은 70년 이전에 직책으로서 고정된 하나의 전문 용어가 아니라 과제를 수행하는 의미상의 용어로만 사용되고, 그 이후는 하나의 유대교의 법정 제도로 사용되는 것을 알 수 있다.

구약에서 '살리아흐'(Schaliach)는 신적인 권위와 개념을 지닌다. 하나님께서 파송과 위임한 모세와 엘리야, 제사장들과 같은 자들에게 적용되나 예외적으로 선지자들에게는 적용되지 않는다. 그 이유는 그들이 공동체에 권위를 부여받지 않고, 후기 유대교에서 그들의 활동이 성령의 도구로만 나타나기 때문이다. 다만 그들은 '권위를 부여받은 대표자'라고 불렸다.[14]

---

11 William L. Holladay, 『구약성경의 간추린 히브리어, 아람어 사전』, 손석태·이병덕 공역 (서울: 솔로몬, 1998), 496-7.
12 D.N. Freedman, "APOSTLE," *ABD*, 309; 왕인성, 82.
13 이승호, 『바울의 선교와 신학』 (서울: 대한기독교서회, 2009), 13.
14 *TDNT*, 419.

그런데도 구약에서 이 단어의 개념을 예언자의 소명과 관련된 것으로 본다면, 이 단어는 아포스톨로스(ἀπόστολος) 개념과 어느 정도의 관련성을 무시할 수는 없을 것이다.[15]

이상으로 헬라와 유대 문헌 등의 아포스텔로스는 신약에서 직분으로서의 의미에 대한 그 유사성이나 관련성이 희박하다. 70인역과 구약의 '하나님으로부터 보내심을 받았다'라는 살리아흐는 이 단어의 의미를 받아들여 그 개념과 패턴에서 유사성을 어느 정도 발견하게 된다. 하지만 유대교의 제도로서 그 단어의 의미는 받아들이지 않는다.

2) 신약성경에서의 용례와 기원

신약성경에서 '아포스톨로스'(ἀπόστολος)는 79회 사용되어 있다.[16] 이 가운데 누가 문헌과 바울서신에는 약 80%가 사용되고 있다. 특히 고린도전

---

15 Ibid., 13-5.
16 지명수, "사도직 소고," 「신학 지평」, 18 (2005), 239-43은 신약에서 사용되는 "사도"를 예수의 열두 제자로서 사도(눅 6;12-13), 선교사(롬 11:1; 고전 15:3-8), 교회의 파송자(갈 1:1; 고전 1:1; 고후 1:1; 8:23; 빌 2:25; 살전 2:3:6), 여성 사도(롬 16:7), 거짓 사도와 자칭 사도(고후 11:13; 계2:2), 심지어 예수를 사도로 호칭(히 3:1)하는 데에서 찾아볼 수 있다고 정리한다.
강창희, "고린도후서에서의 바울의 사도직 이해," 「신학과 선교」, 101-2는 사도에 대해 신약적 용례에서 찾아 다음과 같이 정리한다: ① 예수에 의해 직접 복음 전파 사명을 맡은 12명(요 20:21; 행 1:21-23)과 사도 바울(행 9장; 고전 4:9; 9:2; 딤전 1:12; 딤후 1:12; 딛 1:1-3), ② 초대교회에서 복음 전파자로 인정받은 예수의 형제 야고보(행 12:17; 15:13; 고전 15:7; 갈 1:19; 약 1:1)와 바나바(행 14:3, 4), 아볼로(고전 4:6, 9), 안드로니아, 유니아(롬 16:7), 실루아노, 디모데(갈 1:1, 6; 고후 1:1), ③ 교회 최고의 감독들과 치리의 최종적 권위자(고전 12:28; 엡 4:11; 행 5:2; 6:2-4; 15:6), ④ 최고의 권위를 인정받은 복음 전파자(벧전 1:1; 벧후 1:1; 3:15-16). 강창희는 이와 같은 사도라는 판단 기준을 그 개념의 발전적 결과로부터 나타난 것이라고 본다.

서와 고린도후서의 이 단어의 사용량은 사도행전 다음으로 많다.[17] 그런데 아포스톨로스를 가장 많이 사용한 바울과 누가는 이 용어를 다르게 사용한다.[18] 그뿐만 아니라 복음서 내에서도 열두 사도/제자에 대한 묘사나 역할에 관한 기술이 다르게 나타난다.[19]

이에 본 절(節)에서는 복음서에서의 아포스톨로스의 이해와 바울이 이해한 아포스톨로스에 대해 먼저 살펴보고자 한다.

(1) 복음서에서 아포스톨로스의 이해

복음서에는 '아포스톨로스'(ἀπόστολος/사도: 마 10:2; 막 3:14; 6:30; 눅 6:13; 9:10; 11:49; 17:5; 22:14; 24:10; 요 13:16)보다 마데테스(μαθητής)라는 단어가 더 많이 사용된다.[20] 사실 아포스톨로스(ἀπόστολος)와 마데테스(μαθητής)를 같은 단어로 보기 어렵다. 하지만 12명의 제자와 사도를 동일시하는 누가에 의한 사도적 전승(행 2:42)을 볼 때, 그 두 호칭의 의미는 서로 유사성을 가진다고 볼 수 있다.[21]

---

17 TDNT, Vol. 1, 420. ἀπόστολος가 누가복음에 6번, 사도행전에 28번 사용된다(눅 6:13; 9:10; 11:49; 17:5; 22:14; 24:10; 행 1:2, 25; 2:37, 42, 43; 4:33, 35, 36, 37; 5:2, 12, 18, 29, 40; 6:6; 8:1, 14, 18;9:27; 11:1; 14:4, 14; 15:2, 4, 6, 22, 23; 16:4). 바울의 사도성의 정당성을 주장하는 고린도전서와 후서에 이 단어가 15번 나온다(고전 1:1; 4:9; 9:1, 2, 5; 12:28, 29; 15:7, 9; 고후 1:1; 8:23; 11:5. 13; 12:11, 12). 이외에 마 10:2; 막 3:14; 6:30; 요 13:16; 롬 1:1; 11:13; 16:7; 갈 1:1, 17, 19; 엡 1:1; 2:20; 3:5; 4:11; 빌 2:25; 골 1:1; 살전 2:7 딤전 1:1; 2:7; 딤후 1:1, 11; 딛 1:1; 유 1:17; 계 2:2; 18:20; 21:14 등에 나온다.
18 김경진, "바울과 누가: 동지인가, 적인가?," 95-6.
19 Idem., "공관복음의 제자도 비교 연구,"「신약논단」, 제21권 1호 (2014), 1-3.
20 μαθητής는 마태복음에 69번, 마가복음에 42번, 누가복음에 35번, 요한복음에 73번 나온다.
21 R.N. Longenecker, "Taking Up the Cross Daily: Discipleship in Luke-Acts," in R.N. Longenecker (ed.), *Patterns of Discipleship in the New Testament* (Grand Rapids: Eerdmans, 1996), 56. 김경진, "공관복음의 제자도 비교 연구," 3, 7은 일반적으로 사도와 제자를 동일시하는 것이 마가복음을 근거에서 비롯된 것이라고 한다.

첫째, 마가복음에는 12명의 제자와 사도를 동일시한다(3:14; 6:30).

마가는 이들을 외인과 구별한 내부 그룹으로 소개하며, 예수의 개인적이고 사적인 교육을 받은 것으로 진술한다. 이는 예수의 부재 시대를 대비하는 특별 교육을 의미한다.[22]

마가복음에서 사도(제자)는 대부분 부정적으로 묘사된다. 그 이유는 마가복음의 기록 목적 때문이다. 그 기록 목적은 주후 64년 네로 황제에 의한 로마의 대화재 사건 이후 점증하는 핍박에 직면한 이방 그리스도인들을 위로하고 격려하기 위한 것이다. 즉 마가복음의 사도(제자도)의 요건은 고난을 감내하고자 하는 용기를 말할 수 있는 자라야 한다.[23]

둘째, 마태복음 역시 12명의 제자와 사도를 동일시한다(10:2).

하지만 마태는 마가와 다르게 12명 밖의 인물인 아리마대 요셉을 제자로 부른다(마 27:57). 마태는 12명의 사도와 동일 선상에 놓기는 어렵지만 '불특정 그룹'(undifferentiated group)을 제시함으로써 은연중 제자를 12명에서 확대시킨다. 이와 같은 마태복음에서 제자에 대한 묘사는 본 복음서의 보편주의적인 특성과 같이 긍정과 부정의 양면성과 같은 맥락에서 이해할 수 있다(예, 칭찬-마 16:17-19; 책망-마 16:23).[24]

셋째, 요한복음에서 제자들은 공관복음서와 비교해 상대적으로 긍정적인 모델로 묘사된다.

요한은 열두 제자를 구체적으로 언급하지 않지만 그래도 이들을 염두에 두고 있는 것을 알 수 있다(6:70; 13:18). 그들에 대한 요한의 이해는 완전한 자들로 인식되지 않다. 하지만 그들이 '제자직'을 위한 모델로 활동한 어느 정도 이상적인 제자이며, 예수의 추종한 신실한 자들이라고 인식한

---

22 김경진, 『제자와 제자의 길』 (서울: 도서출판 솔로몬, 2002), 215.
23 Ibid., 4-5, 8-10.
24 Ibid., 7-8, 10-1.

다.²⁵ 특히 요한이 묘사한 제자들의 주요 특징은 예수를 믿고 그의 요구를 적극적으로 수용한 자들이다.²⁶

하지만 요한은 그들이 예수의 활동 시기에 세상으로 보내졌다는 그 어떤 정보도 제공하지 않는다. 요한의 제자 모습은 교회의 대변자로 묘사되며, 역사적 상황에 대처할 방안으로 제시된다.²⁷

넷째, 누가는 사도행전 1:22에서 베드로가 맛디아를 사도로 새롭게 뽑을 때 사도의 기준을 제시한다.²⁸

이때 누가는 "열둘"이라는 숫자에 집중한다. 이는 종말론적 의미로 이스라엘 열두 지파의 마지막 때에 회복을 암시하는 것으로 보인다. 그는 사도행전 14:4, 14에서 바울과 바나바를 사도로 지칭한다.²⁹ 하지만 누가복음에서 사도는 주로 열두 제자를 가리킨다.³⁰

---

25 유태엽, "나사로 이야기와 제자직," 「신약논단」, 제19권 제1호 (2012년 봄), 77.
26 M. Hillmer, "They Believed in Him: Discipleship in the Johannine Tradition," in Richard N. Longenecker (ed.), *Patterns of Discipleship in the New Testament* (McMaster New Testament Studies: Grand Rapids: Eerdmans, 1996), 77-97; 유태엽, "나사로 이야기와 제자직," 79.
27 Ibid., 80, 82-3.
28 사도의 기준에 대한 진술은 헬라어성경에는 사도행전 1:21에, 한글성경에는 1:21과 22절에 나온다. " … τῶν συνελθόντων ἡμῖν ἀνδρῶν ἐν παντὶ χρόνῳ ᾧ εἰσῆλθεν καὶ ἐξῆλθεν ἐφ' ἡμᾶς ὁ κύριος Ἰησοῦς"(행 1:21[BGT, BYZ]). " … 주 예수께서 우리 가운데 출입하실 때에 항상 우리와 함께 다니던 사람들"(사역). "이러하므로 요한의 세례로부터 우리 가운데서 올려져 가신 날까지 주 예수께서 우리 가운데 출입하실 때에 (22)항상 우리와 함께 다니던 사람 중에 하나를 세워 우리와 더불어 예수께서 부활하심을 증언할 사람이 되게 하여야 하리라 하거늘"(행 1:21-22[개역개정]). 이것을 정리하면 다음과 같이 세 가지로 제시할 수 있다: ① 남자, ② 예수의 세례로부터 승천까지 '우리와 동행한 자,' ③ 열한 사도들과 함께 부활의 증인: 이상목, "초기교회의 사도," 「신학사상」, 제173집 (2016, 여름), 40.
29 이상목, "초기교회의 사도," 40-1은 사도를 열두 명의 제자들로 한정해 해석한 이유에 대해 눅 9:10과 10:17의 차이점에서 찾는다. 눅 9:10은 예수에 의해 파송된 열두 제자를 '사도들'의 귀환으로 기록한 반면 눅 10:17은 파송된 칠십 인을 '사도'로 기록한다.
30 열두 제자들을 사도로 보는 경우는 예수의 초기 지상 사역부터 부활의 증인의 역할을 했던 자들(마 10:1, 2; 눅 6:12-13; 행 1:21-22, 25)을 가리킨다. 이후에는 예루살렘교회의 지도자들까지 포함한다(참조, 행 4:35-37; 5:2, 27-32; 6:1; 8:1 14, 18; 9:27;

바울이 사도인가 아닌가에 관해 학자들은 서로 다른 견해를 제시한다. 폴힐(Polhill)은 누가가 사도행전 14:4, 14의 아포스톨로이(ἀπόστολοι)를 안디옥교회에 파송을 받은 자라는 넓은 의미로 사용했을 것이라고 본다.[31] 이상목은 바울에게 적용한 사도의 지칭이 누가의 사도에 대한 이해와 상충한다고 보지 않는다. 오히려 누가가 열두 사도를 예수의 부활 전후를 연결하는 통로로 중시했지만, 그 지위를 열두 제자로 국한하지는 않았을 것이라고 한다.[32]

반면 마샬(Marshall)은 누가가 바울과 바나바를 사도로 인정하지 않는다고 본다. 하지만 그는 사도행전 14:4, 14의 아포스톨로이(ἀπόστολοι)와 22:21, 26:17의 아포스텔로(ἀποστέλλω)를 연결 지어 본다면, 누가가 바울을 좀 더 넓은 의미의 사도에 포함하려고 했다고 본다. 즉 마샬(Marshall)은 누가가 바울의 사도권을 잘 인식하고 있으며, 열두 사도보다 더 넓은 예수에 의해 위임받은 사도 그룹으로 인정하고 있는 것으로 이해한다.[33]

하지만 김경진은 누가가 사도행전에서 사도의 자격으로 '증인'(μάρτυς)을 강조(행 1:8; 1:22; 2:32; 3:15; 5:32; 7:58; 10:39, 41; 13:31; 22:15, 20; 26:16)하고 있으므로 바울이 이 자격조건에 부합하지 않는다고 본다. 따라서 그는 사도행전 14:4, 14에 나타난 '사도'가 안디옥교회에 '파송을 받은 자'라는 의미로 이해될 수 있다고 한다.[34]

11:1; 15:1-6, 22-23; 16:4 등). 누가는 자신의 복음서에서 열두 제자들을 거듭해 사도라고 부른다(눅 6:13; 9:10-12; 17:5; 22:14; 24:10). 반면 마태와 마가는 파송 단락에서만 그들을 사도라고 부른다(마 10:2; 막 3:14; 6:30). 이런 차이점은 초기 교회 내에서 다양한 사도에 대한 이해가 존재했음을 보여 준다.

31 John B. Polhill, *Acts* (The New American Commentary 26; Nashville: Broadman Press, 2001), 311.
32 이상목, "초기 교회의 사도," 42-3.
33 I. Howard Marshall, *Acts* (The Tyndale New Testament Commentaries 5; Grand Rapids: Eerdmans, 2002), 233-4.
34 김경진, "바울과 누가: 동지인가, 적인가?," 95-6.

그런데 누가의 열두 제자에 대한 이스라엘 열두 지파의 유비 관계는 종말론적인 성취 개념에서 하나님의 종말론적인 백성을 불러 모으시는 상징적 의미를 내포한다. 류호영은 이에 대해 "구약에 약속된 하나님의 백성인 이스라엘에 관한 것으로, 예수의 인성과 사역을 통해 종말론적으로 성취되었다는 의미를 내포하고 있다"는 점에서 소수의 특정한 사람들만이 사도(혹은 목회자)를 가리키는 것이 아니라고 주장한다. 그는 예수의 제자들이 새 시대의 도래 관점에서 하나님의 다스림의 복음을 따라 다스림의 세계로 들어가도록 부름을 받은 자들이며, 그들을 가르치고 선포하게 함으로써 그리스도의 사역에 동참하게 하는 것으로 본다.[35]

이러한 그의 주장은 바울에게서 비롯된 것을 알 수 있다. 고린도후서 6:14-18의 하나님 성전과 하나님의 백성 됨에 대한 새 언약 개념은 새 언약 아래 새 시대의 도래 관점에서 하나님 나라 통치와 그 나라 안에서 부르심을 받은 사도직의 이해를 함의한다. 이것은 또한 바울이 자신의 사도직을 "그리스도를 대신하는 사신"으로 묘사하며, 그의 사역에 동참하는 자로서의 대표성을 통해 하나님 나라의 통치 개념 아래 부르심에 응답한 새 언약 공동체적 의미를 암시한다.

(2) 바울의 아포스톨로스에 대한 이해

바울은 자신의 직분에 대해 "사도"라는 표현을 절대적으로 사용할 뿐 아니라 그의 동역자들에게 사용한다.[36] 또한, 바울은 자신의 사도직을 하나님과 예수의 계시에 의한 것으로 베드로의 그것과 동등하다고 주장한

---

35 류호영, "성경 해석의 관점," 297-9.
36 김판임, "신약성서의 교회와 교회 지도자의 이해,"「신약논단」제20권 제4호 (2013년 겨울), 1109.

다(갈 1;1, 2; 2:8-9).³⁷ 그는 자신 이외에도 안드로니고와 유니아(롬 16:7), 실루아노와 디모데(살전 1:1; 2:7), 바나바(고전 9:5-6; 갈 2:9), 에바브로디도(빌 2:25) 그리고 여러 사도의 활동한 정황을 기술함으로써 사도 대상의 범위를 넓힌다(참고, 고전 15:5-8; 고후 8:23).

그렇다면 신약에서의 "사도"는 열두 제자와 그 외 하나님의 부르심을 받아 복음을 전하는 자들로 나눌 수 있다. 이처럼 사도의 판단 기준은 바울에 의해 폭이 넓어지고 보편화한 것이다.³⁸

사도행전 다음으로 아포스톨로스(ἀπόστολος)가 많이 나오는 곳은 고린도전서다(1:1; 4:9; 9:1, 2, 5; 12:28, 29; 15:7, 9). 바울은 고린도전서 1:1에서 자신의 사도직에 대해 오직 하나님의 뜻에 따라 된 예수 그리스도의 사도라고 인식하며 선언한다. 고린도전서 4:9에는 사도직의 고난에 대해, 고린도전서 9장에는 사도의 권리에 대해,³⁹ 고린도전서 12:28, 29에는 교회 직분으로서의 사도직에 대해 진술한다.

고린도전서 15:7, 9에서 사도직은 그리스도의 죽음과 부활을 근거로 한 것으로 묘사된다. 또한, 바울은 그리스도의 죽음과 부활을 예수의 열두 제자, 그 후 오백여 형제, 그 후에 야고보, 그 후에 모든 사도, 맨 나중에

37　이상목, "초기 교회의 사도," 43-4.
38　G.E. Ladd, 『신약신학』, 이한수·신성종 공역 (서울: 대한기독교서회, 2001), 456은 이들의 사도적 기능을 인간적인 인준이 아니라 성령에 부여받은 카리스마적 은사들에 근거한 교회들 때문에 인정받은 것으로 본다. 하지만 교회 때문에 선택된 직분과 직책의 권위는 영적인 것으로 임명되거나 공식적 혹은 법적인 것이 아니라고 한다. 그들은 교회의 기초를 닦고(엡 2:20; 참조. 계 21:14), 신적인 계시를 전하는 도구이며(엡 3:5), 하나님에 의해 세움을 받은 사람들이며, 교회들을 다스림으로써 권위를 행사한다고 본다. 그렇다고 오늘의 교회 지도자들이 그런 권위를 가졌다고 보지는 않는다.
39　바울은 고린도전서 8장에서 사도로서의 모든 권리에 대해 주장한다: 교회에서 물질적인 후원을 받을 권리(4절), 교회의 후원을 받아 자매인 아내를 데리고 다닐 권리(5절), 교회의 지원을 받을 권리(6절), 응당한 대가를 받을 권리(7절). 그리고 이 권리가 율법에서조차 보증되었다고 주장한다(8절): 홍인규, "바울서신"(백석신학대학원 강의교재, 2019), 108-9.

자신에게 보였다고 함으로써 그 범위를 넓히며, 그들과 동등하게 여긴다 (고전 15:3-9).

바울은 사도직의 징표를 하나님의 뜻과 명령에 복종하며 수행하는 모든 수고를 통해 나타나는 하나님의 거룩한 은혜의 능력이라고 한다(고전 15:10). 특히 그는 복음을 전할 때 자신의 사도적 권위를 강조한다(고전 1:18). 바울은 그리스도의 메시지 곧, 십자가의 말씀(고전 1:18; 고후 5:19)을 전하는 데 있어서 자신의 사도적 권위를 강조한다.[40]

특별히 고린도전서 9장의 권리 문제는 고린도 교인들이 그 당시 그리스-로마 세계에서 철학자들과 순회 전도자들이 사례, 후원, 구걸, 일 등으로 자신들의 권리를 주장한 것과 같은 것을 바울에게도 요구한 것이 문제가 된 것이다.[41]

고린도 교인들은 바울이 고린도교회의 지원을 거부한 것에 대해 교만으로 여기고, 그 이유로 해서 바울의 사도권에 대한 문제를 제기한다. 이에 대해 바울은 자신의 사도됨을 특별히 두 개의 수사학적 질문―"내가 예수 우리 주를 보지 못하였느냐"와 "내가 주 안에서 행한 나의 일이 너희가 아니냐"―을 통해 변호한다(고전 9:1).

바울은 첫 번째 질문을 통해 자신의 사도의 위임 명령을 다메섹 도상에서 현현하신 부활의 예수 그리스도에 의해 부여된 것으로 주장한다. 두 번째 질문을 통해서는 사도로서의 기준의 다른 하나를 '새 시대 교회를 세우는 일'에 둔다는 것을 강조한다. 이처럼 바울은 고린도전서에서 자신의 사도권의 진정성을 그리스도와 교회와의 관계성에서 찾으며 사도직의 신

---

40 TDNT, 440.
41 Gordon D. Fee, 『고린도전서』, 최병필 역, NICNT (서울: 부흥과개혁사, 2019), 518은 이 문제를 일종의 사회적 요인에서 비롯됐다고 본다.

학적 이해를 제공하고 있다.⁴²

고린도전서 15:5-8을 살펴보면, 바울이 보는 사도의 범위는 두 그룹으로 나눌 수 있다. 하나는 게바를 대표로 하는 열두 제자 그룹을, 또 다른 하나는 야고보를 대표로 하는 모든 사도를 가리킨다(참고, 갈 1:19). 또한, 이 본문을 중심으로 생각해 본 바울의 사도직에 대한 기준은 누가뿐만 아니라 베드로의 기준과도 상충한다.

바울은 예수의 지상 사역에 동참한 것도, 다메섹에서 현현하신 예수의 부활에 대한 체험도, 사도의 기준으로 한정 짓지 않는다(고후 5:16). 그는 사도직의 위임과 근거 역시 어느 하나로 규정하지 않는다. 이상으로 바울이 이해한 사도직을 정리하면 다음과 같다.

첫째, 사도를 교회의 직분의 하나로 언급한다(고전 12:28; 엡 4:11).
둘째, 교회들의 사도들을 교회의 파송에 의한 자들로 인정한다(고후 8:23).
셋째, 이들과 자신의 사도직을 차별하거나 독점적으로 여기지 않는다.
넷째, 바울은 그리스도의 위임받은 사도와 교회들의 위임받은 사자를 구분하지 않는다.⁴³

이처럼 바울에게 있어 사도의 자격과 평가는 그 어떤 것에 있지 않고 전적으로 그리스도의 십자가 죽음과 부활에 두고 있다. 그리고 그 기능과 역할은 그리스도를 대신하여 그분의 권위를 행사하여 복음을 전파하고, 교회를 설립하고, 목양하는 것으로 본다.

---

42 Ibid., 511-20.
43 Andrew Wilson, "Apostle Apollos?," *JETS* 56 (2, 2013), 333-5; cited in 이상목, "초기 교회의 사도," 45-8은 만약 바울이 아볼로를 사도로 인정한다면 부활한 예수의 위임이 없는 자들도 사도로 인정한다는 한 예가 될 수 있을 것이라고 한다.

(3) 고린도후서에서의 용례와 그 의미

고린도후서에서 아포스톨로스(ἀπόστολος)는 7번 사용된다. 이 가운데에서 1:1만 바울이 자신을 사도로 지칭하는 데 사용된다. 그리고 8:23을 제외한 나머지는 바울이 자신의 사도직을 논증하는 곳에서 부정적으로 나온다.

고후 1:1	하나님의 뜻으로 말미암아 그리스도 예수의 사도(Παῦλος ἀπόστολος Χριστοῦ Ἰησοῦ διὰ θελήματος θεοῦ)
고후 8:23	여러 교회의 사자들(ἀπόστολοι ἐκκλησιῶν)
고후 11:5; 12:11	지극히 크다는 사도들(τῶν ὑπερλίαν ἀποστόλων)
고후 11:13	거짓 사도들(ψευδαπόστολοι)
고후 11:13	그리스도의 사도로 가장하는 자들(μετασχηματιζόμενοι εἰς ἀποστόλους Χριστοῦ)
고후 12:12	사도의 표(σημεῖα τοῦ ἀποστόλου)

고린도후서에서 바울이 사용하는 사도의 의미를 파악하기 위해서는 위의 표현들을 개략적으로 살펴볼 필요가 있다.

첫째, 바울은 고린도후서 1:1에서 자신을 "그리스도 예수의 사도"(ἀπόστολος Ἰησοῦ Χριστοῦ)로 소개한다. 그리고 자신의 사도직이 "하나님의 뜻으로 말미암아"(διὰ θελήματος θεοῦ) 된 것으로 말한다. 이는 자신의 직함에 대한 근거를 제시한 것으로 사도로서의 자신의 정체성[44]과 사도적 권위를 나타낸다. 바울의 사도적 권위에 대한 암시는 고린도후서 1:21, 2:17, 4:5, 5:20, 10:8, 13:10에서 반복적으로 제시된다.

---

[44] 김정훈, 『바울서신 연구』 (서울: Th & E., 2011), 225.

이 구절들은 바울이 "새 언약"이라는 틀 속에서 사도직을 "하나님의 일꾼(종)"이라는 자기인식을 하고 있다는 신학적 이해에 상당히 기여한다(3:6-18). 따라서 고린도후서 1:1에서의 바울의 사도직에 대한 묘사는 하나님과 그리스도의 뜻에 따라 살게 된 사도적 삶에 대한 자기인식을 말한 것이다.[45]

둘째, 고린도후서 8:23에 나오는 사도는 "여러 교회의 사자들"(ἀπόστολοι ἐκκλησιῶν)에서 찾아볼 수 있다. 한글개역개정에는 아포스톨로이(ἀπόστολοι)가 '사자들'로 번역되어 있다. 그런데 이 구절에는 두 개의 에이테(εἴτε)의 등위 접속사구로 인해 디도와 함께 또 다른 두 사도를 가리킨다.[46] 이 구절에서 바울은 디도를 실명으로 명시하며, 자신의 동료이며 바울의 동역자로서 고린도교회에 파송된 자로 말한다.

또 다른 두 명의 사도에 대해서는 바울이 그 이름을 밝히지 않는다. 하지만 '우리'(ἡμῶν)라는 복수를 사용해 바울과 함께 일하는 동역자들을 가리킨 것으로 보인다. 특히 고린도후서 1:1, 8, 2:13, 8:1, 18, 22, 23, 9:3, 5, 11:9, 12:18, 13:11의 '형제'(ἀδελφός)라는 단어는 디모데, 고린도교회 교인, 디도, 무명의 동역자, 헌금에 대해 독려하기 위해 보내진 바울의 동역자 등을 가리킨다. 이것을 볼 때 "여러 교회의 사자들"은 교회의 파송에 의한 사도들을 가리킨다.

그렇다면 바울은 교회들의 위임을 받은 사자나 그리스도의 위임을 받은 사도(ἀπόσολος)를 구분했는가?

---

45 R.P. Martin, 『고린도후서』, WBC 40, 99.
46 고후 8:23의 헬라어 성경과 한글 성경에는 다음과 같이 진술된다.
    "εἴτε ὑπὲρ Τίτου, κοινωνὸς ἐμὸς καὶ εἰς ὑμᾶς συνεργός· εἴτε ἀδελφοὶ ἡμῶν, ἀπόστολοι ἐκκλησιῶν, δόξα Χριστοῦ"(고후 8:23).
    "디도로 말하면 나의 동료요 너희를 위한 나의 동역자요 우리 형제들로 말하면 여러 교회의 사자들이요 그리스도의 영광이니라"(고후 8:23).

이는 빌립보서 2:25을 통해 확인할 수 있다. 이 구절에서 바울은 에바브로디도를 "너희들의 사도"(ὑμῶν δὲ ἀπόστολον)라고 한다.[47] 그리고 그를 "나의 형제," "함께 수고하는 자," "함께 군사 된 자"라고 묘사하며 철저히 자신의 동역자로 여긴다. 이것은 바울이 사도의 위임에 대한 그 어떤 근거나 통로를 하나로 규정하지 않고 동일한 '사도'로 여긴다는 것을 알 수 있다.[48] 그리고 바울은 고린도후서 8:23에서 "사자들"의 사도 사역을 '그리스도의 영광'에 참여하는 것으로 묘사하고 있다. 이것은 8:24의 그들의 사역의 결과로 고린도교회에게 증거를 나타내라는 권면을 통해 다시 한번 더 확인된다.

셋째, 고린도후서 11:5과 12:11의 "지극히 크다는 사도들"(τῶν ὑπερλίαν ἀποστόλων[49])은 문맥상 그의 대적자들과 강한 논쟁 가운데 진술된 것이다. 이 표현의 정체성에 관해서는 학자들의 다양한 논의가 있다.[50] 필자는 "지극히 크다는 사도들"이 누구를 가리키는지를 알기 위해서는 이 표현이 나

---

47 이상목, "초기 교회의 사도," 48.
48 Ibid.
49 "τῶν ὑπερλίαν ἀποστόλων"(지극히 크다는 사도들)은 학자들에 의해 '초사도,' '최고의 사도,' '특출한 사도' 등으로 번역해 사용된다.
50 박익수는 이에 대해 크게 세 견해로 나눠 제시한다: 박익수, 『고린도후서』, 328-330. "첫째, 이들이 예루살렘의 사도들이라는 입장이다. 이 견해는 주로 '지극히 크다는 사도들'과 거짓 사도들의 사이를 구별한다. 둘째, 거짓 사도들이 자칭 스스로를 '지극히 크다는 사도'로 여긴다는 입장이다. 이 견해는 이들을 예루살렘교회에서 파송된 자들이라고 본다. 셋째, 거짓 사도들의 성격을 영지주의적인 성령주의 자로 규명하고자 하는 입장이다. 이 견해는 거짓 사도들과 '지극히 크다는 사도들'을 딱히 구별하지 않는다."
"지극히 크다는 사도들"을 예루살렘 사도들로 보는 Barnett는 이들과 갈 2:9의 "기둥들"을 동일시한다. 그리고 그는 고후 11:13의 "거짓 사도들"을 예루살렘 사도들이 아니라 고린도교회에 보내진 예루살렘교회의 밀사들이라고 본다. 하지만 같은 견해를 가진 Baur은 거짓 사도들과 예루살렘 사도들을 동일시한다: Kreitzer, 『고린도후서』, 115-6.

오는 11:5을 품고 있는 10-11장과 12:11을 품고 있는 12장을 함께 살펴야 한다고 본다.

우선, 고린도후서 11:5에서의 표현을 4절, 6절과 함께 보면, 바울의 대적자들은 예루살렘교회의 사도들을 가리키는 것으로 보인다. 하지만 그렇게 되면 13-15절에서 신랄하게 비난하는 투의 표현들이 너무 과하고 극단적이다. 그런데 고린도후서 11:7의 "너희를 높이려고 나를 낮추어"라는 표현과 고린도후서 10-12장의 '약함'과 '강함'의 주제들은 바울이 그의 대적자들이 스스로 높이려는 것을 풍자하기 위해 "지극히 크다는 사도들"이라는 표현을 사용한 것으로 이해할 수 있다.

바울은 그들을 스스로 과대평가하고 자화자찬을 일삼는 자들이며, 예루살렘교회에서 추천서를 받고 온 친분을 내세우는 자들로 본 것이다(고후 3:1; 10:12-17).[51] 그러나 고린도후서 11:5과 12:11에서는 자신을 "지극히 크다는 사도들보다 부족한 것이 조금도 없다"(μηδὲν ὑστερηκέναι τῶν ὑπερλίαν ἀποστόλων)라고 표현한다. 이것은 바울이 자신의 사도직을 예루살렘교회의 사도들과의 동등성을 호소함으로써 자신의 사도성을 논증한 것이다(갈 1:1, 2; 2:8-9). 그렇다면 고린도후서 11:5과 12:11의 "지극히 크다는 사도들"이라고 지칭되는 것은 바울의 대적자들이 자신들의 위상을 높이기 위해 빙자하거나 그들의 권위에 의탁하려고 언급한 예루살렘교회의 사도들을 가리킨 것으로 볼 수 있다.

따라서 "지극히 크다는 사도들"의 원래의 의미는 예루살렘교회의 사도를 암시하지만, 바울의 대적자들이 자신들을 예루살렘교회의 사도들과 동일시한 것을 빙자한 것이다. 이것은 바울이 자신의 사도성을 논증하려는 전략적인 표현으로 이중의 효과를 보려 한 것으로 이해하는 것이 유력하

---

51 홍인규, "바울서신," 195.

다. 다시 말하면 한편으로는 이 표현을 통해 예루살렘교회의 사도들과 동등성을 자랑하려는 '위장된' 그의 대적자들의 정체를 드러나게 하고, 다른 한편으로는 그 동등성을 통해 바울 자신의 사도성의 '참됨'을 논증하려고 한 것이다.

특히 바울은 고린도후서 10-12장에서 고린도 교인이 자신이 말하는 '약함'에 대한 이해를 잘못해 자칭 "지극히 크다는 사도들"이라고 하는 거짓 사도들을 추종한 것을 지적한 것이다. 류호영은 이에 대해 이들의 인식론의 문제를 "십자가 이전에 사는가 아니면 이후에 사는가에 경색된 배타적 인식론을 견지하고 십자가 안에 산다는 점을 망각한 것"에서 비롯되었다고 본다.[52]

이상으로, "지극히 크다는 사도들"이라는 표현은 바울이 자신의 사도성을 입증할 뿐 아니라 고린도 교인들을 그리스도인으로 바르게 이끌어야 하는 사도의 직무도 잊지 않고 있다는 것을 보여 준다(11:2).

넷째, 고린도후서 11:13의 "거짓 사도들"(ψευδαπόστολοι)과 "그리스도의 사도로 가장하는 자들"(μετασχηματιζόμενοι εἰς ἀποστόλους Χριστοῦ)을 살펴보자. 이 표현들은 바울의 대적자 정체를 밝힐 때 사용된다. 이것은 그들도 '사도'라는 직함을 사용하고 있다는 것을 보여 주는 것이다. 그러나 바울은 그들이 자칭 사도라고 주장하는 것과 자신이 인식하는 사도 개념을 차원이 다른 것으로 주장한다. 바울은 이들과 달리 사도의 판별 기준을 복음의 선포(11:4)와 참된 복음을 전파하는 자라는 여러 가지 표증으로 제시한다.[53]

다섯째, 고린도후서 12:12의 "사도의 표"는 바울 자신이 사도적 사역을 수행하며 나타낸 "모든 참음과 표적과 기사와 능력"을 통해 증명한다고

---

52 류호영, "성경 해석의 관점," 128.
53 Ibid., 99-100.

할 때에 사용한 표현이다. 바울은 자신의 대적자들이 크다는 거짓 자랑과 가장한 것에 반해 '약함'이라는 대조적 개념을 통해 그리스도의 십자가에 연합된 사도적 삶의 고난[54]을 증거로 제시한다.

이것은 바울의 사도의 역설적 삶의 모습을 주목받게 한다(4:7-12; 6:3-10; 11:23-33; 12:9-10). 사도의 역설적 삶의 모습은 고린도후서에서 사도직의 '영광과 고난'을 반영한 것이다. 바울은 이것을 통해 사도직의 정당성을 종말론적인 '아직과 이미' 관점에서 설명한 것이다(고후 3:6-18).

이상에 비추어 볼 때, 바울은 자신을 하나님의 뜻에 의한 예수 그리스도의 사도로 인식하고 있고(고전 1:1; 고후 1:1), 사도 됨의 징표를 자신이 전하는 복음의 메시지의 정당성(예; 고전 1:18-십자가의 도; 고후 5:19-화해하게 하는 말씀)으로 설명한 것이다(고전 15:10; 고후 12:1-6). 바울의 그리스도의 사도라는 인식은 예수 그리스도에 대한 직접적인 체험과 새 언약의 요소로서 성령의 중요성에 대한 인식에서 발전되며, 그가 하나님의 사역에 동참자라는 의미가 있는 데에서 찾을 수 있다(고전 3:8, 11; 고후 5:20; 6:1). 하지만 바울에게 있어서 사도의 기준과 평가는 오직 그리스도의 죽음과 부활에 있다.

그런데 고린도후서에서 바울이 자아 인식한 "사도"를 누구라고 해석하는가에 대해서는 학자들의 논의가 다양하다. 이 가운데 가장 많은 지지를

---

54 바울은 아시아에서의 환난(고전 1:8-11), 끊임없는 고난(11:23-29), 겉 사람의 낡아짐(4:16) 등의 고난에 대한 진술을 통해 '몸을 떠나 주와 함께 있는'(5:8) 존재가 되는 것으로 이해한다. 따라서 그는 예수와의 깊은 유대감에 의한 그 어떤 사역의 형태도 기쁨의 행위라고 묘사한 것이다. 이것은 종말론적인 의미를 함의한 것을 바탕으로 한다. 비록 고후 5:1-10에서 부활이라는 용어가 사용되지 않아도 명백하게 '죽음'은 그리스도와 함께 영적 교감을 풍부하게 가져다준다는 확언이며, 미래에 '영적 몸'을 소유하게 된다는 것을 의미한다(5:1; 참고.고전 15:44). 그리고 내재의 영은 부활의 변형에 대한 하나님의 약속을 의미한다(5:4-5). 바울의 이러한 종말론적인 진술은 죽음의 가능성을 대면한 믿는 자들에게 신적 위로의 메시지가 된다: Murray J. Harris, "SUMMARY OF THE THEOLOGY OF 2 CORINTHIANS," *The Second Epistle to the Corinthians*, NIGTC (Grand Rapids: Eerdmans, 2005), 125.

받은 해석은 '복음 전하는 자'이다.[55] 최영숙은 바울의 사도직을 '복음 전 파하는 자로서의 사도'로 교회를 하나 되게 하는 역할에 동참한다고 이해 한다. 이로써 사도를 교회의 직분 가운데 하나로 해석한다.[56]

칼빈(Calvin)은 복음 전파자와 사도를 오늘날의 목사와 상응한 것으로 이해한다.[57] 그는 엄밀히 말해 사도를 오늘날 목사로 규정하지 못하지만, 목사를 사도라고 부르길 주저하지 않았다.[58] 이처럼 칼빈(Calvin)은 사도직 을 교회의 직분 가운데 하나로 보며, 이 직분을 오늘날 일시적인 직임으 로 목사를 가리킨다고 본다.[59] 또한, 어니스트 베스트(Ernest Best)는 고린도 후서가 바울의 사도직 이해를 통해 우리가 어떻게 목양적 책임을 담당해

---

[55] 김영복, "복음 전하는 자의 고난과 사역 태도에 대한 바울의 변증 연구: 고린도후서 1-7장을 중심으로"; 최영숙, "바울의 고난과 교회의 하나 됨: 고린도전서 4장 6-13절 을 중심으로,"「성경과 신학」제54권 (2010): 35-63은 고린도전서와 후서에 나타난 바 울의 사도직을 "복음 전하는 자"로 이해하고, 사도직의 고난의 목록 중심으로 연구한 다. 바울을 "복음의 해석자"로 보는 학자들도 있다(H. Richard Hays, Calvin Roetzel): H Richard Hays, *The Faith of Jesus Christ*, 64-7; Calvin Roetzel, *Paul: The Man and the Myth*, 67. 이들 가운데 Roetzel는 전체적으로 바울을 '복음의 전달자'로 보는 경향이 짙다: 강창희, "사도직 이해," 10. 성경에서 증거하는 바울은 복음의 전달자의 역할을 우선시한다(고후 4:3-5; 10:16; 11:4, 7).

[56] 최영숙, "바울의 고난과 하나님의 능력," 395-6; idem. "바울의 고난과 교회의 하나 됨," 35-6.

[57] John Calvin,『영·한 기독교 강요』, 성문출판사 편집부 역 (서울: 성문출판사, 1996), 99-107.

[58] 이성호, "바른 교회, 바르게 세우기: 직분에 대한 칼빈의 이해,"「신학정론」, Vol. 27 No. 1 (2009), 65.

[59] John Calvin,『영·한 기독교 강요』제4권(*Institutes of the Christian Religion*, trans. Ford Lewis Battles, 4 Vols, The Westminster Press, 1960), ii. 3, 99-107은 교회의 직분에 대해 목사, 교사, 장로, 집사, 이렇게 네 직임이 있다고 본다. 이 가운데 목사와 교사는 영구 적인 직임이고, 사도와 예언자와 복음 전도자는 일시적인 직임이라고 본다. 그는 오늘 날 목사가 복음 전도자와 사도와 상응하고, 교사가 예언자와 상응한 것으로 이해한다. Calvin은 직분이 하나님께 받은 선물이며, 성도의 유익과 교회의 질서를 위해 주신 것 이라고 강조한다. 즉 Calvin은 로마교회가 직분자가 있는 곳에 교회가 있다고 보는 것 과 달리, 교회가 있는 곳에 직분이 있다고 주장한다.

야 할 것인가를 배우게 한다고 본다. 그는 그 가운데 목자와 목양적이라는 단어들이 가장 우선으로 목사에게, 다음으로 모든 그리스도인에게 적용할 수 있는 것으로 주장한다.[60]

타이센(Gerd Theißen)은 비정착형의 복음 전하는 자들을 '카리스마를 지닌 방랑자'라고 명명하며, 바울과 바나바와 같은 사람들을 '교회 조직가'로 이해한다.[61] 김판임은 사도 직분이 복음을 전하고 교회를 개척하는 직분이기에 교회를 은퇴할 때까지 머물며 사역을 수행하는 오늘날의 교회 목회자의 직분과는 차이가 있다고 주장한다. 그녀는 사도를 비정착형 직분으로, 선지자와 교사를 정착형 직분으로 본다.[62]

학자들의 이러한 다양한 결론에도 불구하고 바울이 이해한 "사도" 개념과 그 의미를 확정하기가 여전히 쉽지 않다. 다만 필자는 바울이 고린도후서에서 "사도"라는 분명한 자기 인식(1:1)을 하고, 사도를 목회자적 사역을 수행하는 직분으로 이해하고 있고, 자신의 동역자들에 대해도 동일 선상에서 이해하고 있다고 본다.

바울은 모든 믿는 자를 하나님의 부르심을 받은 자들로, 하나님의 새로운 공동체를 바로 세워나가는 역할을 위해 다양한 은사를 각자의 분량에 맞게 받은 자라고 인식한다(롬 12:4-8; 고전 12:4-12, 27-31; 엡 4:11). 그는 그 가운데 사도직을 하나님의 복음을 위해 부활하신 그리스도 예수의 부르심을 받고 보냄을 받은 자에게 주어진 직분(롬 1:1; 고전 1:1; 9:1-2; 10:1-11)이다.

또한, 바울은 사도직의 주된 활동 목적 중의 하나가 하나님의 교회를 설립(고전 3:6, 10; 4:15; 갈 4:19 등)하는 것으로 인식한다.[63] 다시 말하면 바울

---

60 Ernest Best, 『고린도후서』, '현대성서주석' (서울: 한국장로교출판사, 2005), 25-6.
61 Gerd Theißen, 『원시 그리스도교에 관한 사회학적 연구』, 김명수 역 (서울: 대한기독교출판사, 1992), 245-6.
62 김판임, "신약성서의 교회와 교회 지도자의 이해," 1109.
63 James D. G. Dunn, 『바울 신학』, 박문재 역, (고양: 크리스챤 다이제스트, 2003), 767;

은 자신의 사도의 사역을 복음을 전할 뿐 아니라 목회자로서 교인들에게 설교하고 양육하고 교육하고 교회를 바르게 세우려고 하는 직무까지도 자신의 사명으로 알고 사역을 수행한 것이다(고후 16-11, 24; 4:5, 13-15; 5:13-14; 6:11-13; 7:12-16 등. 특히 11:2; 엡 4:11-12).[64]

따라서 '복음 전하는 자'로 이해한 다양한 표현들[65]은 사도의 직분과 직무에 대한 표현들이며, 이것들은 오늘날의 목회자가 가져야 할 목회관과 사도적 사역과 역할을 이해하게 하는 용어들이라고 볼 수 있다.[66] 이에 필자는 바울이 사도직을 어떻게 자아 인식하고 있는가를 살펴봄으로써 사도직에 대한 그의 신학적 이해를 밝히는 데 한 걸음 더 다가갈 수 있다고 본다.

3. 일꾼(διάκονος), 직분, 직무(διακονία)

바울은 고린도후서에서 자신의 사도직 정체성과 본질과 직무를 설명할 때에 '디아콘-'(διάκον-) 어군 가운데 '디아코노스'(διάκονος)와 '디아코니

이승호, "바울의 사도 이해," 「신학과 목회」(2007), 79-80은 사도직과 교회에 대해, 바울이 교회들을 세움에서 성공한 것을 가지고 자신의 사도직 적합성을 입증하고자 한다(고전 4:14-15; 9:2; 고후 3:2-3; 11:2; 12:14; 살전 2:11 등)라고 이해한다. 이러한 견지에서 필자는 성경적인 사도직의 이해를 바탕으로 하여 성경적 교회관을 정립하는 것이 올바른 연구 방향이라고 생각한다.

64 김판임, "신약성서의 교회와 교회지도자의 이해," 1109.
65 김영복, "복음 전하는 자," 187-9는 "영의 직분," "의의 직분," "하나님의 말씀 전함," "그리스도의 사신들," "하나님의 동역자들," "새 언약의 일꾼들," "하나님의 일꾼," "화목하게 하는 말씀을 우리에게 부탁하심" 등이 복음 전하는 자들을 표시하는 독특한 어휘들이라고 한다.
66 김덕수, "목회자를 위한 목회적 교회론 정립을 위하여," 『언약과 교회』(용인: 킹덤북스, 2014), 1029, 1032-3. Ernest Best, 『고린도후서』, 25-6은 성경에서 직분의 의미를 하나님으로부터 부르심을 받은 그리스도인들이라면 다른 이들과의 관계 속에서 어떤 형태이든지 목양적 책임과 직무를 수행해야 한다는 의미를 가진다고 본다.

아'(διακονία)라는 용어를 주로 사용한다.⁶⁷ 그는 이 단어를 자신의 사도 직무를 '섬김'의 사역으로 설명하며 사용한다.

그런데 오늘날에는 이 단어에 관한 연구를 사회 복지적 개념으로, 혹은 집사직 문제 개념으로 하는 것을 발견하게 된다. 그래서 필자는 본 절(節)에서 이 단어의 용례와 이 단어에 관한 연구 동향을 살펴보고, 다음으로 바울이 사도의 직무 가운데 하나로 인식하는 디아코노스와 디아코니아에 대해 살펴보고자 한다.

1) 디아코노스와 디아코니아의 용례와 연구 동향

"섬김"의 의미를 함의한 헬라어 디아코노스(διάκονος)와 디아코니아(διακονία)는 기독교적 '봉사'의 개념을 내포하고 있다.⁶⁸ 초대교회 당시 그리스 세속사회에서 디아코니아의 근본적 의미는 주로 식탁에서 시중드는 일과 생계 돌봄의 식사제공을 포함하는 '봉사하다,' '일하다' 등의 포괄적

67　TDNT, Vol 2, 81은 διακονεῖν 어군에 속한 단어로 διάκονος, διακονία, διακονέω 등을 제시한다. 이 어군에 속한 단어들은 모두 기독교 봉사와 관련되어 있다. 초대교회 당시 그리스 세속사회에서 사용되었던 "봉사하다"에 대한 단어들은 다음과 같다: δουλεύω-종으로 존재하다, θεραπεύω-종교적인 의미 혹은 의학적인 의미에서 치료의 의미, λατρεύω-하나님을 섬기다, 예배의식적인 의무를 수행하다는 의미, λειτουπγέω-공식적인 의무, 급여를 받는 직무의 의미, 70인역에서 사제들의 봉사의 의미. 그 외에 이 단어들과 구별된 개인적 섬김이라는 기본적 개념을 가진 헬라어는 ὑπηρέτης, διακονέω 등이 있다. 이 가운데 후자는 사랑에 의한 섬김의 개념이 강하다: 김옥순, "기독교 봉사 개념의 기초로서 신약성서 속의 διακονεῖν 어군 의미에 관한 연구,"「신학과 실천」, Vol. 20 (2009), 191-2. 또한, 신약성경에서 섬기는 지도자에 대한 진술에 사용되는 단어는 διάκονος(일꾼), ἐργάτης(일꾼), ἐπίτροπος(청지기), δοῦλος(종) 등이다. 배재욱, "섬기는 지도자에 대한 신약성경적 이해,"「신학과 목회」, 제31집 (2009), 4는 종교적 관계나 종 됨에 대한 일반적인 단어로 사용되는 단어를 주로 δοῦλος(종)라고 한다.

68　TDNT, Vol. 2, 81; G. Kittel & G. Friedrich,「신약성경 신학 사전」, ed. Geoferey W. Bromiley, 번역위원회 역 (서울: 요단출판사, 1986), 171.

의미가 있다. 고대 근동에서 이 단어는 권위주의와 관료주의적 구조 속에서의 선행을 의미한다.[69]

이스라엘에서는 이 단어가 구약과 고대 유대교 안에서 이웃을 돕는 하나님의 정의, 자비, 사랑, 긍휼과 연관된 신학적 의미를 나타낸다.[70] 특히 구약의 십계명 구조 가운데에서 '이웃 섬김'은 하나님에 대한 경외와 관련이 있다. 하나님에 대한 경외는 율법에 대한 순종과 제사(예배)로 이루어지고, 율법의 정신은 고아, 과부, 나그네와 같은 어려운 처지에 있는 자들을 섬김으로써 하나님의 사랑에 이른다(신명기).

따라서 하나님에 대한 진정한 예배는 이웃 섬김을 통해 완성된다. 이러한 의미에서 디아코니아(διακονία)는 하나님 경외와 이웃 섬김의 불가분의 관계 속에서 이루어진다.[71]

그런데 구약에서 디아코니아(διακονία)가 직접 사용된 것은 에스더서(LXX)뿐이다.[72] 그 외에 이 단어가 히브리어로 나타난 곳은 없다. 다만 디아코니아(διακονία)로 번역되지는 않지만 '섬김'의 의미를 나타내는 용어로는 '아바드'(עָבַד)가 있다.[73] 이 단어는 구약에서 동사로 289회, 명사로 799회 사용된

---

69 김옥순, "διακονεῖν 어군 의미에 관한 연구," 185-225; idem., 『디아코니아학 입문』 (서울: 한들출판사, 2010), 250-1; 성종현: "에클레시아와 디아코니아," 「장신논단」, Vol. 13 (1997), 49.

70 Ibid.

71 손인웅, "나의 목회신학: 하나님의 나라를 실현하는 디아코니아 사역," 「교회와 신학」, Vol. 30 (1997), 100-1.

72 διακονία는 에스더 1:10(שָׁרַת[섬기는 자/διάκονος])과 2:2;6:3(נַעַר[측근 신하/διάκονος]); 6:3, 5(נַעַר[측근 신하/διάκονος])에 나온다. 이 가운데 한글 성경에는 에스더 1:10의 이 단어가 번역되어 있지 않다.

73 히브리어 동사형 "עָבַד"는 70인역에 21종류의 헬라어로 번역된다. 그 가운데 빈도수가 높은 다섯 종류의 동사는 '종으로 섬기다'(δουλεύω-114회), '하나님께 예배드리다'(λατρεύω-75회), '실행하다'(ἐργάζεσθαι-37회), '행하다'(ποιέω-22회), 신하가 왕을 공적으로 '섬기다'(λειτουργέω-13회)이다. 명사로는 δοῦλος(314회), παῖς(336회),

다. 구약에서 이 단어는 개인적으로는 섬김의 종의 기능을 뜻하며, 이스라엘 민족 공동체로서는 이방인과 이방 나라에 대한 섬김의 기능을 수행한 것을 뜻한다. 또한, 구약에서의 섬김은 하나님의 나라와 그의 역사를 이루기 위해 하나님의 종으로서 사명을 수행하는 것을 의미한다.[74]

신약에서 디아콘-(διακον-) 어군의 단어는 총 100회 사용되는데, 한글역본에서 주로 '섬김'의 의미로 번역된다.[75]

신약에서 디아코니아(διακονία)는 네 가지 의미가 있다.

① 식탁에서 시중들다 또는 식사를 관장하다(눅 10:40; 행 6:1 등).
② 섬김을 수행하다(고전 12:4 이하; 16:15; 엡 4:11; 계 2:19 등).
③ 공동체 내에서 어떤 특정한 임무를 수행하다(롬 11:13; 고전 4:11).
④ 헌금(고후 8:10)하다.[76]

이 용례들 가운데 '섬김'에 대한 근본 명제는 누가복음 22:24-27과 마가복음 10:42-45에 나타나는 예수의 말씀에서 찾을 수 있다. '섬김'이라는 개념은 신약에서 예수의 제자공동체의 식탁 봉사와 관련하는 디아코니아로 발전해 나가며, 나눔과 섬김을 수행하는 성령의 디아코니아형 공동체로서의 최초 기독교 공동체를 이룬다는 데에 나타난다.(행 2:42-47; 4:32-35; 6:1-7; 11:1 등).[77]

θεράπων(42회)으로 번역되어 있다: Ringgren, "עָבַד" TWAT, Bd. V, cols, 987-8; cited in 강사문, "구약에 나타난 섬김의 의미,"「장신논단」, Vol. 15 (1999), 10.
74 Ibid., 8-33.
75 김옥순, "διακονεῖν 어군의미에 관한 연구," 192. '디럭스바이블'은 신약에 διακονέω 32회(동사형), διακονία 32회(명사형), διάκονος 27회(명사형) 나온 것으로 제시한다.
76 G. Kittel, 172-3.
77 김옥순, "διακονεῖν 어군 의미에 관한 연구," 206; 성종현, "에클레시아와 디아코니

이런 공동체는 예수 그리스도의 모범을 따르는 실천적 모습을 구현하는 구체적인 봉사와 돌봄이 있는 교회의 모습이다. 이것은 구약의 디아코니아의 섬김 개념이 예수 시대 당시의 유대인 바리새파에 의해 외식과 형식이 강조된 종교적인 관료주의 형태로 변질되었던 것을 예수 그리스도의 말씀과 삶 속에서 바른 의미로 전승 확장된 것을 의미한다.[78]

신약에 들어와서 디아코니아의 섬김 개념은 그리스도의 언약 성취 개념에서 새로운 의미가 부가된다. 이러한 디아코니아의 의미는 교회 형성 후 신학화의 진행으로 종교적 영적 의미가 범례화 되어 하나님을 섬기는 직분 혹은 그 이상을 수행하는 이들을 위한 직분으로 표현된다. 하지만 본래 섬김으로서의 의미가 상쇄되지는 않는다. 도리어 낮은 자리에서 시중을 들고 주인에게 종속된다는 원의(原意)가 교회론에서 '섬김'이라는 의미로 중심적인 상징이 된다.[79]

이와 같은 '섬김'의 의미가 강하게 함의된 디아코니아 주제는 오늘날에 와서는 주로 실천신학적 입장에서 연구되고 있다. 이런 접근의 연구를 한 김한호는 디아코니아에 목회의 실천적인 의미를 부여한다. 그리고 디아코니아가 예수 그리스도가 보여 준 삶으로 교회의 본질적인 사역을 수행하는 것과 선교하는 것을 가리킨다고 본다. 그는 한국교회의 성숙한 목회현장을 위해 성경적 디아코니아의 중요성이 인식되고 회복되어야 한다고 주장한다.[80]

아," 50.
[78] 김옥순, 『디아코니아학 입문』, 250-1.
[79] 홍주민, "교회의 본질로서 디아코니아," 「신학연구」, 제45집 (2004), 261.
[80] 김한호·허우정, "디아코니아 목회와 교회성숙"『한국실천신학회』 (서울: 대한기독교서회, 1999), 7-32.

특히 성숙한 교회 직분자로서의 디아코노스에 대한 개념은 병든 자, 소외된 자, 가난한 자들에 대한 배려와 다시 세움 그리고 나그네 대접 등 구제와 봉사의 개념으로 접근하고 있다. 또한, 그는 디아코니아적 성만찬에 대해 섬김으로서의 성만찬, 정기적인 만찬으로서의 성만찬, 가난한 자를 위한 성만찬으로 이해한다. 그리고 이 설명을 위해 섬김의 행동이 나오지 못하게 하는 이신칭의에 대한 개념을 잘못된 신앙인의 태도가 원인이라고 주장한다.[81]

김한호의 주장은 섬김의 의미를 실천적인 면에서 어느 정도 유의미한 정보를 준다. 하지만 그는 디아코니아를 실천신학적인 측면에서의 봉사와 헌신을 강조하다 보니 '이신칭의'라는 중요한 신학적 주제를 배제(排除)하는 오류를 범하게 된다. 또한, 바울의 사도직으로서의 디아코니아에 대한 성경신학적 연구를 제시하지 않아 바울이 인식한 사도의 직무로서의 디아코니아 개념을 간과한다.

이에 반해 성종현은 "에클레시아와 디아코니아"라는 주제의 소논문에서 디아코니아(διακονία)에 대한 성경신학적인 고찰의 중요성을 강조한다. 그는 바울을 디아코니아 정신이 투철한 실천적인 사랑과 섬김의 사도라고 보며, 믿음과 봉사의 개념을 바르게 제시한다. 그는 바울의 "오직 믿음을 통한 구원"(롬 1:17)과 "사랑으로써 역사하는 믿음"(갈 5:6)이 다른 신학적 의미가 있다고 보지 않는다. 그는 이웃에 대한 구제와 사랑의 행위를 성도들의 삶 가운데 의의 열매(고후 9:10)이며, 모든 성도가 수행해야 하는 봉사의 직무(고후 9:12)라고 해석한다. 또한, 바울의 사도직을 섬김의 종으로서의 디아코노스적 사도직으로 이해한다.[82]

81　Ibid.
82　성종현, "에클레시아와 디아코니아," 49-68.

그의 이런 연구는 디아코니아에 대한 개념을 성경신학적 연구로 접근하기는 하나 결론에서 디아코니아를 사회복지론적 개념과 실천신학적 입장으로서의 복지와 봉사 분야로 국한한다. 그 결과 바울이 말하고자 하는 직분으로서의 디아코니아에 대해 분명하게 설명하지 않는다.

이처럼 디아코니아 개념에 관한 연구는 어떤 관점에서 이해해야 하는가가 문제다. 오늘날 교회에서 수행하는 행사적 의미가 있는 봉사 차원에서 디아코니아를 이해한 연구 방법은 일반 사회복지의 관점에서 접근하는 시도들로 주로 실천신학 입장의 접근방법이다.[83]

그러나 이러한 입장의 견해와 이해들은 자칫 잘못하면 기독교적 '디아코니아'의 의미보다 일반 사회복지적 '디아코니아'의 의미로 편향될 위험 요소가 있다.

또한, 디아코니아(διακονία)의 의미를 교회 내의 직분 가운데 하나의 개념과 연관시킬 경우에는 구제와 공동체 내의 식사 봉사 등의 봉사적 디아코니아 개념으로 이해되어 교회론 가운데 집사 직분론에 국한될 우려가 있다. 이 역시 실천신학 처지에서 보는 것으로 교회 내 교인들의 헌신 봉사를 요구하는 데 적용될 수 있다.

사실 성경에는 집사 직제로서 '디아코노스'(διάκονος)가 나타난다. 그것은 빌립보서 1:1과 디모데전서 3:8-13이 그 경우들이다. 그리고 로마서 16:1에서는 여성 교회 봉사자라는 의미의 표현이 있다. 그런데 이 본문들에 나타난 디아코노스는 확정된 교회 직제 표시라고 볼 수 없고, 오늘날 교회의 집사 직분으로도 보기 어렵다. 다만 목회서신에 나타난 디아코노스가 하나의 직제로 분명하게 명시되기 시작하였다는 것은 확실하다. 그들은 말씀 전파,

---

83 διακονία를 주제로 연구한 소논문은 김한호의 "디아코니아 목회와 교회성숙," 7-32; 홍주민, "교회의 본질로서 디아코니아," 239-81 등이다.

생계 돌봄의 봉사, 복음 선포, 가르치는 임무 등을 이행한 것으로 보인다.[84] 그런데 이러한 '디아코니아'라는 개념이 고린도후서에서 바울의 사도직과 관련해서 찾을 수 있다.

2) 사도직으로서 디아코노스와 디아코니아

고린도후서에 디아코노스(διάκονος)는 일꾼으로 번역되어 "새 언약의 일꾼"(3:6), "하나님의 일꾼"(6:4)으로 사용되며, 변증적 의미로는 "의의 일꾼"(11:15), "그리스도의 일꾼"(11:23)으로 사용된다. 디아코니아(διακονία)는 직분(섬기는 일, 봉사의 직무 등)으로 번역되며, "율법 조문의 직분"(3:7), "영의 직분"(3:8), "정죄의 직분"(3:9), "의의 직분"(3:9), "이 직분"(4:1; 6:3), "화목하게 하는 직분"(5:18), "섬기는 일"(8:4; 9:1; 11:8), "봉사의 직무"(9:12, 13) 등에 사용된다.

고린도후서 3장의 이 단어들은 이원적인 구조를 통해 바울이 자신의 사도직을 "새 언약의 일꾼"(διάκονος)으로 묘사하는 데 사용된다. 이것은 사도직과 관련해 복음 사역의 본질적이고 근원적인 면을 묘사하는 곳에 사용된 것이다. 이때 디아코니아(διακονία/직분)는 사도적 사역의 역할과 기능을 설명한다.

고린도후서 6장에서는 "하나님과 함께"(συνεργοῦντες) 하는 디아코노스로 묘사되어 사도직의 근원을 진술할 때에 사용된다. 특히 고린도후서에 나타난 "새 언약의 일꾼"의 개념은(고후 3:6) 고린도전서의 성만찬에서 피의 언약 개념과 깊은 연관성을 나타내며(고전 11:24-25), 언약 개념을 바탕

---

[84] 김옥순, "διακονεῖν 어군 의미에 관한 연구," 215-7. 이 외에 Calvin의 직분론과 관련하여 디아코니아가 연구된 것은 이신열, "칼빈과 디아코니아," 「고신신학」, Vol- No. 11 (2009): 107-136; 이성호, "바른교회," 51-78 등이다.

으로 한 섬김의 사역을 암시한다.

고린도전서에서 디아코노스로서의 사도직은 공동식사에서의 사회적 목회의 책임 가운데 하나로 진술된다(11:17-32). 그는 사도적 의무로서의 디아코니아를 가난한 자들을 기억하고 섬기는 자로 이해한다. 이것은 사도적 의미뿐만이 아니라 공동체적 개념으로 언약 공동체, 곧 하나님의 백성의 의무로도 제시된다. 그리고 고린도전서에서는 가정교회 안에서 공동식사와도 연결된다.

이는 예배 공동체 안에서 예배자로서 섬김의 의미와 함께 공동체를 돌보는 섬김의 의미도 함의하고 있다(고전 11:17-34).[85] 이것은 바울의 사도직으로서 섬김 사역이 기독론과 깊은 연관성을 가지고 있는 것을 보여 준다(마 20:25-28; 25:40, 44; 빌 2:5; 롬 15:7).[86]

이러한 이해는 고린도후서 3:3a의 "너희는 우리로 말미암아 나타난 그리스도의 편지니"(φανερούμενοι ὅτι ἐστὲ ἐπιστολὴ Χριστοῦ διακονηθεῖσα ὑφ' ἡμῶν)에서 번역되지 않은 디아코네떼이사(διακονηθεῖσα)를 통해 볼 수 있다. 이 단어는 '돌봄을 받은'(cared for) 등의 해석으로 바울과 사도들의 사역 결과로서 고린도교회를 말하고 있다. 이것은 바울이 자신의 사도 직무를 고린도교회를 돌보고 섬기는 일을 수행하는 것으로 인식했다는 것을 증명하는 것이다. 디아코네떼이사(διακονηθεῖσα)의 원형 디아코네오(διακονέω)는 고린도후서 8:19과 20절에서 '맡은'으로 번역되어 헌금에 대한 책무를 말한다.

이 단어는 고린도후서 8:4; 9:1, 12, 13에서 헌금을 통한 복음의 사역(참고, 롬 15:25, 31)과 5:18; 6:3; 11:8에서 이방인에게 복음을 전하는 사역

---

85 김옥순, 『디아코니아학 입문』, 315.
86 Paul Philippi 외 4인 공저, 『디아코니아』(*Diakonia*), 지은규 역 (용인: 프리칭아카데미, 2010), 14.

(참고, 롬 11:13)을 묘사할 때에 사용된다. 그리고 11장에서는 바울이 자신의 사역 모습과 그의 대적자들의 사역 모습을 비교하며 그들의 정체를 밝히는 데에 사용된다. 바울은 고린도후서 전체에서 이 단어를 통해 고린도교회를 얼마나 사랑하며 어떤 마음으로 섬기는지를 변증하고자 한다. 그는 고린도후서 전반을 통해 자신이 사도로서 그리스도의 사랑과 하나님의 능력과 성령의 역사를 따라 그 직무를 수행한 사실을 고백함으로써 자신의 '참됨'을 논증한다.

바울은 자기 대적자의 메시지와 삶이 전혀 일치하지 않는 사실을 지적함으로써 그들이 얼마나 거짓되고 위선적인지를 지적한다. 바울은 사도로서 자신의 '섬김'을 통해 고린도교회가 바로 세워지고 성장해 갈 뿐 아니라, 종말의 때에 그리스도의 거룩한 신부로 서기까지 그들의 믿음이 보호, 유지되기를 소망한다. 이것은 바울이 사도직을 '섬기는 자'로서 삼위 하나님의 사역에 동참하는 것을 암시한다.

이상으로, 필자는 바울이 디아콘-(διάκον-)어군의 단어 사용을 통해 사도의 직무를 섬김과 봉사의 사역, 특히 복음전파 사역으로 이해하고 있는 사실을 살펴보았다. 바울은 사도직을 하나님 나라의 교회론적 실현을 위해 하나님의 종으로서 섬기는 직분으로 이해하고 있다.

바울에 있어서 디아코노스/디아코니아(διάκονος/διακονία)는 자신의 사도 직무를 수행하는 데 있어서 하나님의 종으로서, 새 언약의 일꾼이며 그리스도의 일꾼으로서, 새 언약 공동체인 교회를 '섬기는' 총체적인 직무들로 이해한 것을 의미한다.

4. 결론

필자는 이 장에서 바울이 자신의 사도직 본질을 논증하기 위해 사용했던 용어들, "사도"(ἀπόστολος)와 "일꾼/직분, 직무"(διάκονος/διακονία)의 용례와 기원과 그 의미를 살폈다.

첫째, "사도"로 번역된 아포스톨로스(ἀπόστολος)의 용례와 기원에 대해 살펴본 결과, 이 단어는 헬라 세계나 유대-헬라 문헌 등에서 그 유사성이나 관련성을 찾을 수 없으나 70인역(LXX)과 구약의 살리아흐(Schaliach)의 "하나님으로부터 보내심을 받았다"라는 뜻을 수용하고 있는 것은 발견할 수 있다. 하지만 이 단어가 신약에서 유대교 제도로서는 적용되지 않는다. 신약에서 이 단어는 다양한 배경에서 등장하고, 그 기원과 대상도 성경의 저자마다 차이점을 드러낸다. 사도에 대한 바울의 확장된 인식은 그 이후 사도의 기준과 대상을 바꾸는 계기가 된다.

바울은 아포스톨로스(ἀπόστολος)의 자격을 "그리스도의 죽음과 부활을 증언할 수 있는 자인가"에 둔다. 그는 아포스톨로스(ἀπόστολος)를 종말론적 성취 개념에서 그리스도의 소명과 임무를 받은 대표자, 파송자 그리고 그분의 권위를 행사하는 기능을 가진 은사를 받은 자의 일환으로 본다. 그에게 아포스톨로스(ἀπόστολος)는 복음을 증거하고, 교회를 설립하고, 바로 세워가는 자라는 의미가 있다.

그러므로 이 용어는 사도 임무를 수행하는 '목회자'를 가리킨다고 볼 수 있다. 이러한 이해는 고린도후서에 7번 나오는 용례에 의해 확인된다(1:1; 8:23; 11:5, 13; 12:11, 12). 그뿐만 아니라 '복음을 전하는 자'라는 의미의 용어나 개념 등에서도 바울이 인식한 사도직의 이해를 찾아볼 수 있다.

둘째, 사도직과 관련해 사용된 디아코노스/디아코니아(διάκονος/διακονία)는 학자들의 연구 동향을 살펴본 결과, 사도직에 대한 신학적 의미보다 실천신학적인 입장과 사회복지론적으로 탐구되는 것을 볼 수 있다. 또한, 이는 교회 내의 직분의 하나로서 집사직제를 가리키는 개념으로 강조된다. 하지만 바울은 자신의 사도직 직분과 직무로서 이 단어를 사용한다.

고린도후서에서 사도직으로서 디아코노스/디아코니아는 새 언약과 관련해 사도직의 본질적이고 근원적인 면에서 기독론과 연관성을 가진다. 특히 언약 개념 아래 사도적 직무로서 이 개념은 사회적 목회의 책임 가운데 하나로 진술된다. 교회론적인 사도적 사역과 관련해서 이 개념은 복음전파를 통해 교회를 돌보고 섬기고 세우는 일을 수행하는 것을 의미한다.

바울에게 디아코노스(διάκονος)는 하나님 나라의 교회론적 실현을 위해 하나님의 종으로서 섬기는 "새 언약의 일꾼"과 "그리스도의 일꾼"을 의미한다. 또한, 바울은 이 용어를 그의 대적자들에게도 적용하며, 자신이 그들과 다른 일꾼이라고 논증한다. 즉 바울은 자신을 사도로서 말씀과 삶이 하나 된 "참된 일꾼"이라고 논증한 것이다.

이처럼 사도직과 관련해 사용한 용어, 아포스톨로스(ἀπόστολος)와 디아코노스/디아코니아(διάκονος/διακονία)는 바울의 사도적 사역과 직무와 관련해서 사도직의 본질을 이해하게 한다. 이 용어들은 섬김과 봉사와 복음전파 사역 그리고 교회 사역을 수행하는 사도적 사역을 의미한다. 이상으로 바울은 고린도후서에서 자신의 사도직을 아포스톨로스와 디아코노스/디아코니아를 사용해 직분론을 설명하고 있다.

제3장

대적자들의 문제 제기와 바울의 사도권 변호

1. 서언

고린도후서의 일관된 주제 중의 하나는 바울의 사도직의 본질과 그와 고린도교회와 관계에 관한 것이다. 바울은 본 서신에서 자신의 사도권을 거부하며 대적하는 자들에 대해 자신이 진정한 사도라는 것을 신학적으로 논증한다. 그런데 본 서신의 일관된 주제 중 하나인 "사도직"에 대한 조직적인 구조를 발견하기가 어렵다.[1] 다만 이 주제는 바울이 자신의 사도직을 변증하는 중에 부각되고 있다.

그래서 필자는 이 장(章)에서 바울의 사도직 이해에 관한 연구에 앞서 그 배경 연구 작업의 목적으로 이와 관련된 세 가지 점에 집중하고자 한다.

첫째, 필자는 본 서신의 통일성 문제와 구조에 대해 고찰해 보고자 한다. 이에 대해서는 일부 학자들이 고린도후서를 통일된 하나의 서신이 아

---

1 최홍식, "고린도후서의 구조와 신학적 주제들," 11.

니라 두 개 혹은 그 이상의 편지로 구성된 것으로 보고 논의하고 있다. 이 고찰을 통해 필자는 바울의 사도직이라는 주제가 어떻게 논증되고 있는지를 살펴볼 것이다.

둘째, 바울이 자신의 사도권 주장을 위해 어떤 신학적 입장을 견지하고 있는지 탐색하는 기초 작업으로 고린도교회의 정황과 바울의 대적자 문제를 살펴보고자 한다. 이때 바울의 대적자들에 대해서는 학자들의 견해에 대해 살펴보고, 그다음으로 그의 대적자들의 문제 제기와 그에 대한 대응을 통해 바울이 자신의 사도직을 어떻게 논증하고자 하는지를 알아보고자 한다.

셋째, 필자는 바울이 자신의 사도권의 시작점을 다메섹 체험에 두고 있다고 본다. 그러므로 필자는 이 사실을 반영하고 있는 고린도후서 세 본문(고후 4:6; 3:7-18; 5:11-21)을 연구함으로 바울의 사도권 변호가 신학적으로 어떤 의미를 내포하고 있는지 살펴볼 것이다.

2. 고린도후서의 통일성 문제와 본 서신의 구조

고린도후서의 통일성 문제는 어조와 단어의 선택에 일관성이 없다는 이유로 학자들 간의 논의가 있었다. 이로 인해 학자들은 두 개 혹은 그 이상의 편지로 구성되어 있다고 주장한다. 하지만 필자는 문학적으로 하나의 편지로 보며, 그 나름의 통일된 주제 가운데 하나가 바울의 사도권에 대한 논증적 진술이라고 본다. 이에 고린도후서의 통일성 문제에 대한 학자들의 견해를 일견해 보고, 본 서신의 구조에 대해 살펴보고자 한다.

1) 고린도후서의 통일성 문제

고린도후서의 통일성 문제에 대한 전통적인 견해는 본 서신이 단일서신이라는 것이다.[2] 이러한 전통적인 견해는 계몽주의 이후로 몇몇 비평가들에 의해 지금 전해 오는 고린도후서가 본래 본 서신의 형태가 아닐 것이라는 주장으로 바뀌기 시작한다.[3] 이들 가운데 일찍이 J. S. 제믈러(J. S. Semler)는 고린도후서의 통일성을 의심하며 세 편지의 집합으로 보았다. 그는 고린도후서 12:14-13:13을 부록으로 규정하고, 고린도후서 9장은 다른 교회로 보내진 글일 가능성을 제기한다.[4]

A. 하우스라트(A. Hausrath)는 "제4장(章)의 가설"(Four Chapters Hypothesis)을 처음 제안한다.[5] 이 견해에 의하면 고린도후서 10-13장은 1-9장 이전에 기록된 것이고, 고린도후서 2:3-4:9 7:8, 12은 "눈물의 편지"로 규정된

---

[2] 이 견해를 주장하는 학자는 휴즈(Hughes, 1962)이다. 이 외에 Bernard(1903), Lietzmann(1909), Menzies(1912), Goudge(1927), Allo(1936), Tasker(1958), Guthrie(1961-1970), Kummel(1963), Stephenson(1965), Bates(1965), Price(1967), Hyldahl(1973), Harris(1976) 등이다: R.P. Martin, 『고린도후서』, WBC 40, 60.

[3] 임영효, "고린도후서 구성의 통일성," 107.

[4] Larry J. Kreitzer, 『고린도후서』, 23; 박익수, 『누가 과연 그리스도의 참 사도인가?』, 24. 이 견해를 따르는 학자들은 Krenkel(1895), Drescher(1897), Windisch(1924), Pherigo(1949), Buck(1950), Munck(1954), Batey(1965), Bruce(1971), Barrett(1973), Furnish(1984)이다. 이들은 고후 10-13장이 1-9장 뒤에 기록된 것을 주장한다. R.P. Martin, 『고린도후서』, WBC 40, 59-60 역시 이 견해를 따른다. Semler는 ① 고후 1-8장; 롬 16장; 고후 13:13-13, ② 고후 10:1-13:10, ③ 고후 9장으로 구분한다: 박익수, 『누가 과연 그리스도의 참 사도인가?』, 24. 고린도후서의 분할설에 대해서는 김창락, "제11장 바울의 서신들," in 김경희, 『신약성서개론 - 한국인을 위한 최신 연구』 (서울: 대한기독교서회, 2002), 359-62을 참고하라.

[5] Larry J. Kreitzer, 23. "제4장(章)의 가설"(Four Chapters Hypothesis)을 지지하는 학자는 Kennedy(1900), Plummer(1915), Lake(1927), Goguel(1926), Strachan(1935), Filson(1953), Watson(1984) 등이다: WBC 40, 59. M.E. Thrall, *The Second Epislle to The Corinlhians*, 2 vols., 200도 이 가설을 지지한다.

다.⁶ 이외에도 본 서신의 통일성과 관련해 제기한 이론들이 넘쳐난다.⁷

이와 같은 다양한 가설들 가운데 가장 두드러진 것은 현저한 어조의 변화를 나타내고 있는 고린도후서 1-9장과 10-13장에 대한 것이다. 고린도후서 1-9장의 어조가 안정적이고 신뢰가 가득한 것과 달리, 고린도후서 10-13장의 어조는 바울의 대적자들에 대한 강력한 논쟁적 변호와 고린도 교인에 대한 책망과 권고 등의 특징을 나타낸다.⁸ 박익수는 본 서신의 통일성을 주장하는 학자들이 세 가지 이유를 내세운다고 본다.

첫째, 고린도후서가 어느 부분만 독립적으로나 혹은 나눠진 상태로 회람되지 않았기 때문이다(Stephensn, Bates).
둘째, 고린도후서가 편지 기술상 하나의 서신으로 설명되기 때문이다.⁹
셋째, 고린도후서가 문학적 통일성을 나타나기 때문이다.¹⁰

---

6 Larry J. Kreitzer, 23.
7 Bruce B. Barton 외 3명, 『고린도후서』, 김진선 역 (서울: 한국성서유니온선교회, 2001), 13. 고린도후서의 통일성 문제에 대한 좀 더 구체적인 것은 R.P. Martin, 『고린도후서』, WBC 40, 54-75를 참고하라. 홍인규, "바울서신," 161은 "고린도후서의 문학적인 통일성(literary unity)을 옹호하는 최근의 학설이 설득력이 있다"고 본다. 그리고 그 예로 다음의 학자들을 제시한다: F. Young and D.F. Ford, *Meaning and Truth in 2 Corinthians* (Grand Rapids: Eerdamns, 1987), 27-59; F.W. Danker, *II Corinthians* (Minneapolis: Augsburg, 1989), 18ff; Witherington, *Conflict & Community in Dorinth*, 327-52; I. Belleville, *2 Corinthians* (IVPNTCS; Downers Grove: IVP, 1996), 23-33; P. Barnett, *The Second Epistle to the Corinthians* (NICNT; Grand Rapids: Eerdmans, 1997), 15-26.
8 홍인규, "바울서신," 192.
9 박익수, 『누가 과연 그리스도의 참 사도인가?』, 23은 고후 1-9장과 10-13장의 어조의 차이에 대한 학자들의 부연된 이유들을 다음과 같이 제시한다. ① 시간의 경과 때문이다. ② 두 부분의 진술의 목적이 다르기 때문이다. 곧 고후 1-9장은 바울이 고린도 교인들과의 관계를, 10-13장은 고린도 교인들을 미혹하는 '거짓 사도'에 대해 진술하고 있다(Lietzman, Hughes, Kümmel). ③ 고후 1-9장은 바울의 동역자들이 쓰고, 10-13장은 바울이 직접 쓴 것으로 볼 수 있기 때문이다.
10 Ibid., 23.

그런데 홍인규는 이러한 어조 변화를 시간의 경과 때문으로 보는 것이 가장 자연스럽다고 주장한다.[11] 그는 본 서신과 같이 장기간 소요되는 긴 서신일 경우, 그 사이에 고린도교회에 큰 혼란을 빠뜨릴 상황으로 인해 어조가 전환되었을 것으로 추론할 수 있다고 본다.[12]

필자는 홍인규의 견해에 따라 고린도후서를 통일된 단일서신으로 본다. 그의 주장대로, 장기간 소용될 만큼 긴 서신의 특성이 본 서신의 1-9장과 10-13장의 어조를 급격히 변화되게 할 수 있을 것이라고 보기 때문이다. 그런데 필자는 이런 어조와 내용의 전환에 대한 또 다른 큰 이유로, 본 서신의 기록 목적을 바울 자신의 사도직에 대한 변증의 진술이라고 본다면, 그의 변증적이고 목회적인 전략을 들고자 한다.[13]

바울은 고린도후서 1-7장에서 주로 평이하고 안정적이며 위로의 어조로 그의 대적자들이 문제를 제기한 것에 대응한다. 그는 자신의 사도직에 대해 고린도후서 3장에서는 "새 언약의 일꾼"으로, 고린도후서 5장과 6장에서는 "그리스도를 대신한 사신"과 "하나님의 일꾼," "하나님과 함께 일하는 자"로 묘사한다. 이때 바울은 언약과 그리스도의 죽음과 부활을 통해 자신의 사도직을 신학적으로 설명한다.

고린도후서 8-9장에서 바울은 헌금에 대해 진술하며 실제적인 목회 현장에서 일어날 수 있는 일들에 관해 설명한다. 고린도후서 10-13장에서는 그의 대적자들에 대해 강도 있는 공격적인 어조로 대응한다. 그러면서 "중매자"라는 은유적 표현을 통해 그리스도와 교회의 관계와 그 관계를 지키고 유지하는 사도적 사역에 대해 진술한다. 그리고 그의 대적자들은 이 관계를 깨는 자들로 묘사한다.

---

11 Bruce B. Barton 외 3명, 『고린도후서』, 10-3; 홍인규, "바울서신," 192.
12 Ibid., 192
13 Bruce B. Barton 외 3명, 『고린도후서』, 10-3.

이러한 사도직과 관련된 진술 내용은 바울이 사도직을 성경신학적으로 설명하고, 그 바탕으로 자신의 사도직을 논증하고자 한 것이다. 이런 고린도후서의 내용의 흐름은 본 서신의 전반부와 후반부의 어조와 내용의 차이가 본 서신의 통일성 문제에서 답을 찾기보다 다른 면에서 찾아야 할 것을 보여 준다.

그 차이는 홍인규의 주장대로 바울이 편지를 쓰는 장기간 들은 소식들과 다양한 문제로 인한 내용과 어조의 변화에 인한 것일 수도 있다. 하지만 더 나가 바울이 대적자들에 의해 미혹돼 분열 조짐을 보이는 교회와 성도들을 복음의 진리 가운데 바르게 확립시키기 위한 전략적 목적에 의한 것으로도 볼 수 있다. 다시 말하면 본 서신의 전반부와 후반부의 어조와 내용의 차이는 바울의 '교회를 바로 세우기' 위한 변증적이고 목회적 전략 차원에서 나온 것이다.

2) 고린도후서의 구조

고린도후서는 고린도교회의 문제들에 따라 단락들이 확연히 구분되는 고린도전서와 다르게 글의 흐름이 산만하고 질서가 잘 잡혀 있지 않다.[14] 하지만 내용상으로 보면 고린도후서는 자연스럽게 1-7장, 8-9장, 10-13장 세 부분으로 나뉜다.

이 서신서를 하나의 편지로 보는 필립 E. 휴즈(Philip E. Hughes)는 위와 같이 세 부분으로 나누며, 구조 핵심이 바울의 고린도 여행 일정과 관련되어 있다고 본다.[15] 즉, 고린도후서의 구조가 바울의 제3차 고린도 여행 일

---

14 Ibid., 50.
15 Hughes, 『고린도후서』, 16. 고린도후서를 세 부분으로 구분하며, 바울의 여행과 연결시킨 학자는 J.A. Bengel(1857), T. Zahn(1909), R.V.G. Tasker(1958), W.H. Bates(1965-1966) 등이다: 임영효, "고린도후서 구성의 통일성," 110.

정의 다양한 측면이 조명된 것으로, 과거, 현재, 미래 측면으로 묘사되고 있다고 보는 것이다.[16] 휴즈가 제시한 구조를 통해 알 수 있는 것은 고린도후서의 기록 목적이 바울 사도의 임박한 제3차 고린도 여행을 알리고자 하는 것이다. 그리고 이 방문 목적은 예루살렘에 있는 궁핍한 그리스도인들을 돕고자 하는 모금 계획과 밀접한 연관성이 있어 보인다.[17]

그러나 이러한 그의 구조 분석은 너무 단순하게 본 것이다. 그 구조는 본 서신의 기록목적 중의 하나인 바울의 고린도교회의 방문 계획에 대한 것만을 부각하고 있다.

이외에 고린도후서 구조 이해에 대한 다양한 논의들이 있다. 이 가운데 김광수의 분석이 시선을 끈다. 그는 고린도후서의 주된 논의가 바울의 사도권에 대한 문제라고 생각한다. 그는 본 서신의 본체 부분인 1:12-13:10에서 1:12-7:16이 사도직의 본질과 실천에 대해 진술하고 있다고 본다.[18] 그는 서신의 본체(1:12-13:10)의 내용을 다음과 같이 구분한다.[19]

A. 1:12-7:16 참된 사도직의 본질과 실천
B. 8:1-9:15 예루살렘교회를 위한 헌금
C. 10:1-13:10 바울의 사도적 권위

---

16 Hughes, 『고린도후서』, 18에서 제시한 도식은 다음과 같다.
바울의 제3차 고린도 방문
과거 측면----여행 일정 변경에 대한 설명(1-7장)
현재 측면----방문을 위한 준비(8, 9장)
미래 측면----방문의 확실성과 급박성(10-13장)
17 Ibid., 16-8.
18 김광수, 『고린도후서』, 15-9, 22-4는 고린도후서를 세 부분(서신의 서두 1:1-11; 서신의 본체 1:12-13:10; 서신의 결론 13:11-14)으로 나눈다.
19 Ibid.

그는 1:12-7:16(A)도 교차대구법적 구조로 본다.[20]

   a. 1:12-2:11 바울의 사역에 관한 변호
      b. 2:12-13 마게도냐로 가게 된 상황의 언급
         c. 2:14-7:4 참된 사도직의 본질에 대한 변호
      b'. 7:5-7 마게도냐에서 디도를 만난 경위
   a'. 7:8-16 바울의 사역에 관한 변호

김광수는 이 구조를 통해 고린도후서 2:14-7:4(c)의 긴 변론과 바울의 마케도니아 방문에 관한 언급이 어떻게 연결되었는지 설명한다. 그의 구조 분석은 바울이 자신의 사도직을 변호하며 다른 어떤 것보다 중시했던 것이 무엇인지를 확인시켜 준다. 그것은 바울이 자신의 사도직을 변호하며, 그 어떤 다른 상황에 대한 개인적인 변명으로의 접근보다, 사도직의 본질에 대한 문제와 복음의 사역과 관련하여 집중적으로 진술하고 있는 것을 통해 알 수 있다.[21]

---

20 Ibid., 16. 고린도후서의 복잡한 구조에도 불구하고 본 서신의 구조를 교차대구법적 구조로 보는 학자들이 있다. 그들 가운데 M.J. Harris, *The Second Epistle to the Corinthians*, 110-4는 고후 1-13장 전체를 교차대구법적 구조를 다음과 같이 제시한다.
    A. 1:1-11
      B. 1:12-7:16 a. 1:12-2:13, b. 2:14-4:6, c. 4:7-5:10, b'. 5:11-5:3, a'. 7:4-16
        C. 8:16-24 a. 8:1-15, b. 8:16-24, b'. 9:1-5, a'. 9:6-15
      B'. 10:1-13:10 a. 10:1-11, b. 10:12-18, c. 11:1-12:10, b'. 12:11-18, a'. 12:19-13:10
    A'. 13:11-23
    Harris는 이 구조가 3중적 구조를 이루고 있어 B. 1:12-7:16; C. 8:1-9:15; B'. 10:1-13:10에 다시 각각 교차대구법적 구조가 나타나고 있다고 본다. 고린도후서의 수사학적 기법으로서의 교차대구법적 구조에 대한 것은 Harris, 105-14를 참고하라.
21 김광수, 『고린도후서』, 15-9. Barrett, 『고린도후서』, 31; W.G. Kümmel, 『신약정경개론』, 박익수 역 (서울: 대한기독교서회, 1983), 284; Martin, 『고린도후서』, WBC 40, 50-53; Hughes, 『고린도후서』, 14; Donald Guthrie, 『신약개론』, 나용화·박영호 공역 (서울: 기독교문서선교회, 1988), 449 등은 고후 1-7장을 사도직의 변호로 보는 학자들이다.

반면 김영복은 김광수의 구조 가운데 a와 a'를 "바울의 사역에 관한 변호"라는 제목으로 대칭되어 있다고 보지 않는다. 그는 a'가 바울의 사역에 관한 변호가 아니라 고린도 교인들과의 화해에 대한 기쁨과 감사의 내용을 진술하고 있다고 본다. 또한, c에서도 "참된 사도직의 본질에 대한 변호"가 아니라 "복음을 전하는 자의 직분에 대한 변호"라는 제목이 적합하다고 주장한다.[22] 그는 카슨(Carson), 무(Moo) 그리고 모리스(Morris)의 주장[23]을 예로 들면서, "고린도후서 1-7장을 10-13장과 달리 복음 전하는 자의 고난 가운데에서의 사역 태도에 대해 바울이 변증한 것"[24]이라고 본다. 그러나 필자는 김영복의 주장에서 두 가지를 동의하기 어렵다.

---

[22] 김영복, "복음 전하는 자," 30-1에서 이러한 이해를 따라 김영복은 1-9장과 10-13장이 별개의 편지로 본다. 그는 김광수의 구조 분석을 수정하여 다음과 같이 제시한다.
    a. 1:12-2:11 고린도에서의 바울의 사역: 오해와 갈등에 대한 변호
      b. 2:12-13 마게도냐로 가게 된 상황의 언급
        c. 2:14-7:4 복음을 전하는 자의 직분에 대한 변호
      b'. 7:5-7 마게도냐에서 디도를 만난 경위
    a'. 7:8-16 고린도에서의 바울의 사역: 화해로 인한 기쁨

[23] 김영복은 Carson, Moo & Morris가 고후 1-7장의 제목을 사도직과 구별하여 "바울의 사역 본질과 목적에 관한 설명"이라고 한 것을 예로 든다: 김영복, "복음 전하는 자," 34, 각주 82. Carson, Moo & Morris, 『신약개론』, 노진준 역 (서울: 은성출판사, 1994), 294은 고후 1-7장에서 바울이 사역을 감당할 능력을 주신 하나님을 주장함으로써 시작된다고 본다. 이들은 이 단락을 그리스도의 향기 역할을 하는 사역(2:14-3:6), 옛 언약과 새 언약 아래에서의 사역의 비교와 대조(3:7-18), 새 언약 사역자로서의 그리스도의 영광스러운 복음 전파(4:1-6), 질그릇으로 비유된 바울과 그의 사역(4:7-18), 하늘 처소로 덧입는 새로운 변화(5:1-10), 그리스도를 기쁘게 하는 바울의 사역(5:16-21), 사역자와 하나님께 마음을 열라는 권면(6:1-13), 그 이유(6:14-7:1), 권고 마무리(7:2-4) 등으로 나눈다.

[24] 김영복, "복음 전하는 자," 34, 각주 82, 52는 1-7장을 1:1-2 문안(축복), 1:3-11 들어가는 말-찬양과 감사, 1:12-7:16 복음 전하는 자의 직분 이해와 사명 수행의 태도로 구조 분석한다.

첫째, 그가 나눈 구조 분석에서 사도로서의 바울을 "복음을 전하는 자"라고만 단정하는 것을 동의하기 어렵다.

바울은 "사도"라는 자의식을 가지고(고후 1:1), 그 사역의 본질과 정체성에 대해 진술한 것으로 보인다(특히 고후 1-7장). 바울은 자신의 사도직에 대해 도전하는 그의 대적자들에게 목회자적 입장[25]에서 사도직의 본질과 정체성을 신학적으로 진술하는 방식으로 자신을 변호한다. 그렇다면 고린도후서는 바울이 자신을 "복음을 전하는 자"로서보다 "사도"로서의 직분의식을 가지고 변증한 것으로 해석하는 것이 더 유력하다.

둘째, 필자는 김영복이 주장하는 고린도후서의 분할설도 적절하지 못하다고 본다.

그는 본 서신서에 나타나는 복잡한 주제의 변화가 자신의 분할설에 대한 타당성을 지지해 준다고 믿고 있다.[26] 하지만 주제의 다양한 변화는 오히려 공동체의 혼합된 본질에서 그 이유를 찾아야 한다.[27] 특히 고린도후서의 내용 가운데 바울의 사도직과 관련이 없는 듯이 보이는 고린도후서 8-9장의 헌금에 대한 것에서도 그는 자신의 사도직에 대해 진술한다. 휴즈(Hughes)의 구조에서도 알 수 있듯이, 이 장들은 바울 사도의 임박한 3차 고린도 여행의 목적 가운데 하나를 보여 준다.[28]

고린도후서 2:12-13; 7:5-7의 마게도냐에 대한 언급과 고린도후서 8:1-5에서의 마게도냐교회들의 헌금에 대한 모범적인 실례(實例)는 두 가지 목적을 포함한다. 그것은 고린도교회에 구제헌금을 권면하고자 하는

---

25 Ernest Best, 『고린도후서』, 25-6은 고린도후서에서 바울의 사도직을 목사로 이해하고, 더 나아가서는 모든 그리스도인에게 적용된다고 본다.
26 김영복, "복음 전하는 자," 30-1.
27 Hafemann, 『고린도후서』, 37.
28 Hughes, 『고린도후서』, 16-8.

목적과 헌금의 의미에 대해 가르치고자 하는 목적이다.

이뿐 아니라 바울은 고린도후서 8-9장의 헌금에 대한 진술을 통해 자신의 사도의 직무 가운데 하나로서 '섬기는 일'(τῆς διακονίας)에 대한 것을 부각시킨다. 이 장들 사이에서 바울은 헌금하는 일에 디아코니아(διακονία)를 8:4(섬기는 일), 9:1(섬기는 일), 9:12(봉사의 직무), 9: 13(이 직무)에서, 사용함으로써 자신의 사도의 직분과 그 사역과 관련해 진술한 것이다. 이로써 바울은 헌금에 대한 신학적 의미―고난 가운데에서도 "봉사의 직무"(διακονία τῆς λειτουργίας)를 다함으로써 하나님의 영광을 드러내야 하는 것―와 함께 자신의 사도의 직분 가운데 하나를 설명함으로써 논증한 것이다.

이상으로 고린도후서의 구조를 통해 그 내용들을 확인해 보면, 본 서신의 큰 틀의 구조는 사도직의 본질과 정체성(1-7장)―사도의 직무: 예루살렘교회를 위한 모금(8-9장)―사도성의 참됨과 그 권위(10-13장)로 볼 수 있을 것이다. 그리고 이러한 구조를 통해 다음과 같은 사실을 도출할 수 있다.

① 고린도후서는 바울의 사도직에 대한 변증적 진술서이다.
② 사도직의 변증적 진술은 성경신학적 이해를 바탕으로 한다.
③ 사도직에 관해서는 사도적 직분의식과 그 사역을 중심으로 진술하고 있다.
④ 1-7장은 주로 사도직의 성경신학적 이해가 진술되고 있다.
⑤ 10-13장은 고린도교회와 사도로서의 바울과의 관계, 고린도교회를 미혹하는 그의 대적자들의 정체 그리고 그들에게 자신의 사도적 사역의 '참됨'을 논증한다.

도출된 것들을 중심으로 정리하면, 바울은 고린도후서에서 1-7장 중심으로 바울 자신의 사도적 직분 인식과 사역에 대한 성경신학적 이해를 진술하고, 이것을 바탕으로 고린도후서 10-13장 중심으로 사도적 사역의 참됨을 논증하고 있다. 이러한 사실은 고린도후서가 복잡한 구조와 내용상의 현격한 차이를 보인다고 해도, 문학적으로 하나의 통일된 편지이며 일관된 주제가 사도직이라는 견해가 유력하다는 것을 입증해 준다.

3. 고린도교회의 정황과 바울의 대적자 문제

바울과 고린도교회와의 갈등은 그의 사도적 권위의 문제로 확대된다. 바울은 이 문제를 그리스도의 복음을 전하는 자신의 소명과 불가피하게 연관된 것으로 이해한다(롬 1:1; 갈 1:15-17).[29] 이에 필자는 고린도교회의 정황과 그 교회 내의 바울 대적자들의 문제를 연구함으로써 그가 자신의 사도직을 어떻게 방어하는지를 알아볼 것이다.

1) 고린도교회의 정황

고린도교회는 바울이 제2차 전도 여행 중에 세운 교회이다(행 18장).[30] 바울은 고린도에서 비교적 오랜 기간(18개월) 안정적으로 복음을 전하고(행

---

29 Larry J. Kreitzer, 『고린도후서』, 56.
30 바울의 제2차 전도 여행은 소아시아-갈라디아 남단-마게도냐 지방, 특히 빌립보(살전 2:2), 데살로니가(살전 3:1), 베뢰아(행 17:10-15)-아덴(살전 3:1)과 고린도(고후 11:7-9), 아가야 지방을 포함한다: D. A. Carson·Douglas J. Moo·Leon Morris, 『신약개론』, 256. 행 18:1-11에 의하면 바울이 회당에서 복음을 전한 결과로 고린도교회가 형성되었다는 것을 알 수 있다. 그럼에도 불구하고 고린도교회 공동체 구성원은 이방인 그리스도인이 우세한 것으로 보인다: R. P. Martin, 『고린도후서』, WBC 40, 41.

18:11-17), 교인들(소수의 유대인과 다수의 이방인으로 구성된 혼합 공동체: 참고. 행 18:5-8; 고전 12:2)을 양육, 교육하며 고린도교회를 세우는 노력을 한다. 바울과 고린도 교인과 이러한 관계는 주후 50년을 시작으로 약 7년간 계속된다.[31] 이 기간에 바울은 세 번의 방문(고전 16:5-7; 고후 1:15-16; 2:1-2; 12:14; 13:1)과 고린도전서와 후서 외 확인할 수 없는 두 통의 편지를 보낸다.

특별히 바울의 고린도교회에 대한 여정은 사도행전 18-20장과 고린도전서와 후서를 통해 자세히 파악할 수 있다.[32] 이곳들을 살펴보면, 바울의 고린도교회에 대한 깊은 관심에도 불구하고, 고린도교회 대내외의 대적자들과 그들과 동조하는 교인들에 의한 그의 사도직에 대한 불만과 문제가 제기되고 있는 것을 발견하게 된다(고전 1:1; 4:9; 9:1, 2, 5, 12:28, 29; 15:7, 9; 고후 1:1; 8:23; 11:5, 13; 12:11, 12).

고린도교회 교인들은 이처럼 여러 사회적 요인들과 자신들이 처한 특수한 상황들로 인해 복잡한 문제들에 직면해 있다.[33] 고린도전서에는 고린도후서처럼 바울의 사도직에 대한 거부나 적대적인 정황이 심화하여 나타나지 않는다. 하지만 고린도전서에도 바울과 고린도교회의 암묵적인 갈등이 있는 것으로 보인다.[34] 달(N.A. Dahl)과 크라이쳐(Kreitzer)는 고린도전서

31　Paul Barnett, 『고린도후서 강해』, 13.
32　바울의 고린도 지역과 관련된 여정에 대해서는 R.P. Martin, 『고린도후서』, WBC 40, 47-9; William D. Mounce, 『목회서신』, WBC 46, 채천석·이덕신 공역 (서울: 솔로몬, 2009), 67-72; "참된 사도의 표시," 53-4; Colin G. Kruse, 『고린도후서』, TNTC 8, 왕인성 역 (서울: 기독교문서선교회, 2013), 28-38; 김정훈, 『바울서신 연구』, 218-9, 그 외에도 고린도전후서 주석서들을 참고하라.
33　김세윤, 『고린도전서 강해』, 21-4; Craig L. Blomberg, 『고린도전서-NIV 적용주석』, 채천석 역 (서울: 솔로몬, 2012), 30-4.
34　일반적으로 학자들은 고린도전서에 바울과 고린도교회의 갈등을 심각하게 보지 않는다. 따라서 이들은 고린도후서와 달리 변증적이라기보다 교훈적인 서신라고 주장한다: Hafemann, 『고린도후서』, 34-5. 반면에 Fee는 고린도전서를 그의 내용이 전반적으로 경쟁적이고 바울의 사도권에 대한 그의 언급(참조. 고전 4:1-21; 9:1-27; 15:8-

1:10-4:21을 변증적 진술로 이해하여 바울과 고린도교회가 갈등이 있다고 본다.[35] 피(Gordon D. Fee)와 스튜어트(Douglas Stuart)는 4:3-5, 18-21; 9:1-2를 근거로 바울과 고린도교회 간에 갈등이 있다고 본다.[36]

위 학자들이 주장하는 대로, 고린도전서나 후서에서 바울의 사도직의 적합성에 대한 문제 제기는 새로운 이슈가 아니다. 사실 고린도후서에는 고린도교회의 문제가 어느 정도 해소된 것으로 암시한다. 하지만 바울의 사도권에 대한 도전은 지속되고 있다.[37]

고린도후서에서 바울과 고린도교회의 갈등 관계는 그의 방문에 대한 약속 파기로 인해 더욱 심화된다. 그로 인해 바울의 성품과 외부 대적자들에 의한 그의 십자가 중심의 메시지(2:17; 4:2-6 등)에 대한 의구심 등이 강화된다.[38] 그 갈등의 심각성은 고린도교회가 그의 사도성과 그의 진실성에

---

11)이 변증적인 것으로 보아 변증적 서신서라고 주장한다: Gordon D. Fee, *The First Epistles to the Corinthians*, NICNT (Grand Rapids: Eerdmans, 1987), 12. 필자는, 고린도전서가 바울과 고린도교회의 갈등보다 교인들을 가르치고자 하는 교훈적인 것이 더 강조되었더라도, 이 서신서의 교훈적인 메시지가 바울의 사도직에 대한 권위를 기초하고 있다고 본다(4:1-21; 9:1-27; 15:8-11).

35 N.A. Dahl, *Studies in Paul: Theology of the Early Christian Mission* (Minneapolis: Augsburg, 1977); cited in Larry J. Kreitzer, 『고린도후서』, 54.

36 Gordon D. Fee & Douglas Stuart, 『책 별로 성경을 어떻게 읽을 것인가?』, 김진선 역 (서울: 성서유니온선교회, 2006), 409는 고린도전서에서 바울의 권위가 고린도후서보다 인정받고 안정적인 것 같으나 그렇지 않다고 본다. 그는 교회 자체 내부에서 제기된 바울에 대한 반대(4:3-5, 18-21; 9:1-2)에 대한 내용을 보면, 바울과 고린도교회 공동체와는 일찍부터 서로 갈등 관계에 있을 것이라고 한다(고전 1:10-4:21; 9:1-2). N.A. Dahl, *Studies in Paul: Theology of the Early Christian Mision*; cited in Larry J. Kreitzer, 『고린도후서』, 54도 동일한 의견을 갖는다.

37 Grant Osborne, 『고린도전서』, 김일우 역 (서울: 성서유니온선교회, 2004), 21; 김세윤 『고린도전서 강해』 (서울: 두란노아카데미, 2008), 26; Blomberg, 『고린도전서 강해』, 30-4.

38 R.P. Martin, 『고린도후서』, WBC 40, 46은 바울의 대적자들이 지상의 예수에 대한 관심을 거부하고 하늘의 영원한 그리스도에만 관심을 집중한다고 본다(고전 12:3). 그로 인해 대적자들이 바울이 전하는 십자가 중심으로 한 메시지를 무시한다는 것이다.

대한 의문을 품고 그가 전한 복음에 대해 거부 행동을 나타내는 것이다.

이와 같은 상황에서 바울은 고린도후서에서 자신의 사도권을 변호하기 위해 심혈을 기울인다. 이러한 문제 해결에 대한 그의 노력은 사도직의 정체성과 본질에 대한 신학적 진술로 나타난다.

2) 바울의 대적자들

바울의 대적자들의 정체에 대해서는 고린도후서의 구조와 내용의 복잡성처럼 단순하게 결정하기 어렵다. 그 이유는 고린도후서 외에 자료를 찾기 어렵고, 본 서신에서 그들의 정체에 대해 명확하게 밝히고 있지 않기 때문이다. 다만 바울은 자신의 사도직을 변호하는 과정에서 그들의 정체와 주장에 대해 암시로만 제공하고 있다.[39] 이에 필자는 바울의 대적자들에 대한 학자들의 견해를 살펴보고자 한다.

(1) 바울의 대적자들에 대한 학자들의 견해

고린도교회에 심각하게 문제를 일으키고 영향을 미치는 바울의 대적자들은 누구인가?

이에 대해 학자들의 논쟁은 격렬하다. 그런데 이들은 주로 프리드리히(G. Freidrich)가 크게 세 부류, 즉 팔레스틴 유대교적 그리스도인들, 동방에 기원을 둔 영지주의자들, 헬레니즘적 유대인들로 구분하는 견해를 따른다.

첫째, 바울의 대적자들이 팔레스틴의 유대교적 그리스도인이라고 주장하는 학자들은 F. C. 바우르(F. C. Baur), C. K. 바레트(C. K. Barrett), E. 케제

---

[39] 홍인규, "바울서신," 193.

만(E. Käsemann), H. D. 베츠(H. D. Bets) 등이다.⁴⁰ 바우르(Baur)는 최고의 사도들로부터 적대자들이 보내졌다고 보고, 바레트(Barrett)는 예루살렘 사도들과 동일인으로 보지는 않았지만 유대주의자들이라고 주장한다.⁴¹ 케제만(Käsemann)은 원사도들의 권위를 내세워 자신의 권위를 세우려는 사람들이라고 본다.

케제만(Käsemann)의 주장에 대해 좀 더 세밀하게는 영적 열광주의자라고 하는 예도 있다.⁴² 크라이쳐(Kreitzer)는 M. E. 뜨랄(M. E. Thrall, 1980), S. E. 맥클리랜드(S. E. McClelland, 1982), G. 뤼더만(G. Lüdemann, 1989) 등과 함께 바울의 대적자들을 유대주의자들이라고 보는 관점에서 논한다.⁴³ 바레트(Barrett)는 거짓 사도들을 팔레스틴의 유대교적 그리스도인들의 집단이 있다고 보는 학자에 H. 빈디쉬(H. Windish)를 추가한다.⁴⁴

고린도후서에 갈라디아서에서처럼 할례와 율법 준수에 대한 논쟁이 없다고 하더라도, 이 입장을 견지하는 학자들은 고린도후서에서 바울의 대적자들을 이방인 그리스도인에 대립하는 유대주의자들로 인식한다.⁴⁵ 이 견해는 지금까지도 가장 유력한 견해다.

둘째, 바울의 대적자들을 영지주의 운동의 대표자로 보는 학자들은 W. 뤼트게르트(W. Lütgert), R. 불트만(R. Bultmann), W. 슈미탈스(W.

---

40 F.C. Baur, "Die Christuspartei in der Korinthischen Gemeinde, den Gegensatz des Paulinischen, und Petrinischen Christentums, der Apostel Petrus in Rom," *Tübinger Zeitschrift für Theologie* 1831; E. Käsemann, "Die Legitimität des Apostels," *ZNW* 41 (1942); cited in C.K. Barrett, 『고린도후서』, 54. H.D. Betz, 『갈라디아서』, 244-52.
41 C.K. Barrett, 『고린도후서』, 56.
42 Larry J. Kreitzer, 『고린도후서』, 114-9.
43 C.K. Barrett, 『고린도후서』, 56.
44 이들 외에도 Oostendorp, Martin, Thiessen 등이 있다: R.P. Martin, 『고린도후서』, WBC 40, 655-8.
45 C.K. Barrett, 『고린도후서』, 56.

Schmithals) 등이다.⁴⁶ 이 입장을 견지하는 학자들은 영적 문제를 지나치게 강조한 대적자들이 바울의 사도권에 도전하였을 것으로 추정한다. 그들은 바울의 대적자들이 바울을 거부한 이유를 그가 충분히 영적이지 않고, 인정할 만한 카리스마적 사도권의 증거가 그의 사역 가운데 나타나지 않았기 때문이라고 한다.⁴⁷

바레트(Barrett)는 이들이 바울의 대적자들을 동방에 기원을 둔 영지주의 운동의 대표자들로 보고 있다고 주장한다.⁴⁸ 크라이쳐(Kreitzer)는 이들이 아볼로를 포함한 영지주의자들과 영적 열광주의자들로 보고 있다고 한다.⁴⁹ 이들은 바울의 은혜의 교리를 율법폐기론으로 본다. 여기서 분명한 것은 영지주의는 바울의 당대보다 2세기의 산물로 보는 것이 더 정확하므로 바울의 대적자들을 영지주의자들이라고 보기는 어렵다.⁵⁰

셋째, 바울의 대적자가 헬레니즘 유대인이라는 입장을 취하는 학자들은 G. 보른캄(G. Bornkamm), G. 프리드리히(G. Friedrich), 게오르기(Dieter Georgi),⁵¹ 전경연⁵² 등이다. 이들은 바울의 대적자들의 유대적 성향을 부정한다. 오히려 헬레니즘 세계의 영감을 받은 인물들이 사용했던 선전 양식을 모방한 헬레니즘적인 유대인들로 본다.

이 입장을 견지하는 학자들은 바울이 자신의 사도직 권위를 세우기 위

---

46 이들은 바울이 고린도에서 영지주의와 심한 논쟁을 벌였다고 보는 학자들이다: Kreitzer, 『고린도후서』, 122-6.
47 Ibid., 122-6.
48 C.K. Barrett, 『고린도후서』, 55.
49 Kreitzer, 『고린도후서』, 123은 고린도의 반대자들에게 '영지주의자들'이라는 정식 명칭을 붙이는 것에 대해 큰 우려를 표한다.
50 Ibid.; 123. 조재형, "영지 사상에서 살펴본 고린도후서에 나오는 바울의 적대자," 「신약논단」 제20권 제2호 (2013년 여름), 443-478.
51 Dieter Georgi, *The Opponents of Paul in Corinthians*; cited in C.K. Barrett, "Paul's Opponents in II Corinthians," 233-4; cited in idem., 『고린도후서』, 55-6.
52 전경연, 『고린도후서』, 87-9.

해 고린도후서 12장에서 영적 체험을 진술한 것으로 이해한다. 그리고 고린도후서 11:15에서 "의의 일꾼으로 가장하는 것"에서 "의의 일꾼"을 사도행전 6장과 7장에 나오는 스데반 계열의 일곱 명의 봉사자 직분을 연상한 것으로 본다.[53] 이들 가운데 게오르기(Georgi), 전경연 등은 고린도후서 3장에서 바울의 대적자들을 모세를 우월한 신적 존재로 인식하고 추종하려고 하는 자들이라고 본다. 그래서 바울이 고린도후서 3장에서는 자신의 사도의 직분과 모세의 직분을 비교하며 우월한 직분으로 묘사한 것이고, 고린도후서 12:1-12에서는 자신의 영적 경험과 권능에 대해 언급한 것으로 이해한다.[54]

이와 같은 바울의 대적자들에 대한 세 가지 견해 외에도, 최근 J. L. 섬니(J. L. Sumney)가 이 연구의 방법론에 대한 지적을 통해 새롭게 규명하는 견해를 제시한다. 그는 '최소이론적 접근'(minimalist approach) 방법론을 가지고 바울의 대적자에 대한 정체를 규명하고자 한다. 그의 연구는 주로 고린도후서 10-13장 중심으로 치중되어 있다.[55]

이 방법론에 따르면, 고린도전서와 후서에서 바울의 대적자가 같은 그룹이며 '신령주의파들'(pneumatists)이라고 결론짓는다. 그런데 그의 이러

---

53 C.K. Barrett, 『고린도후서』, 55-6.
54 전경연, 『고린도후서』, 87-9.
55 J.L. Sumney의 '최소이론적 접근'(minimalist approach) 방법론은 다음 4가지를 기초한 것이다: Jerry L. Sumney, "The Role of Historical Reconstructions of Early Christianity in Identifying Paul's Opponents," *Perspectives in Religious Studies* 16 (1985), 45; cited in 김영복, "복음 전하는 자의 고난," 40, 각주 98.
① 본문에 초점을 맞춘 해석 방법에 우선권을 둔다.
② 적절한 자료들에 대한 건전한 평가를 고집한다.
③ 설득력 있게 '거울기법,' 즉 바울의 진술이 대적자들의 직접적인 반영이라고 보는 독서법에 한정하여 적용한다.
④ 기존의 이론이나 외부적인 기초에 의해 재구성된 시각으로 본문을 대하는 시도를 거부한다.

한 주장은 많은 부분 케제만(Käsemann)의 견해를 반영한 것이다.[56]

김창락은 고린도후서의 대적자들에 대해 좀 더 구체적으로 구분하여 제시한다. 하지만 그는 이 역시 정확하게 그 정체를 규명하기 어려운 일이라고 한다.[57] 이 분류도 앞서 학자들의 구분과 별반 다르지 않다. 이처럼 고린도후서에 나타난 바울의 대적자의 정체를 규명하는 학자들의 견해는 통일되지 않을 뿐 아니라 제자리걸음을 하는 듯하다.[58]

바울의 대적자들에 대한 이와 같은 학자들의 견해 가운데 오늘날까지 지지를 많이 받는 것은 유대교적 그리스도인이라는 견해다. 이는 고린도후서 전반부(1-7장)와 후반부(10-13장) 모두에 진술된 바울의 변증을 볼 때도 가장 설득력이 있어 보인다.[59]

하지만 이 입장에 대한 비판적 의견도 무시할 수 없다. 그들은 기독교 신앙에 반대하는 유대주의자들의 대항 방식으로 사용되었던 '율법,' '할

---

56 Larry J. Kreitzer, 『고린도후서』, 126.
57 김창락은 고린도후서의 대적자들에 대해 다음과 같이 제시한다: 김창락, "제11장 바울의 서신들," 362-7.
    (1) 유대교적 요소
    ① 팔레스틴 출신의 유대주의자들(F.C. Baur, H. Windsh, D.W. Oostendorp, J.J. Gunther, G. Lüdemann, Fr.G. Lang C.K. Barrett, J. Jervell, V.P. Furnish 등)
    ② 예루살렘교회 권위 아래 종속시키려는 팔레스틴 출신 유대 그리스도인 선교사들(E. Käsemann, T.W. Manson),
    (2) 영지주의자적 요소(W. Lütgert, R. Bultmann, W. Schmithals, E. Dinkler, Ph. Vielhauer 등)
    (3) 혼합주의적 요소
    ① 디아스포라 출신의 헬레니즘적인 유대 그리스도인 유랑 설교자들(D. Georgi, G. Bornkamm, H. Köster, D. Lührmann, M. Rissi, R. Jewett 등)
    ② 스데반파에 속한 설교자들(G. Friechrich)
    ③ 영지주의적 유대 그리스도인(W.G. Kümmel, W. Marxen)
    ④ 유대 그리스도교적-영지주의적 집단(E. Lohse)
    ⑤ 종교혼합주의자들(W. Marxsen)
58 Larry J. Kreitzer, 『고린도후서』, 109-26.
59 김영복, "복음을 전하는 자," 38-9.

례' 등의 문제가 주된 논쟁거리가 되지 않았다는 이유를 든다. 그런데도 바울 당시 고린도 지역에 상당수의 유대인이 거주했으리라는 것과 고린도교회 내의 유력자들의 역할 등을 고려할 때, 바울의 대적자들은 유대주의자들일 가능성이 가장 유력하다(행 18:7-8).[60]

홍인규는 고린도후서 전체에서 바울의 사도권에 대해 고린도교회 내부에서보다 외부에서 들어온 자들이 도전하고 공격한 것으로 본다. 그는 고린도후서 1-9장에서 안심과 위로와 신뢰의 어조가 나타난 것에 대해 고린도전서에서 이미 문제가 된 근친상간자들이 회개하여 바울의 명령에 순종한 자들로 묘사된 것을 요인으로 본다. 그리고 그는 고린도후서 10-13장에 나타난 대적자들을 다음과 같이 제시한다.

① 외부(아마도 예루살렘)에서 온 자들(3:1; 11:4)이며, 그룹을 이루고 있고(2:17; 10:12), 바울의 복음 사역지를 침범한 사람들이다(10:15-16).
② 히브리인, 이스라엘 사람, 아브라함 자손, 그리스도의 종들이라고 자칭 자랑하는 자들이다(11:22-23).
③ 유대 예루살렘에서 온 헬라어를 할 줄 아는 유대인들이다(11:22).
④ 고린도교회에 이미 존재한 게바파에 속한 무리들의 지지를 받은 자들이다.
⑤ "옛 언약의 일꾼"임을 암시한다.
⑥ 수사학에 능통한 웅변(11:6)과 사도의 표적과 기사와 능력을 사도의 표증으로 여긴다(12:1, 12; 13:3).[61]

---

60   Larry J. Kreitzer, 『고린도후서』, 119.
61   홍인규, "바울서신," 168, 192-4.

이러한 그의 견해는 고린도교회 내부자와 예루살렘교회와 관련이 있는 유대교적 그리스도인들이라는 전통적 견해를 견지하는 것으로 보인다.

필자는 이러한 전통적 견해를 지지한다. 하지만 그렇다고 바울의 대적자들이 단지 유대주의적 성향이 있는 자들뿐이라고 생각하지 않는다. 오히려 다양한 부류들이 바울을 대적했을 것이다. 필자는 이러한 바울 대적자들의 문제와 그 정체에 대해 고린도후서의 통일성 문제처럼 쉽게 결정 내리기가 어렵다고 본다.[62] 다만 바울의 대적자들이 그의 사도직에 대해 문제를 제기한 것과 그에 대한 변호 등을 통해 추론할 뿐이다.

따라서 바울의 사도직에 대한 정보를 제공받는 방법은, 그의 대적자들의 정체를 밝히는 데에서 찾기보다, 그가 자신의 사도직을 성경신학적 관점에서 논증하고자 하는 방식을 따르는 것이 가장 유력하다고 본다.

(2) 바울의 사도권에 대한 그의 대적자들의 문제 제기

고린도후서가 보여 주는 바울과 고린도교회의 사이에 일어난 갈등을 간략히 추론해 보면 다음과 같다.

> 바울은 고린도교회의 문제 해결을 위해 디모데를 통해 편지를 보냈으나 별반 효과를 보지 못하였다(고전 16장). 이에 바울은 고린도교회를 직접 방문하여 문제 해결을 시도하였다. 그러나 그 결과는 처절한 실패였다(고후 2:1-5). 그 후 다시 디도를 보내 문제 해결을 모색하였다. 다행히도 바울은 그를 통해 고린도교회가 회복돼 가고 있다는 기쁜 소식을 들을 수 있었다(고후 2:12-13; 7:6-16).

---

[62] 바울의 대적자들을 확인하는 작업에서 학자들은 고후 10-13장에 나타난 반대자들, 특히 거짓 사도들에 대한 정체를 밝히는 작업에 집중하고 있다: ibid., 192.

하지만 고린도교회에는 미해결된 문제들이 여전히 남아 있었다. 그 문제들은 바울의 여행 계획 변경에 대한 비난(1:12-2:4), 계속된 우상숭배 행위(6:14-7:1), 미진한 구제헌금 모금(8:6, 19; 9:2), 고린도교회의 재정 지원 의사에 대한 바울의 거절에 대한 불만(11:7-11; 12:13-16), 거짓 사도들에 의한 신학적 혼란, 그로 인한 바울의 사도직에 대한 비난과 거부(2:17-3:3; 5:11-13; 10:7-12:13 등) 등이다.[63]

고린도교회의 바울에 대한 비난은 일부 교인들의 개인적 인신공격에서부터 시작하여 외부에서 들어온 대적자들의 다발적 공격과 목회 활동 방해 그리고 사도권 부정과 신학적 문제 제기 등 다양한 양태로 나타났다.

첫째, 고린도교회 교인들의 바울에 대한 인신공격들과 이것들에 대한 바울의 대응은 다음과 같다. 즉 신뢰하지 못할 자, 변덕쟁이, 사기꾼(고후 1:17-22; 2:19; 4:12, 14-15; 5:9, 13-14; 10:11), 오만하고 허풍쟁이고 어리석은 자(5:12, 13-14f; 6:3-10; 10:1-18; 11:16-33), 열등한 자(4:5, 7; 10:14), 설교자로서 화술이나 당당한 자세가 결여된 자(10:11-18; 11:6; 12:12), 자기 병도 못 고치는 무능한 자(12:12; 12:7-10; 13:3-4, 9-10) 등이다.

이에 대해 바울은 하나님의 섭리와 능력에 의한 사역을 강조한다. 그는 자신이 취한 그 어떤 행동도 고린도교회 교인들을 위한 것이었다고 주장한다. 그뿐만 아니라 그는 자신의 고난이 오히려 그리스도의 십자가의 죽음과 부활의 능력을 나타내므로 복음의 진정성과 자신의 사도직 합법성을 증언한다고 주장한다.

---

[63] R.P. Martin, 『고린도후서』, WBC 40, 47-9; William D. Mounce, 『목회서신』, WBC 46, 67-72; Colin G. Kruse, 『고린도후서』, 28-38; 김정훈, 『바울서신 연구』, 218-20; 이 외에 다양한 고린도전후서 주석서들을 참고함.

둘째, 외부에서 들어온 대적자들의 직접적인 여러 가지 공격과 그에 대한 바울의 대응은 다음과 같다.

① 대적자들은 자신들이 제출한 추천서를 자랑하며 바울에게도 추천서를 요구한다.
② 대적자들은 고린도 지역에 대한 자신들의 선교 활동 관할권을 주장한다(10:13-18).
③ 대적자들은 자신들의 수고와 명성을 내세우면서 바울이 마치 열등한 자칭 사도인 것처럼 비난한다.

①에 대해 바울은 자신의 진정한 추천서는 고린도교회 자체라고 응수한다(3:1-3). 그는 자신의 추천서는 종이에 먹으로 쓴 것이 아니라 살아 계신 하나님의 영으로 마음에 쓴 것이라고 주장한다(3:2-3).

②에 대해 바울은 새로운 선교 영역을 개척함으로 도리어 선교 활동이 풍성해지길 희망한다고 말한다(10:13-18). 그는 복음에 대한 이러한 자신의 열망이 사람에게 인정받기 위함이 아니라 주께 인정받고 칭찬받는 것이라고 변호한다.

③에 대해 바울은 단호한 어조로 그들을 거짓 사도, 속이는 일꾼, 그리스도의 사도로 가장하는 자, 사탄의 일꾼 등으로 지칭하며 강하게 책망한다. 그리고 진정한 사도의 표징이 그리스도의 길을 따르는 것이라고 강조한다(고후 11-12장). 바울의 진정한 사도의 표는 고린도교회에 행한 모든 참음, 표적, 기사와 능력이다(고후 12:12). 그는 복음의 능력을 부정하는 자들을 향해 그리스도 십자가의 능력이 고린도 교인들 가운데 나타나고 있음을 믿음으로 확인하라고 권면한다(고후 13:3-10).

셋째, 대적자들의 사도권 부정과 여러 가지 신학적 공격들에 대해 바울은 자신의 새로워진 신학 체계를 따라 치밀한 논리로 대응한다. 그의 대응 논리는 자신의 사도직 합법성을 논증하는 데 초점을 맞추고 있다. 바울은 자신의 사도권에 대한 도전을 심각하게 받아들였다. 그 이유는 자신의 사도권이 무너지면 그가 전한 복음과 사역이 토대를 상실하는 심각한 결과를 초래한다고 보았기 때문이다. 대적자들의 세 번째 공격의 내용은 다음과 같다.

① 대적자들은 모세의 역할의 위대함과 영광을 추구하는 입장에서 바울의 사도직을 폄하한다.
② 대적자들은 '율법 조문'으로 대변되는 옛 언약(고후 3:3, 6, 7)에 집착을 보이면서 바울의 사도직 수행을 훼방한다.
③ 대적자들은 다른 예수, 다른 영, 다른 복음을 전파함으로 바울이 전하는 복음을 근본에서부터 파괴하려는 자들이다(고후 11:4).

①에 대해 바울은 '새 언약'과 '옛 언약'의 대조 개념으로 그들의 왜곡된 태도를 지적하며 자신의 사도직 정체성과 본질에 대해 변호한다(고후 3:4-18). 그는 자신의 사도직이 새 언약 아래 주어진 '영의 직분'이며 '의의 직분'이라고 주장한다.

②에 대해 바울은 자신의 사도직이 그리스도의 죽음과 부활에 의해 성취된 '새 언약'(고후 3:6)을 따라 '하나님의 의'를 선포하는 직분임을 주장한다(고후 3:9; 5:21). 또한, 그는 자신을 그리스도의 사신이라고도 말한다(고후 5:20).

③에 대해 바울은 사도적 참된 권위는 고난과 수고에 의해 입증되는 것임을 역설하면서 자신의 사역을 사도직의 증거물로 제시한다(고후 11:16-33). 그는 그리스도가 자신에게 "내 능력이 약한 데서 온전하여짐이라"라고 해 주신 말씀을 상기하면서 자신의 여러 약한 것들을 자랑한다. 이 자

랑은 그리스도의 능력이 자신에게 머물게 하고 싶다는 고백에 의한 것이다(고후 12:9-10). 바울은 여기에서 그치지 않고 자신의 역할을 고린도 교인들을 그리스도의 정결한 신부로 드리려 하는 '중매자'라고 묘사한다.

이상으로 고린도교회의 대적자들은 바울에 대해 수많은 문제를 제기하며 그를 비난하고 그의 사도직 자체를 부정한다. 그러나 바울은 사도의 직무를 수행하는 자로서 개인적인 대응을 자제한다. 오히려 그는 자신이 다메섹 사건을 통해 새롭게 인식하게 된 신학적 체계를 토대로 자신의 사도직을 설명한다. 이 사건은 바울에게 있어서 '새 언약'에 대한 종말론적 이해의 중심에 '그리스도'가 있다는 것을 인식하게 한다. 그것은 "언약과 그리스도"의 관계를 성경의 통시적 이해를 바탕으로 한 신학적 체계를 가리킨다.

바울은 이와 같이 자신의 사도직 변호를 종말론적-구속사적-언약신학적인 관점에서 하고 있다. 이러한 변호 방식은 그 자신의 사도직을 그의 대적자들에게서 방어하고 고린도 교인들에게 바른 복음을 전하고 가르치고자 하는 목적을 가진다. 이로써 바울은 하나님이 세우시고 통치하시는 하나님의 언약 공동체로서의 하나님의 교회를 바르게 확립하고자 하는 목적까지도 이루고자 한 것이다.

4. 다메섹 체험에 근거한 바울의 사도권 변호

고린도후서에서 바울은 자신의 사도직에 대한 대적자들의 공격에 대항하기 위해 자신의 다메섹 체험을 중요한 근거로 제시한다.[64] 그는 자신이

---

64 다메섹 사건을 암시하는 구절들은 성경에 여러 곳에 나타난다. 다메섹 사건의 직접적인 진술은 갈 1:12-16; 고전 9:1-2; 15:8; 고후 4:6이고, 다메섹 체험을 배경으로 한 언급들은 빌 3:4-12: 고후 3:7-11 등이다. 그 외에도 C. Dietzfelbinger, 『사도 바울의 회

사도직을 보유하고 있는 사실과 사도적 권위에 관해 이야기할 때에는 매우 강경하고 단호한 태도를 보인다(고전 9:1-2; 15:3-11; 고후 4:1-6; 5:16-21; 갈 1:12-16; 빌 3:3-14).[65] 대부분 학자는 고린도후서 4:6이 다메섹 사건을 반영하고 있다는 데 동의한다.[66]

필자는 이 본문뿐 아니라 이 책에서 다루게 될 핵심 구절 중의 하나인 고린도후서 3:7-18에도 바울의 다메섹 체험이 반영되어 있다고 본다. 그리고 그리스도의 죽음과 부활을 사도직의 근거로 제시한 고린도후서 5:11-21에서도 바울의 다메섹 체험이 배경이 되고 있다고 본다. 그러므로

심사건』, 조경철 역 (서울: 감신, 1996), 87은 "부르심을 받은" 사도(롬 1:1; 고전 1:1 갈 1:11-12등), "나에게 주어진 은혜"(롬 12:3; 15:15; 고전 3:10; 갈 2:9 등), "이방인들에게 보내진 자신의 사명"(롬 1:5, 13; 11:13; 15:16; 갈 1:16; 2:2, 7-9; 살전 2:16 등)을 언급할 때에 다메섹 사건이 암시되고 있다고 본다. 이한수, 『바울신학 연구』 (서울: 총신대학출판부, 1994[1993]), 22은 바울이 '부르다/부름을 받은'이란 말을 통해 자신의 사도적 소명을 진술하고 있다고 본다. 그 외에도 강창희, "바울의 사도직 이해," 103은 바울이 암시적으로나마 자신의 회심 경험을 언급한 곳을 다음과 같이 본다: 빌 3:4-12; 갈 1:12-17; 고전 9:1, 16; 15:8-9; 참고. 행 9:1-19; 22:4-16; 26:9-19.

65 강창희, "바울의 사도직 이해," 103;4. 김세윤, 『바울신학과 새 관점』 (서울: 두란노, 2002), 37, 각주 46.

66 고후 4:6이 다메섹 사건을 반영한다는 데 찬성하는 학자는 다음과 같다: Windisch, *Zweiter Korinther*, 140; Schoeps, *Paulus* 46f; Bultmann, *Zweiter Korintehr III*; Stuhlmacher, *Ende* 26f; Berger, *Auferstehung* 556; Kim, *Origin of Paul;s Gospel* (Grand Rapids: Eerdmans, 1981), 5-11; C. Dietzfelbinger, 『사도 바울의 회심사건』, 96. C. K. Barrett, *Commentary on the Second Epistle to the Corinthians*, 134-5; F.F. Bruce, *1 and 2 Corinthians* (New Century Bible; London: Oliphants, 1971), 196; Alfred Plummer, *A Critical and Exegetical Commentary on the Second Epistle of St. Paul to the Corinthians* (The International Critical Commentary 34; Edinburgh: T. & T. Clark, 1915), 92; Karl Olave Sandnes, *Paul-One of the Prophets?: A Contribution to the Apostle's Self-Understanding* (Wissenschaftliche Untersuchungen zum Neuen Testament 2. Reihe 43; Tübingen: J. C. B. Mohr[Paul Siebeck], 1001), 132-44; Murray J. Harris, *The Second Epistle to the Conthians*, 336: cited in 김태훈, "바울은 다메섹에서 예수를 어떻게 인식했는가?,"「신약논단」제21권 제1호 (2014년 봄), 20. Blank, *Paulus*와 Eichholz, *Paulus*는 고후 4:6에서 다메섹 사건을 말하기를 포기한다. Kümmel, *Römer* 7, 147은 조심스럽다: Dietzfelbinger, 『사도 바울의 회심사건』, 96.

제3장 대적자들의 문제 제기와 바울의 사도권 변호 119

필자는 학자들 간에 합치율이 높은 고린도후서 4:6을 먼저 살펴보고, 이어서 고린도후서 3:7-18과 5:11-21을 살펴봄으로써 바울이 자신의 사도권에 대해 어떤 신학적 변증을 시도하고 있는지 고찰하고자 한다.

1) 고린도후서 4:6의 변증

고린도후서 4:6은 바울의 다메섹 체험을 직접적으로 반영하고 있다고 하는 점에서 주목을 끈다.[67] 바울은 이 본문에서 다메섹 사건 때에 자신에게 비춰진 하나님의 "빛"에 대해 언급하고 있다. 바울이 사도행전에서 세 차례나 간증하고 있는 다메섹 사건(행 9:1-19; 22:4-16; 26:9-19)을 이 본문과 비교해 보면,[68] '빛'(φῶς)이 공통된 주제라는 것을 알 수 있다.

---

67 "어두운 데 빛이 비추라 말씀하셨던 그 하나님께서 예수 그리스도의 얼굴에 있는 하나님의 영광을 아는 빛을 우리 마음에 비추셨느니라"(고후 4:6). 이 본문의 헬라어 구조는 다음과 같다.
ὅτι ὁ θεὸς ὁ εἰπών·
    ἐκ σκότους φῶς λάμψει,
    ὃς ἔλαμψεν ἐν ταῖς καρδίαις ἡμῶν
    πρὸς φωτισμὸν τῆς γνώσεως τῆς δόξης τοῦ θεοῦ
    ἐν προσώπῳ [Ἰησοῦ] Χριστοῦ(2 Cor. 4:6 BGT).

68 Murray J. Harris, *The Second Epistle to the Corinthians*, 336은 고후 4:6과 사도행전과의 유사성을 다음과 같이 본다.

고린도후서 4:6	사도행전
ἔλαμψεν	περιήστραψεν(9:3) περιαστοράψαι(22:6) τὴν λαμπρότητα(26:13) περιλάμψαν(26:13)
ἐν ταῖς καρδίαις	hearing (9:4; 22:7, 14-15; 26:14) "seeing"(9:17, 27; 22:14-15; 26:13, 16[x2], 19)
φωτισμὸν	φῶς(9:3; 22:6, 9, 11; 26:13)

이 본문의 '비추다'(λάμπω)와 '영광'(δόξα)도 유사 공통용어로 보이며, 다메섹 사건을 반영하는 갈라디아서 1:16에 나오는 동사 '나타내다'(ἀποκαλύπτω)와도 상당한 유사성을 나타낸다.[69]

고린도후서 4:6에 대한 보다 심도 있는 이해를 위해 바울 연구의 권위자인 김세윤과 라이트(N.T. Wright)의 해석을 주목해 보자.

김세윤은 이 본문에서 다메섹 사건을 시사(示唆)해 주는 주제가 '빛'과 '영광'이라고 주장한다.[70] 그는 문장 구조상 하나님의 빛의 창조("어두운 데서 빛이 비치라")가 바울의 회심 사건("하나님의 영광을 아는 빛을 우리 마음에 비추셨느니라")과 대구(對句)를 이룬다고 본다.[71] 즉, 그는 바울이 창세기 1:3을 인용해 어둠에서 빛으로 옮겨진 자신의 회심 사건을 묘사하고 있다고 보는 것이다.[72]

τῆς δόξης	τῆς δόξης τοῦ φωτὸς ἐκείνου(22:11)
	ὑπὲρ τὴν λαμπρότητα τοῦ ἡλίου(26:13)
ἐν προσώπῳ Χριστοῦ	ἰδεῖν τὸν δίκαιον(22:14)

69   갈라디아서 1:15-16은 바울의 다메섹 체험을 반영하고 있는 것이 분명하다: Richard N. Longenecker,『갈라디아서』, WBC 41, 이덕신 옮긴이 (서울: 도서출판 솔로몬, 1990), 221. 고린도후서 4:6의 "ὁ θεὸς ... ὃς ἔλαμψεν ἐν ταῖς καρδίαις ἡμῶν"(하나님께서 ... 우리 마음에 비춰셨느니라)과 갈라디아서 1:16의 "ἀποκαλύψαι τὸν υἱὸν αὐτοῦ ἐν ἐμοί"(그 아들을 내 속에 나타내시기를)는 상당한 유사성을 나타낸다. 고린도후서 4:6에서 "비추다"라는 단어는 λάμπω가 사용된다. 사도행전에는 이 단어 대신 περιαστράπτω(둘러 비추는지라)가 사용된다. περιαστράπτω(둘러 비추는지라)는 신약에서 사도행전 9:3과 22:6에만 나온다.
70   김세윤,『바울 복음의 기원』(서울: 엠마오, 1996), 19-20.
71   Bultmann은 창조와 사도직을 서로 대구(對句)로 생각한다. Bultmann은 바울이 다메섹 사건을 통해 그의 신학이 구성되었다고 본다: Bultmann, 'Paulus,' 1027; Bultmann, 'Ursprung,' 374f; Barrett, 2Cor., 135; cited in 김세윤,『바울 복음의 기원』, 21, 163.
72   다메섹 사건이 바울에게 어떤 변화를 주었는가에 대한 논의도 다양하다. 그 논의들은 대체로 세 갈래의 방향으로 진행된다.
   첫째, 회심으로 보는 견해(J. Gresham Machen, J.A. Fitzmyer, David Wenham): J. Gresham Machen,『바울 종교의 기원』, 김남식 역 (서울: 한국로고스연구원,

그러면서도 김세윤은 고린도후서 5:17에서 바울이 자신의 사도직을 하나님의 새 창조 행위의 도구로 이해하고 있다고 하는 점에서, 바울의 선포와 하나님의 창조 행위 사이에는 대구(對句)가 나타난다고 주장한다. 이것은 바울의 회심을 하나님의 새 창조 행위로 이해하고(창 1:3; 비교. 고후 5:17), 그의 사도직을 하나님의 새 창조 행위의 도구라고 본다.[73]

또한, 김세윤은 4:6의 '비취셨느니라'(ἔλαμψεν)를 람포(λάμπω)의 부정과거 시제를 사용한 것이 다메섹 도상의 그리스도의 현현(顯現)과 관련이 있다고 본다. 곧 바울이 이 만남 사건을 통해 그리스도가 하나님의 형상(고후 4:4)이신 것을 알게 되었다는 것이다.[74] 또한, 그는 다메섹 사건과 이사야의 소명 사건을 연결해 심도 있게 연구함으로써 바울이 자신의 사도직에 대해 '여호와의 종'의 의미도 함의하고 있다고 본다.[75] 이러한 이해는

1991[1988]), 87-92; J.A. Fitzmyer, 『바울의 신학』, 배용덕 편역 (서울: 솔로몬, 2002[1996]), 35-7; David Wenham, 『바울과 예수』, 이한수 역 (고양: 크리스챤출판사, 2004), 11-23.

둘째, 단지 소명으로 보는 견해(V.P. Furnish, Nicholas Taylor, F. Hahn, G. Bornkamm, D.G. Dunn 등): Victor Paul Furnish, *Jesus According to Paul* (Cambridge: Cambridge University Press, 1993), 9-10; Nicholas Taylor, *Paul, Antioch and Jerusalem: A Study in Relationship and Authority in Earliest Christianity*, JSNT Supplement Series 66, 63; F. Hahn, *Mission in the New Testament* (trans, F. Clarke) (London: SCM Press, 1965), 97; G. Bornkamm, *Paul*, trans, D.M.G. Stalker (London: Hodder and Stoughton, 1971), 26-7; James D.G. Dunn, *The New Perspective on Paul: Collected Essays* (Tubingen: Mohr Siebeck, 2005), 341-59: cited in 김태훈, "바울은 다메섹에서 예수를 어떻게 인식했는가?," 199-203.

셋째, 회심과 소명의 동시적인 사건으로 보는 견해(G. Lyttelton, F.F. Bruce, 최갑종, 김세윤 등): G. Lyttelton, *Observations on the Conversion and Apostleship of St, Paul* (London, 1747), paragraph 1; cited in F.F. Bruce, 『바울신학』, 정원태 역 (서울: 기독교문서선교회, 1987), 71; 장종현·최갑종, 『사도 바울』(천안: 천안대학교 출판부, 1999), 39-45; 김세윤, 『바울 복음의 기원』, 96, 110.

73 Ibid., 21-2.
74 Ibid., 229-32; R.P. Martin, 『고린도후서』, WBC 40, 227.
75 김세윤, 『바울 복음의 기원』, 164-6.

바울이 자신의 사도직에 대해 어떻게 인식하고 있었느냐에 대한 유의미한 답변을 제공한다.

한편, N.T. 라이트(N.T. Wright)는 고린도후서 4:6의 '빛'과 '비추다'라는 단어에 관심을 가진다. 그는 고린도후서 4:6을 3:1-4:6의 전체 맥락 속에서 읽어야 한다고 주장한다. 그렇게 읽게 되면 바울이 고린도후서 4:6에서 다메섹 사건을 언급한 것도, 그의 개인적인 회심 또는 소명 체험을 말하는 것도 아닌 것을 알 수 있다고 한다.

라이트는 창세기 1장의 언어가 새 언약의 성취를 통해 등장하는 바울의 새 창조 주제의 일부라고 본다(고후 5:17). 그리고 그는 이 모든 것이 한 사도의 일회적 경험에 해당한 것이 아니라, 모든 그리스도인에게 해당하고 앞으로도 계속 해당할 그런 것이라고 주장한다.[76] 그런데 그는 바울이 성령의 새 언약 사역을 통해 알려진 부활하신 예수와 다메섹 도상에서 자신에게 나타난 예수를 동일한 분으로 전제하고 있다고 한다.[77]

그의 이러한 주장은 간접적으로 고린도후서 4:6이 바울의 다메섹 체험을 반영하고 있다는 뜻이어서 자신의 앞선 주장과 모순된 것처럼 들린다. 따라서 필자는 고린도후서 4:6이 다메섹 사건을 전혀 반영하지 않는 것처럼 말하는 라이트의 주장에는 동의하기 어렵다. 더욱이 그가 관심을 표명하는 '빛'과 '비추다'라는 말들은 바울이 다메섹에서 만난 그리스도의 현현 장면과 언어적으로 일치한다.[78]

---

[76] N.T. Wright, 『하나님의 아들 부활』, 박문재 역 (고양: 크리스챤다이제스트, 2005), 65-8.
[77] Ibid., 608.
[78] '디럭스바이블' 스트롱사전은 φανερόω(나타내다, 드러내다)의 유래가φανερός라고 한다. 이 단어의 문자적 혹은 상징적 의미는 '빛나는,' '분명한'으로 번역할 수 있다. 고후 2:14에는 두 개의 분사 θριαμβεύοντι(θριαμβεύω/소문이 자자하다; 골 2:15)와 φανεροῦντι(φανερόω/드러내다)가 나온다. 최영숙, "복음의 변증가 바울," 629-33은

필자는 특정 본문을 해석하는 데 있어서 라이트처럼 그 자체의 구조와 그것을 포함하는 보다 큰 문맥을 이해하는 것이 근본적으로 중요하다는 것을 인정한다. 또한, 두 학자가 이 구절에 대해 하나님의 창조 행위를 반영하고 있다고 보는 것도 올바른 해석이라고 본다. 하지만 이와 함께 그것이 가진 내적-신학적 의미를 밝히는 것도 중요하다고 생각한다.

결론적으로 필자는 바울이 고린도후서 4:6에서 창세기의 하나님의 창조 행위와 이사야의 '여호와의 종'(그리스도)의 출현 예언을 배경으로 한 것이라고 본다. 그뿐 아니라 바울은 이 배경을 바탕으로 자신의 다메섹 체험을 반영하고 있다.

다시 말하면 바울은 창세기의 새 창조 기사와 이사야의 여호와의 종에 대한 개념을 다메섹 체험을 비롯해 예수 그리스도께서 성취하신 새 언약 체계를 종말론적 관점에서 이해한 것이다. 바울은 자신의 사도직을 이처럼 새 언약 아래 새 창조 사역하시는 성령의 사역에 참여하는 일로 설명하고자 한다.

2) 고린도후서 3:7-18의 변증

고린도후서 3:7-18에서도 바울이, 4:6에서 자신이 체험한 다메섹 사건을 반영하는 진술 이전에, 암시적으로 동일한 사건을 배경에 두고 자신의 사도직에 대해 진술하는 것으로 보인다. 그 이유는 고린도후서 3:14-18과

이 두 단어가 동일한 의미로 사용되기도 한다고 본다. 최영숙은, 특히 θριαμβεύοντι가 주로 '이기다'로 해석되나, 헬라문헌에서 '소문이 자자하다'라는 뜻으로 사용되고 있다는 점과 2:14에서 승리를 공포하고 보여 주는 의미로도 사용되고 있다는 점에서 '널리 나타내다'라는 의미로 해석해 "하나님께서 사도를 항상 널리 알리다"라는 사상을 나타낸다고 주장한다.

4:1-6에서 서로 중복되는 용어들과 유사 개념들이 발견되기 때문이다. 이 두 본문을 비교해 보면 다음과 같다.[79]

고후 4:1-6	고후 3:7-18
이 직분을(τὴν διακονίαν ταύτην; 1절)	영의 직분(ἡ διακονία τοῦ πνεύματος; 8절) 의의 직분(τῇ διακονίᾳ τῆς δικαιοσύνης; 9절)
가리었으며, 가리어진 것 (κεκαλυμμένον; 3절)	수건(κάλυμμα; 13-16절) 수건을 벗은(ἀνακεκαλυμμένῳ; 18절)
믿지 아니하는 자들의 마음을 혼미하게 하여 (ἐτύφλωσεν τὰ νοήματα τῶν ἀπίστων; 4절)	그들의 마음이 완고하여 (ἐπωρώθη τὰ νοήματα αὐτῶν; 14절)
비치지 못하게 함(τὸ μὴ αὐγάσαι; 4절)	주목하지 못하였거든 (μὴ δύνασθαι ἀτενίσαι;7절) 주목하지 못하게 하려고(τὸ μὴ ἀτενίσαι; 13절)
광채가 비추다(τὴν αὐγάσαι τὸν φωτισμὸν; 4, 6절)	거울을 보는 것 같이 (κατοπτριζόμενοι; 18절)
영광(αὐγάσαι φῶς λάμψει; 6절)	영광(δόξα; 7-11, 18절)

여기에 등장하는 주제들은 주로 직분, 수건, 완악한 마음, 사도직의 영광, 수건, 마음의 무반응, 보이는 것과 보이지 않는 것 등이다. 이 주제들은 두 본문이 암묵적이든 직접적이든 바울의 다메섹 경험을 반영하고 있다는 것을 보여 준다. 특히 고린도후서 3:7-18에 나오는 주제들을 정리하

---

79 다음에 제시되는 표들은 Harris의 구조에서 빌려왔다. M.J. Harris, *The Second Epistle to the Corinthians*, 320은 고후 4:1의 τὴν διακονίαν ταύτην과 3:8의 ἡ διακονία τοῦ πνεύματος만을 비교하고, 3:9의 ἡ διακονία τῆς δικαιοσύνης는 4:5의 κηρύσσομεν과 연결한다. 고후 2:14-4:6의 구조에 대해 Lambrecht는 A 2:14-3:6; B 3:7-18; A' 4:1-6 으로 그리고 4:1-6은 A 4:1-2: We (ministers); B 4:3-4: They (Israelites); A' 4:5-6: We (ministers), 이렇게 삼중적인 구조를 가진다고 본다: cf. Lambrecht, "Structure" 347-9, 363-4. Harris는 고후 2:14-4:16에 대한 자신의 구조 분석과 Lambrecht의 구조 분석의 차이점을 밝힌다. 여기서 필자가 관심을 두고자 하는 것은 고후 2:14-4:16의 구조 분석 보다 이 단락의 문맥상의 연결점을 찾는 것이다. 따라서 여기서는 구조 분석에 대해 논하지 않을 것이다. 다만 Harris의 이 단락의 용어와 개념들의 유사성에 대한 분석을 참고한다. 하지만 필자는 그의 분석표에서 고후 4:1의 τὴν διακονίαν ταύτην에 3:8의 ἡ διακονία τοῦ πνεύματος와 3:9의 ἡ διακονία τῆς δικαιοσύνης를 함께 놔야 한다고 본다.

면 다음과 같이 이해할 수 있다.

> 하나님의 종인 모세의 직분도 영광스럽다. 하지만 이스라엘의 완악함 때문에 영광을 가리는 수건을 모세의 얼굴에 덮을 수밖에 없었다. 이스라엘의 지속한 완악함 때문에 언약에 대해 신실한 하나님께서 새 언약을 약속하셨다. 새 언약의 성취자로서 예수 그리스도께서 그 죄의 문제를 해결해 주셨다. 그래서 새 언약 아래에서는 수건을 덮을 필요가 없다. 바울은 자신의 사도직을 이런 새 언약의 일꾼으로 인식한다. 또한, 바울은 자신을 새 언약의 성취자이신 그리스도의 일꾼으로 인식한다. 따라서 바울의 직분은 모세의 직분보다 더 영광스럽다. 만일 바울의 사도성과 그의 사역에 대해 거부하고 그의 복음을 받아들이지 못한다면, 그것은 모세의 얼굴에 수건을 덮게 한 것과 같다.

그런데 이 모든 주제를 통합하는 개념이 고린도후서 3:18에 나타나는데, 그것은 바로 '형상'(εἰκών)이다. 이 개념은 앞의 주제들과 관련하여 불가분적 관계에 있는 그리스도의 정체성을 묘사하는 용어다. '형상'(εἰκών)은 기독론적 단어로 구현, 실체 존재라는 의미가 있다.[80] 이 단어의 유사한 용례로는 로마서 1:23, 8:29, 골로새서 3:10, 히브리서 10:1 등에서 발견된다.

이 가운데 특히 히브리서 10:1은 '율법'의 한계성을 묘사하기 위해 '참 형상'이라는 개념을 사용한다. "율법은 장차 오는 좋은 일의 그림자요 참 형상이 아니므로"에서 옛 언약을 대변하는 율법은 참 형상의 그림자에 불과하다. 즉 율법은 복음으로 대변되는 새 언약이 올 때 그 실체 곧 참 형

---

80 이는 히 10:1에 나오는 형상에 대한 Michel의 이해다: Otto Michel, 『히브리서』, 강원돈 역 (서울: 한국신학연구소, 1988), 454-5.

상을 드러내게 될 것이다. "장차 올 좋은 일의 그림자"는 원문에 복수형인 "장차 올 좋은 것들"(τῶν μελλόντων ἀγραθῶν)로 되어 있다. 이것은 단수형인 '참 형상'을 포괄적 의미로 사용한다는 암시다. 따라서 '참 형상'이 복음을 가리키는 한, 이 개념은 간접적으로 복음의 핵심인 그리스도를 염두에 둔 것일 개연성이 높다.

필자는 바울이 고린도후서 3:6-18에서 히브리서 저자와 같은 생각을 공유하고 있다고 본다. 바울에게 모세는 율법을 위해 섬긴 하나님의 종이었던 반면 그리스도는 복음을 위해 섬긴 하나님의 아들이다. 모세의 사역이 그림자와 같은 것이었다면, 그리스도의 사역은 실체와 같은 것이다. 모세가 옛 언약 아래서 섬기는 자였다면, 그리스도는 새 언약의 성취자로서 섬기시는 분이시다.

그런데 여기서 주목할 것은 바울이 고린도후서 3:6-18에서 모세의 직분과 그리스도의 직분을 대비하는 것이 아니라 모세의 직분과 자신의 사도직을 비교하고 있다는 사실이다. 그는 자신의 사도직을 "새 언약의 일꾼"이라고 묘사한다. 이것은 그가 자신의 사도직을 그리스도의 구속사역에 동참하는 사역으로 인식하고 있다는 것을 의미한다.

바울은 자신의 사도직이 모세의 직분보다도 훨씬 더 영광스럽다고 말한다. 어떤 의미에서 모세는 그림자 속에서 얼굴이 씌워진 채 사역하였다면, 사도들은 수건을 벗은 얼굴로 사역하는 자들이다. 바울은 수건을 벗은 얼굴로 복음을 이해하고, 그리스도의 형상으로 변화하는 영광 가운데 사역하는 자였다. 만약에 바울이 고린도후서 3:6-18에서 이와 같은 것을 암시하고 있다면, 그것은 자신이 다메섹 사건 가운데 현현하신 하나님의 형상이신 부활하신 그리스도를 만난 사실에 대한 고백일 것이다.

이상으로 바울은 성령의 사역과 믿음을 통해 하나님의 언약과 그 성취에 대해 새로운 통찰을 얻고, 자신에게 새 언약의 일꾼으로서 그리스도로 말미암는 구원과 의의 새 시대(곧 새 창조의 시대)에 삼위 하나님의 사역에 동참할 직분을 받은 것을 깨달았다. 바울은 이런 인식의 깨달음으로 인해 "언약과 그리스도"를 통시적으로 이해한 성경신학적 관점에서 자신의 사도직을 변호하고 있는 것이다.

3) 고린도후서 5:11-21의 변증

고린도후서 5:11-21에서 바울은 그의 대적자들을 "마음으로 하지 않고 외모로 자랑하는 자들"(5:12b)이라고 하고, 그들을 따르는 고린도 교인들을 '너희'(5:11-13, 20)라고 한다. 특히 바울이 '육신을 따라' 그리스도를 알았던 때에 그리스도는 그 당시 유대인들이 생각하는 메시아와 동일하게 인식한 것을 의미한다. 곧 구약과 중간 시대의 여러 유대 문헌에서 메시아는 구원자, 해방자, 왕, 선지자, 제사장, 다윗의 자손, 목자, 인자 등의 이름으로 하나님께서 이스라엘 백성의 회복을 위해 마지막 때에 보내실 특정한 인물을 가리킨다.[81]

그런 메시아가 십자가 처형을 당한 '예수'라는 사실은 바울이나 유대인들이나 용납되지 않는 사상이다. 그런데 바울은 다메섹에서 부활하신 예수를 만남으로 유대인들의 메시아 사상이 무너지게 되고, 새롭게 인식한 '예수'가 '그리스도'라는 사실을 증거하고 선포하는 사도로 세워지게 된 것이다(고후 4:14; 5:13-15; 빌 3:12; 갈 1:15-16; 롬 1:14; 고전 9:16 등).

고린도후서 5:11-21에는 이러한 그리스도에 대한 인식의 전환이 중심이 되어 진술되고 있다. 바울에게서 예수는 반드시 "죽었다가 다시 살아나신 분"이어야 한다. 그리스도의 죽음과 부활만이 그의 사도성이나 그가

---

81 최갑종, 『나사렛 예수』(서울: 기독교문서선교회, 1996), 95-9.

전하는 복음의 진정성을 결정하는 신학적 주제가 되어야 한다. 바울은 이러한 신학적 이해를 진술하기 위해 고린도후서 4:10-14에서 역사적 예수의 죽음을 진술하고,[82] 5:11-21에서 그리스도의 대속적 죽음과 부활을 중심으로 진술한다.

그는 이와 같은 기독론적 진술을 통해 예수가 구약에서 예언하고 있는 하나님의 구속사를 완성하실 메시아이신 예수 그리스도이심을 부각한다. 이것은 바울이 고린도후서 5:11-21에서 자신의 사도 적법성에 대한 근거로 다메섹 도상에서의 자신의 체험을 제시한 것이다.

또 한편으로 고린도후서 5:11-21에서 다메섹 체험을 배경으로 하고 있다고 볼 수 있는 근거는 갈라디아서 1장과의 유사성에서 찾을 수 있다. 호피우스(Hofius)는 고린도후서 5:19c과 갈라디아서 1:12, 15-16, 고린도후서 5:18c과 갈리디아서 1:16b이 유사성을 나타낸다고 본다.

다시 말하면 "화목하게 하는 말씀을 우리에게 부탁하셨느니라"라는 진술은 바울의 다메섹 사건을 통해 하나님의 복음 계시를 체험한 것에 대한 증거와 "우리에게 화목하게 하는 직분을 주셨으니"라는 진술이 하나님의 사도적 위임에 대한 바울의 증거와 부합하다고 본다.[83] 이에 덧붙여 김세윤은 고린도후서 5:18ab의 "모든 것이 하나님께로 났으며 그가 그리스도로 말미암아 우리를 자기와 화목하게 하시고"라는 진술이 갈라디아서 1:13-14에 진술된 바울의 과거로부터의 하나님의 구속 은혜에 대한 그의 증거와 부합한다고 본다.[84]

---

[82] 고후 4:10-14에는 "예수"라는 호칭이 단독으로 6번 사용된다. 이것을 볼 때, 바울은 역사적 예수의 죽음을 부각시키고자 한 것으로 보인다. 특히 바울은 4:7-13에서 예수의 죽음과 사도직의 고난을 함께 진술한다(참고. 갈 6:17): 김세윤, 『바울신학과 새 관점』, 367.

[83] Ibid., 357.

[84] Ibid.

이 외에도 김세윤은 고린도후서 5:11-21에서 다메섹 체험의 암시들을 13절의 '미쳤어도'(ἐξέστημεν), 14절의 '생각하건대'(κρίναντας)와 '강권하시는도다'(συνέχει), 16절의 '이제부터'(ἀπὸ τοῦ νῦν)와 '그러므로'(ὥστε), 17절의 '새로운 피조물'(καινὴ κτίστις), 18절과 19의 세 개의 부정과거분사 '화목하게 하시고'(καταλλάξαντος), '주셨으니'(δόντος), '부탁하셨느니라'(θέμενος) 등에서도 나타난다고 본다.[85]

그는 이런 암시적인 용어들을 통해 본 단락에서 바울이 다메섹 경험을 말하고 있다고 본다. 그리고 바울의 사도직을 변호하는 논쟁에서 화목의 주제를 진술하는 것은 과거에 그리스도와 교회가 원수였던 것을 비판한 대적자들에 대한 반응이라고 본다.[86]

또한, 김세윤은 바울이 이 본문에서 구원론적인 '화목' 메타포(metaphor)를 발전시켰다고 본다. 그는 이것을 고난 받는 종의 사역으로서의 화해를 이야기하는 이사야 52:1-53:12의 네 번째 종의 노래를 반영한 결과라고 본다. 즉 그는 이 단락에서 바울이 구원론적 범주에서 '화목'이라는 주제를 자신의 다메섹 체험을 배경을 통해 하고 있다고 본 것이다.[87]

이와 같은 김세윤의 주장은 설득력이 있어 보인다. 하지만 필자는 이사야서 53장만을 반영하고 있다고 보지 않는다. 이사야서의 네 번째 종의 노래는 그리스도의 대리적 고난의 순종(53:7)으로 말미암아 하나님의 언약위 약속의 모든 축복이 보장된다는 새 언약의 예언문들 가운데 하나다 (53:10-11).

---

[85] Ibid., 356-62.
[86] Ibid., 378-9.
[87] Ibid.; W.A. VanGemeren, 『예언서 연구』, 김의원·이명철 공역 (서울: 엠마오, 1997), 484.

이어 나오는 이사야 54:1-55:13의 평화의 언약은 만물의 완전한 회복을 약속(54:10)함으로써 새 창조로서 구속의 완성을 의미한다(55:10-13). 그렇다면 바울은 이사야서의 네 번째 종의 노래만이 아니라 구약의 새 언약 개념과 신약의 그리스도에 대한 새로운 인식의 전환 그리고 이 두 주제의 큰 틀을 성경에 대한 통시적 이해를 토대로 자신의 사도직을 변호한 것이다.

결론적으로 바울은 고린도후서 5:11-21에서 자신의 대적자들의 공격에 대해 개인적인 신념이나 사상으로 대항하는 것이 아니다. 오히려 바울 자신의 다메섹 체험을 통해 새롭게 인식하게 된 "그리스도와 언약"이라는 성경신학적 관점에서 자신의 사도직을 변호하고 있는 것이다. 다시 말하면 바울은 그리스도의 대리적 죽음과 부활 그리고 언약이라는 틀 아래 '새 창조,' '화목,' '하나님의 의' 등의 주제를 함께 설명함으로써 개인적 계시 체험에 의한 하나님의 구원사에 대한 인식의 전환을 보편적 기독교 복음의 진리로 확장해 제시하고 있다.

5. 결론

필자는 이 장(章)에서 바울의 사도직 이해의 본질을 탐구하기 위한 사전 작업으로 몇 가지 중요한 주제들을 살펴보았다.

① 고린도후서의 통일성 문제와 구조
② 고린도교회의 정황과 바울의 대적자들
③ 다메섹 체험에 근거한 바울의 사도권 변호

첫째, 고린도후서의 통일성 문제에 대한 학자들의 견해를 살펴본 결과, 본 서신을 단일서신으로 보는 견해가 유력하다. 특별히 고린도후서의 1-9장과 10-13장의 내용과 어조의 현저한 변화는 본 서신을 기록한 장기간의 소요와 고린도교회를 바로 확립하고자 하는 전략적 목적에 의한 것이다. 고린도후서의 구조는 크게 세 부분(1-7, 8-19, 10-13장)으로 나눌 수 있으나, 바울의 사도직에 대한 진술이 이 모든 부분을 관통하고 있다.

사도직의 본질과 정체성과 그의 사역에 대한 그의 진술은 변증적이지만 매우 성경신학적이라고 말할 수 있다. 사도직에 대한 그의 신학적 진술은 주로 고린도후서 1-7장에 집중되어 있다. 그리고 10-13장은 그를 바탕으로 바울의 사도직과 그의 사역에 대한 참됨을 논증하고 있다.

둘째, 바울과 고린도교회는 심각한 갈등 가운데 있었으며 일부 대적자들은 바울의 사도권을 부인하는 지경에 있었다. 바울의 대적자들의 정체에 대해서는 통일된 견해를 찾기 어렵다. 다만 추론하자면, 그들의 주류는 유대주의적 성향이 있는 사람들이라는 것이고, 그 외에도 여러 부류의 사람들이 합세했을 것으로 추론된다.

바울에 대한 이들의 공격은 개인적인 인신 문제, 사도직의 합법성과 신학적 문제 등이었다. 바울은 이들 대적자에 대해 오직 성경신학적 관점에서의 사도직에 대한 진술로 일관한다. 따라서 바울의 대적자들의 정체를 밝혀서 그의 사도직에 대한 정보를 받기보다는 성경신학적 관점에서 논증하고 있는 그의 방식을 따라 연구하는 것이 유력하다.

셋째, 고린도후서 4:6, 3:7-18, 5:11-14, 이 세 곳 모두에서 바울은 다메섹 회심과 소명의식을 기저(基底)로 삼고 사도직을 변호하고 있다. 다메섹 사건에 의해 확립된 바울의 신학 체계의 핵심은 "그리스도와 언약"이라는 종말론적-구속사적 관점에서 언약의 성취 개념이다. 이것은 구약과 신약을 통시적으로 깨닫게 된 성경신학적 관점에서 비롯되었다고 할 수 있다.

이 사실은 이 책에서 집중적으로 살펴볼 고린도후서 3장, 5장, 6장, 11장, 12장 등에 대한 고찰을 통해 확인할 수 있을 것이다. 이상으로 바울은 다메섹 체험을 근거로 확립한 자신의 신학 체계를 따라 자신의 사도직을 그리스도의 복음을 전하는 "새 언약의 일꾼"과 "그리스도의 일꾼"으로 규정한다.

제4장

새 언약의 일꾼

1. 서언

바울이 고린도후서에서 자신의 사도직에 대해 변증하는 가장 집중하는 곳은 고린도후서 2:14-7:4과 10:1-13:13이다.¹ 많은 학자가 고린도후서의 사도직을 연구할 때에 1-7장 중심과 10-13장 중심으로 구분하는 것은 바로 이 때문이다. 하지만 앞서 연구에서도 밝혔지만, 필자는 바울이 사도직에 대해 두 가지 방향으로 진술하고 있다고 보지 않는다.

고린도후서에서 사도직에 대한 바울의 다양한 변증적 진술은 고린도교회의 복합적이고 난해한 문제들을 해결하고자 하는 목회적 목적의 결과로 보는 것이 옳을 것이다. 바울은 다메섹 도상에서 부활의 주 예수 그리스도를 만난 사건을 계기로 새롭게 정립한 신학 체계를 따라 자신의 사도직에

---

1 K.W. Niebuhr (ed), *Grundinformation Neues Testament* (Gottingen: Vandenhoeck & Ruprecht, 2008), 224; cited in 최영숙, "복음의 변증가 바울과 그의 선언문," 623. Ernest Best, 『고린도후서』, 12는 고후 2:14-74에서 "고린도 교인들을 위한 바울의 현재 사역에 대해," 10:1-13:10에서 "고린도에서의 반대"에 대해 진술된다고 구분한다.

대해 설명한다. 그는 종말론적-언약신학의 틀 안에서 예수 그리스도의 정체성을 이해하고 자신의 사도직에 대해 변증한다. 필자는 이런 진술 내용 가운데 바울이 사도직을 고린도후서 3:6에서 "새 언약의 일꾼"으로, 고린도후서 11:23에서 "그리스도의 일꾼"으로 지칭하는 사실에 주목한다.

고린도후서 3:6에 제시된 "새 언약의 일꾼"(διακόνους καινῆς διαθήκης)은 바울이 사도의 역할 또는 기능의 관점에서 사도직을 묘사하는 용어다. 하지만 바울은 '새 언약'과 '옛 언약'의 대비(對比),[2] 모세의 직분과 바울의 직분의 비교 등을 통해 사도직의 본질과 특성에 대해 암시한다. 바울은 율법 조문의 직분(3:7)과 영의 직분(3:8), 정죄의 직분(3:9)과 의의 직분(3:9) 등의 대조 개념을 사용하여 사도의 직무에 대해 언급한다.

이 대조 개념들은 언약적 모티프(motif)들을 함축함으로 언약 성취 개념에서의 대비를 나타낸다. 사실 바울은 고린도후서 3장 처음 부분에서 '추천서' 문제를 언급하며 자신의 사도직 정당성을 변증하는데, 그의 진술에는 고린도교회가 언약 공동체라는 교회론적인 인식이 깔려있다(3:1-3).[3] 이는 바울이 자신의 사도직 본질과 정체성에 대해 그리고 사도직과 교회와의 관계에 관해 언약이라는 틀 안에서 설명하고자 하는 것을 반영한다. 따라서 본 장(章)에서는 "새 언약의 일꾼"의 의미에 대해 살펴보고자 한다.

---

[2] 필자는 고후 3장에서 옛 언약과 새 언약의 대비로 바울의 사도직을 설명하고 있다고 보고 사도직을 연구한다. 하지만 고후 3장에서 옛 언약은 구체적으로 언급되지 않는다. 다만 고후 3:14의 "구약을 읽을 때에"(ἐπὶ τῇ ἀναγνώσει τῆς παλαιᾶς διαθήκης)에서 구약이 παλαιός διαθήκη(옛 언약)를 가리키고 있는 것으로 이해할 수 있다. 그러나 필자는 바울이 이것을 새 언약과 대비된 옛 언약을 직접적으로 말하고자 하는 것으로 보지 않는다. 도리어 바울은 수건을 덮은 상태에서 옛 언약을 보는 것으로 수건 덮은 상태의 옛 언약과 새 언약을 대비시키고 있는 것으로 본다. 그러나 이 책에서는 수건 덮은 상태의 옛 언약의 직분 혹은 모세의 직분 등을 옛 언약으로 지칭하고자 한다.

[3] Larry J. Kreitzer, 『고린도후서』, 58.

첫째, 바울이 옛 언약과 새 언약 모티프를 통해 자신의 사도직을 설명하고 있으므로, 먼저 '새 언약'에 대한 바울의 이해가 무엇인지를 이 용어의 구약적 배경과 함께 살펴볼 것이다. 이때 옛 언약의 구약적 배경도 살펴볼 것이다.

둘째, 새 언약의 일꾼의 직무로 제시된 성령의 사역에 참여하는 "영의 직분"에 대해 살펴볼 것이다.

셋째, 두 번째 직무로 제시한 "의의 직분"에 대해 살펴볼 것이다.

이러한 작업은 "새 언약 일꾼"으로서의 사도적 직분과 그 사역에 대한 성경신학적 의미에 대해 유의미한 정보를 제공해 줄 것이다.

2. 새 언약에 대한 바울의 이해

바울은 고린도후서 3장에서 자신의 사도직을 "새 언약의 일꾼"으로 말하기 위해 옛 언약과 새 언약을 암시하는 언어들을 사용한다. 그는 '옛 언약'을 묘사하기 위해 먹(3:3)/돌판(3:3, 7), 율법 조문(3:6, 7), 모세 이야기(3:7, 13-15)를 거론하고, '새 언약'을 묘사하기 위해 영(3:3, 6, 8), 육의 마음판(3:3), 의 개념(3:9)을 거론한다. 이 개념들은 모두 구약성경에서 찾아볼 수 있는 것들로 바울이 자신의 사도직을 설명하는 데 있어서 중요한 근거 자료들이다. 따라서 고린도후서 3장의 배경이 되는 구약 본문과 용어들에 대해 살펴보는 것은 우선적으로 중요하다.

대부분의 학자는 구약성경이 배경이 되는 옛 언약/율법, 새 언약/영 등의 개념이 고린도후서에서 어떻게 적용되었는지에 집중한다.[4] 그들은 바울이 고린도후서 3장에서 구약의 옛 언약과 새 언약, 율법과 영을 대비하면서 모세 이야기와 율법의 기능을 재해석했다고 본다. 물론 바울은 3장에서 출애굽기 34:29-35을 배경으로 하고 있고, 학자들은 이것을 기독교적인 미드라쉬 전승으로 본다.[5] 하지만 필자는 이에 대해 집중하지 않을 것이다. 그 이유는 3장에서 바울의 주관심사가 구약에 대한 재해석이 아니라고 보기 때문이다.[6]

오히려 바울은 구약에 대한 그러한 재해석 행위를 통해 자신의 사도직에 대한 신학적 변증을 하고 있다. 따라서 본 절(節)은 옛 언약과 새 언약의 구약적 배경과 고린도후서에서 바울이 자신의 사도직에 대해 적용하고 있는 새 언약의 의미에 대해 살펴보고자 한다.

---

4   바울의 구약해석방법론에 관한 학자들의 연구는 다양하다. 이 연구의 대표적 학자들은 Victor Paul Furish, *II Corinthians*, 201; Stephen Westerholm, "Letter and Spirit: The Foundation of Pauline Ethics," *NTS* 30 (1984): 229-48; Ben Witherington III, *Conflict and Community in Corinth: A Socio-Rhetorical Commentary on 1 and 2 Corinthians* (Grand Rapids: Eerdmans, 1995), 383-84; Hafemann, *Paul, Moses*, 275; Hays, *Echoes in the Letters of Paul* (New Haven: Yale University Press, 1989), 131 등이다.
5   이에 대한 논의는 최영숙의 "출애굽기 34:29-35에 대한 바울의 해석"에서 찾을 수 있다.
6   정성국, "새 언약의 우월함에 대한 바울의 그리스-로마적 대답," 12는 고후 3:1-4:6을 중심으로 바울의 구약 사용 이해를 연구한다. 그 과정에서 "바울이 자신의 입장을 과연 구약을 근거(根據)로 삼고 있는가"라는 질문에 답을 찾는다. 그는 그 답을 "바울이 구약을 해석학적 토대로 자신의 신학적 입장을 증명하고 설명하기보다 그리스도 사건이라는 구약 밖의 해석학적 토대에서 시작해서 구약의 이야기들과 율법의 기능을 재해석하고 있다"고 정리한다. 이런 정성국 주장은 올바른 주장이다. 하지만 잊지 말아야 할 것은 고후 3:1-4:6에서 바울이 자신의 사도직을 변호하기 위해 구약의 모티프들을 사용하고 있다는 것이다. 필자는 바울이 이것들을 재해석하더라도 그것을 근거로 자신의 신학적 입장을 증명 혹은 변증하고자 하는 목적도 가지고 있다는 것을 간과해서는 안 된다고 본다.

1) "옛 언약"과 "새 언약"의 배경

고린도후서 3장에 나타나는 사도직에 관한 바울의 진술들은 구약성경에 배경을 두고 있는 것이 분명하다. 바울의 두 돌판 이야기의 배경은 출애굽기 24-34장이고, 모세 얼굴의 광채와 수건에 관한 이야기의 배경은 출애굽기 34:29-35이다. 또 '영'과 '육의 마음판' 등의 표현들의 배경은 예레미야 31:31-34[LXX 38:31-34]과 에스겔 36:26-28이다.

(1) "옛 언약"의 구약적 배경

고린도후서 3장에서 옛 언약을 암시하는 것들은 먹, 돌판, 율법 조문, 모세 얼굴의 광채와 수건 이야기 등이다. 이 중에 먹, 돌판, 율법 조문은 의미상 율법을 나타내고 있다.[7] 구약성경에 먹, 율법 조문은 직접 사용되지는 않는다. 따라서 여기서는 주로 돌판과 모세 이야기에 집중할 것이다.

첫째, 돌판[8] 이야기는 출애굽기 24:12과 31:18-34:35에 배경을 두고 있다. 두 번의 두 돌판 이야기에는 첫 번째와 두 번째의 사이에 같은 점과 차이점이 묘사된다.

---

7   Ibid., 10은 고후 3장에서 '돌판 율법 조문'을 모세가 시내산에서 받은 '돌판에 기록된 율법'을 가리키는 것으로 본다. Scott J. Hafemann, 『고린도후서』, 138, 154에 의하면, 먹과 영은 (율법을) 쓰는 것의 두 수단 간의 대조며, 돌판과 육의 마음판은 (율법을) 쓰는 것의 두 영역 간의 대조이고, 율법 조문과 영은 율법의 역할과 성령의 능력에 의해 지켜지는 새로운 역할 간의 대조. 결과적으로 그는 이 단어들이 의미상 "율법"을 나타낸다고 본다.

8   돌판은 구약성경(한글개역판)에 총 16번 사용된다: 출 24:12; 31:18; 34:1, 4; 신 4:13; 5:22; 9:9, 10, 11, 15, 17; 10:1, 3; 왕상 8:9; 왕하 16:17; 대하 5:10.

첫 번째 돌판	두 번째 돌판
증거판 둘, 돌판(31:18) 두 증거판(32:15)	처음 것과 같은 돌판(34:1, 4) 그 판(34:1, 28) 그 증거의 두 판(34:29)
율법과 계명을 기록한 돌판(24:12)	언약의 말씀 곧 십계명을 그 판들에 기록하심(34:28)
하나님이 친히 쓰신 것(24:12; 31:18; 32:16) 하나님이 만드신 것(32:16)	너는 … 만들라(34:1, 4)/내가 그 판에 쓰리니(34:1, 28)

　양자 간의 차이점에서 첫 번째 것은 하나님이 친히 만드셨다는 것이고, 두 번째 것은 모세가 만들었다는 것이다. 같은 점은 두 번의 두 돌판 모두 하나님께서 그 내용을 친히 기록하셨다는 것이다. 하프만(Hafemann)은 이 이야기에서 두 번째 것에 대한 긴 진술이 첫 번째 것과 동일하다는 것을 강조하기 위한 것이라고 주장한다.[9]

　하지만 필자는 출애굽기에서 이 이야기가 길게 기록된 것은 두 번의 두 돌판의 동일성을 강조하기보다는 율법의 두 번 주어짐을 더 강조하기 위한 것이라고 본다. 이에 대해서는 출애굽기 31:18-34:35에 진술되고 있는 율법이 주어지는 과정에 대한 문맥 전체를 파악하면 분명해질 것이라고 본다.

　출애굽기 31:18-34:35의 첫 번째 돌판과 두 번째 돌판 사이에는 이스라엘의 금송아지 사건으로 주목받은 목이 곧은 백성의 모습(출 32:9; 34:9; 참조. 신 29:1-4)이 묘사된다. 그 내용 가운데 모세의 두 가지 사역이 절정을 이룬다.

---

[9] Hafemann, 『고린도후서』, 170.

① 중보 사역이다. 이는 제사장적 사역으로 완악한 이스라엘 백성들을 중보함으로써 보여 주고 있다(출 24; 32:11-14; 33:12-16; 34:1-9; 참조. 신 9:13-21; 10:10, 11).
② 시내산 언약을 기초한 모든 율법을 가져다주는 하나님의 대변자이며 왕으로서의 직분 사역이다.[10]

다음으로 두 개의 돌판 이야기 사이에는 하나님의 자비와 긍휼로 인한 언약의 회복(출 34:27-28; 참조. 출 2:24-25; 9;16; 14:4, 17-18, 25; 15:1, 6, 11, 21; 16:6-7, 10; 32;13 등), 하나님의 임재(영광)의 유지(출 3:19-23; 34:29-35) 등이 진술된다.

그런데 출애굽기 34:29의 "그 증거의 두 판"은 출애굽기 32:7-35의 두 돌판과 묘한 대조를 이룬다. 모세가 첫 번째 돌판(출 32:7-35)을 가지고 내려오는 상황은 혼란과 대립 관계지만, 두 번째 돌판을 가져오는 구절에서는 모세에 대한 두려움에 대해 기록한다(출 34:29-35). 이것은 여호와의 사자로서 모세의 권위가 재확립된 것을 암시한다.[11] 이에 반해 거룩한 백성으로 선택된 이스라엘은 두 번째 돌판으로 인해 하나님과 대면할 위치에 서 있지 못한 것으로 묘사된다(출 34:29-32; 참고. 출 24:9-11).

이상으로 출애굽기의 돌판 이야기는 언약에 신실하신 하나님, 그의 종으로서의 모세 그리고 언약을 파기한 이스라엘의 모습을 보여 주고 있다. 두 돌판 사건에 대한 언약적 이해는 출애굽기 이후의 구약사 전반을 통해

---

10 Chester K. Lehman, 『성경신학 I』, 김인환 역 (서울: 크리스챤다이제스트, 1999[1992]), 145.
11 John I Durham, 『출애굽기』, WBC 3, 손석태·채천석 공역 (서울: 솔로몬, 2001), 749-50.

조망해 볼 수 있으며, 또한 신약에도 반영되고 있다.[12] 필자는 이런 이해가 고린도후서 3장에서 바울이 자신의 사도직을 변증하는 데에서도 사용되고 있다는 점에 주목한다. 바울은 하나님과 그의 백성 간의 언약 관계를 완성하지 못한 옛 언약의 일꾼인 모세와 언약의 성취로서의 새 언약의 일꾼인 자신을 대비하고 있다.

둘째, 모세 이야기, 곧 모세 얼굴의 광채(고후 3:7, 12)와 그 얼굴을 가린 수건 이야기(고후 3:13-18)는 출애굽기 34:29-35에 배경을 두고 있다.[13] 출애굽기 31-34장에는 하나님과 이스라엘의 관계에 있어서 모세의 역할이 진술되고 있다. 모세는 이스라엘의 지도자이며, 중보자이며, 하나님의 종이며, 대변자로 나온다(참조, 32:33-33; 33:12-16). 그의 끈질긴 중보와 이스라엘의 회개는 하나님과 이스라엘 간의 언약 관계를 회복시킨다. 하지만 이 언약을 갱신시킨 주관자는 하나님이시다.[14] 이것은 모세의 광채 나는 얼굴이 하나

---

[12] 김진섭, "신학은 학문이 아니다! - 전적으로 동의하십니까?," 『제7회 개혁주의 생명신학 학술대회』(2011): 14-5는 지속적이고 반복적인 이스라엘의 완악함과 그에 대한 끊임없는 자비와 긍휼하심에 관한 이야기가 구약 전체의 이야기라고 본다. 이는 성경 전체가 인간 타락과 하나님의 구속(창 3장-계 20장)이라는 언약신학적 관점에서 보면 더욱 확실해질 것이다.

[13] John I Durham, 『출애굽기』, WBC 3, 747, 7-8은 모세의 수건 이야기가 나오는 출애굽기 34:29-35를 이스라엘의 불순종(금송아지 사건)과 그 여파로 인한 여호와의 임재-부재-임재 기사(32-34장)의 결론 부분이라고 주장한다. 그 구조는 다음과 같다.
　이스라엘의 첫 번째 불순종과 그 여파(32:1-34:35)
　　이스라엘이 금송아지로 범죄 함(32:1-6)
　　모세의 분노와 여호와의 심판(32:7-35)
　　시내 산을 떠나라는 명령(33:1-6)
　　회막(33:7-11)
　　모세의 간청과 여호와의 응답(33:12-17)
　　모세의 요구와 여호와의 응답(33:18-34:9)
　　언약 관계의 갱신(34:10-28)
　　모세의 빛나는 얼굴(34:29-35)

[14] Ibid., 748.

님의 영광이 빛나는 매개체로 제시되는 것을 통해 알 수 있다.[15]

모세 얼굴의 광채는 그의 "주의 영광을 내게 보이소서"라는 간구(33:18)에 대한 응답(33:19-23)이며, 하나님의 강림하심(34:5)과 하나님의 이름을 선포함(34:5-7)으로 나타내신 그분의 약속 이행에 대한 증거(34:10-28)로 볼 수 있다. 이것은 모세의 역할과 그의 권위를 가리키면서도 모세의 권위가 자신에 의한 것이 아니라 전적으로 하나님의 은혜의 역사(33:19b; 34:6b,c; 참고. 민 14:18; 느 9:17; 시 86:15; 103:8; 145:8; 렘 32:18; 욜 2:13; 욘 4:2; 나 1:3 등)에 의한 것을 암시한다.

모세 얼굴의 '수건'(מַסְוֶה/κάλυμμα) 이야기(출 34:33-35) 역시 출애굽기 32-34장이라는 더 큰 단락의 결론부로 봐야 한다. 이 긴 단락에는 여호와로부터의 규례와 예배에 대한 교훈과 이스라엘 백성의 불순종과 모세에 대한 배척 내용이 진술되고 있다. 그런데 모세에 대한 이스라엘의 불신은 모세가 전하는 계시와 가르침을 손상한다. 이것은 하나님의 종으로서의 모세의 권위에 매우 중요한 문제다.

'수건'(מַסְוֶה)은 출애굽기 34:33, 34, 35[MT]에만 나온다. 70인역(LXX)에서 '수건'(κάλυμμα)은 출애굽기 27:16, 34:33, 34, 35, 40:5, 민수기 3:25, 4:10, 14, 25, 고린도후서 3:13, 14, 15, 16에 나온다. 이 헬라어 단어의 용례는 '덮개,' '휘장'의 의미가 있다.[16] 만약 '휘장'을 예수 그리스도를 예표하는 것으로 이해한다면, 모세 얼굴의 덮인 수건은 예수 그리스도의 죽음과 함께 찢어진 휘장을 암시할 수도 있을 것이다. 곧 옛 언약은 새 언약의

---

15 Victor P. Hamilton, 『오경 개론』, 강성열·박철현 역 (고양: 크리스챤다이제스트, 2007), 297. 출 34:29, 35이 MT에는 קָרַן עוֹר פָּנָיו בְּדַבְּרוֹ(얼굴에 광채가 나니)로, LXX에는 δεδόξασται ἡ ὄψις τοῦ χροσώπου αὐτοῦ로 번역되어 있다. 최영숙, "출애굽기 34:29-35에 대한 바울의 해석," 120은 이런 이해가 반영되어 바울이 3장에서 δόξας를 LXX의 번역인 δοξάζω를 따른 것이라고 한다.

16 *TDNT*, Vol. 3, 558-60; *BDAG*, 505.

성취자이신 예수 그리스도로 인해 벗겨진다고 해석된다.

따라서 출애굽기 34:29-35에 기록된 모세 얼굴의 광채와 수건 이야기는 이스라엘의 완악함과 여호와의 임재로 인한 영광을 부각하고 있다고 할 수 있다. 그리고 이 이야기는 중보 사역을 하는 하나님의 종이며 이스라엘의 지도자로서의 모세의 권위를 강조하고 있다. 더 나아가 종말론적 관점에서 여호와의 종이신 예수 그리스도를 암시한다.

결론적으로 바울은 고린도후서 3장에서 옛 언약에 관련된 용어들을 사용할 때 출애굽기 특정 본문의 모티프만 차용하는 것이 아니라,[17] 그 본문을 둘러싸고 있는 보다 큰 문맥, 즉 출애굽기 31-34장 전체의 주요 아이디어들을 반영하고 있는 것으로 보인다.[18] 바울은 출애굽기 31-34장의 언약적인 단락에서 이스라엘의 완악함과 그에 대비된 모세 직분의 권위 그리고 언약의 주관자이시고 주체자이신 하나님의 은혜와 긍휼에 의한 옛 언약의 회복에 관한 내용을 인용함으로써 새롭게 갱신된 새 언약의 성취에 대해 진술하고 있다.

결국, 바울의 초점은 "새 언약의 일꾼"으로서 자신의 사도직 정체성이 무엇이냐에 있다. 그는 이 문제에 답하기 위해 옛 언약의 구약적 배경에 대해 진술하고 있다.

---

[17] Peter Balla, "고린도후서," 223은 고후 3장에 나오는 구약 성경 본문들이 바울에 의해 모티프만 사용되고 있다고 본다.

[18] John I Durham, 『출애굽기』, WBC 3, 749는 출애굽기 전체에 34:29-35에서 말하고자 하는 여호와와 그분의 임재를 중심으로 한 모세의 권위에 관한 이야기가 전개되고 있는 것으로 해석한다.

(2) "새 언약"의 구약적 배경

고린도후서 3장에 사용되고 있는 새 언약과 관련된 용어와 표현들은 '영,' '육의 마음판,' 그리고 직접 표현된 '새 언약'이다. 이것들은 주로 예레미야서와 에스겔서에서 온 것이다. 특히 이것들은 예레미야 31:31-34[LXX 38:31-34]과 에스겔 36:26-28에 집중되어 있다.[19]

새 언약 예언문인 예레미야 31:31-34[LXX 38:31-34][20]의 내용을 정리해 보면 다음과 같다.

① 하나님과 이스라엘의 언약 관계를 결혼 관계로 설명한다.
② 이런 언약 관계를 파기한 것은 이스라엘이다.
③ 하나님은 파기된 언약 갱신을 위해 하나님의 법을 그들의 속에 두고 그들의 마음에 기록하실 것이다.
④ 이로써 이스라엘은 새 언약 백성이 될 것이다.
⑤ 하나님을 아는 지식의 충만으로 인해 "여호와를 알라"(דְּעוּ אֶת־יְהוָה; 참고. 신 5:1; 6:1)[21]라는 명령은 그치게 될 것이다.
⑥ 이스라엘 죄 문제는 완전히 해결될 것이다.

---

[19] 렘 31:31-34에는 '영'이라는 단어가 나오지 않고, 겔 36:26-28에는 '새 언약'이 언급되지 않는다.
[20] 렘 31:31-34[LXX 38:31-34]은 문맥상 30-31장 가운데 새 언약 단락으로 이해해야 한다. Gerald L. Keown 외 2인, 『예레미야(하)』, WBC 27, 정일오 역 (서울: 솔로몬, 2006), 235는 렘 31:1-31:40을 위로의 책으로 보고, 새 언약에 대한 약속이 31:31-34 중심으로 교차적 형태로 진술되고 있다고 본다.
[21] '여호와를 알다'라는 것의 반대의 의미는 율법을 어기고 언약을 파기하는 것이 된다(호 8:1-2); ibid., 246-8.

하나님께서 이스라엘에게 새 언약에 대해 말씀하신 에스겔 36:26-28의 내용을 정리해 보면 다음과 같다.

① 너희에게 새 영/내 영을 주겠다.
② 그것이 너희 육신에서 굳은 마음을 제거할 것이다.
③ 그것이 너희에게 새 마음, 부드러운 마음을 줄 것이다.
④ 그로 인해 너희는 내 율례/내 규례를 지키게 될 것이다.
⑤ 너희는 약속의 땅에 거주하게 될 것이다.
⑥ 너희는 언약 백성이 될 것이다.
⑦ 이에 앞서 더러워진 너희를 정결케 할 것이다(36:16-25).

이 두 곳에서 암시하고 있는 중요한 요소는 '옛것'과 '새 것'의 대비다. 하지만 이 두 곳의 대비적 진술이 출애굽기에서 말하고자 하는 옛 언약에 관한 내용과 달라졌다는 것을 의미하지 않는다. 도리어 예레미야서에는 여호와께서 처음에 이스라엘을 언약 관계로 맺으셨던 은혜와 사랑 그리고 수세대 동안 이것을 유지하셨던 신실하심은 여전히 그 효력이 사라지지 않았다(렘 30:18; 31:2-3, 9, 20, 35-37)고 말한다.

이것은 옛 언약과 새 언약 간의 연속성을 나타낸다. 또한, 언약의 당사자들 역시 옛 언약이나 새 언약이나 동일하게 하나님께서 이스라엘과 관계를 세울 것을 말함으로써 두 언약의 연속성을 말한다.[22]

반면 이스라엘의 지속적 불순종에 대한 하나님의 해결책으로 제시된 예

---

22 Ibid., 244. 필자는 새 언약과 옛 언약의 연속적인 면에 궁극적으로 이룰 하나님의 언약 통일성이 내포되어 있다고 본다: 민경애, "히브리서 10:1-18에 나타난 구약인용문들의 언약신학적 의미," 120-2.

레미야서의 새 언약[23]은 "날이 이르리니"(31:31, 27, 38), "그 날 후에"(31:33) 등의 표현들에 의해 종말론적 의미를 갖게 된다.[24] 파기된 옛 언약의 요구를 충족시킬 새 언약 백성은 하나님의 작정하신 뜻 곧 은혜 언약의 궁극적 성취로서, 메시야에 의해 구속함을 받은 새 언약 공동체를 가리킨다.[25] 그들은 율법의 강제나 의무에 속박될 필요가 없을 것이다. 왜냐하면 하나님 자신에 의해 온전한 '새 언약의 백성'이 될 것이기 때문이다(렘 31:33; 비교. 고후 3:18).[26] 예레미야서의 새 언약은 한 개인의 구원보다 공동체적 구원에 초점을 맞추고 있다. 이는 '하나님 나라'의 완성이라고 하는 큰 그림을 염두에 두고 있다는 암시이다. 새 언약에서 가장 중요한 것은 하나님 나라의 주권자이신 하나님과 그 구성원인 백성이다.

또한, 예레미야 31:33b의 "내가 나의 법을 그들의 속에 두며 그들의 마음에 기록하여"라는 표현과 34절에서의 "여호와를 알라"라는 권면이 멈추게 될 것이라는 표현은 하나님의 계시로 새겨진 마음과 심령이 다시 죄악으로 돌이키지 못한다는 것을 의미한다. 또한, 이로 인한 새 언약의 신실성은 전적인 하나님의 은혜 선물이 된다는 것을 의미한다.[27] 특히 예레미야에서 '마음'이라는 비유는 언약 관계의 완전을 이루게 하는 방법을

---

23 렘 31:34-34(LXX 38:31-344)에는 ① 새 언약을 맺으리라(31:31), ② 과거와 같지 않을 것이다(31:32), ③ 너는 여호와를 알라 하지 않을 것이다(31:34), ④ 다시는 그 죄를 기억하지 않을 것이다(31:34) 등의 옛 언약과 새 언약 간의 불연속성을 나타낸다.
24 Gerald L. Keown 외 2인, 『예레미야(하)』, WBC 27, 236.
25 Gerard Van Groningen, 『구약의 메시야 사상』, 유재원·류호준 공역 (서울: 기독교문서선교회, 1999), 783-4, 815-29는 새 언약 예언문 중 하나로 렘 31:31-40을 언약적 구조와 예레미야서의 상황에 의한 메시야 개념으로 확대되었다고 본다. 그리고 메시야에 관한 구절이 긴 예언서에 비해 상대적으로 짧게 나타난다고 주장한다(3:14-17; 23:1-18; 30:8-9; 31:31-40; 33:14-26).
26 Gerald L. Keown 외 2인, 『예레미야(하)』, WBC 27, 244-8.
27 Ibid., 245.

보여 주는 구약에서의 용례를 반영한 것이다(신 11:18; 시 40:8; 119:11 등).²⁸

이상으로 필자가 볼 때, 예레미야 31:31-34에 나오는 모든 표현은 전적으로 하나님에 의한 언약의 갱신을 의미한다. 그리고 신약에 와서 그리스도로 말미암아 성령의 사역에 의해 성취되고 완성됨을 암시하고 있다. 바울은 예레미야서의 새 언약에 대한 이러한 이해를 바탕으로 자신의 사도직을 하나님 나라의 성취를 위한 사역자로 인식하고 있는 것이 분명하다.

에스겔서에 나타나는 새 언약 대한 진술도 옛 언약 공동체인 이스라엘 공동체(34:30; 35:15; 36:10; 36:17, 21, 22, 32, 37)와 새 언약 공동체를 대비시킨다. 이 본문들은 예레미야서보다 더 하나님의 언약 '백성'으로서 공동체적인 의미와 그들의 역할에 집중한다(34:30; 36:8, 12).²⁹ 에스겔서의 새 언약 공동체는 하나님의 새롭게 하시는 사역을 통해 '마음'과 '영'의 변화³⁰를 경험한 그의 백성을 가리킨다(겔 36:33-36). 이들은 하나님의 소유된 백성으로서 하나님의 영의 현시(顯示)를 통해 다스려질 것이다(겔 11:19-20; 14:11; 34:30-31; 36:24-28; 37:23, 27).³¹

에스겔서 36장의 영적 갱신에 대한 진술이 37장에서는 하나님의 영에 의한 종말론적 부활(37:1-14)³²과 유다/이스라엘의 통일을 성취시키는 화평의 언약(37:15-28)으로 전환된다. 에스겔서는 옛것(옛 언약, 옛사람, 옛 시

---

28 Ibid.
29 이는 겔 11:19-20의 약속을 반영한 것으로 이스라엘이 여호와의 언약적 표준 틀을 감당할 수 있는가에 대한 것이다: Leslie C. Allen, 『에스겔(하)』, WBC 29, 정일오 역 (서울: 솔로몬, 2008), 338.
30 렘 31:33과 겔 36:26에서 "마음"이라는 비유는 언약의 요구 사항인 율법에 대한 순종이 외적인 지킴에 있지 않고 내적인 변화에 있다는 것을 의미한다: 민경애, "히브리서 10:1-18," 131.
31 Gerald L. Keown 외 2인, 『예레미야(하)』, WBC 27, 244; Leslie C. Allen, 『에스겔(하)』, WBC 29, 338-339.
32 G.K. Beale, 『신약성경신학』, 김귀탁 역 (서울: 부흥과개혁사, 2013), 265-72는 이런 이해를 겔 36-37장을 반영하고 있는 롬 6-8장의 부활 개념에서 찾을 수 있다고 한다.

대)이 새 것(새 언약, 새 사람[생명], 새 시대)으로 대체(代替)되는 새 창조 개념을 제시한다.

하지만 무엇보다도 중요한 것은 새 언약을 성취하시는 분을 하나님의 영 곧 성령으로 제시하고 있다는 사실이다. 이것은 예레미야서에서 말하는 "하나님께서 하신다"고 하는 암시보다 구체적인 것이다(겔 36: 25-28; 롬 7:4-6; 고후 3-5장).[33] 기억해야 할 것은 에스겔서에 언급된 언약도 전적으로 하나님의 은혜로 새롭게 세워지는 새 언약을 가리킨다는 것이다.

또한, 에스겔서에는 성령을 변형과 회복의 수행자로 말하고 있다. 성령의 사역은 언약 공동체의 삶의 필수적인 두 측면에 영향을 미친다.

① 하나님의 계시의 내면화
② 하나님 백성의 보편화

특히 성령 사역은 언약의 후손들을 새롭게 함으로써 새 언약 공동체의 연속성을 대대로 보장한다(사 59:21; 61:9; 65:23;2:39).[34] 곧 에스겔서는 영적 갱신과 종말론적 부활 사상과 새 창조와 화평 모두가 성령에 의한 것으로 진술한 것이다.

---

[33] Ibid., 574-6은 성령이 부활 생명과 밀접한 연계성이 있다고 보며 성령이 부활 생명의 행위자나 진배없다고 주장한다. 그는 이러한 개념이 고전 15:45; 고후 3:6, 17-18, 갈 5:25; 6:8; 딛 3:5에서 부활 생명의 행위자로서 성령을 묘사하고 있다고 본다. 그는 유대사상 가운데도 동일하게 성령이 종말론적 생명을 창조하시는 행위자로 보고 있다고 주장한다(*Jdt.* 16:14; 2 *Bar.* 23:5; *T. Levi* 18:11).

[34] VanGemeren, 『예언서 연구』, 624-9는 이와 같은 언약적 의미에서의 성경의 사역이 오순절 성령 강림에서 더욱 충만하게 실현된다고 본다(욜 2:28; 행 2:17-21, 38-39; 롬 10:11-13; 갈 5:16-26).

에스겔서의 이러한 새 언약 개념은 바울에게 있어서 고린도후서 5장에서 새 창조와 화해 개념 그리고 예수 그리스도의 부활 사상과 연결되고, 성령의 사역과 생명과 관련된 구절들의 배경이 되고 있다. 바울이 고린도후서 3장에서도 자신의 사역을 설명하기 위해 에스겔서를 배경으로 삼고 있는 것으로 보인다. 이외에도 바울은 창세기에 배경을 둔 '결혼' 메타포(metaphor)로 자신의 사도직을 설명하고 있으며(고후 11:1-2), 이사야서의 의로운 종을 그리스도께 적용함으로써 그분이 새 언약의 성취자임을 논증하고 있다(고후 5:14-21).

이처럼 "새 언약"은 주로 예레미야서와 에스겔서에 배경을 두고 있다. 바울은 자신의 사도직을 "새 언약의 일꾼"으로 정의하고, 이 직무의 정체성과 본질을 설명하기 위해 구약의 언약 개념들과 이와 관련된 메타포들 그리고 그 안에 내포된 신학적 의미들을 자유롭게 사용하고 있다.[35] 그는 옛 언약과 새 언약에 대한 통시적(diachronic) 성경 이해를 통해 양자의 기능과 특징을 대비시켜 자신의 사도직을 새 언약의 일꾼으로 묘사하고 있다. 그는 자신의 사도직이 "하나님의 언약"[36] 가운데 세워진 직분임을 분명히 하고자 한다.

---

35 최갑종, "바울과 구약: 고린도후서 3장 7-18절에 관한 연구," 『바울의 연구 I』(서울: 기독교문서선교회, 1999), 179는 고린도후서에서의 구약 사용이 그의 변증적 동기에서 비롯됐다고 본다. 그의 대적자들이 사용하는 구약을 똑같이 사용해 반격함으로써 변증적 호소력을 더했다는 것이다.

36 여기서 "하나님의 언약"은 궁극적으로 이뤄질 새 언약의 성취 개념 아래 있는 것으로 '언약의 통일성'으로 이해할 수 있다. O. Palmer Robertson, 『계약신학과 그리스도』, 김의원 역 (서울: 기독교문서선교회, 1995), 51은 이에 대해 시대를 아울러 하나님의 언약이 하나이며, 이것이 새 언약에 의해 완성(성취)된다고 본다. 이에 대해서는 필자의 논문 가운데 "언약의 통일성"을 참고할 수 있을 것이다: 민경애, "히브리서 10:1-18," 120-2.

2) 고린도후서에서 "새 언약"

고린도후서에는 '언약'(διαθήκη)³⁷이라는 단어가 두 번 나오는데 3:6의 새 언약(καινός διαθήκη)과 3:14의 옛 언약(παλαιός διαθήκη)이 바로 그것이다. 새 언약은 신약에 누가복음 22:20, 고린도전서 11:25, 고린도후서 3:6; 히브리서 8:8, 9:15에 나온다.

누가복음 22:20에서 새 언약은 "피" 개념이 내포된 성만찬 의식을 묘사하는 용어다. 포도주가 상징하는 예수 그리스도의 피는 그의 희생 제사로 말미암는 죄 사함과 내적 갱신을 이룰 새 언약을 의미한다(고전 11:26).³⁸ 히브리서 9:18-22에서 새 언약은 불완전한 옛 언약이 예수 그리스도의 대제사장적 사역 때문에 종말론적으로 완성된 것을 의미한다.³⁹

고린도전서 11:25에는 "새 언약"을 교회론적 관점에서 진술한다. 바울은 여기서 희생적인 죽음으로 구원을 이루실 것을 예고하신 예수 그리스도의 성만찬 예식을 회상한다. 바울에게 성만찬 예식에 참여하는 자들은 하나님 나라의 언약 백성으로서 그리스도가 세우신 언약의 법에 참여하는

37　διαθήκη(언약)는 바울서신에 9번 나온다(롬 9:4; 11:27; 고전 11:25; 고후 3:6, 14; 갈 3:15, 17; 갈 4:24; 엡 2:12).

38　눅 22:20의 언약에 대한 언급은 출 24:8의 "언약의 피"에 대한 것을 근저에 두고 렘 31:31-34의 새 언약을 말한 것으로 볼 수 있다. 이는 시내산(모세) 언약을 뛰어넘는 하나님의 새로운 행위를 의미한다: John Nolland, 『누가복음(하)』, WBC 35c, 김경진 역 (서울: 솔로몬, 2010), 246-7.
　　이외에 구약의 희생 제사로 인한 죄의 용서 의미를 유비적으로 나타낸 언약의 피 개념이 나타난 곳은 고전 5:7; 롬 5:8-9; 엡 5:2 등이다: 김옥순, "디아코니아 의미," 266.

39　히 8:8과 9:15의 새 언약은 대제사장 되신 예수의 사역을 묘사하는 "중보자"라는 개념으로 표현된다. 이 개념은 제의적 개념으로 그리스도의 죽음으로 발생하는 새 언약에 의한 효력이 진술되는 곳에 나온다. 히브리서의 두 언약은 대립한 관계로, 옛 언약은 낡아지고 쇠하는 것이고 없어지는 것으로 표현되고(8:13), 새 언약은 새롭게 갱신(개혁)되는 언약으로 진술된다(9:10): 김성목, 『히브리서의 기독론』 (서울: 기독교문서선교회, 2016), 310-4; 민경애, "히브리서 10:1-18," 117-8.

예배 공동체를 가리킨다.[40] 즉 고린도전서 11:25에서 새 언약 개념은 개인적인 죄 사함과 내적 갱신만이 아니라, 새 언약 공동체를 가리키는 교회론적인 개념이기도 한 것이다.

한편 고린도후서에는 언약 개념이 가장 많이 발견되기는 하지만 특별히 피 개념과 연결되지는 않는다. 그럼 고린도후서에서의 언약 개념의 용례들을 살펴보자.

첫째, 이 책이 집중하고 있는 고린도후서 3장에서는 언약 개념이 바울의 사도직과 관련되어 나온다. 바울은 상징적-모형론적 관점을 따라 특히 구약 배경에 비추어 자신의 사도직 실체를 밝히고자 한다.

L. 고펠트(L. Goppelt)는 바울이 고린도후서 3:13-16에서 구약의 증거들을 그리스도에 대한 지식을 통해 드러내고 있다고 주장한다. 이것은 바울이 그리스도의 구속 사역을 구약성경에 예언된 하나님의 구속 계획의 성취로 이해하고 있다는 것을 뜻한다.[41]

이러한 견해는 구약성경을 더 이상 율법으로 간주하지 않고 그리스도에게로 지향하게 하는 구속사의 증언으로 보는 것을 의미한다. 특히 고펠트(Goppelt)는 아담-그리스도 모형론에 기초해 새로운 피조물이 모형론적으로 옛 창조물과 연관된다고 본다. 그는 옛것이 반복되지 않고 새로운 것으로 '완성'(성취)되는 것을 하나님의 새로운 구속 행위에 의한 것이라고 본다. 또한, 고펠트(Goppelt)는 그리스도의 십자가 사건과 사도들의 사역에 대한 바울의 구속사적 해석의 계기가 다메섹 사건 이후부터라고 본다(빌 3:14; 고후 4:6; 5:16).[42]

---

40 김옥순, "디아코니아의 의미," 279.
41 L. Goppelt, 『모형론-신약의 구약해석』, 최종태 역 (서울: 새순출판사, 1993[1987]), 209-10.
42 Ibid., 211-213.

고펠트(Goppelt)의 이러한 주장은 바울이 고린도후서 3장에서 자신의 사도직을 새 언약의 일꾼이라고 진술하는 것의 신학적 의미를 이해하는 데 유익을 준다. 바울은 새 언약 개념을 '일꾼'(διάκονος) 개념과 함께 사용한다. 그는 고린도후서 3장에서 자신의 사도직을 변호하기 위해 구약의 두 언약 개념 곧 옛 언약과 새 언약을 대립시킨다. 하지만 여기서 두 언약의 대립이 바울의 진술 의도의 핵심은 아니다. 오히려 그는 새 언약 개념을 부각해 자신의 사도직 정체성과 본질을 설명하고자 하는 것이다(3:6-18).[43]

둘째, 고린도후서 6:16-18에서도 언약 개념이 발견된다. 이 단락이 언약 개념을 함의하고 있다고 보는 이유는 "나는 그들의 하나님이 되고 그들은 나의 백성이 되리라"(고후 6:16b)는 선언 때문이다. 이 선언은 구약의 여러 본문들(출 29:45; 레 26:12; 사 43:6; 52:11; 렘 31:1; 겔 37:27; 호 1:10)을 인용한 것이다.[44]

고린도후서 6:16-18에서 바울은 '성도'를 '하나님의 성전'으로 정의한다. 그리고 그는 그리스도의 구속 사역을 교회와 연관시킴으로써 구약의 하나님 성전을 신약의 교회 곧 성도의 모임으로 본다. 이러한 이해는 그의 모형론적 해석으로부터 나온 것이다. 따라서 고린도후서 6:16-18의 언약 개념은 상징적-모형론적으로 사용되고 있다고 할 수 있다.

그런데 이 단락의 언약 개념은 바로 앞 단락인 고린도후서 5:14-6:13의 사도직의 변호와 관련이 있다. 바울은 여기서 그리스도의 죽음과 부활, 새 창조, 화목, 하나님의 의 등, 비중 있는 신학적 주제들을 언급하면서 자신

---

[43] R.P. Martin, 『고린도후서』, WBC 40, 183은 바울의 대적자들이 새 언약 개념을 오해하고 있다고 본다. 바울은 새로움의 요소들이 유대교의 개혁을 보여 주는 신호탄이 아니라 하나님께서 인류를 상대하심에서 새로운 시대를 의미한다고 본다.

[44] 고후 6:16b, "내가 그들 가운데 거하며 두루 행하여 나는 그들의 하나님이 되고 그들은 나의 백성이 되리라."

의 사도직을 화목하게 하는 직책, 그리스도의 사신, 하나님과 함께 일하는 자, 하나님의 일꾼이라고 제시하고 있다.

셋째, 이상의 대표적 본문들 외에 고린도후서 11장에서도 결혼 관계로 설명된 언약 개념이 발견된다. 바울은 자신을 "중매자"로 묘사하며, 그리스도와 고린도 교인을 중매하고 있다고 설명한다. 그는 뱀의 간계로 미혹당한 부패한 하와와 하나님과의 관계를 옛 관계로, 깨끗하고 정결한 처녀로서의 신부인 고린도 교인들과 그리스도와의 관계를 새 관계로 묘사한다.

바울은 자신의 사도직을 전자를 극복하고 후자의 관계를 성사시키기 위한 중매자로 인식하고 있다. 이것은 교회와 그리스도의 관계를 상징적-모형론적인 관점에서 조망하는 것을 뜻한다. 바울은 이와 같이 자신의 사도직을 '결혼'이라는 언약 공식을 통해 설명하고 있다.[45]

넷째, 고린도후서 1:20과 7:1의 '약속' 개념 역시 '언약'의 의미의 일단을 보여 준다. 이렇게 보는 이유는 이 두 단어가 상호 교환 가능한 단어이기 때문이다. 두 본문의 약속 개념은 이사야 43, 65, 66장의 새 하늘과 새 땅, 새 일에 대한 예언을 배경으로 그리스도로 말미암은 언약의 성취를 함의하고 있다. 바울은 고린도후서 1, 7장에서 그리스도로 말미암아 약속(새 언약)의 성취가 시작되고 고린도교회 성도들 안에서 종말론적으로 구현되고 있다고 보고 있다.

---

[45] 손석태, "옛 언약과 새 언약," 「개신논집」, *JSRT* 15 (2015); 5-6은 언약의 결혼, 중매 등의 개념을 성경의 언약 사상인 "법정적이고 형식적인 관계보다 결혼이나 입양과 같은 가족적이고 인간적이며 내면적인 관계 맺기"를 반영한 것으로 본다. 그는 이것을 "친족 맺기 풍속 언약 공식(Covenant Formula)이라고 한다.

이상에서 살펴본 바와 같이, 바울은 다메섹 도상에서 만난 부활의 그리스도를 통해 새롭게 갱신된 구약 역사에 대한 신학적 이해를 바탕으로 자신의 사도직 정체성과 본질에 대해 진술하고 있다. 그는 옛 언약과 새 언약을 대립 관계로 모형론적, 종말론적, 구속론적 관점에서 약속과 성취의 관계로 보고 있다.

바울은 다메섹 사건을 계기로 구약성경과 신약성경의 통시적 해석방식을 취득하고 그것을 자신의 사도직 이해에 적용하고 있는 것으로 보인다. 그는 자신의 사도직을 그리스도로 말미암는 죄 사함과 내적 갱신뿐만 아니라 그리스도 중심의 새 언약 이해 아래 새 시대의 도래의 하나님 나랏일을 수행하는 직분으로 이해했던 것이 분명하다.

3. "새 언약의 일꾼"으로서의 "영의 직분"과 "의의 직분"

고린도후서 3장의 서두는 바울이 그의 대적자들의 "추천서" 문제 제기에 대해 그의 사도직의 정당성을 변호하는 형식으로 시작된다. 이 논조에서 바울은 그들이 내미는 추천서와 다른 편지, 곧 "새 언약" 아래 "살아계신 하나님의 영"이 쓴 것을 제시한다. 그리고 자신의 사도직과 그 직무가 "새 언약" 안에서 부여된 직분이라고 강조한다.

이와 같이 바울은 자신의 사도직을 언약과 관련해 "새 언약의 일꾼"으로 지칭하고 그 직분을 "영의 직분"(고후 3:8)과 "의의 직분"(고후 3:9)으로 논증한다. 이 과정에서 바울은 자신의 사도의 직분이 새 언약의 요소 가운데 하나인 성령의 사역에 참여하는(혹은 의한) 직분임을 주장한다. 이에 필자는 이 두 직분에 대한 의미를 밝히기 위해 여기서 세 가지 항목으로 살펴보고자 한다.

첫째, 고린도후서 3:1-3을 중심으로 바울이 "추천서" 또는 "편지" 언급을 통해 어떻게 자기의 사도직에 대해 변증하는지 고찰할 것이다.

둘째, 고린도후서 3:3에서 바울이 성령을 "살아계신 하나님의 영"으로 묘사한 의도는 무엇이며, 그 신학적 의미가 무엇인지 살펴볼 것이다. 그리고 성령의 역할에 대한 바울의 세 가지 진술에 대해 살펴봄으로써 바울이 "영의 직분"이라고 인식하고 암시하고자 하는 직무에 대해 의미를 밝혀보고자 한다.

셋째, 성령의 사역에 참여하는 "의의 직분"에 대해 알아보기 위해 "의"에 대한 바울의 이해와 그 직분의 역할과 의미를 고찰할 것이다.

1) 바울의 논제 제시: "추천서/편지"

바울은 고린도후서 3:1-3에서 고린도교회의 사도로서 자신의 위상에 대해 공격하는 대적자들과 논쟁하며 "추천서"에 대해 언급한다. 이 단락에 그의 진술은 그가 자신의 사도직을 어떻게 이해하고 있느냐와 직결된다. 바울은 자신의 대적자들이 요구하는 추천서를 두 개의 "편지" 메타포로 대신한다. 그것은 고린도후서 3:2의 "너희는 우리의 편지"[46]와 3:3의

---

46 고후 3:2은 "(a) 너희는 우리의 편지라 (b) 우리 마음에 썼고 (c) 뭇 사람이 알고 읽는 바라"로 구분할 수 있다. 이 가운데 2b절 "우리/너희 마음에 썼고"(ἐν ταῖς καρδίαις ἡμῶν/ὑμῶν)의 독법에 대한 논의가 다양하다. 헬라어 성경, 615에서 "ἡμῶν"(우리)은 P46, A, B, C, D, F, G, ψ 등에 나타나고, "ὑμῶν"(너희)은 33 436 1175 1881 1912 ℵ 등에 나타난다. 한글 성경은 주로 "우리"로 번역되어 있고(개역, 개역개정, 표준새번역 등), 영어 성경은 주로 "our"로 번역되어 있다(NIV, NAS, KJV 등). Eugene H. Peterson, 『쉬운성경 & The Message 한영성경』(서울: 아가페출판사, 2006), 288-9는 그의 번역 성경에서 "You yourselves are all the endorsement we need. Your very lives are a letter that anyone can read by just looking at you"(여러분 자신이 바로 우리 마음속에 썼고, 모든 사람이 알고, 또 읽고 있는 우리의 편지입니다)로 읽는다.

"너희는 우리로 말미암아 나타난 그리스도의 편지"(3:3a)다.

첫째, "너희는 우리의 편지"라는 표현은 고린도교회가 바울을 위한 추천서 혹은 신임장이라는 뜻이다. 이것은 바울의 대적자들과 달리 사도들에 의해 세워진 고린도 교인의 삶의 모습을 통해 "알려지고 읽히는"[47] 추천서를 가리킨다.

바울이 말하고자 하는 것은 "고린도교회를 보면 자신을 알 수 있고, 그를 보면 고린도교회를 알 수 있다"는 것이다. 고린도교회는 종말론적 공동체로서[48] 교인들 자체가 바울의 추천서가 된다.

이에 대해 학자들의 의견도 분분하다. "너희" 독법을 선호하는 학자들은 Barrett, Hering, Bultmann, Provence, Martin, Kruse 등이며, "우리" 독법을 선호하는 학자들은 Hafemann, 김정훈, 김판임, 조병수 등이다: Martin, 『고린도후서』, WBC 40, 167, 178; Kruse, 『고린도후서』, TNTC 8, 132; Hafemann, 『고린도후서』, 137; 김정훈, 『바울서신 연구』, 232; 김판임, 『고린도후서』, 108; 조병수, 『고린도후서』, 67 등. 그 어느 독법이든지 바울이 고린도교회를 자신의 사역 증거(추천서)로 제시한다는 해석을 방해하지 않는다. 하지만 필자는, 바울이 자신의 사도직을 변증하고자 고린도후서 3장을 썼다고 해석한다면, "ἡμῶν"(우리) 독법이 더 적절하다고 본다.

47 Martin, 『고린도후서』, WBC 40, 178은 바울이 'γινωσκομένη'(알고)와 'ἀναγινωσκομένη'(읽는)를 통해 고린도교회가 편지로서 세상에 증언이 되어야 한다고 강조하고 있다고 본다. 최영숙, "복음의 변증가 바울," 631-2는 이 단어들과 'θριαμβεύω'(이기게 하시고; 고후 2:14)가 고린도후서에서 '하나님이 사도를 항상 널리 알리다' 라는 사상 곧 '사도의 공개성'을 나타낸다고 주장한다. 그녀는 'θριαμβεύω'를 '나타내다'라는 의미로 읽을 것을 주장한다. 하지만 '나타내다'는 헬라어 'θριαμβεύω'는 고후 2:14과 골 2:15에서 모두 '이기게 하다'라고 번역되어 있다. 그렇기 때문에 굳이 멀리 헬라 문헌의 번역에 따른 '소문이 자자하다'라는 뜻을 '나타내다'로 번역할 필요가 없다고 본다. 더욱이 고후 2:14에서 '나타내다'라는 단어는 헬라어 'φανερούμενοι'가 사용된다. 필자가 볼 때, 고후 3:2의 편지 메타포는 그 당시 편지가 회람(回覽)같이 돌려 모두에게 읽히는 것처럼 고린도교회가 많은 사람에게 알려져 복음이 전파된다는 것에 초점을 두고 있는 것으로 이해할 수 있다고 본다.

48 Thomas Wright, 『고린도후서』, 이철민 역 (서울: 한국기독학생회출판부, 2013), 50은 이에 대해 다음과 같이 설명한다. "고린도 교인들이 새 계약과 새 창조, 모든 약속이 메시아 안에서 '예'가 된다는 것(1:20)에 관해 이야기하는 법을 배운다면, 그들은 바

둘째, "너희는 우리로 말미암아 나타난 그리스도의 편지"라는 표현은 바울을 위한 그리스도가 써준 편지, 곧 추천서가 고린도교회라는 것을 의미한다. "우리로 말미암아"(ὑφ' ἡμῶν)와 한글개역개정에는 번역되지 않은 '디아코네떼이사'(διακονηθεῖσα/NASB: cared for, 돌봄을 받은)는 고린도교회가 사도들의 사역의 결과로 나타난 열매라는 사실을 분명히 한다.

'디아코네떼이사'(διακονηθεῖσα)의 사용은 바울이 자신의 자격문제에 대한 대적자들의 공격에 대한 대답을 반영하고 있다. 왜냐하면, 그는 사도로서의 자신의 직분론을 신학적으로 설명을 하고자 할 때 고린도후서 전반을 통해 디아코네오(διακονέω)를 사용하기 때문이다(고후 3:6, 7, 8, 9x2; 4:1; 5:18; 6:3, 4; 8:4, 19, 20; 9:1, 12, 13; 11:8, 15x2, 23).[49]

'나타난'(φανερούμενοι)[50]은 고린도후서 2:14에서 승리의 개선행렬을 묘사할 때와 11:6b에서 바울이 고린도교회 앞에서 참된 복음 지식을 충분히 입증해 보였다고 주장할 때 사용하는 단어다. '그리스도의 편지'는 바울이 흔히 쓰는 공식 어구인 '그리스도의 복음'과 유사한 표현이다. 바울은 다른 곳에서도 자신의 사도직과 그 사역을 변증할 때 '그리스도'라는 호칭을 자주 사용하는 것을 볼 수 있다.[51] 고린도후서 2:14-3:4에서 바울이 유독 크리스토스(Χριστός)를 독자적이고 반복적으로 사용하는 것은 그의 사역의 중심이 '그리스도'임을 강조하기 위한 것이다.

울의 삶과 사역의 스타일이 단지 참 하나님이 무엇을 행하고 계시는지를 보여 주는 것일 뿐만 아니라 실제로 그것의 화신이라는 것을 알게 될 것이다."

49 고린도후서에서 διακονέω는 복음의 표현으로서의 헌금(고후 8:4; 9:1, 12, 13; 롬 15:25, 31), 바울의 사역(고후 3:6, 7-9; 4:1), 특히 이방인에게 복음을 전파하는 사역(고후 5:18; 6:3; 11:8; 롬 11:13) 등에 사용된다: Hafemann, 『고린도후서』, 137.
50 φανερόω는 고린도후서에 2:14; 3:3; 4:10, 11; 5:10, 11; 7:12; 11:6에 나온다. 이 단어들은 주로 바울이 자신의 사역에 대한 증거를 나타낸다는 의미로 사용된다.
51 그리스도 안에서(2:14, 17), 그리스도를 아는(2:14), 그리스도의 향기(2:15, 그리스도로 말미암아(3:4).

이상과 같이 두 개의 편지 메타포(metaphor)는 바울이 자신의 대적자들과 그들에게 동조하는 자들과 고린도 교인 모두에게, 자신이 고린도교회를 어떤 신학적 이해를 바탕으로 어떤 마음과 자세로 그들을 섬겼는지를 확인시켜 준다. "우리의 추천서는 그리스도의 이름으로 사역한 고린도교회 자체다"라는 바울의 논조는 사도로서 고린도 교인들에 대한 확실한 신뢰와 확신에 찬 종말론적인 선언이며 선포다.

이로써 바울은 자신이 사도로서 자격조건의 증거를 공개적으로 제시하고자 한 것이다. 그는 고린도교회의 정체성에 대한 종말론적-기독론적 이해의 바탕 위에서 자신의 사도직 본질을 찾고 있다.

바울은 고린도후서 3:3 후반부에서 새 언약과 사도의 직분을 연결한다. 그는 구약의 옛 언약과 새 언약의 대조를 통해 앞서 언급한 두 개의 편지 메타포(metaphor)에 관해 설명하고자 한다. 바울은 '쓴 것'(ἐγγεγραμμένη)이라는 분사형을 통해 옛 언약과 새 언약을 나타내는 4개의 표상 곧 '먹(μέλας) vs. 살아계신 하나님의 영(πνεύματι θεοῦ ζῶντος),' '돌판(πλάξ λίθινος) vs. 육의 마음판(πλάξ καρδίας σάρκινος)'을 언급한다. 이는 추천서(συστατικός ἐπιστολή)와 두 개의 편지(ἐπιστολή) 메타포(2-3a절)가 서로 연결되고 있다는 충분한 암시다.

'먹'과 '돌판'은 바울의 대적자들이 요구하는 추천서를 비유한 것이고, '살아계신 하나님의 영'과 '육의 마음판'은 바울이 제시한 추천서로서 고린도교회를 비유한다. 특히 '먹' 이미지는 문맥상 3:1-3a, 3c절, 6절 이후에 달라지는 각 주제의 다리 역할을 하며, 3c절의 '돌판' 이미지로 이어 간다.

구약의 옛 언약의 율법을 상징하는 '돌판'은 이스라엘에게 두 개의 두 돌판을 회상하게 한다.[52] 고린도후서 3:3의 '먹'에서 '돌판' 이미지로의 움

---

52 돌판 이야기는 출 31:18-34:35을 반영한다. 이것은 이스라엘 백성의 불순종과 완악함(출 32:9; 34:9; 참조. 신 29:1-4), 모세의 직무, 하나님의 언약 회복(출 34:27-28; 참조. 2:24-25; 9;16; 14:4, 17-18, 25; 15:1, 6, 11, 21; 16:6-7, 10; 32;13 등), 하나님의 영광(출 3:19-23; 34:29-35) 등을 상기시킨다.

직임은 바울이 자신의 사도직에 대해 변호하기 위해 대적자들이 제기한 추천서 문제에서 근본적이고 신학적인 사도직에 대한 진술로 넘어가는 것을 의미한다. 이것은 고린도후서 3:1-3a의 편지 주제를 3bc절과 6절 이후 새 언약과 옛 언약 주제로 옮겨가며, 바울 사도의 직분을 새 언약의 일꾼으로 설명하고자 하는 3:6-18로 이전하는 것을 의미한다.[53]

이상에서 살펴본 바와 같이 바울은 자신의 대적자들이 사용하는 것과 차원이 다른 추천서로써 자신의 사도로서의 자격에 대한 논쟁을 잠재우고 있다. 그는 새 언약의 특징 가운데 하나인 성령의 사역에 의한 살아 있는 증거로 새 언약 공동체인 '고린도교회'를 자기의 추천서로 제시하고 있다.[54] 이것은 하나님에 의한 성령 사역을 의미하는 것으로 묵시론적-종말론적 의미를 함의한다.[55] 그리고 바울은 이러한 종말론적인 "새 언약 공동체"를 섬기는 "새 언약의 일꾼"으로 자신의 사도직을 정의하고 있는 것이다(고후 3:6).

---

53 Martin, 『고린도후서』, WBC 40, 179.
54 Ernst Käsemann, "영과 문자," 180은 바울이 교회를 '하늘에서 온 편지'라는 비유적 묘사를 하고 있다고 본다. 그래서 바울에게 있어서 이 편지는 종말론적 의미가 있고, 모든 사람에게 정당성이 인정되는 선교의 결과물이며, 새 언약의 성취를 이루는 일에 동참한다는 이해를 나타낸다.
55 류호영, "성경 해석의 관점," 125는 "묵시론적"이란 표현을 "하나님의 초자연적인 역사 개입 혹은 침투하시는 것"으로 이해하여 새 언약 개념을 묵시론적-종말론적으로 이해한다. 필자는 이러한 이해를 전적으로 동의한다. 왜냐하면, 새 언약은 오직 하나님의 주체적이고 주권적 사역이기 때문이다. 새 언약의 성취를 위해 하나님은 그리스도의 성육신과 죽음과 부활과 승천이라는 그의 전 생애와 사역을 요구하셨고, 그리스도께서는 하나님께 순종으로 헌신하시므로 이루신 것이 된다. 이것은 종말론적으로 예수 그리스도를 통해 "이미" 이룬 사건이지만 우리에게 "아직" 이뤄지지 않은 사건이다. 다만 우리는 그의 묵시론적이고 종말론적인 구속적 사건을 그리스도의 전 생애와 그의 사역에 연합함으로 향유하는 것이다. 곧 우리가 "시간과 영원"이라는 두 개념이 공유된 시대 속에서, 다시 말하면 "이미와 아직"의 종말론적인 관점에서 "완전한 새 시대가 아니라 옛 시대와 새 시대, 고난-영광의 전환점"(류호영, 128)인 역설적인 시대 속에서 그리스도를 믿음으로 말미암아 영생의 삶을 사는 것을 의미한다.

2) "영의 직분"

(1) "살아계신 하나님의 영"의 의미

이미 지적한 바와 같이 바울은 고린도후서 3:3b에서 성령을 "살아계신 하나님의 영"(πνεύματι θεοῦ ζῶντος)으로 묘사한다. 이것은 여기서만 나오는 바울의 독특한 표현이다.

고린도후서 3장에서 "영"(πνεῦμα)은 3절의 "살아계신 하나님의 영," 6절의 "영으로 함"과 "영은 살리는 것," 8절의 "영의 직분," 17절의 "주는 영이시니," 17절과 18절의 "주의 영"에 등장한다. 이것은 바울의 사도직이 영에 의해 주도되는 직분이라는 것을 암시한다.[56]

필자는 고린도후서 3:3에서 "영"을 수식하는 "살아계신 하나님"이 특별한 신학적 의미를 내포하고 있다고 본다.

① "살아계신 하나님"

"살아계신 하나님"이란 호칭은 신약에 14번 나온다.[57] 구약에서는 호세아 1:10(MT, LXX 2:1)에 나온다. 호세아 본문에서 "살아계신 하나님의 아

---

[56] πνεῦμα(영)는 신약성경에 344곳에 나온다. 그 가운데 고린도후서에는 15곳에 사용된다: 1:22(성령); 2:13(심령); 3:3(하나님의 영), 6(영), 8(영의 직분), 17(주의 영*2), 18(주의 영); 4:13(믿음의 마음); 5:5(성령); 6:6(성령); 7:1(육과 영), 13(마음), 11:4(다른 영); 12:18(성령); 13:13(성령). 문맥상 2:13, 4:13, 7:1, 13 외에는 "성령"을 지칭하는 것으로 해석된다.

[57] 신약에 "살아계신 하나님"은 약 14번 나온다. 마 16:16(살아계신 하나님의 아들=그리스도); 26:63(살아계신 하나님=예수와 관련됨); 요 6:57(살아계신 아버지); 행 14:15(살아계신 하나님); 롬 9:26(살아계신 하나님의 아들 = 그리스도인); 고후 3:3(살아계신 하나님의 영); 6:16(살아계신 하나님의 성전 = 그리스도인); 딤전 3:15(살아계신 하나님의 교회=교회); 4:10(살아계신 하나님); 히 3:12(살아계신 하나님); 9:14(살아계신 하나님); 10:31(살아계신 하나님의 손); 12:22(살아계신 하나님의 도성 = 하늘의 예루살렘); 계7:2(살아계신 하나님의 인). 이 가운데 성령을 표현하기 위해 수식어로 나온 곳은 고후 3:3b이다.

들들"(בְּנֵי אֵל־חָי)이라는 어구는 호세아서에만 사용된 복합어다. 수식어로 사용된 "살아계신 하나님"(אֵל־חָי)이라는 표현[58]은 호세아서에서 새 언약에 대한 예언문이 나오는 종말론적 구원의 신탁 부분에 나온다.[59] 이것은 출애굽의 광야 주제를 반영하며 구속사적 관점에서 언약의 갱신을 약속한 내용이다(호 1:10-2:1).[60] 새 언약 예언문에 의한 언약의 갱신은 이스라엘의 불운을 새 시대로 변화시킬 것을 의미한다(호 1:10, 11; 2:15, 22, 23). 이것은 갱신된 새 언약의 백성에게 창조와 구속이 하나로 합쳐지는 안식을 누리게 될 것을 진술한 것이다(호 2:18; 참고. 롬 8:22 23; 고후 3:18; 4:6; 5:17).[61]

바울서신에서 "살아계신 하나님"은 로마서 9:26에서 "살아계신 하나님의 아들"로 나오는데 이것은 그리스도인을 가리킨다. 이 호칭은 디모데전서 3:15과 4:10에서도 찾을 수 있다. 디모데전서 3:15의 "살아계신 하나님의 교회"(딤전 3:15)는 오늘날의 교회, 즉 예수 그리스도로 말미암아 구원

---

[58] 살아계신 하나님(אֵל־חָי)이라는 표현은 수 3:10; 시 42:3[2]; 84:33[2]에서 나타난다. 이 표현은 우상들과 살아계신 하나님 사이를 대비하며 살아계신 하나님을 강조한 것이다: Douglas Stuart,『호세아-요나』, WBC 31, 김병하 역 (서울: 솔로몬, 2011), 122.

[59] Ibid, 120은 호 1:2-9의 심판의 신탁과 1:10-2:1(MT, LXX 2:1-3)의 구원의 신탁이 대조로 나와 언약적 병치 문맥을 보여 준다고 한다(참조. 레 26:27-45; 신 4:25-31 등). 이런 구조는 언약적 상벌 규약들의 예언과 들어맞는 형식이다. G. von Rad, *Old Testament Theology*, Trans. D.M.G. Stalker, 2 vols (NewYork: Harper & Row, 1965, 140은 호세아서가 구원 역사에 근거해 하나님의 가르침을 주고 있는 것이라고 지적한다. VanGemeren,『예언서 연구』, 192-3은 호세아서가 하나님의 언약 백성을 회복시키고자 끊임없는 노력을 보여 주는 언약의 신실하신 하나님을 묘사하고 있는 책이라고 한다.

[60] Ibid., 193-5는 호세아가 출애굽의 광야 주제를 네 가지 목적으로 사용한다고 한다. 그것은 하나님의 변함없는 사랑과 긍휼과 신실하심에 대한 확증, 이스라엘을 사랑한 하나님에 대한 지속적인 완악함과 불순종, 구속을 위한 새로운 행위로서의 언약 갱신, 거룩한 하나님의 거룩한 백성이라는 의미를 나타낸 것이다. 필자는 이 주제를 성경 전체에 언약적 관점의 진술에서 찾을 수 있다고 본다.

[61] 이것은 이스라엘에게 회복에 대한 소망을 가지게 하고(2:14-23; 14:5-8), 하나님의 새 백성으로서 배우자적인 신실성을 가지고 반응할 것에 대한 언약 메시지다(2:20; 3:5, 비교. 고후 11:2-3): ibid., 198-203.

받은 그리스도인들을 가리킨다. 디모데전서 4:10의 "살아계신 하나님"은 하나님이 생명의 약속을 주관하시는 분[62]으로 구원받고 생명을 얻은 백성의 근원자와 주권자가 되심을 진술한다.

고린도후서 6:16-18에는 "살아계신 하나님의 성전"이 나오는데 이 개념은 '교회'(고전 3:10-17; 고후 6:16; 엡 2:20-22) 혹은 각각의 '그리스도인'(고전 6:19)을 가리키는 개념이다. 바울은 이 본문에서 하나님의 언약 백성(6:16)과 하나님의 자녀(6:18)로서의 그리스도인의 정체성을 설명하는데, 그가 강조하고자 하는 것은 하나님께서 그리스도 안에서와 그리스도를 통해 그분의 영으로 언약공동체 가운데 사신다는 것이다.[63]

바울은 또한 "살아계신 하나님의 성전"이란 표현을 통해 그리스도인들이 하나님의 언약 백성(16절)이며 자녀(18절)되었기에 거룩성을 잃어버려서는 안 된다고 권면하고 있다. 이것은 고린도후서 11:2에서 고린도교회를 정결한 처녀로 비유하는 것과 같은 맥락이다.

이처럼 구약성경과 바울서신에서 "살아계신 하나님"을 수식어로 사용한 용어들은 언약, 구원, 생명, 거룩 등의 주제들과 연관된다. 이것들은 모두 언약과 구속이라는 큰 틀에서의 성경신학적 구속사 이해를 바탕으로 종말론적인 관점에서 거론되는 것들이다. 이런 주제들이 고린도후서 3:3b에서 "살아계신 하나님의 영"이란 개념과 연루돼 있다. 이런 이해는 고린도후서 3장 전체를 지배하는 "새 언약의 일꾼"의 구약적 배경인 새 언약 예언문에 나오는 '영'이라는 단어에 의해 좀 더 확실해진다.

---

62 Mounce, 『목회서신』, WBC 46, 587.
63 Goppelt, 『모형론-신약의 구약해석』, 235는 옛 언약의 성전이 교회에 주어진 성취로 버려졌고, 새로운 그리고 참된 성전은 부활하신 그리스도라고 본다. 이것도 모형론적으로 이해된 것이다.

② "영"

"영"(πνεῦμα)이란 주제는 일찍이 밝혔듯이 특별히 구약의 에스겔서에서 가장 잘 나타난다.[64] 에스겔서에서 '영'[65]은 성전에 임하시는 하나님 자신이시다(참조, 겔 37:27, 28). 또한, 그분은 회복과 하나님과의 교제와 언약의 표징이시다(겔 37:14; 39:29). 성령은 영적 변화와 정결과 거룩을 이루시는 분이시며, 하나님의 뜻을 행하고자 하는 마음을 갖게 하시는 분이시다. 그분은 옛 언약의 갱신을 통해 새 언약 공동체에게 하나님의 법을 내면화해 줌으로써 새로운 자유를 경험하게 하시며(겔 36:26, 27) 축복과 보호, 은혜와 용서를 재(再)보장해 주신다(겔 43:2-5).

이상과 같은 내용이 중심을 이루는 에스겔서의 새 언약 예언문에 나타난 성령은 고린도후서 3장에서 바울이 자신의 사도직을 설명하는 곳에서 그대로 반영된다. 바울은 이 서신서에서 예레미야서나 에스겔서 그리고 선지서에 예언된 새 언약의 대표적인 요소인 성령에 의한 사역이 옛 언약인 율법에 의한 사역과 다를 뿐 아니라[66] 더 영광스럽다고 강조한다.

그는 출애굽기의 옛 언약과 대조되는 새 언약이 부활하신 예수 그리스도로 말미암아 성취되었다고 선언한다. 새 언약에 약속된 성령에 의한 변화는 "그리스도 안에서 덮인 수건이 벗겨짐"(고후 3:14)에 의한 자유(고후 3:17)와 주와 같은 영광스런 형상으로 변화하는 것을 가리킨다(고후 3:18).

---

64 비록 예레미야서의 새 언약 예언문에 "영"에 대해 묘사되지 않지만 암시되어 있다. 이러한 이해는 "새 언약"의 구약적 배경에서 살핀다.
65 에스겔서에 πνεῦμα는 다음과 같이 나온다: 겔 1:4(폭풍/바람), 12(영), 20x3(영, 생물의 영)), 21(생물의 영), 2:2(그 영), 3:12(주의 영), 14x2(주의 영, 마음), 24; 5:2(바람); 8:3(주의 영); 10:17(생물의 영); 11:1(주의 영), 5x2(여호와의 영, 마음), 19(새 영), 24x2(주의 영, 하나님의 영); 13:11(폭풍); 18:31(영); 20:32[20:31](마음); 21:7[21:12](영); 27:26(동풍); 36:26(새 영), 27(내 영); 37:1(그의 영); 37:5(생기), 6(생기), 8(생기), 9x3(생기), 10(생기), 14(내 영); 43:5(영).
66 VanGemeren, 『예언서 연구』, 582-3, 587-8.

"살아계신 하나님의 영"으로 묘사된 성령은 고린도후서 3:17, 18에서 "주의 영"(3:17, 18)으로 전이된다. 결국, 바울은 고린도후서 3장에서 "새 언약의 일꾼"(고후 3:6)을 성령에 의한 "영의 직분"(고후 3:8)이며, 그리스도에 의해 주도되는 직분임을 진술하고 있다.

결론적으로 바울은 고린도후서 3:3b에서 새 언약의 특징적 요소인 성령과 생명을 결합시킨 개념인 "살아계신 하나님의 영"이라는 용어 사용을 통해 언약-구속의 틀 안에서 자신의 사도직을 변증하고 있는 것으로 볼 수 있다. 그는 고린도교회 성도들 안에 활동하는 성령(고후 3:2-3a)과 자신의 사도 직무를 수행하게 하는 성령이 동일하나, 자신의 대적자들이 소개하는 영(고후 11:4)과는 전적으로 다른 것을 논증하고 있다.

또한, 바울은 자신의 대적자들이 요구하는 추천서와 자신의 사역 결과로 나타난, "살아계신 하나님의 영"이 써 주신 추천서(곧 고린도교회)가 완전히 다르다고 주장한다(고후 3:1-3). 이런 논증을 통해 그는 자신을 참 사도로서 자기 대적자들의 주장과 전혀 다른 "성령의 사역"에 참여하는 "새 언약의 일꾼"이라고 변증하고 있다.

(2) "영의 직분"의 역할과 그 의미

바울은 자신의 사도직인 "새 언약의 일꾼"을 성령의 사역에 참여하는 직분이라고 설명한다. 그리고 바울은 고린도후서 3장에서 성령을 "살리는 영"(6절), "자유케 하는 영"(17절), "변화시키는 영"(18절)으로 이해한다. 이 개념들은 성령의 역할에 대해 암시한 것으로 사도직에 대한 바울의 인식과 자신의 직무에 대해 반영한 것이다.

첫째, "살리는 영" 개념에 대해서는 '살리다'(ζωοποιέω)라는 동사의 중요 용례를 살펴보고, 이어서 "영은 살리는 것"(고후 3:6)이라는 말이 새 언약의 일꾼으로서의 사도직과 관련하여 어떤 의미를 나타내는지 밝히기 위해 그 배경이 되는 에스겔 37:1-14의 마른 뼈들에 관한 환상 기사를 살펴볼 것이다.

둘째, "자유롭게 하는 영" 개념에 대해서는 먼저 고린도후서 3:17에서 "주의 영"이 누구를 말하는지 그리고 그 의미가 무엇인지 살펴보고, 이어서 '자유'(ἐλευθερία)라는 개념의 신학적 의미가 무엇인지 살펴볼 것이다. 이 작업은 바울이 모세의 수건 이야기로부터 '자유' 개념을 끌어내면서 자신의 사도직을 변호하고 있는 고린도후서 3:12-17을 중심으로 전개될 것이다.

셋째, "변화시키는 영"의 개념에 대해서는 바울이 영의 변화시키는 기능과 자신의 사도직을 어떻게 연결하고 있는지 살펴볼 것이다. 이를 위해 필자는 '변화'(μεταμορφόω)라는 단어의 의미와 이 단어와 관련된 본문들 그리고 고린도후서 3:18에서 나타내는 '변화'에 대한 신학적 의미 탐구에 집중할 것이다.

이에 필자는 "영의 직분"에 대한 바울의 이 세 가지 인식에 대해 살펴봄으로써 그 직분의 역할과 의미를 고찰해 보고자 한다.

① 살리는 일

㉮ "살리다"의 중요 용례

필자는 앞에서 이미 바울의 사도직이 성령에 의한 사역이며 그 초점이 "생명"에 맞춰져 있는 것에 주목하였다. 같은 맥락에서 바울은 자신의 사도직에 대해 변호하는 과정에서 "영은 살리는 것"(고후 3:6)이라고 진술하며, 자신의 직분을 "영의 직분"(고후 3:8)이라고 말한다. 이것은 그가 자신의 직분과 영의 직분을 동일시하는 것을 암시한다. 물론 이 암시가 바울 자신의 신분을 성령과 동일시한다는 것은 아니다.

고린도후서 3:6의 '살리다'(ζῳοποιέω)라는 단어는 본 서신서에서 이곳에 한 번 나온다.[67] 이 동사는 주로 모든 피조물의 생명에 대한 수여자가 하나님이시라고 진술되는 곳에 사용된다. 신약에서 이 동사는 구원론적인 의미로 "죽은 자를 다시 살리다"라는 표현에 자주 사용된다(참고, 요 5:21; 롬 8:11; 고전 15:45).[68] 특히 이 단어가 성령과 관련해 나온 곳은 요한복음 6:63의 "살리는 것은 영이니," 로마서 8:11의 "살리신 이의 영," 고린도전서 15:45의 "살려주는 영," 고린도후서 3:6의 "영은 살리는 것," 베드로전서 3:18의 "영으로는 살리심을 받으셨으니" 등이다.

그럼 '살리다'(ζῳοποιέω)의 의미를 밝히기 위해 고린도전서 15:45과 고린도후서 3:6 전후 문맥에 나타나는 몇몇 '살리다' 본문들을 살펴보자. 필자가 특히 고린도전서 15:45의 "살려주는 영" 항목을 포함하고자 하는 이유는 이것이 고린도후서 3:6의 "영은 살리는 것"이라는 진술과 깊이 연결되어 있다고 보기 때문이다.

첫째, 바울은 고린도전서 15:45에서 그리스도를 "살려주는 영"(πνευῦα ζῳοποιοῦν)이신 "마지막 아담"(ὁ ἔσχατος Ἀδὰμ)으로 묘사한다. 첫 사람 아담이 하나님의 첫 번째 피조물로서 '생령'이 되었다면, 마지막 아담이

---

67 이 단어는 성경에 약 17번 정도 사용된다. 그것은 삿 21:14; 왕하 5:7; 느 9:6; 시 70:20; 전 7:12; 욥 36:6; 요 5:21; 6:63; 롬 4:17; 8:11; 고전 15:22, 36, 45; 고후 3:6; 갈 3:21; 벧전 3:18 등이다. 이 단어와 비슷한 단어는 "함께 살리시다"라는 헬라어 συνεζωοποιέω로 엡 2:5; 골 2:13에 나온다.

68 TDNT, Vol. 2, 874는 ζῳοποιέω가 LXX에서 히브리어 חיה 동사의 Piel형 혹은 Hiphil형을 번역한 것으로 나온다고 한다. 이 단어는 죽은 이들의 부활(롬 4:17; 8:11; 고전 15:22), 그리스도의 부활(벧전 3:18), 그리스도인들의 부활(요 5:21; 엡 2:5; 골 2:13) 등에 사용된다.

신 그리스도는 부활의 영광 가운데 새로운 존재 영역에 들어간 "살려주는 영"이신 신령한 사람이 되셨다(고전 15:46). 신자는 부활하신 그리스도를 믿음으로 그의 죽음과 부활에 연합한 존재로서 새로운 피조물이 된다(고전 15장; 고후 5:17). 이것은 그리스도께서 영으로 우리 안에 내주하심으로 이루어진다(고후 3:17, 18).[69]

둘째, 고린도후서 1:9의 "다시 살리다"는 "죽은 자를 다시 살리시는 하나님"(τῷ θεῷ τῷ ἐγείροντι τοὺς νεκρούς)을 묘사하는 진술이다. 이 본문을 포함한 고린도후서 1:8-11[70]의 내용은 사도직의 극한 고난(고후 1:8-9)과 이에 대한 하나님의 주권적 섭리에 대한 것이다(고후 1:9-10). 고난은 사도의 직무를 수행하는 하나의 도구로서 하나님께서 부활의 능력을 나타내시는 계기가 된다.

예수를 죽음에서 다시 살리신 하나님은 사망의 고통 가운데 처한 사도들에게 동일한 능력을 나타내시어 끝까지 참고 고난을 이기게 하신다. 바울은 고난당하는 고린도 교인들을 위로하기(고후 1:-37) 위한 근거로서 "죽은 자를 다시 살리시는 하나님"(고후 1:9)을 제시한다. 그런데 이 어구는 예수의 죽음과 부활을 통해 베푸시는 하나님의 구속 은혜를 함축하고 있다.

셋째, 고린도후서 4:14에 나오는 "다시 살리신 이"(ὁ ἐγείρας)는 하나님을 가리킨다. 다시 살리심을 받은 분은 예수 그리스도다. 고린도후서 4:7-18은 예수의 죽음, 사도의 직무 그리고 성도의 관계를 설명한다.

---

69 Ladd, 『신약신학』, 607-12.
70 Hafemann『고린도후서』, 71은 고후 1:8-11을 살피기 위해 1:3-11이라는 큰 단락에서 살핀다. 이 단락은 3절, 4-6절, 8-11절로 나눌 수 있는데 그 모두가 바울 자신이 사도로서 받는 고난에 대해 이야기하고 있다. 이러한 고난 주제는 그의 사도직에 대한 합법성에 의구심을 갖는 자들과의 논증의 중심 주제다.

바울은 이 단락에서 예수의 죽음과 생명을 사도의 직무로 인한 그리스도인에 대한 구속의 은혜와 연결 짓는다(고후 4:11-12). 그는 자신이 현재 겪는 '환난의 경한 것'과 장차 올 '영원한 영광의 중한 것,' '보이는 것'과 '보이지 않는 것'(고후 4:18)의 대비를 통해 자신의 사도직과 그리스도인의 삶이 현재와 미래라는 종말적인 긴장 속에 있다는 것을 말한다(참고. 고후 5:1-10).[71]

바울은 고린도후서 4:14에서 "예수를 다시 살리신 이"께서 미래에 우리를 다시 살리고 그 앞에 세우실 것이라고 진술한다. 이로써 바울은 종말론적인 관점에서 궁극적 미래에 있을 그리스도인의 부활을 말한다. 이런 이해는 미래 동사 '다시 살리사'(ἐγερεῖ)와 '그 앞에 서게 하심'(παραστήσει)에 의해 지지받을 수 있고, 고린도후서 5:10의 최후 심판[72]과 11:2의 종말의 때의 결혼식에 대한 묘사로 확인된다(참고, 고전 8:8; 골 1:22, 28).

아무튼 바울이 고린도후서 4:14에서 말하고자 하는 것은 현재 비록 고난과 연약함 가운데에서 사도직을 수행하고 있을지라도 종말의 마지막 때에 이루어질 것을 소망으로 품고 자신의 직무를 감당한다는 고백인 것이다.[73] 바울은, 예수의 고난과 죽음과 같이, 자신이 사도직 수행을 위해 당하는 고난이 고린도 교인으로 하여금 하나님께 영광을 돌리게 하는 것의 계기를 마련해 준다는 사실을 인식하고 있다(고후 4:15). 이것은 바울이 사도직을 수행하는 과정에서 겪는 고난을 견디게 하는 원동력을 예수의 부활에 둔 것을 의미한다(고후 4:14; 5:15).[74]

이와 같은 사도직에 대한 바울의 인식은 고린도후서 3:3-18에 언급된 새 언약 아래서 성령의 '살리는' 사역이 예수 그리스도의 죽음과 부활을

---

71 Martin, 『고린도후서』, WBC 40, 231-2.
72 Ibid., 243.
73 Barrett, 『고린도후서』, 190-1.
74 Martin, 『고린도후서』, WBC 40, 242-2.

통한 종말론적인 구속의 은혜라는 신학적 의미를 함축한다.[75]

넷째, 고린도후서 5:15의 "저희를 대신하여 죽었다가 다시 살아나신 이"(τῷ ὑπὲρ αὐτῶν ἀποθανόντι καὶ ἐγερθέντι)는 부활의 당사자인 예수를 가리킨다. 바울은 고린도후서 5:14-15에서 자신을 그리스도의 죽음과 다시 사심에 연합된 자로 그리고 그리스도의 사랑에 의한 강권으로 사도의 직무를 수행하는 자라고 말한다.

그는 이 단락에서 '우리'라는 인칭대명사를 사용하는데, 이는 자기를 포함하여 사도의 직무를 수행하는 자들을 가리키는 것이 자명하다. 그는 자신을 통해 그리스도와 연합한 자들을 향해 "누구든지 그리스도 안에 있으면 새로운 피조물이라 이전 것은 지나갔으니 보라 새 것이 되었도다"(고후 5:17)라고 선언한다. 이것은 믿는 자들의 실체를 '새 창조' 개념으로 말하는 것을 의미한다. 바울은 이와 같은 인식 속에서 자신의 사도직을 화목하게 하는 직분으로(고후 5:18), 그리스도의 사신으로(고후 5:20), 하나님과 함께 일하는 자(고후 6:1)로 칭한다.

이상과 같은 관찰을 통해 필자는 고린도후서 3:6의 "영은 살리는 것"이라는 진술이 하나님의 구속 사역과 그리스도의 부활 그리고 그와 연합한 자들에게 주어지는 새 생명을 핵심 내용으로 삼고 있다고 본다.[76] 바울은 자신의 사도직 근거를 여기에 두고 있고, 이것이 바로 사도로서 자신이 당하는 환난과 고난을 이기는 하나님의 능력이 됨을 고백하고 있다고 결론을 내린다.

---

75 Hafemann, 『고린도후서』, 219. Martin, 『고린도후서』, WBC 40, 231-2는 고후 4:7-18의 "생명"에 대한 주제가 4:10-12에서 예수의 죽음과 생명, 우리의 사망과 생명 그리고 사역에 의한 고린도 교인(너희) 안에 역사하는 생명이라는 역설적인 진술 방식으로 나타난다고 본다.

76 바울에게 있어서 "예수와 부활"은 그의 선교의 모토(motto)이며, 그의 설교의 핵심 주제다(행 17:18).

㉯ "살리다"의 구약 배경 : 에스겔 37:1-14

고린도후서 3:6에서 바울은 '영은 살리는 것'과 '율법 조문은 죽이는 것'을 대조시킨다. 후자는 출애굽기에 진술되는 옛 언약 아래 모세의 사역을 배경으로 한다(3:7). 바울은 고린도후서 3:7-8에서 모세의 얼굴의 없어질 영광과 영의 직분의 영광을 대비하며, 영의 직분의 우월성을 강조한다. 이것은 바울이 구약 율법 언약과 그리스도의 죽음과 부활의 관계를 조망하면서 자신의 사도직 본질에 대해 통찰하는 것을 의미한다.

성경에서 '살리는 것'(ζῳοποιέω), 곧 생명의 수여자는 오직 창조주 하나님이시다.[77] 이런 이해는 창세기 2:7의 "하나님께서 생기(πνοήν ζωῆς)를 불어넣으시니(ἐνεφύσησεν) 사람이 생령(ζῶσαν)이 되니라"를 염두에 둔 것이다. 하지만 에스겔서의 본문은 새 창조 기사처럼 새 생명의 부여보다 '되살리는' 생명 부여에 초점을 맞추고 있다.[78] 따라서 고린도후서 3:6에 나오는 살리는 영[79]이란 개념은 특히 구약의 새 언약을 암시하는 에스겔 37:1-14을 반영한 것으로 보인다.

이미 필자는 바울이 고린도후서 3장에서 에스겔서의 새 언약 예언문을 반영하고 있는 것들을 밝혔지만, '살리는 영'이라는 개념에서 좀 더 구체적으로 바울이 에스겔 37:1-14의 내용을 상기시킨다고 본다. 그 내용은 마른 뼈들에 생기가 부어져 다시 살아나는 기적적인 갱신의 환상 기사다.[80] 에스겔 37:1-14의 '다시 살아날 것'은 영적 정결을 통한 창조적 회

77　*TDNT* Vol. 2, 849.
78　Allen, 『에스겔(하)』, WBC 29, 349.
79　구약에서 "ζῳοποιέω"(살리는 것)가 영(πνεῦμα)에 의한 것으로 묘사된 곳은 대표적으로 창 2:7; 겔 37:5; 시 104:29-30이다.
80　이것은 겔 37:5의 '생명의 영"(πνεῦμα ζωῆς)을 염두에 둔 것이다. 이 본문은 WTT에는 "אֲנִי מֵבִיא בָכֶם רוּחַ וִחְיִיתֶם"("내가 생기를 너희에게 들어가게 하리니 너희가 살아나리라")으로 되어 있다. 이는 "하나님의 영으로 살아나게 하다"라고 이해할 수 있을 것이다.

복에 관해 이야기하는 에스겔 11:19, 36:26의 새 언약에 대한 약속의 성취로서의 이미지 묘사라고 볼 수 있다.[81]

따라서 이 회복은 영적 회복만을 가리키지 않는다. 오히려 도덕적, 윤리적 삶에 대한 회복도 포함되는 전인(全人)적인 회복으로서의 거룩한 하나님의 백성 됨을 의미한다.[82] 즉 하나님께서 언약 백성을 심판에 의한 죽음의 상황에서 구원하시겠다는 약속의 메시지로 종말론적 소망의 개시를 나타낸 것이다.

에스겔서의 이런 종말론적 소망은 바울에게 있어서 '사망에서 생명으로'(롬 11:15; 참고. 고후 1:9-10)로 묘사된다. 그리고 종말론적인 소망은 그리스도의 죽음과 부활로 인한 종말론적 구원의 성취와 완성으로 연결된 것으로[83] '이미와 아직'이라는 긴장 속에 있는 개념이다.

이와 같이 바울은 에스겔서의 본문들에 나타난 이런 의미의 "살리는 영"의 사역을 고린도후서 3장에서 옛 언약이 아니라 새 언약 아래 있는 새로운 하나님의 백성인 교회에 적용하고 있다. 그리고 그는 자신의 사도직을 살리는 영의 사역에 참여하는 일로 이해하고 있다.

이는 그가 자신의 사도직을 "영의 직분"으로 지칭하며 자신의 직분이 옛 언약 아래 있는 모세의 율법 조문의 직분보다 더 영원하며, 영광스럽

---

81 Martin, 『고린도후서』, WBC 40, 179-80; Allen, 『에스겔(하)』, WBC 29, 338.
82 여기서 독특한 것은 이 세 본문에서 말하는 "살리는 영"에 의한 생명의 부여가 하나님의 언약 백성에 대한 이야기라는 것이다. Daniel I. Block, *The Book of Ezekiel*, Vol. 2, NICOT (Grand Rapids: WEPC, 1998), 272는 겔 34-48장을 여덟 가지 회복으로 본다. 그것은 목자의 역할 회복(34장), 땅의 회복(35:1-36:15), 영광의 회복(36:16-38), 백성의 회복(37:1-14), 주권의 회복(38-39장), 백성 가운데 여호와의 임재 회복(40-46장), 땅에서의 여호와의 임재 회복(47-48장)이다. 이 가운데 겔 34:1-14의 내용은 여호와 백성의 회복에 대한 것이다.
83 겔 37:1-14의 마른 뼈의 소생에 대한 환상 기사는 신약에서 죽음과 소생이라는 그리스도의 부활에 의한 종말론적 구원 개념으로 이어진다(참고, 요 20:22; 계 11:11; 롬 11:15 등): Allen, 『에스겔(하)』, WBC 29, 354.

다(고후 3:11)고 하는 주장에 의해 지지를 받는다. 이상으로 바울은 자신의 "영의 직분"을 그리스도로 말미암아 성취된 새 언약 개념 아래에서 이해하고 있다.

② 자유롭게 하는 일

바울은 고린도후서 3:17에서 "주는 영이시니 주의 영이 계신 곳에는 자유가 있느니라"[84]라고 말한다.

학자들은 '주'가 누구를 가리키느냐에 관해 논쟁한다. 마틴(Martin)은 이 용어의 배경을 모세가 여호와께 돌아가는 장면(출 34:34)으로 보고, 바울이 성령을 가리키는 말로 사용하고 있다고 본다.[85] 크루즈(Kruse)는 '주'가 성령을 의미한다고 주장한다.[86]

라이트(Wright) 역시 고린도후서 3:17이 출애굽기의 모세 이야기를 반영하고 있고, 에스겔서에 예언된 새 언약 아래서의 성령 사역을 언급하고 있다고 본다. 그는 본문이 고린도후서 1:20-21의 성령에 대한 진술을 상기하고 있다고 본다.[87]

반면 하프만(Hafemann)은 이 구절에서 '주'(κύριος)가 그리스도보다 야훼 하나님을 가리킨다고 본다.

그는 그 이유를 세 가지로 든다.

---

[84] 헬라어로는 "ὁ δὲ κύριος τὸ πνεῦμά ἐστιν· οὗ δὲ τὸ πνεῦμα κυρίου, ἐλευθερία"이다. 이것을 직역해 보면, "그런데 주는 영이시다 그리고 주의 영이 계신 곳에, 자유가 있다"이다.

[85] Martin, 『고린도후서』, WBC 40, 210-1은 ἐστιν에 의해 "a = b"가 "ὁ κύριος = τὸ πνεῦμα"를 나타낸다고 본다.

[86] Kruse, 『고린도후서』, TNTC 8, 144-5.

[87] N.T. Wright, 『고린도후서』, 60-1은 성령이신 주께서 "마음을 부드럽게 해 삶을 변화시키고, 현재에 새 생명을 전달하고, 미래에 그것을 보장하는 주권적인 분이라고 이해한다.

첫째, 고린도후서 3:16-17이 출애굽기 34장의 모세 이야기를 배경으로 하고 있다.

둘째, 바울은 새 언약 아래 사는 그 당시의 사람들이 시내산에 시작된 야훼의 계시와 직접적인 연속성 안에 있다는 것을 진술하고 있다.

셋째, 고린도후서 3:3에서 "살아 계신 하나님의 영"(πνεύματι θεοῦ ζῶντος)을 언급하고 있기 때문이다.[88]

하지만 필자는 이런 논쟁이 별 의미가 없다고 본다. 필자는 '주'를 언급한 문맥적 배경이 구약이라고 할지라도 이 표현이 전적으로 구약 속의 야훼 하나님을 가리킨다고 보지 않는다. 오히려 바울이 자신의 사도직을 변증하고 그 사역의 정체성과 본질을 설명하기 위해 하나님의 언약과 성령 그리고 언약의 성취자이신 그리스도의 관계 안에서 이 표현을 사용했을 것이라고 본다.

그렇다면 바울은 고린도후서 3:17에서 '주'와 '주의 영'을 구분하여 사용하는데, '주'는 그리스도를, '주의 영'은 성령을 가리키는 것이 분명하다. 3:14의 "그리스도 안에서"와 3:16의 "주께로 돌아가면"이 이러한 이해를 뒷받침해 준다. 바울이 성령을 '주의 영'으로 칭할 때, 그는 믿는 자들을 위한 성령의 사역이 새 언약의 성취자이신 그리스도의 십자가와 부활 그리고 성령을 보내심에 근거를 두고 있다는 것을 함축적으로 표현하기 위한 것으로 보인다. 결론적으로 필자는 고린도후서 3:17에서 바울이 말하고자 하는 주된 요지가 마틴(Martin)의 주장처럼 성령의 역할에 있다고 본다.[89]

---

88 Hafemann, 『고린도후서』, 186-7은 3:17의 'ἐστιν'을 '의미하다'로 번역해야 한다고 주장한다(고전 10:4; 롬 10:6-8; 갈 3:16; 4:24). 즉 그는 '야훼가 성령을 의미 한다'라고 해석할 수 있다고 한다.

89 김영남, "2코란 3장에 나타난 '새 계약'의 특성으로서의 성령의 역할에 관한 연구," 78은 고후 3:17에서 바울이 "주"와 "영"에 대한 규명보다 "성령의 작용"에 대해 진술하고 있다고 본다. 이는 Martin, 『고린도후서』, WBC 40, 188도 마찬가지다.

그런데 여기서 중요한 것은 그 성령의 역할과 사역이라고 말하는 '자유'라는 것이 무엇을 의미하는가에 대해서다. 바울은 성령의 역할이 그리스도를 믿는 자들에게 자유를 주는 것이라고 말한다. 한 걸음 더 나아가 그는 자신의 사도직이 성령께서 하시는 것과 같이 "자유롭게 하는 직분"이라고 한다. 그는 모세의 수건 이야기(고후 3:13-16)를 통해 이것을 말하려고 한 것이다. 그는 '모세의 얼굴에 없어질 영광'과 '영의 직분의 영광'을 대조한다. 이 대조는 바울 자신의 직분과 모세의 직분, 그리스도인과 바울의 대적자들의 이야기로 이어진다.

고린도후서 3:12-13에서 바울은 자신의 사도직 직분과 하나님의 종으로서의 모세의 직분과 대비한다. 이 단락에서 바울은 자신의 직분에 대해 두 가지를 말한다.

첫째, 사도직의 직분은 옛 언약의 직분보다 더 영광스럽다.
둘째, 사도직의 직분은 모세의 직분처럼 수건을 쓴 것과 같이 하지 않는다.

바울의 이런 논리를 따르면, 자신은 수건이 벗겨진 자로서 직무를 수행하고 있으나 모세는 수건이 덮힌 자로서 직무를 수행하고 있으며, 그리스도인은 수건이 벗겨진 상태나 대적자들은 그 수건을 덮은 상태라는 것을 의미한다.

이 사실의 확인을 위해 모세의 수건 이야기를 좀 더 자세히 들여다볼 필요가 있다. 이 이야기에는 '이스라엘 자손들'이 등장한다. 이들은 모세의 얼굴의 영광을 두려워하여 그에게 수건을 씌운 완악한 자들이다(출 34:30-33).[90]

---

[90] 바울은 모세 얼굴의 광채에 대해 고후 3:7에서 "없어질 영광"과 3:13에서 "장차 없어질 것의 결국"(고후 3:13)으로 표현한다. 고후 3:13의 "결국"(τέλος)이란 단어는 "끝" 혹은 "목표"라는 의미를 가진다. Martin, Ibid., 205-6은 이 표현에 대한 학자들의 다양한 견해들을 살펴본 결과, 장차 없어지게 될 직분을 의미한다고 본다.

바울은 이들을 자신의 대적자들에게 적용하고자 한다. 완악한 이스라엘 자손들처럼 완고한 그의 대적자들(고후 3:14)은 그가 전하는 복음의 진리, 곧 새 언약과 그리스도의 관계를 이해하지 못한다. 왜냐하면, 그들은 마음에 수건을 덮은 채로 구약을 읽고 있기 때문이다.[91] 다시 말하면 고린도후서 3:14-15에서 바울이 수건 덮은 채로 성경을 읽는 자들은 하나님의 언약이라는 틀 안에서 그리스도의 오심에 의한 성취와 완성이라는 종말론적 구속사를 보지 못하는 자들이다.

그래서 바울은 대적자들에게 마음의 수건이 벗겨져야 한다고 강하게 주장한 것이다. 이 수건이 벗겨질 때 성령을 통해 자유를 얻을 수 있다. 고린도후서 3:16의 "그 수건이 벗겨지리라"(περιαιρεῖται τὸ κάλυμμα)[92]에서 '페리아이레오'(περιαιρέω)는 원래 '주위에 퍼져 있는 것을 제거하다,' '치우다'의 의미를 나타낸다. 하지만 이 단어는 '속죄하다'의 의미도 함축한다. 그런데 바울은 자신의 서신서 여러 곳에서 자유(ἐλευθερία)[93]라는 개념을 속죄의 결과를 나타낸다. 그는 죄에서 해방된 상태를 나타낼 때 주로 자유라는 단어를 사용한다(롬 8:21; 고전 7:39; 9:1; 10:29).[94]

---

[91] Ibid., 207은 바울이 고후 3:14에서 "구약을 읽을 때"에서 "옛"에 강조점을 둔 것이 경멸적인 표현이라고 한다. Hafemann, 『고린도후서』, 195는 3:14-15에서 "구약"을 "성경"으로 해석한다.

[92] 수건이 '벗어지다'라는 단어는 한글개역개정에서 3번 사용된다(14, 16, 18절). 헬라어로는 περιαιρέω 외에 ἀνακαλύπτω(14, 18절)가 사용된다. ἀνακαλύπτω는 13, 14, 15, 16절에 나오는 κάλυμμα(수건)와 4:3에 나오는 κεκαλυμμένον(καλύπτω: 가려지다)의 반의어가 된다. 이 단어들이 나오는 구절들은 주로 모세의 영광과 관련해 나온다.

[93] 바울서신 가운데 명사형 ἐλευθερία는 롬 8:21; 고전 10:21; 고후 3:17; 갈 2:4; 5:1, 13에 나오고, 형용사형 ἐλεύθερος는 롬 6:20; 7:3; 고전 7:21, 22, 39; 9:1, 19; 12:13; 갈 3:28; 4:22, 23, 26, 30, 31, 엡 6:8; 골 3:11에 나온다.

[94] Hafemann, 『고린도후서』, 187-8은 "자유"라는 개념이 일차적으로는 죄로부터 자유하게 된다는 개념이지만 고후 3:17의 자유가 새 언약 아래 '약속한 성령의 능력에서 나오는 율법에 대한 순종을 위한 자유'로 이해한다.

따라서 고린도후서 3:17에서 '자유'는 구약을 배경으로 하나님의 속죄와 그리스도의 대속을 함의하는 개념이라고 할 수 있다. 이런 견지에서 바울은 사도로서 자신을 거부하고 그의 복음을 받아들이지 않는 자들을 수건을 덮은 자로 비유한 것이다. 이처럼 바울은 성령의 자유롭게 하는 사역을 자신의 사도직에 적용한다. 그는 고린도후서 3:16에서 수신자들이 주께로 돌아갈 것을 호소하고 있다. 자신이 새 언약의 일꾼으로서 증언하는 그리스도의 십자가와 부활의 복음을 듣고 회개하고 자유를 얻으라는 호소다.

결론적으로 바울이 모세의 직분과 자신의 직분을 통시적 안목으로 대조하면서 자신의 직무를 새 언약을 따라 임하신 '성령'의 자유롭게 하는 사역에 참여하는 일로 이해하고 있다고 볼 수 있다. 바울은 자신이 부활의 그리스도를 만남으로 율법의 속박으로부터 자유인이 된 것처럼 자신이 전하는 복음을 받아들임으로 자유를 얻을 것을 선포하고 있다.

③ 변화시키는 일

바울은 고린도후서 3:18에서 "우리가 … 주의 영광을 보매 그와 같은 형상으로 변화하여 영광에서 영광에 이르니 곧 주의 영으로 말미암음이니라"라고 진술한다. 필자는 이미 '주의 영'이 승귀의 주께로부터 임한 성령을 가리킨다고 역설하였다. 이 본문은 성령의 또 다른 역할을 진술하고 있다. 이것은 바울 자신의 사도직에 대한 언급이라고도 할 수 있다. 왜냐하면 그가 3장에서 일관성 있게 자신의 사도직 본질에 대해 논증하고 있기 때문이다.

필자는 고린도후서 3:18에서 "우리가 다 변화하여"라는 어구에 주목한다. '변화하다'($\mu\varepsilon\tau\alpha\mu\rho\rho\phi\acute{o}\omega$)는 신약에서 이곳 외에 마태복음 17:2; 마가복음 9:2, 로마서 12:2에 나온다. 마태복음 17:2과 마가복음 9:2은 변화산에서 예수가 외적으로 변형되는 장면을 묘사할 때에 이 단어를 사용한다.[95] 하지만 고린도후서 3:18에서는 외적인 것보다 영적인 의미에 초점을 맞추고 있다.

바울은 '주의 영광을 봄'(τὴν δόξαν κυρίου κατοπτριζόμενοι)으로 변화가 '이루어진다'고 말한다. '주의 영광을 봄'은 '수건을 벗은 얼굴로 거울을 보는 것같이'를 전제(前提)로 하여 완고함의 수건을 벗어버리고 주의 영광을 대면한다는 뜻을 나타낸다.[96] 수건의 벗겨짐은 모세가 하나님 앞에 나아갈 때 수건을 벗은 것을 반영한 것인데(출 34:34-35),[97] 바울이 이 이미지를 자신에게 적용해 다메섹 도상에서 그리스도의 현현을 통해 구약에 대한 새로운 신학 체계를 세우게 된 사실을 암시하는 것으로 보인다(갈 3:23[98]).

바울이 말하는 성령에 의한 '변화'는 '그와 같은 형상'으로 변화하는 것과 '영광에서 영광'에 이르도록 변화하는 것을 말한다. 그는 고린도후서 4:4에서 '형상'(εἰκών)과 '영광'(δόξα)의 의미를 설명한다.[99]

---

95 이 두 곳에는 μεταμορφόω(변화하다)의 직설법 과거 수동태 3인칭 단수동사형 μεταμορφώθη가 사용된다. 예수의 변형사건은 종말론적 암시들이 내재된 진술이며, 하나님의 임재를 상징하는 것이다. 곧 세키나(Shekinah)의 영광에 의한 하나님의 아들로서 선포된 예수를 묘사한 것이다. 이것은 모세나 엘리야 모두 시내산과 관련된 의미를 반영하며, 예수의 사역의 연속성을 시사한다. 특히 "그 얼굴이 해같이 빛나며"라는 표현은 출 34:29-35의 모세의 얼굴을 상기시킨다(참조, 출 24장; 단 12:3; 2 Esdras 7:97; 2 Apoc. Bar 51.3): Donald A. Hagner, 『마태복음(하)』, WBC 33B, 791-3.
96 Martin, 『고린도후서』, WBC 40, 212는 κατοπτριζόμενοι(반영하다)라는 분사의 목적어를 하나님의 형상 속에 계시된 하나님의 영광으로 본다(고후 4:4-6, 참고. 골 1:15; 히 1:1-4).
97 Ibid.
98 "믿음이 오기 전에 우리는 율법 아래에 매인 바 되고 계시될 믿음의 때까지 갇혔느니라."
99 김세윤, Origin, Chapter VI, 136-268; idem., 『바울신학과 새 관점』, 269-341은 그리스도를 하나님의 형상으로 보는 바울의 독특한 기독론을 그가 다메섹에서 부활하신 그리스도를 만난 사건을 기원으로 한다고 주장한다. 그리고 그는 형상(εἰκών)-기독론이 바울의 아담-기독론, 지혜-기독론으로 더욱 발전되었다고 자신의 논지를 제시한다. 그는 "하나님의 형상이시고 마지막 아담이신 그리스도"에서 3:18의 형상에 대해 광범위하게 연구한다.

첫째, '형상'에 대해 살펴보자.

바울은 그리스도께서 하나님의 형상이라고 말한다. 그러므로 "그와 같은 형상"(3:18)에서 '그'는 그리스도를 가리키는 것이 분명하다. 그리스도의 형상으로 변화한다는 것은 그와 같은 '형상됨'[100] 혹은 그와 같은 모습으로 '변형됨'[101]을 뜻한다(참조. 롬 8:29; 고전 15:49; 고후 3:18; 빌 3:21; 참고. 롬 12:2; 고전 15:52; 갈 4:19; 엡 4:24; 빌 3:10, 21; 골 3:9-10 등).[102] 하지만 이것은 외형적 동일화가 아니라 그리스도와 연합하는 것을 의미한다(롬 6:5; 참고. 골 2:2, 9).[103] 즉 바울에게 있어서 '형상화'는 그리스도의 죽음과 부활에 연합함으로 그분을 닮은 새로운 본성을 가진 인간이 되어 성령을 따르는 삶을 살아간다는 것을 의미한다(고후 5:14-17; 참고. 롬 8:1-11).

둘째, "영광"에 대해 살펴보자.

고린도후서 4:4의 "그리스도의 영광의 복음의 광채"라는 말은 복음의 중심인물인 그리스도가 십자가와 부활을 통해 도달한 정점에 대해 언급한 것으로 보인다. 이것은 그리스도께서 하늘 영광에 이르렀고 광채를 발하고 계신다는 승귀하신 그리스도에 의한 승리를 전파하는 것을 의미한다. 그렇다면 고린도후서 3:18의 "영광에서 영광에 이르는"이라는 표현은 종말론적인 새 언약의 성취 개념으로 이해해야 한다. 특히 "영광에서 영광에 이르는"의

---

100 "같은 형상됨"의 헬라어 σύμμορφος는 '같은 형상을 가진'이란 의미가 있다. 이 단어는 신약에서 롬 8:29(συμμόρφους - 본받게) 빌 3:10(συμμορφιζόμενος - 본받아); 3:21(σύμμορφον - 형체와 같이)에 나온다: *BDAG*, 958.
101 "변형됨"의 헬라어 μεταμορφόω는 3:18의 "그와 같은 형상으로 변화하여"(τὴν αὐτὴν εἰκόνα μεταμορφούμεθα)에서 사용된 단어다.
102 바울은 종종 그리스도를 하나님의 형상(εἰκών) 혹은 모양(μορφή)으로 지칭한다(고후 4:4; 골 1:15; 빌 2:6). 그 가운데 그리스도의 형상을 언급하는 곳은 롬 8:29; 고전 15:49; 고후 3:18이다: 김세윤, 『바울신학과 새 관점』, 269-70.
103 James D.G. Dunn, 『로마서(상)』, WBC 38A, 김철·채천석 공역 (서울: 솔로몬, 2003), 553-6.

이중 전치사구 '아포(ἀπο) … 에이스(εἰς)'에서 아포가 시작점을 나타내고, 에이스가 끝을 나타낸다고 하는 점에서[104] 그 의미가 확실해진다.

이상과 같이 필자는 고린도후서 4:4의 암시를 따라, 3:18의 "그와 같은 형상으로 변화하여 영광에서 영광에 이르니"가 종말론적 관점(즉, 새 언약 성취 관점)에서 믿는 자들이 성령의 내적 사역을 통해 그리스도의 형상으로 변화되어 그의 승귀의 영광에 참여하고 있는 것을 진술하고 있다고 본다. 지금 그들은 새 언약의 새 시대에 참여하는 자들로서 그리스도의 죽음과 부활에 연합하여 하나님의 영광이신 그리스도를 대면할 뿐 아니라 그의 영광을 공유하는 자들이다.[105]

하지만 이것은 그리스도인의 점진적인 영적 성숙을 배제한다는 의미가 아니다. 바울은 믿는 자들을 성령에 의해 지속해서 새 아담이신 그리스도를 닮아가며 새 창조를 경험해 가야 할 자들로 보고 있다(고후 5:17).

또한, 중요한 것은 바울이 사도로서 자신을 성령의 새 언약의 성취 사역에 참여하고 있는 자로 인식하고 있다는 사실이다. 그에게 교회는 새로운 피조물(새 창조된)로서 새 생명을 얻은 새 언약 공동체다(5:14-21). 바울에게 사도는 이 공동체의 지속적인 변화를 위해 활동하시는 성령의 사역[106]에 동참하고 있는 자다.

이처럼 바울은 성령의 변화시키는 사역을 사도의 직무로 여긴다. 그는 자신의 사도직을 하나님의 새 언약 백성들이 이 세대를 본받지 않고 마음을 새롭게 하여(롬 12:2) 하나님의 온전하신 뜻에 순종할 수 있는 삶을 살

---

104 *BDAG*, 105는 ἀπὸ δόξης εἰς δόξαν를 ἀπὸ … ἕως(마 1:17; 23:35; 행 8:10; 참고. Sir 18:26; 1Makk 9:13)와 유사한 용법으로 본다.
105 Martin, 『고린도후서』, WBC 40, 212-3.
106 Ibid., 213.

수 있도록 이끄는 역할로 인식하고 있다. 그리고 바울은 자신의 사도직을 새 언약의 성취 사역으로 이해하고, '이미'와 '아직'의 종말론적 관점에서 예수의 부활 생명이 믿는 자들의 죽을 몸에 나타나도록 하는 직분으로 인식한 것이다(고후 4:10-18; 빌 3:10).

3) "의의 직분"

바울은 자신의 사도직을 "새 언약의 일꾼"(고후 3:6)이라고 한 후에, 이것을 다시 성령의 사역에 참여하는 "영의 직분"(고후 3:8)과 "의의 직분"(고후 3:9)이라고 묘사한다. 전자에 대해서는 앞에서 이미 살펴보았다. 여기서는 후자의 의미를 고찰할 것이다. 바울은 "의의 직분"과 "정죄의 직분"을 대조시킨다. 그는 기본적으로 사도로서의 자신의 "의의 직분"이 새 언약 아래서 주어진 것으로 이해한다. 필자는 이 개념의 의미를 밝히기 위해 먼저 "의"에 대한 바울의 이해가 무엇인지 살피고, 또한 "의의 직분"의 역할과 그 의미에 대해 살펴보고자 한다.

(1) "의"에 대한 바울의 이해

바울은 "의" 개념을 위해 디카이오쉬네(δικαιοσύνη)라는 단어를 사용한다. 이 단어는 70인역에서 다양하고 광범위하게 신학적 용어로 사용된다.[107] 구약에서는 '의' 개념을 주로 체덱(צֶדֶק)이라는 단어로 나타낸다. 체덱의 동의어로 미쉬파트(מִשְׁפָּט)가 사용되기도 한다(사 58:2).[108] 체덱은 주

---

107 δικαιοσύνη 어군에 속한 단어가 LXX에 408개 나온다.
108 TDNT, Vol. 2, 195. מִשְׁפָּט는 모든 백성이 죄로 인해 하나님의 심판을 받는다는 의미에 사용된다. 그렇기 때문에 "정죄" 개념에 가깝다.

로 법정적 선언의 의미를 나타내며[109] 하나님의 행위와 관계가 있다.[110] 하나님은 세상을 공의로 심판하시는 분이시며(창 18:25), 심판은 하나님께 속한 것이다(신 1:17; 시 9:4; 33:5; 욥 8:3; 34:23 등). 그러므로 인간의 '의'[111]에 대해 판단하실 분은 오직 하나님이시며, 그 기준은 전적으로 하나님의 본성에 속한 것이다.[112]

유대교에서 '의'는 주로 토라에 대한 순종을 뜻할 때 사용된다. 유대인들에게 '의'는 토라 연구나 자선 등과 같은 행위를 가리키는 용어다.[113] 신구약 중간기의 유대교는 구약성경보다도 더 '의'의 윤리적 의미를 강조한다. 유대교에서 '의'가 사람을 가리킬 때도 있는데, 이때에는 하나님을 경외하는 경건한 사람을 가리킨다.[114]

바울에게 있어서 '의'는 그리스도의 대속 죽음과 그로 인해 획득한 의로서 '하나님의 의'를 의미한다. 그리스도인들에게 '의'는 율법 준수에 의해 주어진 것이 아니라 오직 하나님의 은혜와 예수 그리스도의 희생에 의한 구속 사건에 의한 선물이다(롬 3:25; 고후 5:21; 갈 2:21; 참고. 엡 2:1-10). 이는 바울의 '의' 개념이 종말론적 의미를 갖고 있다는 것을 뜻한다. 종말이란 그리스

---

109 한천설, "δικαιοσύνη θεοῦ 개념에 대한 재조명," 「신학지남」, Vol. No.313 (2012); (38-62), 48-56은 체댁(צֶדֶק)을 어간으로 하는 히브리 단어들이 관계적 개념(예, 창 38:26; 삼상 24:17), 법정적 개념(예, 창 44:16; 시 143:2; 욥 10:15; 27:5; 32:2; 사 43:9, 26; 53:11; 겔 16:52; 단 8:14 등; 비교. 롬 3:20; 갈 2:16), 행위 개념(예, 사 5:7; 겔 18:9 등)의 성격을 표현하는 단어들로 사용된다고 한다.
110 Holland, 『바울신학 개요』, 박문재 역 (서울: 크리스챤다이제스트, 2005), 268-303; 김근수, "바울의 율법론," 「개혁논총」, Vol.17 (2011), 199.
111 인간의 의는 하나님의 뜻에 복종한다는 의미를 나타낸다(사 5:7). 간혹 진리를 가리키기도 하고(Tob. 14:7; Wis. 5:6), 혹은 두 단어가 함께 사용되기도 한다(Test. G. 3; 참고. 엡 5:9): TDNT, Vol. 2, 196.
112 김근수, "바울의 율법론," 199.
113 Ibid.,199.
114 Barnett, "The Second Epistle to the Corinthians," 130-1.

도로 말미암아 시작된 종말의 때를 가리킨다.[115]

바울은 죄인이 그리스도를 믿는 순간 '칭의'를 얻는다고 주장한다. 이것은 '의'가 현재적 의미를 가진다는 뜻이다. 바울은 종말론적 의미의 '의'(δικαιοσύνη) 개념을 고린도후서에서 7번 사용한다.[116] 이 가운데 고린도후서 3:9에는 '의'를 사도직과 연결시켜 바울의 사도직이 "의의 직분"이라고 진술되어 있다.

바울에게 있어서 '의'(δικαιοσύνη)에 대한 이해의 출발점은 옛 언약 아래서나 새 언약 아래서나 하나님의 법을 동일하게 지켜져야 한다는 데 있다. 옛 언약 아래 있는 하나님의 법은 율법을, 새 언약 아래 있는 하나님의 법은 복음을 가리킨다.

바울에게 있어서 율법과 복음은 상반된 개념이 아니라 불연속성과 연속성을 가지면서도 본질에서 일치된 개념이다. 율법이 복음을 배태(胚胎)하고 있는 개념이라면 복음은 율법의 성취 개념이다. 옛 언약이나 새 언약이 동일하게 하나님의 법을 가리킨다면, '의'는 그것들을 지킬 때에 성취된다. 옛 언약 아래 있는 율법이든 새 언약 아래 있는 복음이든 중요한 것은 하나님께서 작정하신 원래의 뜻을 이행하는 것이다.[117]

하지만 옛 언약 아래 모든 사람은 율법에 의해 정죄를 받아 하나님의 심판 아래 놓이게 되었다(롬 2:1; 고후 5:10). 반면 새 언약 아래 믿는 모든 사람은 그리스도를 믿음으로 하나님의 의를 받아 성령의 능력으로 하나님의

---

115 Ibid., 139-40.
116 "δικαιοσύνη"(의)는 고린도후서에서 3:9, "의의 직분"(ἡ διακονία τῆς δικαιοσύνης); 5:21, "하나님의 의"(δικαιοσύνη θεοῦ); 6:7, "의의 무기"(τῶν ὅπλων τῆς δικαιοσύνης); 6:14, "의와 불법"(δικαιοσύνη καὶ ἀνομίᾳ); 9:9, "그의 의"(ἡ δικαιοσύνη αὐτοῦ); 9:10, "너희의 의의 열매"(τὰ γενήματα τῆς δικαιοσύνης ὑμῶν)에 나온다.
117 이에 대해서는 필자의 석사 논문 가운데 "옛 언약과 새 언약"에 대한 히브리서의 이해에서 찾을 수 있다: 민경애, "히브리서 10:1-18," 118.

법을 지킬 수 있는 자들이 되었다(렘 31:33; 겔 36:27).

바울은 그리스도께서 율법이 요구하는 '의'를 이루심으로 믿는 자들을 정죄에서 해방시키셨다고 진술한다(고후 3:14-17). 그는 그리스도께서 "모든 믿는 자들에게 의를 이루기 위해 율법의 마침"이 되셨다고 한다(롬 10:4). 즉 그리스도께서 율법의 목표요 성취가 되심으로 믿는 자들의 의를 이루셨다는 것이다(고후 5:21).[118] 그에게 있어서 율법은 더 이상 믿는 자들을 정죄할 수 없다. 왜냐하면, 그들이 그리스도로 말미암아 이미 새로운 피조물이 되었기 때문이다(고후 5:17).

이와 같은 '의' 개념의 확립은 바울이 다메섹 도상에서 현현하신 그리스도를 만남에서 기원한 것이다. 그는 다메섹 사건을 통해 그리스도가 새 언약의 성취자이심을 분명히 깨달았다. 그때를 기점으로 '의'에 대한 그의 인식은 새롭게 변화되었다. 다시 말하면 그에 있어서 믿는 자들에 부어진 '하나님의 의'는 하나님의 구속의 은혜와 그리스도의 십자가 사랑과 성령의 새롭게 하시는 역사의 결과인 것이다.

(2) "의의 직분"의 역할과 그 의미

바울은 "의의 직분"에 대해 정확하게 진술하지는 않는다. 그래서 그 의미와 역할에 대해 정확하게 파악하기가 어렵다. 다만 바울이 "의의 직분"을 고린도후서 3:9에서 "정죄의 직분"과 대조를 통해 진술하고 있는 것을 발견할 수 있다.

---

[118] Moule, *The Epistle to the Romans* (Minneapolis: Klomc & Klock Christian Publishers, 1982), 268은 그리스도가 율법의 목표요 성취라는 개념이 "구속 계획에서의 최종적 목적"(Final Cause in the plan of Redemption)이라고 해석한다: cited in 김근수, "바울의 율법론," 202.

그리고 본문을 포함하고 있는 단위 본문인 3:7-11을 통해 새 언약과 관련한 "의의 직분"에 대한 이해를 찾을 수 있다. 이것은 구약의 에스겔서와 예레미야서의 새 언약 예언문을 배경으로 둔 것으로 성령의 사역에 참여하는 직분으로 인식하게 한다.

마지막으로 "의" 개념은 5:21의 "하나님의 의"에 대한 진술에서 그 의미를 파악할 수 있다. 바울은 이 구절에서 그리스도의 대속 사역과 관련해 "하나님의 의"를 말한다. 이에 따라 필자는 "정죄의 직분"과의 대조어로서의 "의의 직분," 성령의 사역에 참여하는 "의의 직분," "하나님의 의"를 선포하는 "의의 직분"에 대해 살펴보고자 한다.

① "정죄의 직분"과 대조어로서의 "의의 직분"

고린도후서에서 '의'(δικαιοσύνη)의 개념과 대조된 '정죄'(κατάκρισις) 개념이 나오는 곳은 3:9과 7:3이다. 고린도후서 3:9의 '정죄'는 직분과 관련해 하나님의 언약 아래 신의 심판이라는 법정적 의미로 사용되고, 고린도후서 7:3의 '정죄'는 직분과 상관없이 사람이 다른 사람을 '꾸짖다'의 의미로 사용된다. 따라서 필자는 고린도후서 3:9에 주목하고자 한다.

바울은 이 본문에서 직분으로서의 '정죄'와 '의'를 대조시킨다. 이 두 개념 중 필자의 관심은 "의의 직분"의 의미에 있다. 하지만 여기서는 주로 "정죄의 직분"의 의미에 대해 간략히 살펴볼 것이다. 왜냐하면, 대조어는 상대 개념의 의미를 더욱 명확히 해 주는 역할을 하기 때문이다.

문맥상 "정죄의 직분"은 옛 언약 아래서 율법을 따라 이스라엘 백성을 섬긴 모세의 직분을 가리키는 개념이다. 이는 '정죄' 개념이 율법과 관련이 있다는 것을 의미한다. 사실 '정죄'(κατάκρισις)는 '크리노'(κρίνω) 어군에 속하는 단어로 대부분 법률 용어로 사용된다.[119] 바울의 '정죄' 개념은 로마서에 가장 잘 나타난다.

로마서 1:18-3:20에는 '정죄'와 관련된 긴 논의가 시작된다. 바울은 모든 사람이 하나님의 진노 아래 최종 심판에 이르게 된다고 말하며(롬 1:18-2:5), 그 심판의 준거가 율법이라고 주장한다(롬 2:6-16). 율법에 비춰보면 모든 사람의 죄가 드러나고 결국 하나님의 심판 아래 있게 된다(롬 3:19-20; 갈 3:10)). 이런 논지에 따라 바울은 '정죄'를 율법의 기능적인 측면을 묘사하는 말로 이해한다(롬 5:20).[120]

바울은 로마서 7:7-12에서 율법의 정죄 기능에 대해 언급한다. 그는 율법이 죄를 드러내고 결과 사망에 이르게 한다고 지적한다. 그러기에 바울은 율법을 '죄와 사망의 법'이라고 말한다(롬 8:2b).[121] 율법은 사람들에게 죄악 된 성향을 부추겨 죄를 짓게 하고(롬 7:7-20; 갈 3:19),[122] 죄를 범한 사람들(언약을 깨뜨린 사람들)의 상태를 완화하거나 의를 이루게 하지 못한다(롬 8:3). 율법은 그들의 죄를 고발하여 하나님께서 그들에게 정죄를 선언

---

119 정죄라는 단어는 한글개역 성경에 44번 나온다: 신 25:1; 욥 9:20, 29; 10:2; 15:6; 323; 34:17; 시 5:10; 32:2; 37:33; 94:21; 잠 12:2; 사 24:6; 50:9; 54:17; 마 12:37, 41, 42; 27:3; 막 14:64; 16:16; 눅 6:37; 11:31, 21: 23:40; 요 3:19; 8:10, 11; 행 13:27; 25:15; 롬 2:1; 3:8; 5:16, 18; 8:1, 34; 14:23; 고후 3:9; 7:3; 딤전 3:6; 딛 3:11; 히 11:7; 약 5:6; 유 1:15. Kittel, 533; *TDNT*, Vol. 3, 921은 κρίνω 어군을 κρίνω(판단하다), κρίσις(심판), κρίμα(결정), κριτής(재판관), κριτήριον(법정), κριτικός(판단할 수 있는), ἀνακρίνω(조사하다), ἀνάκρισις(심문), ἀποκρίνω(대답하다), ἀνταποκρίνομαι(대답하다), ἀπόκριμα(결정), ἀπόκρισος(대답), διακρίνω(심판하다), διάκρισος(구별), ἀδιάκριτος(구별할 수 없는), ἐγκρίνω(분류하다), κατακρίνω(정죄하다), κατάκριμα(형벌), κατάκρισις(정죄), ἀκατάκριτος(정죄 받지 않은), αὐτοκατάκριτος(양심에 가책을 받는), πρόκριμα(심리 전 판결, 산전 판단), συγκρίνω(해석하다) 등으로 제시한다.

120 이진섭, "바울과 율법," 『Canon & Culture』 제5권 2호 (2011년 가을); [81-119], 88-90.

121 바울에 있어서 율법은 정죄의 기능으로 '죄와 사명의 법'이기도 하지만 다른 한편 거룩하고 의로우며 선한 것으로 묘사되기도 한다(롬 7:12; 비교. 고후 3:7-11): ibid., 90.

122 Martin, 『고린도후서』, WBC 40, 197.

하실 것을 청구한다.

모세의 직분은 옛 언약 아래서 그가 하나님으로부터 받은 율법을 준거(準據)로 범법한 자들을 정죄하는 직분이었다. 사실 이것은 모세가 그들을 정죄하였다기보다는 율법의 고발적 기능을 통해 결과적으로 하나님이 정죄의 판결을 내리신다는 뜻이다. 바울은 이러한 의미에서 모세의 직분을 "정죄의 직분"이라고 한 것이다.

고린도후서 3:9에서 바울의 논조는 이러한 직분도 영광스러워서 사람들이 모세의 얼굴을 주목할 수 없었다면(3:7), 하물며 "영의 직분" 곧 자신의 사도직은 얼마나 더 영광스럽겠느냐(3:8)고 반문한다. 즉 옛 언약 아래서 모세의 "정죄의 직분"보다도 사도로서의 자신의 "의의 직분"은 훨씬 더 영광스럽다는 주장이다. 이런 점에서 모세의 직분이 율법을 통해 '정죄'의 기능을 하는 것이었다면, 사도의 직분은 성령의 역사(役使)를 따라 믿는 자들에게 '의'를 주는 기능이라고 할 수 있다.

② 성령의 사역에 참여하는 "의의 직분"

바울은 고린도후서 3:9에서 자신의 사도직을 "의의 직분"이라고 말하지만 그 의미를 명시적으로 말하지 않는다. 그러므로 필자는 먼저 이 본문을 포함하고 있는 단위 본문, 고린도후서 3:7-11의 내용을 살펴보고자 한다.[123]

고린도후서 3:7-11은 인위적으로 구성된 것 같은 구조로 되어 있다.[124]

---

[123] 고후 3:7-8이 3:9에 의해 지원받고 있다는 것은 한글성경에서 번역되어 있지 않는 3:9의 γάρ를 통해 확인된다. 3:9의 γάρ는 영어성경 KJV, NAS에서 "for if"로 γάρ의 의미가 포함되어 있다. 하지만 NIV는 "if"로 번역하여 γάρ의 의미를 생략한다: BibleWorks 10 참고.

[124] Martin, 『고린도후서』, WBC 40, 192-3은 3:7-18이 인위적 구성으로 되어 있다고 본다. 그는 7-11절에서 קל וחומר(칼-와호메르) 논법, 반의 병행법, 반복된 γάρ 사용, 13-14절에서 "οὐ … ἀλλά" 용법에 의한 대비구조 등의 미드라쉬적 패턴 등을 통해 일련의 대비를 나타낸다고 본다.

이 단락은 랍비의 석의방법론 중 하나인 '하물며' 논법(קל-וחומר: 칼-와호 메르, Str-B 3:223-26), 즉 반의병행법[125]이 사용된 세 개의 서술문으로 구성되어 있다. 이 외에도 이 단락은 반복된 '가르'(γάρ) 사용(9, 10-11절)과 "우 … 알라"(οὐ … ἀλλά) 용법에 의한 대비 구조를 보여 준다(13-14, 15절).[126]

바울은 이와 같은 구조를 사용하여 대조 개념들을 제시한다. 고린도후서 3:6-11에서 직간접으로 제시하는 대조 개념들은 옛 언약과 새 언약, 죽이는 것과 살리는 것, 율법 조문의 직분과 영의 직분, 없어질 영광과 영원한 영광, 영광스러운 직분과 더 영광스러운 직분, 정죄의 직분과 의의 직분, 모세와 바울 등이다. 유사한 형태의 대조가 고린도후서 3:13-18에서도 나타나는데, 이스라엘 자손들 또는 바울의 대적자들과 그리스도인들을 가리킨다.

바울이 사도직을 "의의 직분"(고후 3:9)이라고 할 때, 그는 에스겔서나 예레미야서와 같은 구약성경에 배경을 두고 이러한 주장을 하는 것으로 보인다. 왜냐하면, 그는 이미 사도직을 "새 언약의 일꾼"(고후 3:6)으로 제

이스라엘 자손들	vs.	그리스도인들
모세	vs.	바울(12-13절)
율법	vs.	성령(7-8절)
율법 조문/의문(儀文)	vs.	언약(6절)

[125] Ibid., 192는 3:7-11 사이에 나타난 반의 병행법을 다음과 같이 제시한다.

θάνατος(죽음) 7절	πνεῦμα(성령) 8절
κατάκρισις(정죄) 9절	δικαιοσύνη(의) 9절
τὸ καταργούμενον(없어질 것) 11절	τὸ μένον(길이 있을 것) 11절

[126] 이러한 대비구조들은 미드라쉬적 패턴을 통해 그리스도를 향해 가고 있다. E.E. Ellis, "How the New Testament Use the Old," in *New Testament In terpretation: Essays on Principles and Methods*, ed. I.H. Marshall (Exeter: Paternoster, 1977), 207은 이러한 석의 방법을 "종말론적인 석의"라고 한다: Martin, 『고린도후서』, WBC 40, 193.

시했기 때문이다. 에스겔과 예레미야는 새 언약 시대의 도래를 예언한 선지자들이다(렘 33:31-33; 겔 11:19; 36:26).[127]

에스겔서에서 새 언약 위에서 행해지는 성령의 사역은 주로 하나님의 법인 율법과 관련된다(참조. 겔 36:27a; 37:14a, 36:27b; 37:24b).[128] 이 본문들은 이스라엘의 실패한 역사에 대한 특성을 묘사하며 하나님의 거룩한 이름을 옹호하기 위해 그분께서 직접 행동하실 것을 시사한다. 에스겔은 하나님의 거룩한 이름을 위한 새로운 출발을 위해서는 정결 의식만이 아니라(겔 36:25) 성령의 새롭게 하시는 역사가 필요하다고 역설한다. 그는 새 언약 시대가 오면 성령이 이스라엘의 마음을 변화시켜 율법을 지켜 행하게 함으로 하나님의 진정한 백성이 되게 할 것이라고 예언한다(겔 11:19-20).

에스겔이 강조하는 것은 "하나님의 영에 의해 이스라엘의 삶이 다스려져 여호와 하나님의 언약 조항들이 지켜질 것이다"라는 것이다. 이것은 '의'가 성령의 사역 때문에 실현될 것을 예언하는 내용이다. 에스겔은 성령의 사역에 의한 '의'를 '새 것'과 관련을 짓는다(겔 36:26). 하나님께서 이스라엘의 마음에 새 영을 주어 돌처럼 굳은 마음을 제거하고 부드러운 마음을 주실 것이고, 이렇게 하여 그들이 하나님의 법을 지켜 행하게 될 것이라고 진술되어 있다(겔 36:27).

---

127 새 언약 예언문은 렘 32:27-44, 50:4a, 겔 37:15-28에서 찾을 수 있다. 그 내용은 모두 영원한 언약을 말한다(참고. 사 55:1-5; 61:1-9; 겔 16:60-63; 37:24-28): Robertson, 『계약신학과 그리스도』, 285-6.
128 이런 내용이 나오는 곳은 세 개의 신탁이 나오는 에스겔 36:16-38의 단락 가운데 첫 번째 신탁(17-32절) 단락이다. 첫 번째 신탁 구절인 36:17-32은 ABBA라는 교차구조를 보인다. A. 17-19절/24-32절 - 백성과 땅의 부정, B. 20-21절/24-32절 - 야훼의 이름: Allen, 『에스겔(하)』, WBC 29, 334-5.

예레미야서 31:31 이하는 에스겔서와 유사한 예언을 포함하고 있다. 새 시대가 오면 하나님은 이스라엘 집과 유다 집에 새 언약을 세울 것이다. 그때 하나님은 당신의 '법을 그들의 마음에 기록할 것'(렘 31:33)이다. 그런데 하프만(Hafemann)은 예레미야가 성령에 관한 언급을 하지 않기 때문에 고린도후서 3장과 상관이 없다고 주장한다.[129]

그러나 바울은 고린도후서 3:6-11에서 에스겔서뿐만 아니라 예레미야서의 새 언약에 대한 예언을 두루 반영하고 있다. 에스겔서 36:26의 육신의 굳은 마음과 육의 부드러운 마음 그리고 새 것 등은 고린도후서 3:3의 육의 마음판에 반영되고 있다. 그리고 예레미야서 31:33-34은 하나님께서 죄의 문제를 해결하시어 '의'가 되게 하신다는 뜻을 함축하고 있는데, 이 내용 역시 고린도후서 3장에 반영되어 있다.

이 논의를 마무리하기 전에 필자는 '마음'(καρδία)이라는 단어에 대해 간략히 언급하고 싶다. 바울은 '돌판'과 대비되는 "육의 마음판"이라는 표현을 통해 성령이 역사하는 인간 생활과 인격의 중심 기관으로서의 '마음'(καρδία)에 강조점을 둔다.[130] 고린도후서 3:3처럼 성령과 관련해 '카르디아'(καρδία)를 언급하는 곳은 고린도후서 1:22이다.[131] 이 본문에서 바울

---

[129] S. Hafemann, *Suffering and Spirit: An Exegetical Study of II Cor. 2.14-3.3 with the Context of the Corinthian Correspondence* (Ph.D. Dissertation and Tübingen, 1985), 317; cited in 유영기, 105. 3:3의 돌판 모티프가 새 언약과 관련이 없다고 주장하는 학자들은 대표적으로 Erich Gräßer, H. Räisänen, C. Wolff, R. F. Collins, S. Hafemann 등이다: 유영기, "새 언약의 약속과 신약에서의 성취에 대한 해석학적 차이," 「성경과 신학」, Vol.7 (1989), 100-1.

[130] R.P. Martin, 『고린도후서』, WBC 40, 179. *TDNT*, 3:605-12; Kittel, 475-6은 καρδία를 히브리어 לֵב, לֵבָב과 동등어라고 한다. 이 단어는 헬라어 διάνοια(마음, 의향), ψυχή(목숨, 생명, 마음), νοῦς(이해력, 마음), φρένες(생각), στῆθος(가슴) 등으로 번역된다.

[131] "마음"이라는 단어는 고린도후서에 21번 나온다(1:9[개역한글판]: 1:22; 2:4; 3:2, 14, 15; 4:4, 6, 13; 5:12; 6:11, 13; 7:2, 3, 13; 8:11, 12, 16; 9:7; 11:3; 13:11). 이 가운데 καρδία를 '마음'으로 번역한 것은 1:22; 2:4; 3:2, 3, 15; 4:6; 5:12; 6:11; 7:3; 8:16; 9:7이다.

은 성령께서 믿는 자들의 인침과 보증이 되신다고 진술한다. 성령은 믿는 자들의 마음 안에서 역사하신다.

이상과 같은 논의를 통해 확인할 수 있는 것은 고린도후서 3:3-11에 보이는 대비 구조가 단순히 옛 언약과 새 언약, 율법과 성령 등의 대립 관계를 말하고 있지 않다는 것이다. 오히려 바울은 이런 대비 구조를 통해 새 언약의 성취 관점에서 살아계신 하나님의 영이신 성령의 사역을 설명하고 있다. 성령은 새 언약 아래서 믿는 자들의 마음에 하나님의 '의'를 이루게 하시고, 그들이 새 언약 백성들로서 율법의 진정한 의미를 실현하며 살게 하신다.[132] 바울은 자신의 사도직을 바로 이러한 성령의 사역에 동참하는 직분으로 이해하고 그것을 "의의 직분"이라고 진술하고 있다.

③ "하나님의 의"를 선포하는 "의의 직분"

바울은 고린도후서 3:9에서 자신의 사도직을 "의의 직분"으로 제시한다. 그리고 고린도후서 5:21에서는 "하나님의 의"를 언급함으로 그 '의'가 믿는 자들에게 주어지는 것이라고 한다. 이것은 바울이 말하는 "의의 직분"이란 "하나님의 의의 직분"이라는 뜻이기도 하다는 것을 의미한다. 따라서 필자는 고린도후서 5:21을 자세히 살펴봄으로써 이 개념이 함의는 바가 무엇인지 살펴보고자 한다.

---

132 최갑종, 『바울 연구 I』, 172-3은 하나님의 의를 주격 소유격 독법으로 읽어 하나님의 의로운 행위나 구원하는 행위를 나타낸다고 주장한다. 필자는 이 주장을 따른다. 하나님의 의는 '하나님의 존재' 혹은 '하나님의 행동'을 가리키며, '언약적 신실하심'(covenantal faithfulness)의 관점에서 이해해야 한다. 이는 구약에서 주로 하나님의 언약백성에게 베풀었던 구원과 관련해 나오기 때문이다. 임삼규, "하나님의 신실하심과 '온 이스라엘의 구원'에 관한 연구-로마서 11:25-32를 중심으로," (미간행 박사 학위 논문, 백석대학교 기독교전문대학원, 2014), 229-30은 '하나님의 의'와 관련한 하나님의 복음을 '이신칭의'의 복음으로 이해한다.

고린도후서 5:21은 두 개의 병행구로 되어 있다.[133] 이 본문에서 특히 상반 절의 "죄로 삼으심"(21a절)과 하반절의 "하나님의 의가 됨"(21b절)은 매우 중요한 병행이다. 왜냐하면, 바울이 자신의 사도직 곧 "하나님의 의의 직분"을 그리스도의 대속사역과 연결시키기 때문이다.[134] 바울은 "하나님이 죄를 알지도 못하신 이를 우리를 대신하여 죄를 삼으셨다"고 말한다.

크루즈(Kruse)는 '죄로 삼으셨다'는 것에 대해 다양한 해석이 가능하다고 제시한다.

① 그리스도가 죄인이 되셨다.
② 그리스도가 속죄 제물이 되셨다.
③ 그리스도께서 우리 죄악의 결과물을 담당하셨다.

하지만 크루즈는 이 가운데 ③의 해석을 가장 유력한 해석으로 받아들인다. 그는 학자들이 주로 받아들이는 ②의 해석이 비록 바울적이기는 해도, 고린도후서 5:21에서는 좋은 이해 방식이 아니라고 주장한다.[135] 그는 이 해석을 갈라디아서 3:13("죄 없는 분이 우리를 대신하여 죄로 삼으셨다")에 나오는 바울의 그리스도 사역에 대한 이해의 관점에서 해석해야 한다고 주장한다.[136]

133　고후 5:21의 두 개의 병행구는 다음과 같이 볼 수 있다.
　　"τὸν μὴ γνόντα ἁμαρτίαν ὑπὲρ ἡμῶν ἁμαρτίαν ἐποίησεν,
　　ἵνα ἡμεῖς γενώμεθα δικαιοσύνη θεοῦ ἐν αὐτῷ"(2 Cor. 5:21 BGT).
134　하나님의 의가 바울의 사역과 관련해 직접 언급된 곳은 5:21이다: Wright, 『고린도후서』, 95. Martin, 『고린도후서』, WBC 40, 5-6.
135　Kruse, 『고린도후서』, TNTC 8, 186-7은 이 해석이 롬 8:3에 대한 것으로 본다.
136　Ibid., 186-7

마틴(Martin)은 "하나님이 그리스도로 죄를 삼으신 것"에 대한 논증이, 레위기적이든(롬 3:24-26; 레 16장에 나오는 아사셀 염소와 예수를 동일시하는 시도[Héring의 제안]), 희생 제사와 관련된 것이든(롬 3:24-26), 제의적인 이미지에 의거하고 있는 것이라면 이사야 53장을 많이 사용했던 초기 기독교의 석의 전승에 빚지고 있는 구절이라고 본다. 그는 이 표현에서 하마르티아(ἀμαρτία)라는 말 속에 "속건 제물"이라는 의미를 함축하고 있다고 본다 (사 53:10).

또한, 마틴은 십자가 위에서의 죽음이라는 표현이 예수 그리스도께서 "죄를 위한 희생 제물"로 정해지신 것으로 본다. 다시 말하면 예수 그리스도의 십자가 위에서의 죽음이 우리의 대표자로서 죄에 대한 형벌과 인간의 죄가 가져온 모든 결과를 스스로 짊어지고 고난 겪으신 것으로 이해해야 한다는 것이다.[137]

하프만(Hafemann)은 이 진술이 그리스도의 죽음에 대한 묘사로 이사야서의 의로운 종의 죽음과 레위기서의 속죄제 개념이 근본적인 배경(롬 8:3; 참고. 레 4:13-14, 20-21, 24; 5:6-7, 10-12; 6:18; 9:7; 14:19; 16:15 등)이 되고 있다고 주장한다. 즉 이 표현은 이사야서의 죄 없는 의로운 종의 고난과 죽음을 반영한 것이라는 것이다(사 53장). 이사야 53:10은 장차 그리스도의 죽음이 희생 제사의 속건 제물로 드려질 것으로 묘사한다. 그리고 이사야 53:10의 성취 개념은 그리스도의 대속 사역에 의한 평화/화평에 대한 언급(53;5)과 하나님 나라의 언약 백성이라고 한 선언(49:8)과 연결된다. 특히 이사야 32:17에서 화평이 의의 결과라는 진술은 그리스도의 대속 사역이 의를 이룬다는 의미를 나타낸다. 이와 같은 이사야서 고난의 종으로서

---

[137] WBC 40, 353-4.

대속적인 희생 개념은 신약에 와서 그리스도의 죽음의 배경이 된다.[138]

이들의 주장은 동일하게 그리스도의 죽음을 대속적 사역에 초점을 맞추고 있다. 그리고 그리스도의 죽음이 이사야 53장의 고난의 종을 반영한다고 본다. 필자는 이 가운데 하프만(Hafemann)의 견해가 바울의 이에 대한 이해를 가장 적절하게 해석했다고 본다. 필자는 그리스도의 죽음이 구약에서 의미하는 제의적인 이미지, 희생 제사의 의미, 대속적 의미를 모두 내포하며, 언약의 성취 개념에서 화평과 하나님 나라 개념과도 연결된 것으로 이해한다. 그리고 이러한 구약적 배경을 바탕으로 바울이 자신의 사도직을 논증하고 있다고 본다.

이에 대해 라이트(Wright)는 고린도후서 5:21a을 바울 자신의 사역에 대한 선언으로 봐야 한다고 주장한다.[139] 그는 이 구절을 그리스도의 '십자가의 의미에 대한 포괄적인 선언'으로 보지 않는다. 그 이유는 이 구절이 속죄나 칭의 문제를 다루고 있지 않기 때문이라는 것이다. 하지만 그의 주장은 다소 모순되게 들린다. 왜냐하면, 20절의 "우리"가 사도들을 가리키지만, 21절의 "우리"는 사도들과 수신자들(20절, "너희") 모두를 가리키는 인칭대명사이기 때문이다. 아마도 바울은 보다 큰 틀에서(3:1-7:16) 자신의 사도직에 대해 변증하고 있다는 데 초점을 맞추고 그러한 주장을 펼치는 것으로 보인다.

따라서 필자는 바울이 고린도후서 5:21a에서 속죄나 칭의 문제를 다루고 있지 않다는 것을 이유로 그리스도의 십자가 사건을 말하고 있지 않다고 보는 라이트(Wright)의 주장에는 동의하지 않는다. 그 이유는 '죄로 삼은 것'이라는 표현이 죄를 해결하기 위한 대속의 사건으로서의 그리스도

---

138 Hafemann, 『고린도후서』, 286.
139 Wright, 『고린도후서』, 95-6. ESV, 2278-9는 이 구절이 속죄와 칭의 개념에 대해 설명하고 있다고 본다.

의 죽음을 말하는 것이 명백해 보이기 때문이다. 바울이 '죄'(ἁμαρτία)[140] 개념에 집중하는 것은 무엇보다도 '십자가'를 표상(表象)하기 위한 것이다. 하나님이 그리스도를 "죄로 삼으셨다"는 것은 그가 최고의 형벌인 십자가의 죽임을 당하셨다는 것을 뜻한다.

바울이 그리스도의 십자가 죽음이 믿는 자들에게 '하나님의 의'가 된다고 진술한 것은 이사야서 53:9-11의 반영이 분명하다. 이사야 선지자는 하나님이 죄 없는 자에게 죄를 전가함으로 구속 사역을 하셔서 의를 이루실 것을 예언하고 있다. 그는 의를 이루시는 분을 '의로운 종'이라고 칭한다.[141]

---

140 21a절에서 ἁμαρτία(죄)가 두 번 나온다. 하지만 "우리를 대신하여"도 "우리의 죄를 대신하여"를 암시하는 것으로 볼 수 있다.
죄는 구약에서 하나님을 벗어나 분리된 삶을 의미하며 그로 인해 죄의 저주 아래 놓이게 된다는 것을 말한다. 이것은 신약에 와서도 동일한 의미가 반영된다. 특히 죄가 율법에 의해 구약에서 죄를 가리키는 단어로 나오는 것은 약 20여 개가 된다: Robin C. Cover, "Sin, Sinner (OT)," *The Anchor Bible Dictionary*, Vol. 6, ed. by D.N. Freedman et al., (NewYork: Doubleday, 1992), 31-40. 구약의 용례들은 '죄'라는 단어가 주로 하나님으로부터의 분리와 악한 삶을 가져오는 하나님에 대한 범죄를 의미한다. 따라서 죄는 오직 죄 사함의 행위를 통해서만 말소될 수 있다: E. Jacob, *Theology of the Old Testament* (New Yok: Harper & Row, 1958), 724-7. 참고. 창 50:17; 삼상 15:25, 28; 박해령, "구약성서의 죄 개념과 사유의 하나님,"「신학논단」제27집 (2009), 18-9.
특히 LXX에는 죄를 일반적인 용어 'ἁμαρτία'라는 단어를 사용한다. 이 의미는 우리를 하나님과 분리시킨다는 뜻을 가진다. 죄에서의 하나님의 구원은 전적인 하나님의 사역으로 그 구원을 받아들이지 않을 시 근본적인 죄 아래 있음을 의미한다. 이러한 죄의 이해는 바울에게 있어서 아담에게서 시작되었지만 (롬 5장; 창 3:15) 율법에 의해서 죄가 드러나게 된다(롬 8:7)라는 이해를 가진다. 율법은 죄가 무엇인지를 알게 하여 죽음에 이르게 하는 기능을 가지며(고후 3장), 죄는 율법을 지키지 못하게 함으로써 사망에 이르게 하는 기능을 한다(롬 7:15; 고후 3장; 엡 2:1)라고 정리할 수 있을 것이다: *TDNT*, Vol. 1, 286-9, 308-13.

141 G.K. Beale,『신약성경 신학』, 549-50은 사 53장과 고후 5:21 사이의 개연성에 대한 Hofius의 주장을 인용한다. Hofius, "Erwägimgem zur Gestalt und Herkunft," 196-9는 고후 5:18-21의 "화목"의 주제에서 '화목하게 하는 행위'와 '화목하게 하는 말씀'이라는 이중 패턴을 구분하고, 이것이 사 52:13-53:12에서의 고난의 종의 구원자의 역할과 52:6-1에서의 장차 일할 이스라엘의 구원에 대한 선포에 기반을 두고 있다고 본다. 또한, 이사야서와 고후 5:21 사이에 개념적 평행 관계가 있다고 주장한다.

바울은 로마서에서 그리스도의 십자가 죽음을 하나님 자신의 의가 나타난 사건인 동시에 믿는 자들에 대한 그의 사랑을 확증한 사건이라고 묘사한다(롬 5:5-8; 고후 5:14).[142]

요약하면, 바울이 고린도후서 5:21에서 강조하는 것은 하나님이 구속의 주체자로서 십자가로 표상되는 그리스도의 대속적 죽음[143]을 통해 믿는 자들에게 '하나님의 의'를 주셨다는 것이다. 그리고 그 자신이 사도로서 바로 이러한 사역에 동참하고 있다는 것을 강조한 것이다.

하지만 그는 자신의 직분이 '하나님의 의'를 주는 권세가 있다고 진술한 것은 아니다. 다만 그가 자신의 사도직을 그리스도의 대속적 죽음을 통한 하나님의 의를 선포하는 직분으로 이해하고 있다는 것을 의미한다. 바울에게 이 직분은 일찍이 선지자들이 예언한 새 언약 아래 주어진, 그리스도의 대속적 죽음으로 말미암는 하나님의 구원의 은혜를 '증언'하는 의의 직분이다.

---

142 이한수, 『로마서 1』(서울: 이레서원, 2002), 719; 김희성 61.
143 5:21a에서 ἀμαρτίαν ἐποίησεν(죄로 삼으신 것) 가운데 동사 ἐποίησεν(삼으시다)은 ποιέω의 과거 직설법 능동태 3인칭 단수다. ποιέω는 '창조하다,' '만들다,' '일하다,' '활동하다' 등의 의미를 나타낸다. 이 단어는 헬라 세계, 특히 플라톤이 이 단어를 창조 개념으로 사용하며, LXX의 용례에는 때로 '하나님께서 창조하신다'는 의미로 사용된다(창 1:1, 27; 잠 14:31; 사 43:1; 시 19:2; Sir. 16:26 등). 랍비 문헌과 요세푸스, 필로 헤르메스 문헌들에서 발견된다. 신약에서도 드물게 ποιε-어군이 사용된다(행 4:24; 14:15; 계 14:7 등). 그 외에도 하나님의 공의로운 행위와 구속적인 행위에서도 사용된다. 고후 5:21은 이에 해당된다: TDNT, Vol. 6, 458-65.

4. 결론

본 장(章)에서는 바울이 고린도후서 3:6에서 자신의 사도직을 "새 언약의 일꾼"으로 묘사하고, 자기의 직무를 "영의 직분"(고후 3:8), "의의 직분"(고후 3:9)으로 설명한 것에 대해 고찰해 보았다.

우선 필자는 바울이 옛 언약과 새 언약 개념을 구약적 배경과 함께 사용하고 있다는 것을 논증하였고, 고린도후서에서 그가 새 언약 개념을 어떻게 사용하고 있는지도 살펴보았다.

옛 언약의 구약적 배경이 되는 돌판 이야기와 모세 얼굴의 광채와 그 얼굴을 가린 수건 이야기는 출애굽기 31-34장 전체의 주요 아이디어를 반영하고 있다. 바울은 출애굽기의 언약적인 단락에서 이스라엘의 완악함, 그에 대비된 모세 직분의 권위, 옛 언약의 회복자이신 하나님에 관한 내용을 인용함으로써 새 언약의 성취 개념 아래 자신의 사도직 정체성을 답하고 있다.

새 언약의 구약적 배경은 주로 예레미야서와 에스겔서의 새 언약과 관련된 본문들을 배경에 두고 있다. 바울은 자신의 사도직과 그 직무의 정체성과 본질을 설명하기 위해 새 언약과 관련된 메타포들과 그 안에 내포된 신학적 의미들을 자유롭게 사용하고 있다. 특히 그는 새 언약의 한 요소인 성령과 관련해 자신의 사도직을 설명한다. 이것은 바울이 옛 언약과 새 언약에 대한 통시적(diachronic) 성경 이해를 통해 양자의 기능과 특징을 대비시켜 "하나님의 언약" 가운데 세워진 "새 언약의 일꾼"으로 묘사하고 있는 것이다.

다음으로 바울이 자신의 사도성을 "새 언약의 일꾼"이라고 표현하며, 그 직무를 "영의 직분"과 "의의 직분"이라고 설명하는 것을 살폈다. 여기서 필자는 바울이 논제로 제시한 "추천서/편지"에 대해, 영의 직분에 대해, 의의 직분에 대해 살폈다.

첫째, 바울은 "추천서" 문제를 제기한 자신의 대적자들에게 두 개의 "편지" 메타포로 답한다. 이것은 사도직과 고린도교회의 관계를 "언약"이라는 틀 안에서 설명한 것이다. 그는 '언약 공동체'라는 교회론적 인식 아래 고린도교회 자체를 추천서로 제시하며, 자신의 사도직을 하나님의 새 언약 공동체로서의 교회를 섬기는 "새 언약의 일꾼"으로 정의한다.

이와 같은 바울의 논지는 자신의 사도직을 새 언약의 요소인 성령의 사역에 참여한 직분이라는 인식을 암시하고자 한 것이다. 바울은 사도직의 본질과 정체성을 사도적 사역과 기능적 역할—"새 언약의 일꾼"으로서 "영의 직분"과 "의의 직분"—에 대한 설명을 통해 암시적으로 밝히는 데 주목적을 삼는다.

둘째, 바울이 인식한 성령의 사역을 참여한 직분 가운데 하나의 직무는 "영의 직분"이다. "영의 직분"에 대해서는 "영"을 구체적으로 "살아계신 하나님의 영"(3:3)으로 표현한 것과 "영의 직분"의 역할과 의미를 살폈다.

"살아계신 하나님의 영"에 대해서는 "살아계신 하나님"에 대한 구약의 용례(호 1:10; 2:1[LXX])와 신약 가운데 바울서신, 로마서 9:26, 고린도후서 6:16-18 그리고 "영"의 주제가 가장 잘 나타나는 에스겔서의 새 언약문과 인용한 고린도후서 3장의 새 언약과 옛 언약의 관련성을 살폈다. 그 결과 바울이 자신의 사도직을 새 언약 아래서 성령께서 이루어 가시는 종말론적 구속 사역—그리스도의 희생적 죽음과 부활을 기초로 하는—에 동참하고 있다고 주장하고 있는 것을 알 수 있다.

"영의 직분"의 역할과 그 의미에 대해서는 그 직무를 성령의 역할—살리는 일, 자유롭게 하는 일, 변화시키는 일—을 통해 암시한 것을 살폈다.

① **성령의 역할은 죽은 영혼을 살리는 일이다.**

고린도후서에 나타난 "살리다"의 중요 용례들(고전 15:45; 고후 1:9; 4:14;

5:15)을 살펴본 결과, 바울이 이 단어를 그리스도의 죽음과 부활로 인한 종말론적 구원의 성취와 완성이라는 개념과 연결시키는 것을 알 수 있다.

그는 "살리다"의 핵심적 구약 배경이 되는 에스겔서 37장을 암시적으로 인용함으로써 이 단어에 새 언약 아래 수행되는 새 영의 사역을 반영시키고 있다는 것을 보여 준다. 따라서 바울은 "영의 직분" 개념을 통해 자신의 사도직을 그리스도의 죽으심과 다시 살아나심을 근거로 새 언약의 원리를 따라 활동하시는 성령의 사역에 참여하는 사역으로 이해하고 있다.

② 성령의 역할은 믿는 자들을 자유케 하는 일이다.

바울은 옛 언약의 직분자인 모세의 수건 이야기를 통해 자유 개념을 설명한다. 성령은 복음을 믿고 부활의 그리스도를 만난 자들에게 자유를 제공한다. 성령은 전에 율법에 속박되었던 자들(갈 3:23)을 자유케 한다. 이것은 새 언약 안에서 성취되는 사건이며, 하나님의 구속 은혜와 그리스도의 대속 사역으로 이루어지는 일이다.

바울은 하나님의 언약이라는 큰 틀 안에서 그리스도에 의한 성취와 완성이라는 종말론적-구속사적 관점에서 자신의 사도직을 자유케 하는 영의 사역에 동참하는 사역으로 이해하고 있다.

③ 성령의 역할은 믿는 자들을 변화시키는 일이다.

바울은 "그와 같은 형상"으로 변화되는 것을 "주의 영"으로 인한 것으로 설명한다. 곧 구약에 예언된 "새 언약"의 약속들이 그리스도 안에서 성령의 역사에 의해 실현되고, 그리스도께 돌아오는 자들에게 종말론적 변화를 일으킬 것을 진술한 것이다(고후 3:18).

바울에게 있어서 사도직은 성령의 변화 사역에 참여하는 직분이다. 그것은 믿는 자들이 새 언약 아래서 성령의 인도하심을 따라 지속해서 내적 변화를 체험하게 하며, 하나님의 온전한 뜻에 순종하는 삶을 살 수 있도록 이끌어주는 직분이라는 의미다.

이상으로 바울은 자신의 사도직을 세 가지 성령의 사역, 즉 살리는 일, 자유롭게 하는 일, 변화시키는 일에 동참하는 "영의 직분"자로 진술한다.

셋째, 바울이 인식한 성령의 사역을 참여한 직분 가운데 다른 하나는 "의의 직분"이다. "의의 직분"에 대해서는 바울이 이해한 "의" 개념과 "의의 직분"의 역할과 그 의미를 살폈다.

바울의 '의' 개념은 구약과 유대교의 영향을 받는 것이 사실이나, 단지 같은 뜻을 반복하는 것이 아니다. 바울의 '의'에 대한 이해의 출발점은 하나님의 법이 옛 언약 아래에서나 새 언약 아래에서나 동일하게 적용된다. 하나님의 법인 율법은 옛 언약 시대에서든 새 언약 시대에서든 그것을 지킬 때 인정받는다.

하지만 이스라엘 백성은 옛 언약 체계 아래서 율법을 지키는 데 실패하였다. 반면 새로운 이스라엘 백성들인 모든 믿는 자들은 율법의 의미를 바로 이해하고 그것을 지키는 삶을 살 수 있게 되었다. 그것은 새 언약 체계 아래서 그리스도의 십자가 희생을 통해 이루어진다. 곧 구속의 은혜로 인해 죄 용서함을 받고 성령의 역사를 따라 살아가게 함으로써이다.

이러한 바울의 '의' 개념은 다메섹 도상에서 현현하신 그리스도의 만남이 기원이 된다. 그에게 의는 믿는 자에게 부어지는 '하나님의 의'로써 하나님의 구속의 은혜와 그리스도의 십자가 사랑과 성령의 새롭게 하시는 역사에 의한 것이다.

"의의 직분"의 역할과 그 의미에 대해서는, "정죄의 직분"과 대조어로서의 "의의 직분," 성령의 사역에 참여하는 "의의 직분," 그리고 하나님의 의를 선포하는 "의의 직분"에 대해 살펴보았다.

바울이 '정죄'의 개념에 대해서는 그 의미를 가장 잘 나타낸 로마서

1:18-3:20과 7:7-12을 살폈다. 그 결과 바울이 "정죄" 개념을 율법의 기능적인 측면에서 이해하고 있는 것을 알 수 있다. 정죄는 죄를 드러나게 하고 고발하여 하나님의 판결로 이끌게 하는 기능을 한다.

바울은 이러한 정죄의 개념을 고린도후서 3장에서 모세의 직분에 반영해 옛 언약 아래 정죄의 직분으로 묘사한다. 그러면서 그는 자신의 직분을 의의 직분으로 묘사하며, 모세의 직분보다 영광스러운 직분이라고 논증한다. 이것은 의를 새 언약 아래 성령의 역사에 의해 성취되는 것으로 이해하게 하는 역설적 설명 방식이다. 이로써 바울은 자신을 "의의 직분"을 가진 자로서 성령의 종말론적 사역에 동참하는 직분자임을 암시한 것이다.

의의 직분은 하나님의 주권적 이루심에 이끌림을 받아 믿는 자들의 마음에 하나님의 의를 이루게 하고 그 뜻대로 살게 하는 직무를 가진다. 바울은 이 직무에 따라 믿음의 공동체인 고린도교회 교인들에게 하나님의 종말론적 백성으로서의 삶을 살 것을 권면한다. 이는 더 이상 옛 언약 시대에 살던 이스라엘 민족처럼 율법의 문자적 준수를 강요받지 않는다는 점에서의 권면이다.

하나님의 의를 선포하는 의의 직분에 대해서는 고린도후서 5:21에 진술된 것을 살폈다. 그 결과 바울은 하나님의 구속의 은혜로 인한 그리스도의 대속적 십자가의 죽음을 통해 믿는 자에게 '하나님의 의'를 주신 것으로 이해한다. 그리고 사도로서 자신이 이러한 사역에 동참하는 것으로 강조한다. 그러나 이 사역에 동참한다는 의미가 자신의 직접적인 권한 안에 있음을 말한 것이 아니다. 오히려 바울은 사도의 직무 가운데 하나로 새 언약 아래 주어진 구속사적 관점에서 하나님의 구원의 은혜를 증언하고 선포하는 "의의 직분"이라고 인식한다.

이상으로 바울은 자신의 사도직을 새 언약 성취 개념 아래 종말론적인 구속사 관점에서 성령의 사역에 동참하는 자로 인식한다. 이러한 인식을 통해 바울은 자신의 사도직을 살리는 일, 자유롭게 하는 일, 변화시키는 일에 참여하는 "영의 직분"자이며, 하나님의 의를 이루는 일에 참여하고 선포하는 "의의 직분"자로 묘사한 것이다.

제5장

그리스도의 일꾼

1. 서언

바울은 고린도후서 3:1-18에서 자신의 사도직을 "새 언약의 일꾼"으로 묘사하고, 5:11-6:4에서 사도적 사역의 본질에 대해 진술한다. 이 가운데 고린도후서 5:14-21에는 의미론적으로 수미쌍관법(*inclusio*)적 구조를 보인다. 이 구조는 새 언약의 '의' 개념과 그리스도의 죽음과 부활로 구현한 '그리스도의 사랑'을 하나님의 언약을 성취한 개념으로 이해한 것이다.[1] 이것은 바울의 다메섹 사건에 의해 새롭게 정립된 통시적인 성경신학적 체계에서 비롯된 것으로 나타난다.[2]

수미쌍관법적 구조는 고린도후서 5:14b의 그리스도의 대속적 죽음과 5:21a의 그리스도의 대속 사역이, 5:14a의 그리스도의 강권적 사랑과 5:21b의 하나님의 '의' 되심이 서로 상관을 이룬 데에서 찾을 수 있다.

---

1 홍인규, 『바울신학 사색』(서울: 이레서원, 1990), 285-8.
2 필자는 바울의 사도권 변호가 다메섹 체험에 근거한 것으로 보고, 고후 5:11-21을 이 책 제3장 4, 3)에서 연구하였다.

이 구조 안에서 바울은 사도직과 그 사역을 그리스도의 대속적 죽음(고후 5:14cd, 15a, 21a)과 부활(고후 5:15b), 그로 인한 인식과 삶의 방식 전환(새 창조, 새것; 고후 5:16-17), 하나님과의 관계 회복(화목 관계; 고후 5:18b, 19abc)의 주제들과 관련해 진술한다. 바울은 이처럼 언약의 성취라는 개념 아래에서 그리스도의 사랑을 구현한 그의 대속적 죽음과 부활이라는 신학적 이해를 통해 자신의 사도직 합법성을 논증한다.

이 단락이 논증적 진술이라는 근거는 고린도후서 5:11-13과 6:14-7:1의 내용을 통해 알 수 있다. 바울은 고린도후서 5:11-13에서 가시적 요소들로 그들의 능력을 자랑하는 자들과 자신을 비교하는 고린도 교인들에게 그에 대한 자긍심을 가지라고 요구한다. 고린도후서 6:14-7:1에서는 하나님과 화목 관계를 회복한 것처럼 자신을 용납하라고 호소와 권면을 한다.[3]

바울은 이 두 단락 중심인 5:11-6:14a에 자신의 사도적 사역의 본질에 대해 동기와 근거, 근원을 제시한다. 다시 말하면 바울은 이 단락에서 '언약과 그리스도'라는 성경신학적 이해를 바탕으로 자신의 사도적 사역의 동기를 '주의 두려움'(5:11)과 '그리스도의 사랑'(5:14a)으로, 신학적 근거를 '그리스도의 죽음과 부활'(5:14b-15)로, 사도적 사역의 근원을 하나님께 둔 것(5:16-17, 18-19, 6:1-4a)으로 묘사하며 그 사도적 사역을 논증한 것이다.

필자는 이러한 내용을 다음과 같이 살펴보고자 한다.

① "그리스도를 대신하는 사신"에서 바울의 사도직 동기와 신학적 근거에 대해

② 사도적 사역에 대한 인식을 "새 창조 사역의 참여자"와 "화목 사역의 참여자"라고 한 것에 대해

---

3   홍인규, "바울서신," 183-5.

③ "하나님과 함께 일하는 일꾼"이라고 묘사한 것에 대해

이로써 필자는 고린도후서 5:11-6:4a에서 바울이 인식하고 있는 사도적 사역에 대한 유의미한 정보를 제공받고자 한다. 이때 필자는 본 장(章)의 특징상 그리스도와의 깊은 연관성을 가진 사도적 사역의 본질을 연구하기 위해 "그리스도의 일꾼"(11:23)이라는 표현을 제목으로 사용하고자 한다.

2. 그리스도를 대신하는 사신

고린도후서 5:20의 "그리스도를 대신하는 사신"은 바울의 사도직을 표현한 것이다. 이 표현은 직접적으로는 하나님과의 화목 주제와 연결되고, 그리스도의 대속적 죽음과 부활과도 깊은 연관성을 나타낸다. 따라서 필자는 이 절(節)에서 그리스도와 관련한 사도직의 동기와 신학적 근거에 대해 살펴보고자 한다.

1) 사도직의 동기

바울은 고린도후서 5:14-21에서 "그리스도를 대신한 사신에" 대한 신학적 이해를 밝히기 전에, 11-14a절에서 그의 대적자들이 제공한 추천서와 그들의 자랑에 현혹되어 그와 그의 사역을 거부하는 일부 고린도 교인들에 대해 강하게 항변한다. 이런 상황에서 바울은 사도직을 수행할 수 있는 동기로 "주의 두려움"(고후 5:11)과 "그리스도의 사랑"(고후 5:14a)을 제시하며 논증한다. 이에 이 두 표현의 의미를 알아보고자 한다.

(1) "주의 두려움"

고린도후서 5:14의 서두에는 한글개역개정역에 번역되지 않은 가르(γάρ)가 나온다. 이 전치사는 5:14의 그리스도의 강권적 사랑에 대한 의미와 5:11-13에 강한 변증적 진술을 연결한다. 이 단락에서 13절은 11-12절에서 하는 바울의 변호를 견고하게 하고, 그의 대적자들과 그들을 따르는 자들의 항변에 대해 대답한 것이다.[4] 이런 문맥의 이해는 14절의 "그리스도의 사랑"과 11절의 "주의 두려움"(τὸν φόβον τοῦ κυρίου)과 10절의 "그리스도의 심판대"(τοῦ βήματος τοῦ Χριστοῦ)를 연결해 준다. 11절의 "두려움"으로 번역되는 헬라어 포보스(φόβος)의 일반적인 의미는 '두려움'이나 '경외함'이다. 구약에서도 대부분 이와 같은 의미로 사용된다.[5]

고린도후서 5:11의 "주의 두려움"(τὸν φόβον τοῦ κυρίου)은 문법상의 문제로 해석에 영향을 준다. 이 어구를 주격적 속격으로 읽을 것인가, 아니면 목적격 속격으로 읽을 것인가 그 문제다. 전자의 독법은 "그리스도께서 두려워하신다"이고, 후자의 독법은 "그리스도를 두려워한다"이다.[6]

대부분 학자는 후자의 독법을 따른다. 그들은 사도직의 합법성을 주장하는 문맥에서 후자의 독법을 따르는 것이 더 적절하다고 주장한다. 특히 "주의 두려움"이 고린도후서 5:10의 "그리스도의 심판대"를 가리킨다고 해석하면, 그들은 이 어구를 바울이 "주를 두려워함"이라고 해석하는 것이 더 적합하다고 본다.[7]

---

[4] Martin, 『고린도후서』, WBC 40, 303-5; Hafemann, 『고린도후서』, 277.
[5] *BDAG*, 1062; *TDNT*, Vol. 9, 213은 고후 5:11의 φόβος를 경외, 두려움 두 가지 의미로 다 해석된다고 본다.
[6] Martin, 『고린도후서』, WBC 40, 293.
[7] Ibid.

하프만(Hafemann)은 포보스(φόβος)가 '경외'나 '존경'의 의미보다 '두려움'의 의미가 더 강하다고 본다. 그 이유는 고린도후서 5:11에서 바울이 그리스도의 심판에 대한 부정적 결과를 피하고자 하는 마음에서 이 단어를 사용하기 때문이라고 한다. 그리고 그는 바울이 그 사역의 동기로 '두려움'을 언급한 것으로 본다.[8]

마틴(Martin)은 이 단어가 '주'에 대한 공포적인 두려움보다 소망 차원에서의 두려움으로 이해한다. 그는 바울에게 있어서 이 '두려움'이 일차적으로는 신앙을 갖게 하는 본질적인 측면에서 근거가 되고, 이차적으로는 그의 결백함과 사역에 대한 합법성을 논증하는 토대가 된다고 본다.[9]

필자는 이들의 주장에서 마틴의 주장이 좀 더 적절하다고 본다. 하지만 바울이 이 단어를 사용한 의미를 정확히 알기 위해서는 용례적 연구를 심도 있게 할 필요가 있다고 본다.

우선, '주의 두려움'이라는 주제는 고린도후서 5:1-10과 5:11-14의 중간 다리 역할을 한다. 5:1-10에는 고린도 교인들에 고난 가운데 이길 소망에 대해 말하고 있다. 곧 부활의 소망을 바라보고 사는 사람은 현세의 어떤 고난도 두려워하지 않는 담대함으로 살 수 있으며, 마지막 그리스도의 심판대에서 고난은 우리의 삶이 증거가 된다는 것이다.[10] 이것을 근거로 바울은 5:11-14에서 오직 하나님과 성도들을 위해 주님이 기뻐하시는 일, 곧 사도의 직무를 다할 수 있다고 논증한다.

두 단락의 이런 진술 내용은 '주의 두려움'(11절)을 부정적 측면보다 긍정적 측면에서 제시된 것이라고 해석하는 것이 더 적절해 보인다. 바울에게 있어서 이 '두려움'은 그의 사역의 원동력이 되고(11절, 15절), 고난 가

---

8   Hafemann, 『고린도후서』, 272-3.
9   Martin, 『고린도후서』, WBC 40, 293-5.
10 Kruse, 『고린도후서』, 159-71은 4:16-5:10을 하나의 통합된 단락으로 본다.

운데 위로하시는 하나님을 만나게 하는 계기가 된다(5-6절). 이것은 바울이 종말론적 관점에서 '아직'의 관점을 '이미'의 관점으로 가져왔기에 가능한 것이다. 믿는 자에게는 현세의 겪는 고난과 고통이 주의 두려운 심판대에서 주어질 소망을 바라보게 한다는 것이다. 따라서 바울에게 주의 '두려움'은 긍정적인 결과를 가져오게 하는 데 더 초점을 두고 있다.

다음으로, 두려움(φόβος)이 직접 언급되지 않지만 '주의 두려움'에 대한 바울의 의도를 알 수 있는 구절이 있다. 그것은 그리스도의 심판대의 행위에 관한 판단을 근거로 사도직의 '담대함'을 제시한 고린도후서 5:6-9이다. 이 '담대함'은 5:5에서 하나님께서 보내주신 성령께서 바울의 사역을 완성할 것을 보증한 것에서 비롯된 것으로 묘사된다.

이와 같은 고린도후서 5:6-9의 '담대함'은 에스겔서의 새 언약 예언문을 반영한 고린도후서 3장의 새 언약을 상기시킨다. 새 언약에 대한 종말론적 관점에서 성취 개념은 성령의 오심과 내주하심 그리고 미래에 대한 보장을 암시한다.[11] 그리고 고린도후서 3:12의 '담대함'은 바울이 자신의 직분에 대해 새 언약에 의한 영광을 소망으로 두고 성령에 의한 사역이라는 확신에서 나온다.

그렇다면 고린도후서 5:10-11의 그리스도의 심판대를 가리키는 '두려움'은 성령에 의한 사역을 수행하는 데 있어서의 사도직에 대한 두려움을 말하는 것이 아니다. 오히려 사도의 직분을 수행하는 바울은 소망과 확신에 찬 긍정적인 결과를 기대하게 하는 동기로서의 '두려움'을 말하고자 한 것이다. 하지만 여전히 믿지 않는 자들에게는 행한 대로 받을 것이기에 부정적 결과를 초래하는 '두려움'의 심판대가 된다(롬 2:1-11; 참조. 계 6:15-17).[12]

---

11 류호영, "성경 해석의 관점," 124.
12 Kruse, 『고린도후서』, 293.

따라서 심판대의 두려움은 각 사람의 믿음의 행위에 따라 그 결과가 달라지고, 그에 따른 두려움의 해석도 달라진다.

이상으로 살펴본 결과, 고린도후서 5:11의 '두려움'(φόβος)은 종말의 때에 각자의 행위에 따라 그 누구에게는 소망을 보게 하고, 누구에게는 경고로 받아들이게 한다. 하지만 바울의 사역에 있어서 이 두려움은 사도직을 수행할 수 있는 데 있어서 확신과 소망을 주며, 그 원동력으로 제시된 그리스도의 사랑을 더욱 굳건하게 하는 역할을 한다. 다시 말하면 "심판 주 그리스도의 두려움"은 바울에게 사도직을 수행하게 하는 동기와 원동력이 되고, 다른 한편으로 그의 사도직을 부인하고 복음을 거부하는 자들에게 심판의 경고장이 된다.

(2) "그리스도의 사랑"

"그리스도의 사랑"에 대해서는 고린도후서 5:14a의 "그리스도의 사랑이 우리를 강권하시는도다"(ἡ γὰρ ἀγάπη τοῦ Χριστοῦ συνέχει ἡμᾶς)를 살펴볼 것이다.

고린도후서 5:14a의 "그리스도의 사랑"(ἡ ἀγάπη τοῦ Χριστοῦ) 역시 5:11의 "주의 두려움"처럼 문법상 독법에 따라 그 의미가 달라진다. '헤 아가페 투 크리스투'(ἡ ἀγάπη τοῦ Χριστοῦ)를 주격적 속격으로 읽게 되면 "우리를 위한 그리스도의 사랑"이 되고, 목적격적 속격으로 읽게 되면 "그리스도를 위한 우리의 사랑"이 된다. 대부분 학자는 전자의 독법을 더 옳다고 본다.[13] 마틴(Martin)은 두 가지 독법이 다 적용할 수 있다고 보면서도 학자들의 공통적 견해인 전자의 독법을 따른다.[14]

13　Rudolf Bultmann, *Theology of the New Testament* (London: SCM, 1952), 1:304-5; Denny, 193; Godet, 179, Hodge, 133; Plummer, 173; cited in Martin, 『고린도후서』, WBC 40, 306.
14　Barrett, 『고린도후서』, 167; Martin, 『고린도후서』, WBC 40, 306-7.

반면에 스픽크(Spicq)는 이 본문의 "그리스도의 사랑"을 문법상으로 구분하는 독법이 잘못된 것이라고 한다.[15] 그는 바울을 위한 그리스도의 사랑이 그리스도를 위한 바울의 사랑에 대한 이유가 되기 때문에 그 어떤 해석도 무방하다고 주장한다. 마틴은 전통적 견해를 따르면서도 스픽크의 이런 견해 또한 적합하다고 본다.[16]

필자는 이 두 가지 독법이 다 가능하다고 본다. 하지만 그 의미를 좀 더 명확히 파악하기 위해서는 문법상의 독법에 따른 해석보다 바울이 왜 이 표현을 사도적 사역의 동기로 제공했는지에 대한 이해가 더 중요하다고 본다. 이를 위해서는 5:14을 좀 더 자세히 살펴보고자 한다.

우선, 고린도후서 5:14에는 두 가지의 희생을 읽을 수 있다.

① 그리스도의 대속적 죽음은 모든 사람을 위한 것이다.
② 그리스도의 대속적 죽음은 그가 대신해 죽으셨던 모든 사람의 죽음을 가져온다.

위와 같은 해석은 14c절의 아라(ἄρα)에 의해 것으로, 바울이 자신의 사도직을 그리스도의 사랑을 모델로 삼고 있다는 것을 묘사한 것이다.[17] 그는 자신의 사도직을 그리스도의 대속적 죽음으로 그분의 사랑을 구현한

---

15 Spicq, 124, 132는 여기서의 강조점을 ἡ ἀγάπη τοῦ Χριστοῦ(그리스도의 사랑)이 아니라 ἀγάπη(사랑)-συνέχει(강권하다)-κρίναντας(생각하건대)에 있다고 본다. Robertson, *Grammar*, 499에서도 이 어구가 어느 쪽 속격이든지 상관없다고 본다(참조. 갈 2:20; 롬 8:35-39): Martin, 『고린도후서』, WBC 40, 306-7.
16 Ibid.는 전통적 견해("그리스도의 사랑"을 주격적 속격으로 읽기)를 선호하는 이유에 대해 그리스도의 죽음이 모든 사람을 대신한 것이라는 5:14b이하의 내용 때문이라고 한다(고후 5:14, 15, 21; 롬 5:8).
17 Hafemann, 『고린도후서』, 278.

것과 동일선상에 놓고 설명한 것이다. 따라서 그리스도의 사랑은 바울에게 사도적 사역을 고난 가운데에서도 수행할 수 있는 힘을 얻게 한다(5:13). 이상으로 바울에게 있어서 "그리스도의 사랑"은 우리를 위한 사랑이 되기도 하고, 그리스도를 사랑하는 마음과 자세가 되기도 한다.

다음으로 고린도후서 5:14의 "강권하시는도다"를 나타내는 헬라어 쉬네코(συνέχω)는 신약에서 12번 나온다.[18] 이 단어는 '강요하다,' '통제하다' 혹은 '끼워지다'라는 뜻을 나타낸다. '끼워지다'라는 의미는 빌립보서 1:23에 사용된다.[19] 이 단어는 양편(兩便)의 포위로 꼼짝달싹하지 못하는 경우를 묘사하거나(눅 8:45) 적들에 둘러싸인 성이나 고통과 괴로움 등을 당하고 있는 사람들(참조, 욥 3:24; 눅 8:37), 혹은 어떤 외부 세력에 지배를 당하는 사람들을 묘사할 때에 사용된다.[20]

고린도후서 5:14의 "강권하다"(συνέχω)에 대해 TDNT는 외부 세력에 의해 지배당하는 상황을 묘사한 것으로 본다.[21] 곧 바울이 그리스도의 사랑에 완전히 지배당한 상태에서 자신의 사역을 수행하고 있다고 해석한 것이다. 이런 해석은 바울이 자신의 사도직을 자기 의지에 따라 결정하거나 수행하거나 할 수 없다는 것을 의미하는 한편, 전적으로 하나님에 의한 것이라고 진술한 것이다(5:18a; 참고. 고후 3:5; 롬 11:25-36).[22] 그러면서도 고린도후서 5:14c, 15을 통해 바울은 자신의 사도직을 그리스도의 보호 안에

---

[18] 마 4:24; 4:38; 눅 8:37, 45; 12:50; 19:43; 22:63; 행 7:57; 18:5; 28:8 고후 5:14; 빌 1:23 등.
[19] 빌 1:23에서 συνέχω는 사이에 '끼다'라고 번역되어 있다(한글개역개정).
[20] TDNT, Vol. 7, 882-5; Gerald F. Hawthorne, 『빌립보서』, WBC 43, 채천석 역 (서울: 솔로몬, 2006), 137.
[21] TDNT, Vol. 7, 882-5.
[22] Martin, 『고린도후서』, WBC 40, 307-8. 롬 8:31-39에는 그리스도의 사랑과 하나님의 사랑에 붙들린 자로서 바울 자신의 사도직이 설명된다. Dun, 『로마서(상)』, WBC 38A, 847은 이 단락에서 바울이 그리스도의 십자가 죽음에 대해 하나님의 사랑을 구현한 우리를 위한 헌신으로 묘사한다고 해석한다. 또한, 그는 이와 동일하게 바울이 그리스도인들에게도 전적인 헌신을 요구하는 것으로 해석한다.

서의 안전함과 이타적 헌신에 대한 요구를 함께 받고 있다고 진술한 것이다(참조, 고후 5:15).[23]

또한, 바울은 고린도후서 5:14에서 "우리가 생각하건대"(καίναντας τοῦτο)라는 표현을 통해 아마도 자신의 사도직에 대한 논증을 진행하는 과정에서 그리스도의 사랑을 생각하며 회상한 것이 있는 듯하다. 그것은 과거 회심과 소명의 사건인 다메섹 사건에서의 현현하신 그리스도이시다. 바울은 그리스도의 죽음과 부활에 대한 통찰 때문에 하나님의 사랑을 바라보게 된 것이다.[24] 이 회상은 그에게 자신의 의지나 힘이나 능력으로 사도적 사역을 수행하고 있는 것이 아니라 삼위 하나님의 종말론적 구속의 행위로 의한 것임을 암시한다.

이상으로 고린도후서 5:14의 "그리스도의 사랑"은 11절의 "주의 두려움"과 함께 13절에서의 바울의 사역에 대한 간절함[25]과 14절의 전치사 가르(γάρ)에 의해 그의 사역에 대한 동기와 원동력으로 제시된 것이다. 즉 바울은 자신의 사도적 직분을 그리스도를 근간(根幹)으로 삼으면서 그리스도의 사랑과 그에 대한 두려움에 기초해 설명한 것이다(고후 5:11, 14). 이런 이해는 바울이 묘사하는 사도직의 역설적 모습 가운데 하나로(고후 6:3-10. 참고. 고후 1:3-11; 4:7-15; 7:4 등) 종말의 때의 영광을 소망으로 기대하는 사도직을 의미한다.

---

23 Martin, 『고린도후서』, WBC 40, 307-8.
24 Ibid.,308.
25 "우리가 만일 미쳤어도 하나님을 위한 것이요 정신이 온전하여도 너희를 위한 것이니"(고후 5:13).

2) 사도직의 신학적 근거: 그리스도의 죽음과 부활

고린도후서 5:14-15, 21에는 바울이 자신의 사도직을 그리스도의 죽음과 부활과 관련해 설명한다. 필자는 이와 관련해 바울이 그리스도의 죽음을 어떻게 이해하고 있는지, 고린도후서 5:14-21에서 그리스도의 죽음과 부활에 대해 어떤 신학적 의도를 가지고 설명하는지를 살펴볼 것이다.

(1) 그리스도의 죽음을 근거로 한 사도직

바울이 그리스도의 죽음을 어떻게 이해하는가에 있어서는 우선 십자가의 죽음에 대해 살펴보고, 다음으로 고린도후서 5:14-21에서 이해하고 있는 그리스도의 대속적 죽음에 대해 살펴보고자 한다.

① 그리스도의 십자가 죽음에 대한 바울의 이해

성경에는 예수 그리스도의 죽음이 일반적인 자연사로 묘사되지 않고, 죄인으로서 십자가 상에서의 죽음으로 묘사된다. 이 죽음은 비참하고 혐오스럽고 수치스러운 죽음을 의미한다.[26] 그런데 신약에서 예수 그리스도의 십자가 상의 죽음은 다양한 표상으로 나타난다. 그것은 두 가지로 정리할 수 있다.

첫째, "의로운 종의 고난과 죽음"의 표상을 나타난다(사 53장). 이사야서에 계시한 그리스도의 죽음은 희생 제사적 용례(속건 제물)

---

26 십자가 처형은 유대인에게 하나님으로부터 저주를 받은 것으로 간주하며(신 21:22, 23; 고전 1:23; 갈 3:13; 참고. 히 12:2; 4Qp Nah 7k-8), 로마인에게는 혐오스럽고 수치스러운 처형으로 간주된다: Hawthorne, 『빌립보서』, WBC 43, 203; 김희성, "신약성서의 십자가 이해," 「교수논총」, Vol.16 (2004), 60-1.

로 나온다(53:10). 그리고 성취 개념(53:10)과 화평에 대한 언급(32:17, 18; 54:10; 60:17)은 이사야 49:8에 선언된 하나님 나라의 언약 백성을 가리킨다. 이외에도 이 표상은 시(詩)들에 나오는 고난의 단편들에서 찾을 수 있다. 이것은 공관복음서의 수난사에 인용된다.[27]

둘째, "속죄제물"의 표상을 나타낸다(롬 8:3; 참고. 레 4:13-14, 20-21, 24; 5:6-7, 10-12; 6:18; 9:7; 14:19; 16:15 등).

이 표상은 제의적 의미로 인간의 죄를 대신한 "속죄 제물의 죽음"을 가리킨다(고후 5:21; 롬 4:25; 고전 15:3; 갈 1:4; 히 2:17; 요일 4:10 등). 이 그리스도의 십자가 죽음은 "우리의 죄를 위한" 죽음을 의미한다. 이와 동시에 이 표상은 "종말론적 유월절의 양의 죽음"과 "계약의 제물"(Bundesopfer) 이미지가 결합한 것이다.[28]

이외에도 예수의 죽음은 속전(贖錢; 갈 3:13; 4:5; 딛 2:14; 벧전 1:18 이하 등), 죽음의 세력들에 대한 승리(히 2:14 이하; 계 1:1-20 등), 하나님의 사랑에 대한 계시(요 3:16; 롬 5:8; 엡 2:5 이하; 요일 4:9 이하 등) 등으로 해석된다.[29] 이것들은 주로 구약과 헬라 사회의 표상을 따른 것이다.

이와 같이 신약에서 '그리스도의 죽음'에 대한 용례는 바울에게 있어서 다음과 같이 사용하는 것을 알 수 있다.

---

27 Kruse, 『고린도후서』, 186; Hafemann, 『고린도후서』, 286; 김균진, "예수의 십자가의 죽음에 대한 구원론적 해석(1)," 「신학논단」, Vol.24 (1996), 92.
28 Kruse, 『고린도후서』, 186; G. Barth, S. 37ff; W. Pannenberg, *Gruünsuge der Christologie*, 4. Aufl. 1972, S. 254-5; cited in 김균진, "예수의 십자가의 죽음에 대한 구원론적 해석(1)," 92.
29 Ibid., 92.

첫째, 유월절 양의 죽음을 반영한다(고전 5:6-8).³⁰

둘째, 성만찬 예식의 잔을 "내 피로 세운 새 언약"으로 제시한다(고전 11:25).³¹

셋째, 속죄 제물에 관한 사상을 반영한다(롬 3:25 이하).³²

이상으로 바울이 '그리스도의 죽음'을 구약과 유대 그리고 헬라 사상을 근본적 배경으로 하는 것을 볼 수 있다.³³ 그는 이런 배경적 이해에 그리스도의 죽음을 각 서신서의 상황에 따라 신학적 의미를 달리해 진술한다(예를 들어 롬 5:6, 8, 15, 6:8, 9; 8:34; 14:9; 고전 8:11; 15:3, 22, 31; 갈 2:19, 21; 빌 1:21; 골 2:20; 3:3 등).

---

30 이 표상은 유월절 예배의식의 전승을 받아들인 것으로 랍비적 해석이 반영된 것이다. 이것은 속죄 개념으로 종말론적인 죄 사함의 의미를 나타낸다: L. Goppelt, *Theologie des Neuen Testaments, Gottingen*, 3. Aufl. 1981, 422; cited in 김희성, "신약성서의 십자가 이해," 59.

31 L. Goppelt, 422는 이것이 헬라적 유대기독교의 전승이라고 본다: 김희성, "신약성서의 십자가 이해," 59에서 이 표상은 예수의 피를 통해 죽으심으로 인한 구속의 의미를 나타낸다. 그는 그리스도의 죽음을 언약과 관련해 진술한 것이 옛 언약의 파기, 죄의 용서, 하나님과의 관계 회복, 새 언약 수립 등을 예고한 예레미야서를 가리킨다고 본다(새 언약; 렘 31:31). 특히 ibid., 73-4는 고전 11:25의 새 언약의 피 개념과 막 14:24의 언약의 피 개념이 다르다고 본다. 그는 막 14:24의 피 개념이 출 24:8의 시내산 언약을 시사한다고 주장한다. Goppelt, 422은 고전 11:25도 출 24:8을 상기시킨다고 본다. 이에 대해 C.K. Barrett,『고린도전서』, 번역실 역 (서울: 한국신학연구소, 1985), 312는 이 두 구절이 의미상 별 차이가 없다고 본다. 필자는 이 두 개의 언약을 연속적이며 불연속적인 면에서 다 함의하고 있다고 본다.

32 J. Roloff, 59-60은 이 역시 헬라과 유대 기독교인들의 전통을 받아들인 것이라고 주장한다. 그는 이때 사용된 헬라어 히라스테리온(ἱλαστήριον)이 한글개역개정에서 "화목제물"로 번역된다고 한다. 70인역 레 16:14의 히라스테리온(ἱλαστήριον)은 "속죄소"(כַּפֹּרֶת)로 번역되어 있다. 그렇다면 화목제물로 번역되는 히라스테리온(ἱλαστήριον)은 대속죄일의 제사를 드리는 성전의 지성소에 있는 언약궤의 속죄소를 지칭하는 것이다. 따라서 십자가에 죽으신 예수는 우리의 죄와 허물을 덮어주는 언약궤의 종말론적 속죄소가 되심을 의미한다.

33 C.K. Barrett,『고린도후서』, 168는 바울이 그리스도의 죽음에 대한 기본 배경을 온 인류에게 유익이 된다는 신학의 선험적(先驗的/a priori) 진리에 둔 것으로 이해한다.

그렇다면 바울에게 있어서 그리스도의 '십자가 죽음'은 무엇을 의미하는가?

그는 두 가지 의미를 제시한다.

첫째, 예수 그리스도의 순종의 행위 사역이다.[34]

이것은 빌립보서 2:8의 "… 죽기까지 복종하셨으니 곧 십자가에 죽으심이라"에서 찾을 수 있다. 이 구절은 예수의 종 형상[35]과 로마 시대의 특징인 십자가의 처형을 결합시켜 묘사한 것이다. 이것은 예수께서 하나님의 뜻에 대해 십자가 상에서 죽기까지 순종하심으로써 구속 사역을 완성하신 것을 의미한다.[36]

둘째, 하나님의 의를 나타내시는 하나님의 행위 사역이다.

이에 대해서는 로마서 3:19-31에서 찾을 수 있다. 특히 로마서 3:25은 그리스도의 화목(속죄)제물로서의 죽음과 하나님의 의를 대응 관계로 놓으므로 하나님의 언약의 신실성을 보여 주고 있다. 이것은 레위기 16장의 옛 언약 제도에 따른 그리스도의 십자가 죽음을 암시한 것을 반영한 것이다. 이로써 바울은 언약의 성취 개념에서 하나님의 의를 말한다. 로마서에서 그리스도의 십자가 죽음은 하나님 자신의 의가 나타난 사건인 동시에

---

34 이는 빌 2:6-11의 그리스도의 찬가 가운데 "십자가에 죽기까지 순종하셨다"(8절)라는 설명을 통해 볼 수 있다: J. Schneider, σταυρός, ThWNT VII, 575; cited in Hans Conzelmann, 『신약성서신학』, 박두환 역, (서울: 한국신학연구소, 2001), 362; H.-W. Kuhn, σταυρός, EWNT III, Sp. 641; cited in 김희성, "신약성서의 십자가 이해," 60. 빌 2:6-11에서 바울은 사도로서 '그리스도처럼' 행동의 모범이 되고 있다고 진술한다 (참조. 고전 4:16; 11:1): Hawthorne, 『빌립보서』, WBC 43, 215.
35 Hafemann, 『고린도후서』, 286은 그리스도의 죽음이 사 52:13-53:12에 진술되고 있는 하나님의 백성을 위한 대속물로서 고난 받은 종이신 예수와 연관성이 있다고 한다.
36 김희성, "신약성서의 십자가 이해," 61.

예수의 사랑이 우리 가운데 확증된 사건을 의미한다(롬 5:5-8; 고후 5:14).[37] 이것은 하나님의 사랑의 사건을 의미하기도 한다(롬 5:5).[38]

그런데 고린도후서 5:21에서 그리스도의 십자가의 대리적 죽음은 직접적으로 언급하는 바울의 신학적 진술 의도로 인해 예수 그리스도의 순종의 행위 사역보다 하나님의 의를 나타내시는 하나님의 행위 사역을 가리킨 것이 된다. 이러한 사실은 고린도후서 5:21과 빌립보서 2:6-8에서 진술되고 있는 것을 비교해 보면 좀 더 명확히 알 수 있다.

빌립보서 2:6-8의 주어는 6절의 관계대명사 "호스"(ὅς)가 5절의 그리스도 예수를 가리킨 것을 볼 때 그리스도 예수시다. 이 단락에는 그리스도에 대해 자발적인 종의 형체로서의 성육신과 자발적인 순종에 의한 십자가의 죽음으로 진술되어 있다.[39] 즉 빌립보서 2:6-8에서 순종의 행위 사역의 주체(主體)자는 "그리스도"로 초점이 맞춰져 있다.[40]

반면 고린도후서 5:18, 19, 20, 21에는 그리스도의 대속 사역의 주체자가 "하나님"이시라는 사실에 초점이 맞춰져 있다. 특히 고린도후서 6:21에는 '죄로 삼은 것'과 '하나님의 의'를 맞교환되므로 하나님의 언약과 그리스도의 대속 사역의 관계를 보여 준다.[41]

결론적으로 바울에게 있어서 고린도후서 5:21에 암시되고 있는 "그리스도의 죽음"은 하나님의 계획에 의한 대속적 의미가 있는 십자가 위의 죽

---

37 이한수, 『로마서 1』 (서울: 이레서원, 2002), 719: 김희성, "신약성서의 십자가 이해," 61.
38 Conzelmann, 『신약성서신학』, 363; 김희성, "신약성서의 십자가 이해," 61.
39 Hawthorne, 『빌립보서』, WBC 43, 183-202.
40 물론 빌 2:9-11에는 그리스도의 구속의 행위 사역에 대해 하나님께서 주체자이심이 명시(明示)되어 있다.
41 Martin, 『고린도후서』, WBC 40, 336.

음을 가리킨다. 그리고 이 죽음은 하나님의 영원한 목적의 일부를 이루는 종말론적인 사건 중 하나이다. 다시 말하면 이 본문에서 직접적으로 언급하지는 않았지만 대속적 의미를 강조한 그리스도의 죽음은 언약의 성취 개념을 반영한 것이다.[42]

② 그리스도의 대속적 죽음이 미치는 영향

㉮ "모두/모든 사람"(πᾶς/πάντων[43])의 의미

고린도후서 5:14에는 그리스도의 죽음을 "한 사람이 모든 사람을 대신하여 죽었은즉"(ὅτι εἷς ὑπὲρ πάντων ἀπέθανεν)이라고 묘사되어 있다(비교, 롬 5:8, 18; 갈 3:13). 이 어구는 14절과 15절에서만 나오는 바울의 독특한 표현이다. 특히 그리스도의 죽음에 대해 "모든 사람을 위하여"라는 표현은 매우 이례적이다.

이 표현은 디모데전서 2:6의 "모든 사람을 위한 대속물," 히브리서 2:9의 "모든 사람을 위한 죽음"에서 언급된다. 고린도전서 5:22에도 "모든 사람을 위한 죽음"이 나온다. 이 본문에서 죽음은 '아담'에 의한 인류의 죽음을 가리킨다.

---

42 류호영, "성경 해석의 관점," 125-6은 그리스도의 대속적 죽음과 부활에 의한 하나님의 구원 행위를 묵시론적-종말론적 사건으로 이해한다. 이러한 하나님의 구속과 해방의 행위는 이미 결정된 미래가 현재에 근본적으로 영향을 미치므로 현재에 사는 우리가 미리 향유하는 것이라고 한다. 그는 이것을 종말론적 인식론에 의해 새 창조가 일어난 것으로 이해한다.

43 필자는 고후 5:14에서 'πάντων'(πᾶς의 남성 소유격 복수 형용사)을 '모든 사람을'이라고 번역한 한글성경 번역본(개역개정, 개역, 표준새번역, 현대인의성경, 쉬운성경 등)을 따른다.

그런데 고린도후서 5:14과 15절에서 그리스도의 대속적 죽음은 '모든 사람'(πάντων)을 향한다. 마틴(Martin)은 '모든 사람'이 온 인류 혹은 믿는 자 가운데 누구를 가리키는가에 대해 이 두 가지 가능성을 다 포용한다. 하지만 그는 그리스도의 대속적 죽음을 기독교적 기본 지식으로 해석해 이 두 구절에서의 '모든 사람'을 '하나님의 백성'으로 해석하는 것이 옳다고 한다.[44] 하프만(Hafemann)은 고린도후서 5:14, 15의 "모든 사람"을, 로마서 5:16-19의 진술과 동일하게 해석해야 한다고 주장하면서, "하나님의 은혜를 받은 사람들"(6:1)로 해석한다.[45]

필자도 고린도후서 5:14과 5:15의 "모든 사람"(πάντων)을 로마서 5:18의 "많은 사람"(πάντας)과 동일하게 해석한다. 하지만 고린도후서의 두 본문에서 "모든 사람"을 위한 그리스도의 죽음은 로마서 5:16-19처럼 어느 한정된 대상을 가리키지 않는다. 오히려 이것은 로마서 5:6b에서 "경건하지 않은 자를 위해 죽으셨도다"라는 진술을 상기시킨다. 그렇다면 고린도후서 5:14과 5:15의 "모든 사람"(πάντων)은 구원론에서 있어서 제한적인 구원과 보편적 구원을 동시에 나타낸 것이다.[46] 즉 바울은 고린도후서 5장에서 모두에게 구원이 열려 있으나 그것을 '믿음'으로 받아들인 자들에게 그 영향이 미치게 된다는 것을 강조한 것이다.

이에 대한 유의미한 정보를 좀 더 제공받기 위해 그리스도의 죽음과 관련된 고린도후서 5:17, 18, 19을 살펴보고자 한다.

---

44 Martin, 『고린도후서』, WBC 40, 333.
45 Hafemann, 『고린도후서』, 278-9는 고후 5:14-15이 롬 5:12의 대응이라고 본다.
46 Dunn, 『로마서(상)』, WBC 38A, 509-10은 Käsemann이 바울의 사상에서 "모든 강력한 은혜는 종말론적인 보편구원론 없이는 생각할 수 없다"라고 주장한다고 본다. 그러면서 Dunn은 바울의 οἱ πολλοί(많은 이)와 πάντες(모든 사람)를 통해 보편구원론을 나타내고 있다고 한다.

첫째, 고린도후서 5:17의 "누구든지"(τις)는 KJV와 NAS에서 'any man,' NIV에서 'anyone'으로 번역되어 있다. 이 번역들은 아무나, 누구나, 모든 사람 등으로 그 대상이 열려있는 것으로 해석할 수 있고, 그리스도를 믿는 데 제한이 없다는 것을 의미한다. 곧 바울은 구원에 대한 하나님의 계획이 믿는 자들이나 하나님의 백성에게 국한된 것이 아니라 유대인이나 이방인, 더 나가 전체 인류와 피조세계(세상)에도 열려 있음을 의미한다(롬 8:18-22).[47]

둘째, 고린도후서 5:18의 "모든 것"과 19절의 "세상"이라는 단어는 14c절의 모든 사람을 대신한 그리스도의 죽음이 믿는 자나 하나님의 백성으로 한정(限定)한 것이 아니라, 좀 더 포괄적이고 보편적인 대상을 의미한다.[48] 그렇다면 이 구절들에서 말하는 그리스도의 죽음이 영향을 미치는 대상에 관련된 진술의 의미는 고린도후서 2:15의 "그리스도의 향기"가 구원받는 자들에게나 망하는 자들에게나(누구에게나) 동일하게 영향을 준다고 진술하는 것과 같은 것으로 받아들일 수 있다(비교, 히 6:7a; 땅 위에 자주 내리는 비).

이와 같은 고린도후서 5:17, 18, 19과 관련된 그리스도의 죽음은 5:14-15, 21의 그리스도의 대속적 죽음과 동일하게 모든 것(πᾶς)에 열려 있는 것을 의미한다. 이것은 복음의 진리가 되는 그리스도의 대속의 은혜에 대한 보편성을 나타낸다(참고, 요 3:16-17). 하지만 그 결과는 모든 사람에게 동일하게 나타나지 않는다(2:16; 참고. 요 3:18-21). 다시 말하면 그리스도의 복음을 믿는 자들에게는 생명을, 그렇지 않은 자에게는 죽음의 결과를 가져온다는 것이다.

---

47 Kruse, 『고린도후서』, 178, 181-2, 184.
48 Ibid., 184.

결론적으로 고린도후서 5:14, 15에서 바울은 우주적 차원의 보편적 구원론과 함께 그 영향의 결과 때문에 '믿음'에 의한 제한적 구원론을 제시한 것이다. 이 본문들은 사망이 아담의 기원에 속한 모든 사람뿐만 아니라 온 우주(세상)에 영향을 미치는 것처럼, 구원의 생명이 모든 사람/온 우주에 그리스도의 대속적 죽음으로 말미암아 하나님 안에서 아브라함의 믿음을 공유할 수 있도록 열려 있음을 의미한다.[49]

㉮ "휘페르"(ὑπέρ)의 의미

그렇다면 한글성경에는 왜 휘페르(ὑπέρ)를 그리스도와 관련해 '위하여'가 아니라 '대신하여'로 번역되는가?

고린도후서 5:14b-15의 전치사 휘페르(ὑπέρ)에 대해 학자들의 다양한 논의를 볼 수 있다. '대신하여'에 대해 바레트(Barrett)는 그리스도의 죽음이 갱신을 위한 길을 열어놓은 것이라고 추론한다. 던(Dunn)은 '대신'의 의미보다 '대표'라는 개념이 더 강력하다고 주장한다.[50]

'대신하여'라고 번역하는 것을 거부하는 학자들은 휘페르(ὑπέρ)가 대리의 의미가 있는 안티(ἀντί) 같은 의미가 있지 않은 것을 그 이유로 든다.[51] 마틴(Martin)은 그리스도의 대속 사건을 죄책과 의를 맞교환했다는 데에서는 대속이라고 할 수 있지만, 이 문제와 관련된 양면이 어떻게 관련되어 있는가를 강조하는 개념으로는 '전가'로 이해하는 것도 무방하다고 본다.[52]

---

49 Dunn, 『로마서(상)』, WBC 38A, 510.
50 Barrett, 『고린도후서』, 168-9; Dunn, "Paul's Understanding," 140, 141; Martin, 『고린도후서』, WBC 40, 310-2.
51 Ibid., 309-10.
52 Ibid., 333.

필자는 이런 학자들의 논의에 대한 정확한 해답을 찾기 위해서는 고린도후서 5:21에서 말하고자 하는 바울의 신학적 의도를 알아봐야 한다고 본다. 고린도후서 5:21에는 21a절의 그리스도의 죽음이 '죄'의 문제와 관련해 진술된 것과 21b절의 그리스도의 대속적 죽음이 믿는 자들에게 '하나님의 의'가 된다는 진술이 나온다. 이 본문에서 그리스도의 죽음은 언약의 성취 개념 아래에서 대속 사역을 가리킨다. 이런 이해는 우리에게 14, 15, 21절에서 그리스도의 죽음을 대리적 의미가 있는 대속 사역으로 해석하게 한다. 그렇다면 5:14-21에 나오는 전치사 휘페르(ὑπέρ)는 대리적 의미가 더 강조된 것으로 한글 성경의 '대신하여'라는 번역은 꽤 정당하다고 본다.[53]

또한, 고린도후서 5:20의 "그리스도를 대신하는 사신"(ὑπὲρ Χριστοῦ πρεσβεύομεν)과 "그리스도를 대신하여 간청하노니"(δεόμεθα ὑπὲρ Χριστοῦ)에서도 이에 대한 답을 찾을 수 있다. 두 어구의 휘페르(ὑπέρ)의 해석은 '사신이 되다'(πρεσβεύω)라는 단어를 통해 그 의미가 강화된다. 동사형 프레스뷰오(πρεσβεύω)는 신약에서 '사신이 되다'로 번역되어 있고(고후 5:20; 엡 6:20), 명사형 프레스베이아(πρεσβεία)는 사신 혹은 사신의 직분으로 나온다(눅 14:34; 18:14).[54] '사신'은 보낸 자에 의해 대표적 직책을 부여받은 자라는 의미[55]로 사도(ἀπόστολος)와 동일한 의미를 나타낸다.

---

53 고후 5:14-21에서 전치사 ὑπέρ는 14절, 21절에 한번, 15절과 20절에 두 번 사용된다. 이 전치사는 '위하여,' 혹은 '대신하여'라고 번역할 수 있다. 그런데 5:15에 두 번 사용된 이 전치사 가운데 하나는 '위하여'라고 번역되어 있다. 이 이유는 '살아있는 자들'이 그들 자신에게는 '위하여'라고 볼 수 있기 때문이다. 다른 하나 그리스도의 죽음에 대한 것으로 여기에는 "대신하여"라고 번역되어 있다. 이 두 개의 의미는 분명하다. 전자는 믿는 자들의 자기 삶의 방식을 이야기하고, 후자는 대속적 의미를 나타낸다. 이에 대해 논한 사람은 없을 것이다. 다만 필자는 바울이 유달리 복잡하게 ὑπέρ를 반복 사용에 대한 그 의미를 아는 것이 중요하다고 본다.

54 *TDNT*, Vol. 6, 682-3; *BDAG*, 861은 πρεσβεύω가 πρεσβ-어군으로 신약에서 대부분 '손위의,' '나이 많은,' '장로,' '장로회집' 등으로 사용된 것으로 이해한다.

55 '민중국어사전'(다음백과사전)은 "사신"의 사전적 의미가 국가나 왕의 명령으로 외국

그런데 고린도후서 5:19의 "부탁하셨느니라"(θέμενος)는 표현은 하나님에 의해 맡겨진 직분과 함께 그 권위 역시 부여받았다는 것을 의미한다.[56] 그렇다면 5:20에서 휘페르(ὑπέρ)는 '대신하여'라는 의미로서 대속적 사역을 좀 더 강화시킨 것으로 볼 수 있다. 이것은 5:14에서 바울이 자신의 사도직 동기로 그리스도의 심판대의 두려움과 그 사랑을 제시하며, 자신의 사도적 사역의 모델을 그리스도의 대속적 죽음에 둔 것과 동일한 의미일 것이다.

이상으로 바울은 고린도후서 5:14-21에서 그리스도의 죽음에 있어서 대속의 의미와 함께 그의 사역에 대해도 대리적 의미를 강화시킨 것이다. 이로써 그는 자신이 수행하는 사도직에 대해 근원자도 주권자도 아님을 나타낸다. 본 단락에서 그리스도의 대속적 죽음은 모든 사람에게 열려 있지만 믿는 자들에게 그 영향을 미치는 것이다. 이러한 사실은 먼저 바울에게 영향을 미쳐 '믿는 자'(새로운 피조물, 하나님과의 화목자)가 되게 하고, 다음으로 그의 삶을 변화시켜 '사도'가 되게 한 것이다. 그리고 그는 자신의 사도직을 "화목케 하는 직분"으로 인식한 것이다.

다시 말하면 그리스도의 대속적 죽음은 그에게 사도직의 신학적 근거가 되어 새로운 인식의 전환과 삶의 방식의 전환 가운데 수행하게 되는 것을 말한다. 이것은 철저히 종말론적이고 언약의 성취 개념 아래 '아직'의 관점에 제시된 것이 '이미'의 관점에서 이루고 사는 것을 의미한다. 이로써 바울은 고린도후서 5:14-21에서 자신의 사도직을 새 언약의 사도적 사역이며, 그리스도의 대속적 죽음에 참여한 직책이며, 하나님에 의해 맡

에 사절로 가는 신하로 중앙정부의 직접적인 지시를 받아 대리적 역할을 하는 특수한 직책을 가리킨다.

56 'θέμενος'는 동사 τίθημι의 과거 분사형이다. τίθημι는 일반적으로 '두다,' '놓다' 등의 국부적인 의미가 있다. 신약에서 이 단어는 101번 사용된다. 바울에게 이 단어의 의미는 다양하게 나타난다. 하지만 고후 5:9에는 하나님의 명령이 메시지 자체의 권위를 부여하는 것으로 해석된다(참고. 고전 3:10-11): *TDNT*, Vol. 8, 157.

겨지고 보냄을 받은 "그리스도를 대신하는 사신"이라는 직분으로 인식한 것이다.

(2) 그리스도의 부활을 근거로 한 사도직

그리스도의 부활에 대해서는 고린도후서 5:15에서 "죽었다가 다시 살아나신 이"로 묘사된다. 하지만 이 구절에는 그리스도의 부활에 대해 구체적으로 설명되어 있지 않고, 오히려 그리스도의 부활에 의한 결과에 집중된다. 그래서 필자는 먼저, 그리스도의 부활을 의미하는 "죽었다가 다시 살아나신 이"에 대한 바울의 용례를 살피고, 그 다음으로 바울이 5:15에서 그리스도의 부활을 어떤 의미로 사용하고 있는가를 살펴보고자 한다.

① "죽었다가 다시 살아나신 이"의 용례

고린도후서 5:15에 나오는 "죽었다가 다시 살아나신 이"(τῷ ἀποθανόντι καὶ ἐγερθέντι)라는 표현은 바울서신서 가운데 로마서 6:9, 8:34, 고린도전서 15:32에서 찾을 수 있다.

첫째, 로마서 6:9에서 이 표현의 의미는 8-10절 문맥에서 밝힐 수 있다. 이 단락에서 "그리스도와 함께 부활하다"는 그리스도의 죽음과 관련해 설명돼 있다. 곧 그리스도에게 죽음과 부활은 분리될 수 없다. 그리스도에게 있어서 부활은 철저히 죽은 사람들 가운데 "다시 살아나신 이"라야만 그 의미가 완성되며, 죄와 사망의 권세를 깨뜨리는 권세가 발휘된다. 이런 이해는 믿음으로 그리스도와 함께 죽은 자들 역시 그리스도와 함께 살 것을 의미한다.

이런 의미에서 그리스도의 죽음과 부활은 우리에게 자유와 영생의 삶을 살게 하는 결과를 준다(롬 6:22-23; 참고. 고후 3:17).[57] 이것은 로마서 6장에서 그리스도의 죽음과 부활에 연합한 자로 사는 삶을 진술한 곳에 함의되어 나타난다.

둘째, 로마서 8:34의 그리스도의 죽음과 부활은 31-34절을 통해 그 의미를 찾을 수 있다. 이 단락에서 그리스도의 죽음과 부활은 우리의 구원을 위한 하나님의 위대한 사랑의 사역과 관련해 진술된다. 그 사역은 구체적으로 하나님 우편에서 우리를 위한 '간구하심'이다. 그로 인해 우리는 승리가 보장되고, 고난이나 환란 그 어떤 것도 우리를 넘어지게 하지 못한다.[58]

이와 같은 로마서의 예수 그리스도의 죽음과 부활에 대한 이해는 1:4의 주 예수 그리스도에 대한 선언으로부터 시작된다. 이 구절은 하나님의 약속이 성취된 그의 아들에 관한 것, 곧 하나님의 복음에 대한 메시지다.[59]

셋째, 부활 장이라고 말할 수 있는 고린도전서 15장은 1-11절에서 그리스도의 부활 증거, 12-19절에 죽은 자의 부활, 20-34절에서 부활의 소망, 35-49절에 부활체, 50-58절에 부활의 비밀로 진술된다. 이 장에서 진술된 그리스도의 부활은 바울에게 있어서 구약의 예언이 성취된 사건으로 복음의 핵심 내용이다.

그런데 고린도전서 본문에는 그리스도의 부활이 핵심이 된다. 이 단락에서 그리스도의 부활은 그분의 십자가의 죽음에 의한 대속 사역의 완성을 이룬다. 이렇듯이 그리스도의 부활은 "죽었다가 다시 살아나신 이"로서의 그리스도를 가리키므로 죽음과 부활을 함께 이해해야 한다.[60]

57　최갑종, 『로마서 듣기』(서울: 대서, 2009), 306-9.
58　Ibid., 377-8.
59　Ibid., 111, 114.
60　김정훈, 『바울서신 연구』, 202-5.

또한, 고린도전서 15:22에서 그리스도 예수의 죽음과 부활은 아담과 동일하게 대표성의 원리를 가진다. 아담 한 사람의 죄로 인한 '모두'에게 죽음이 온 것처럼 그리스도 예수 한 사람으로부터 죽음을 이긴 부활이 '모두'에게 주어진다.

하지만 고린도전서 15:23에서 그리스도의 죽음과 부활은 그리스도에게 속한 자에게 주어지는 것을 의미한다. 이것은 예수 그리스도를 믿음으로 얻는 구원을 의미한다. 다시 말하면 아담은 창조 때에 하나님에 의해 '산 영'이 되었지만, 그리스도는 하나님의 언약의 성취자로서 '살리는 영'이 되셔서 믿는 우리에게 '산 자'로서 하나님의 언약 백성이 되게 하신다.[61]

이와 같은 로마서 6장, 8장과 고린도전서 15장에 나오는 예수 그리스도의 죽음과 부활에 대한 이해는 고린도후서 5장에서도 동일하게 나타난다.

고린도후서 5:14-21은 그리스도의 죽음과 부활에 대한 신학적 이해의 독특성이 바울의 사도직과 관련되어 나온다.[62] 바울은 고린도후서 5장에서 자신의 사도직을 기독론적 입장에서 설명하며, 새 창조 개념(고후 5:16-17)과 화목 개념(고후 5:18-19)이라는 큰 주제로 설명한다. 이로써 그는 자신의 사도직을 종말론적이고 묵시론적인 하나님의 주권적 구원사로 연결짓는다.[63]

이상으로 바울은 고린도후서 5장에서 종말론적인 새 언약 성취 개념과 기독론, 구원론이라는 기독교의 케리그마(kerygma)를 토대로 자신의 사도

---

[61] Ibid., 205-11.
[62] 홍인규, 『바울신학 사색』, 303은 롬 6:1-11에서 그리스도의 죽음과 부활의 사건을 종말론적인 사건으로 이해한다. 그는 그리스도의 십자가의 죽음과 부활이 옛 시대의 끝과 새 시대의 시작을 표시한 것이며, 그리스도로 말미암아 모든 믿는 자들이 그의 종말론적인 구속 사역에 동참하게 된 것으로 해석한다.
[63] 류호영, "성경 해석의 관점," 126.

직을 논증한다. 그리고 바울은 이와 같은 논증을 바탕으로 모든 그리스도인에게 복음의 말씀으로 전파하고 있다고 진술한 것이다.

② 그리스도의 부활이 미치는 영향

고린도후서 5:15-16에서 바울은 그리스도의 죽음과 부활이 "살아있는 자들"에게 영향을 미쳐 이타적 삶("그들을 대신하여 죽었다가 다시 살아나신 이를 위해 살게 하려 함")을 살게 한다고 진술한다.

이 단락에서 "살아있는 자들"(οἱ ζῶντες)은 누구를 가리키며, 이타적 삶은 누구를 위한 삶을 말하는가?

첫째, 고린도후서 5:15의 "살아있는 자들"은 그리스도의 대속적 죽음에 의해 더 이상 자기 자신을 위해 살지 않는 자들이다. 이 구절에서 '살아 있는 자'는 고린도후서 3장에서 성령에 의해 살아난 자들을 가리킨다. 이들은 죄의 종살이에서 벗어난 영적으로 '산 자'들로 새 언약 공동체에 들어가는 자들을 의미한다.

이들은 율법의 직분에 의한 정죄로 죽게 되는 자들이 아니라 살리시는 성령의 사역 때문에 새 생명을 얻은 자를 가리킨다. 이것은 철저히 새 언약 성취 개념으로 읽어야 한다. 다시 말하면 여기서 살아있는 자들은 새 언약 아래 새 시대의 새로운 질서 체계 속의 삶을 영유하는 자들을 말한 것이다.

이러한 이해는 로마서 6:1-11에서 찾을 수 있다. 이 본문에서 그리스도의 사건은 종말론적 사건으로서의 '세례'를 의미한다. 이처럼 바울에게 있어서 고린도후서 5:15의 "살아있는 자들"은 예수 그리스도로 말미암아 구원받은 자로 이해할 수 있다. 이들은 죄악 된 옛 자아가 지배하는 삶에

서 벗어나 새 질서 안에 새로운 삶을 사는 자를 가리킨다.[64]

그런데 그리스도의 죽음과 부활의 영향에 대해 좀 더 구체적으로 초점을 맞춰 진술된 곳은 고린도후서 5:14-15, 15, 16이다. 그 영향을 미치는 대상이 우선은 5:14-15에서 '모든 사람'(πᾶς)를 가리키고 모든 피조 세계와 모든 사람을 의미한다. 다음의 대상은 5:15에서 '살아있는 자들'(οἱ ζῶντες)에게 주어진 것으로 믿고 받아들이는 자들을 가리킨다. 그리고 5:16의 그러므로 (ὥστε)로 인해 '살아 있는 자들'이 '우리'와 연결되어 진술된다.[65]

이것을 종합해 보면, 바울은 고린도후서 5:14-16에서 그리스도의 죽음과 부활이 미치는 영향을 두 가지 방향으로 제시하고 있다. 하나는 우주적 차원에서 구원이 믿는 자에게, 다른 하나는 사도의 직무를 수행하는 자신과 동역자들에게이다.

그렇다면 이 단락에서 바울이 말하고자 하는 '살아있는 자들'은 우선 바울과 동역자들을 가리킨다. 그들은 부활의 결과로 사도로서 삶을 살게 되었다. 그리고 그들의 사역을 통해 지금 고린도교회 교인들이 '살아있는 자들'이 되었다. 바울은 이런 이해를 따라 본 단락에서 바울은 자신의 사도적 사역에 대한 신학적 근거로 그리스도의 죽음과 부활을 제시한 것이다.

이상으로 바울은 이 단락에서 그리스도의 죽음과 부활에 대한 진술을 통해 자신의 사도로서의 모습이 고린도교회에 본(本)이 되길 암묵적으로 암시한다. 즉 바울은 그리스도께서 십자가의 죽음과 부활의 영향을 자신에게 미친 것처럼 그 영향이 그로 인해 믿는 자들에게 반영되길 원한 것이다.

---

64 Martin, 『고린도후서』, WBC 40, 313-4.
65 한글개역개정 성경에는 고후 5:11-6:13 가운데 "우리"가 17번 나온다. 바울은 "우리"라는 표현을 통해 사도직을 수행하는 자신뿐 아니라 사도적 직무를 수행하는 자들 그리고 믿는 모든 사람을 가리킨다.

둘째, 고린도후서 5:16에는 그리스도의 죽음에 의한 이타적 삶에 대해 진술한다. 이때 바울은 5:14c과 15a에서 대속적으로 죽으신 그리스도만을 가리키는 것과는 달리 5:15b에서 "그들을 대신하여 죽었다가 다시 살아나신 이"(τῷ ἀποθανόντι καὶ ἐγερθέντι)를 가리킨다. 이 구절에서 바울은 '오직'(τῷ ἀλλὰ)이라는 단어를 통해 그 강조점을 '그리스도의 대속적 죽음과 부활'에 두고 있다.

이와 같이 바울은 이타적 삶을 살게 하는 그리스도의 죽음과 부활에 대해 진술한 것이다. '살아있는 자들'의 이타적 삶은 그리스도를 위한 것을 의미한다. 이것은 그리스도로 말미암아 성취된 종말론적 하나님 나라로서의 새 시대의 도래로 인한 새 세계 속의 삶을 가리킨다.

바울은 고린도후서 5:11-21에서 그리스도께서 죽음과 부활로 그의 사랑을 구현하신 대속의 사역처럼, 바울 자신도 그리스도를 대신한 대리적 사역을 수행하는 사도가 되었다고 논증한다. 이것은 사도로서 그리스도의 대리적 사역이 "죽었다가 다시 살아나신 이"를 위해 사는 것을 의미한다. 바울은 이런 이해를 통해 새 언약의 사도적 사역[66]을 그리스도의 부활에 연합된 "성령"에 의한 사역임을 묘사하고 있다.[67]

이런 근거로 바울은 그 어떤 고난이나 환난 가운데에서도 믿음으로 그리스도 사신의 직분을 감당할 수 있다고 말하고, 고린도 교인들에게는 사도로서의 자신과 그가 전하는 복음을 받아들이길 권면한 것이다(참고, 고후 2:16; 6:4b-13).

---

66 홍인규, "바울서신," 183.
67 G.E. Ladd, 『신약의 중심 사상』, 이남종 역 (서울: 새순출판사, 1990), 123은 예수의 죽음과 부활과 연합을 의미하는 세례의식을 통해 그리스도와 함께 죽는 것을 "칭의"로 이해한다. 그는 그리스도의 부활을 "성령 안에서의 삶"으로 이해한다.

이상으로 바울은 고린도후서 5:14-21에서 그리스도의 죽음과 부활을 근거로 하는 자신의 사도직 합법성에 대해 논증한다. 그리고 그리스도인과 사도로서 실존의 가치관과 사도직에 대한 평가의 잣대를 제시한다. 그것은 종말론적 관점에서 새 시대의 도래 안에서의 삶을 영유할 수 있는 자들에 대한 기준을 의미한다.[68]

이처럼 바울은 자신의 사도직 신학적 근거를 통시적인 성경신학적 이해를 바탕으로 한 그리스도의 죽음과 부활을 제시하며, 자신의 사도직을 "그리스도를 대신한 사신"으로 인식한 것이다.

3. 하나님의 새 창조 사역과 화목 사역의 참여자

바울은 고린도후서 5:14-21에서 자신의 사도직을 그리스도의 대속적 죽음과 부활에 의한 새 창조와 화목 개념과 연결해 설명한다. 이때 바울은 '모든 것'의 근원이신 하나님에 대한 이해를 바탕으로 한다.

바울이 자신의 사역 근원을 하나님께 있음을 반복적으로 표명하는 것은 고린도후서 5장에서 찾을 수 있다(하나님 앞에서[11절], 하나님을 위한 미침[13절], 모든 것이 하나님께로서 났으며[18절], 하나님께서 화목하게 하시고[18절], 하나님께서 확고하게 하는 직분을 주셨으니[18절], 하나님께서 그리스도 안에 계시사[19절], 하나님께서 부탁하셨느니라[19절], 하나님이 우리를 통하여[20절], 하나님이 … 죄로 삼으신 것[21절], 하나님의 의가 되게 하심[21절] 등). 이외에도 바울은 자신의 사도직을 하나님과 관련해 고린도후서 6:1의 "하나님과 함께 일하는 자"(συνεργοῦντες)와 고린도후서 6:4의 "하나님의 일꾼"(θεοῦ διάκονος)이라

---

[68] 류호영, "성경 해석의 관점," 127.

고 묘사한다.

이에 본 절(節)에서는 바울이 자신의 사도직을 그리스도의 죽음과 부활과 관련해 "하나님의 새 창조 사역의 참여자"(고후 5:16-17)와 "화목 사역의 참여자"(고후 5:18-20)라고 인식한 것과 "하나님과 함께 일하는 자"(고후 6:1), "하나님의 일꾼"(고후 6:4)이라고 묘사한 것들을 살펴보고자 한다.

1) 하나님의 새 창조 사역의 참여자

고린도후서 5:17에 나오는 "새 창조"(καινὴ κτίσις) 개념은 그리스도의 죽음과 부활의 능력에 의해 일어난 것으로 '새로운 피조물'(καινὴ κτίσις[새 창조]/καινόν κτίσμα[새로운 피조물])과 '새 것'(καινά)의 대상과 시점을 나타내는 용어와 개념으로 묘사된다. 그리고 새 창조는 5:16에서 그리스도 안에서 '변화'로 설명된다.

이에 필자는 5:16-17에서 "새 창조" 개념으로 묘사된 '새로운 피조물'과 '새 것,' 그리고 '그리스도 안에'(ἐν Χριστῷ)와 '이제부터'(νῦν)에 대한 이해를 살피고자 한다. 다음은 새 창조로 인한 "변화"에 대한 것을 살필 것이다.

(1) 새 창조: "새로운 피조물"과 "새 것"

"새 창조" 개념은 고린도후서 5:17 "누구든지 그리스도 안에 있으면 새로운 피조물이라 이전 것은 지나갔으니 보라 새 것이 되었도다"에서 나온다. 이 구절에서 새 창조 개념이 묘사된 표현은 '새로운 피조물'과 '새 것'이다.[69]

---

[69] 고후 5:16-17의 헬라어 원문을 살펴보면, 새 창조 개념은 각 절의 ὥστε로 시작되는 것을 통해 그리스도의 죽음과 부활과의 연관성을 보인다.

새로운 피조물(καινὴ κτίσις)에서 '피조물'이라고 번역된 헬라어 '크티시스'(κτίσις)는 주로 도시 설립이나 창설을 뜻한다. 이 단어는 70인역에서 '피조물,' '창조'라는 뜻을 나타내고, 신약에는 하나님의 창조에 관련해 나온다. 특히 요한복음서에는 성령으로 '거듭남'의 의미를 나타내고 (요 3:3, 5, 7), 바울서신에는 복음에 의해 '오직 새로 지으심을 받은 것'으로 묘사된다(갈 6:15; 참고. 엡 2:10, 15; 4:24; 골 3:10). 이것은 성령과 말씀에 의한 새로운 시대, 새로운 삶을 의미한다(롬 6:1; 약 1:18).[70]

고린도후서 5:17의 "새로운 피조물"(καινὴ κτίσις)은 이사야 42:9, 43:18, 51:9, 54:9 등에 나오는 종말론적 관점에서 진술되고 있는 하나님의 구원 시대를 반영한다.[71] 이 어구는 고린도후서 4:6의 "어두운 데 빛이 비치라"는 창조 기사를 상기시키기도 한다. 이것은 골로새서 3:10의 새로운 피조물이 창조주의 형상을 따르는 것과 동일한 이해를 나타낸다고 볼 수 있다 (참고. 고후 3:18).[72] 골로새서 본문은 한 개인에게는 죄 사함에 의한 구원을

Ὥστε ἡμεῖς ἀπὸ τοῦ νῦν οὐδένα οἴδαμεν κατὰ σάρκα·
  εἰ καὶ ἐγνώκαμεν κατὰ σάρκα Χριστόν,
  ἀλλὰ νῦν οὐκέτι γινώσκομεν.
ὥστε εἴ τις ἐν Χριστῷ, καινὴ κτίσις·
  τὰ ἀρχαῖα παρῆλθεν,
  ἰδοὺ γέγονεν καινά(고후 5:16-17, BGT).

70 *TDNT*, Vol. 3, 1033.
71 Hafemann, 『고린도후서』, 282는 고후 5장의 새 창조 개념을 "두 번째 출애굽"의 주제의 일부를 반영한 묘사로 이해한다. 이것은 화목 개념과 함께 사 40-66장에 진술된 이스라엘의 회복을 가리킨다. G.K. Beale, "The Old Testament Background of Reconciliation in 2 Cor 5-7 and Its Bearing on the Literary Problem of 2 Corinthians 6:14-7:1," *NTS* 35(1989), 550-81 역시 바울이 이해한 그리스도 안에 화해와 새 창조 개념을 이사야에서 그리스도 안에서 성취되기 시작한 "회복"에 대한 약속을 반영한 것으로 본다.
72 "새 사람을 입었으니 이는 자기를 창조하신 이의 형상을 따라 지식에까지 새롭게 하심을 입은 자니라"(καὶ ἐνδυσάμενοι τὸν νέον, τὸν ἀνακαινούμενον εἰς ἐπίγνωσιν κατ' εἰκόνα τοῦ κτίσαντος αὐτόν).

의미하기도 하지만 더 나아가 포괄적인 구속사적인 관점에서 전우주적 하나님의 "새로운 창조 행위"를 의미한다.[73]

그렇다면 카이네 크티시스(καινὴ κτίσις)는 어떻게 번역하는 것이 이 구절에서 바울의 의도를 정확히 파악하는 것인가?

홍인규는 새 창조를 '오는 세상'(히 6:5; 마 12:32)과 '하나님의 나라'와 비슷한 개념으로 이해하며, '이미와 아직'의 종말론적 긴장 속에 있다고 본다. 그는 이런 해석을 고린도후서 5:18의 "모든 것"과 5:19의 "세상"을 주목하면 확인할 수 있다고 한다. 그래서 그는 카이네 크티시스(καινὴ κτίσις)를 '새로운 피조물'이 아니라 '새 창조'로 번역해야 한다고 주장한다.[74] 류호영 역시 이 표현이 만약 그리스도와의 연합을 통한 하나님의 '새로운 피조물'의 의미를 나타낸다면, 구속적인 의미를 나타내는 헬라어 '카이논 크티스마'(καινόν κτίσμα)를 사용해야 한다고 주장한다.[75]

필자는 두 학자의 견해에 전적으로 동의한다. 그 이유에 대해서는 앞서 살핀 것으로도 알 수 있다. 그런데 필자는 바울이 카이네 크티시스(καινὴ κτίσις)라는 용어에 두 의미(새 창조와 새로운 피조물)를 다 내포하여 사용하고 있다고 본다.

그 근거로 두 가지를 제시하고자 한다.

첫째, 바울이 그의 대적자들에게 자신의 사도성을 논증하기 위해 이 구절에서 '새 창조' 개념을 가져와 그리스도의 대속적 죽음과 부활이라는 신학적 근거로 제시하고 있다.

---

73 Hafemann, 『고린도후서』, 282; Martin, 『고린도후서』, WBC 40, 345-6.
74 홍인규, 『바울신학 사색』, 307-8.
75 류호영, "성경 해석의 관점," 295.

둘째, 14절의 "우리"(ἡμᾶς)와 16절의 "우리"(ἡμεῖς)가 자신과 동역자들을 가리키고 있다. 여기서 바울은 새 창조 개념을 자신의 사도직을 논증하기 위해 개인적인 다메섹의 회심과 소명의 사건에서 비롯된 성경신학적인 이해를 반영하고 있다.

이런 점에서 필자는 바울이 5:17에서 '카이네 크티시스'(καινὴ κτίσις)를 '새 창조'라는 종말론적-기독론적 의미[76]를 바탕으로 개인적인 내적 갱신의 의미와 구속적인 의미로서의 '새로운 피조물'의 의미도 내포하고 있다고 본다. 그런데 고린도후서 5:17에서 "새 것"(καινά)의 선언은 두 가지를 상기시킨다.

첫째, 고린도후서 3:6의 "새 언약"(καινῆς διαθήκης)이다. 새 언약의 빛 아래에서 읽는 새 창조는 하나님의 구속 사역에서의 새 차원을 예견한 것(렘 31:31-40)으로 회복되는 갱신(renew)을 가리킨다(애 5:21).[77] 이것은 예수 그리스도로 말미암은 언약의 회복과 하나님의 나라를 암시한다.

둘째, 고린도후서 4:5-6의 부활의 능력으로서의 새 창조 개념이다. 부활의 능력은 먼저 사도들에게 일어나고 두 번째로는 점진적으로 고린도 교인과 믿음의 자녀들에게 일어난다. 이와 같이 새 창조 개념과 연결된 부활의 능력은

---

76 Ibid.,295는 바울이 자신과 자신의 사역에 새로운 인식을 가져오게 된 틀과 토대를 새 시대의 도래로서의 새 창조 개념으로 이해한 것으로 본다.

77 καινός는 히브리어 חָדָשׁ로 나온다. חָדָשׁ는 new, new thing, fresh라는 뜻으로 주로 비물질적인 의미를 나타내는 데 사용된다(사 62:2[새 이름]; 시 149:1[새 노래]; 렘 31:31[새 언약]; 애 3:23[하나님의 성실하심의 새로움]; 애 5:21[다시 새로움]; 겔 36:26[새 영, 새 마음]; 욥 29:20[하나님의 영광이 새로워짐]): "חָדָשׁ," *TWOT*, 266. Groningen, 『구약의 메시야 사상』, 829, 832는 חָדָשׁ가 애 5:21에 회복되는 갱신(renew)을 가리킨다고 한다. 이것은 렘 31:38-40의 부가적인 확증으로 인해 갱신된 언약이 결코 폐기되지 않을 것을 의미한다.

'생명'의 주제로 상술(詳述)된다(창 1장; 사 9:1-2; 비교. 고후 3:18; 4:7-18). 이러한 이해는 그리스도의 죽음과 부활에 의한 믿음의 구원을 의미한 것으로 바울에게 사도의 직무를 수행하게 하는 힘이 된다(4:12-15).

이상으로 고린도후서 5:17의 새 창조 개념은 그리스도의 대속적 죽음과 부활의 결과로 성취된 새 언약의 이해 아래서 읽어야 한다. 따라서 이 구절에서 새 창조는 그리스도의 죽음에 의한 종말론적인 새 언약 공동체 회복을 의미하며, 하나님의 주권적 통치권 아래 세워지는 하나님 나라 개념이 함축되어 있다(6:14-18).[78] 이것은 새 창조 개념을 통해 그리스도의 대속적 죽음과 부활에 의한 새 질서와 새로운 체계 아래 세워지는 새 언약 공동체를 가리키는 것이다.

(2) 새 창조: "그리스도 안에"(ἐν Χριστῷ)

고린도후서 5:17a에는 "누구든지 그리스도 안에 있으면 새로운 피조물이라"(εἴ τις ἐν Χριστῷ, καινὴ κτίσις)고 진술된다. 이 구절에서 누구든지(τις)와 그리스도 안에(ἐν Χριστῷ)는 에이(εἴ)로 인해 카이네 크티시스(καινὴ κτίσις[새 창조 혹은 새로운 피조물; 개역개정])에 걸린다.

그렇다면 이 구절은 "그리스도 안에 있으면 새로운 피조물(새 창조)이다. 그것이 누구든지(혹은 무엇이든지)"라고 해석할 수 있다. 이 해석은 새 창조 대상이 '누구든지'(τις)로 열려 있지만, 결국은 '그리스도 안에'(ἐν Χριστῷ)로 한정된다는 의미로 이해된다.

---

[78] 하나님의 새로운 공동체는 그리스도의 피로 말미암은 기독론적 구속 사역의 완성체인 예수 그리스도의 몸 된 교회 공동체를 의미한다(히 10:5, 10, 19, 29); 민경애, "히브리서 10:1-18," 97. 이런 새 창조 개념의 살아계신 하나님의 성전은 하나님의 백성 됨의 삶을 의미한다(6:14-18).

그리스도 안에'(ἐν Χριστῷ)는 바울에게 자주 볼 수 있는 표현이다. 바울의 기독론의 특징을 잘 나타내는 이 표현[79]은 그리스도인의 정체성을 나타내는 다양한 측면에서 여러 관점으로 사용되고 있다.[80] 바클레이(Barclay)는 이 표현을 언어학적으로 '그리스도를 통하여,' '그리스도에 의하여,' '그리스도의 중개로'라고 해석할 수 있다고 본다.[81] 이런 경우 전치사 '안에'(ἐν)는 장소적 의미보다 그리스도와의 관계적 의미로 볼 수 있다.[82]

대부분 학자는 새 창조 개념에서 '그리스도 안에'를 좁은 의미의 개인적 회심으로 보기보다 우주론적 차원의 새 창조로 종말론적 성취 개념 아래에서 이해해야 한다고 본다.[83] 특히 류호영은 다음과 같이 주장한다.

> 바울의 '새 창조' 개념은 종말론적-기독론적인 구조의 일환인 '그리스도 안에' 나타난 하나님 자신의 종말론적인 의의 행위, 즉 새로운 질서와 새 시대의 도래를 강력히 암시하고 있다.

류호영은 이 점에 대해 두 가지를 그 근거로 든다.

첫째, 고린도후서 2:15의 "구원받는 자들"(τοῖς σῳζομένοις)과 "망하는 자들"(τοῖς ἀπολλυμένοις)의 두 현재형의 분사들은 현시점에서 지속해서 각각

---

79 L.W. Hurtado, 『주 예수 그리스도』, 박규태 역 (서울: 새물결플러스, 2010), 193-4.
80 James D.G. Dunn, 『바울신학』, 박문재 역 (고양: 크리스챤다이제스트, 2003). 545-6.
81 W. Barclay, 『바울의 인간과 사상』, 서기산 역 (서울: 기독교문사, 1990), 146.
82 W.G. Kümmel, 『신약성서신학』, 박창건 역 (서울: 성광문화사, 1998), 259.
83 Martin, 『고린도후서』, WBC 40, 346은 "그리스도 안에 새로운 피조물"에 대해 결론적으로 그리스도의 도래에 의해 출현한 새로운 종말론적 상황과 결부된 것으로 이해해야 한다고 본다. 그는 바울이 5:17에서 새로운 시대의 현존이 실존이냐 아니냐를 논증하고 있는 것으로 이해한다.

의 시대에 서 있다는 것을 의미한다. 이는 옛 시대로부터 새 시대로 넘어가는 전환점에 서 있다는 뜻이다.

둘째, 고린도후서 5:17b의 "이전 것은 지나갔으니 보라 새 것이 되었도다"(τὰ ἀρχαῖα παρῆθεν, ἰδοὺ γέγονεν καινά)에서 "지나갔으니"(παρῆθεν)는 과거형을, "되었도다"(γέγονεν)는 현재완료형을 사용하고 있다.[84] 이러한 '그리스도 안에'의 새 창조 개념은 앞서 살펴본 새 창조 개념과 같이 종말론적-기독론적 구조로 한 신학적 이해의 바탕으로 삼아야 한다. 따라서 '그리스도 안에'의 새 창조는 새 언약 아래의 영에 의해 하나님의 의가 이루어지는 하나님 나라 개념으로서 새 시대의 도래를 의미한다.[85]

이러한 류호영의 견해는 바울이 '그리스도 안에'라는 표현[86]을 역사적 예수보다 부활하신 그리스도("죽었다가 다시 살아나신 이")에 초점을 맞춰 이해하고자 한 것이다. 이것은 예수 그리스도를 '육신에 따라'가 아니라 '영을 따라'(롬 8:4) 아는 새로운 관점으로 인식하게 되는 그리스도를 말한 것에서도 발견할 수 있다. 그렇다면 바울은 고린도후서 5:17에서 이전 것, 옛 질서, 곧 옛 언약 아래 죄와 사망의 옛 세상은 지나가고, 새 언약 안에서 부여된 영에 의해 하나님의 의가 이루어지는 새 세상을 의미한 것이다

---

84 류호영, "성경 해석의 관점," 295는 "전통적인 유대 묵시 사상의 시대 구분인 옛 시대 (the Old Age)-새 시대(the New Age)에서 기독교 전통의 시대 이해인 옛 시대(the Old Age)-현시대(the Present Age)-다가올 시대(the Age to Come)로 바뀐 것으로 이해한다.
85 J. Martyn, "Epistemology at the Turn of the Ages: 2 Corinthians 5:16," *Christian History and Interpretation* (eds. W.R. Farmer: Cambridge University Press, 1967), 269-87; cited in 류호영, "성경 해석의 관점," 126-8은 고후 5:16-17에서 새 시대의 능력을 경험할 수 있는 것이 오직 그리스도의 십자가를 통해 된다고 본다.
86 고린도후서에서 "그리스도 안에"(ἐν Χριστῷ)는 2:4, 17; 3:14; 5:17, 19; 12:2, 19에 나오며, "주 안에"(ἐν κυρίῳ)는 2:12; 10:17에 나온다. 바울은 "예수 안에"(계 1:9)라는 표현을 독자적으로 사용하지 않는다.

(고후 5:17b, 19, 21; 참고. 고후 3:6-18).

그런데 바울은 고린도후서 5:17에서 "누구든지/anyone"(τις)와 "그리스도 안에"를 동시에 사용한다. 그가 이렇듯이 두 표현을 동시에 사용한다는 것은 그 의미하는 바가 다르다는 것을 암시한다. 즉 전자는 대상을, 후자는 범위를 나타낸 것이다. 이것은 비록 새 창조 개념이 우주적 차원에서 종말론적인 하나님 나라 개념 아래 새 시대의 도래를 의미한다고 해도, 그 영향의 결과는 ('그리스도 안에' 관계론적인 의미에서) 있을 때 가능하다는 의미를 나타낸다. 이런 점에서, 필자는 새 창조에서 '누구든지'가 먼저 바울 자신에게 적용되어 종말론적으로 도래한 새 시대의 '새로운 피조물'로 인식한 것으로 이해한다.

이러한 논법은 고린도후서 5:15에서도 동일하게 나타난다. 그리스도의 죽음이 모든 사람을 대신한 죽음이지만 그 결과는 믿는 자에게만 주어진다는 것이다. 바울은 이러한 논법에 따라 5:17에 적용하고,[87] 5:14-6:3에 나오는 "우리"와 연결한다. 이 역시 그리스도 안에서의 새 창조가 개인적인 구속적 의미를 반영하고, 이어 보편적인 기독교의 케리그마(Kerygma)로 확장해 선포된 새 창조 개념으로 진술한 것으로 해석해야 한다.

---

87 앞서 말했듯이 새 창조는 새 언약 이해 아래 종말론적-기독론적 구속사적 하나님의 창조 행위를 통해 새로운 시대의 도래, 곧 궁극적으로 이루실 하나님 나라 회복을 암시한다: 류호영, "성경 해석의 관점," 295; 홍인규, 『바울신학 사색』, 308. 필자는 이런 이해를 바울에게 있어서 자신의 개인적인 체험에 의한 것으로 투영하고, 그것을 통해 그가 새 창조세계 안에 들어가게 된 것을 의미한다고 본다. 다시 말하면 바울이 자신을 "새로운 피조물"로서 인식하여 새 시대의 도래에 의한 하나님 나라 안에서 자신의 직분을 사도로 묘사하고 있다.

(3) 새 창조: "이제부터"(νῦν)

새 창조의 시점은 고린도후서 5:16에서 "이제부터"(νῦν)를 통해 새 창조 아래 새 시대의 도래가 일어난 시점을 말한다. "이제부터"(νῦν)는 고린도후서 5:14b-15의 그리스도의 죽음과 부활을 가리키며, 하나님의 결정적인 구원의 역사가 이루어진 때를 말한다. 이것은 종말론적-구속사적인 구약의 예언이 예수 그리스도의 성육신, 죽음, 부활, 승천으로 인한 '이미와 아직'의 관점에서 성취된 것으로 진술된 것이다.

"이제부터"(νῦν)는 이사야 49:8을 반영한 고린도후서 6:2의 '때'와 '날'을 가리킨다. 바울은 이사야 49:8[88]을 인용하며 언약이라는 틀 안에서 구원의 때를 말한다. 즉 한 사람이 모든 사람을 대신해 죽음에서 생명으로 바꾼 하나님의 구속 역사가 이루어진 때를 가리킨 것이다.[89] 이 '때'는 전적인 하나님에 의한 하나님의 의가 이루어지는 새 언약이 성취되는 때를 의미한 것이다.

또한, 새 창조 역사는 종말론적 관점에서 '이미와 아직'이라는 긴장 속에 지속한다. 이것은 과거 그리스도의 구속 사건의 때를 시작해 그리스도의 재림의 때인 '아직'의 관점에서 종말론적 미래까지 열려 있다는 것을 의미한다. 바울은 이처럼 복음을 받아들이는 자들에게 믿음과 성령에 의해 그리스도를 온전히 아는 지식과 하나님과 올바른 관계를 맺게 되는 때를 "이제부터"(νῦν)로 표현한 것이다.[90] 이것은 구속의 때가 종말의 미래에만 이루어질 것을 의미하지 않는다.

---

88 "여호와께서 이같이 이르시되 은혜의 때에 내가 네게 응답하였고 구원의 날에 내가 너를 도왔도다. 내가 장차 너를 보호하여 너를 백성의 언약으로 삼으며 나라를 일으켜 그들에게 그 황무하였던 땅을 기업으로 상속하게 하리라"(사 49:8).
89 Martin, 『고린도후서』, WBC 40, 344.
90 J.W. Fraser, "Paul's Knowledge of Jesus: II Corinthians V. 16 Once More," *NTS* 17(1970-71), 293-313; Martin, 『고린도후서』, WBC 40, 345.

이 '때'는 고린도후서 5:16의 '아포(ἀπό) + 뉜(νῦν)'을 통해 '이미' 관점에서 그리스도로 말미암아 성취된 복음을 받아들인 그 순간을 가리킨다.[91] 다시 말하면 새 창조는 미래의 소망을 의미하는 동시에 현존하는 실재를 의미한다. 따라서 그리스도를 믿는 자들은 그분 안에서 옛사람을 벗어버리고 새 사람을 입어 그리스도로 말미암아 선한 일을 하도록 새롭게 지어지는 새 창조가 일어난다(엡 2:10).[92]

이 역시 에스겔서의 새 언약 아래 약속의 하나인 내적 갱신을 반영하며, 고린도후서 3:16-18에서 성령의 사역 때문에 변화된 삶을 일으키는 새 언약을 상기시킨다. 따라서 본 단락에서의 새 창조는 전적인 하나님의 구속적 행위에 의한 하나님 나라 완성을 함의한 것이다.

(4) 새 창조 사역: 인식과 삶의 방식 전환

고린도후서 5:17의 "새 창조" 개념은 16절과 17절에서 서두의 '그러므로'와 '그런즉'(ὥστε)을 통해 15절의 그리스도의 죽음과 부활과 그로 인해 이타적 삶을 살게 된 사도 바울이 연결된다. 여기서 이타적 삶이란 다른 사람을 위한 삶을 말하는 것이 아니다. 이 삶은 그리스도에 의한 삶을 말한다. 앞서 밝힌 대로 언약 성취 개념 아래 종말론적-기독론적 이해를 바탕으로 진술한 새 창조 개념은 고린도후서 5:16에서 종말론적 인식론을 말한다.[93]

그런데 고린도후서 5:16의 새 창조로 인한 지식에 대한 인식의 전환은 두 가지로 제시되어 있다. 하나는 16a절의 "어떤 사람"에 대한 것이고, 다

---

91 Hafemann, 『고린도후서』, 280-1은 고린도후서 5:16의 "ἀπό + νῦν"을 회심의 순간이라고 본다.
92 홍인규, 『바울신학 사색』, 309.
93 J. Martyn, "2 Corinthians 5:16," 269-87; cited in 류호영, "성경 해석의 관점," 126은 바울이 새 창조 개념과 연관해 새로운 종말론적 인식론을 제시한다고 본다. 그것은 더 이상 옛 시대의 관점에서 그리스도를 보지 않는다는 인식론이다.

른 하나는 16b절의 "그리스도"에 관한 것이다. 이 두 가지 인식의 전환은 서로 연관성을 가진다. 필자는 이런 진술을 하고 있는 고린도후서 5:16 가운데 바울이 자신의 사도직과 관련해 진술한 것들을 중심으로 살피고자 한다.

고린도후서 5:16에 대해 하프만(Hafemann)은 "우리가 육신의 그리스도를 따라 알지라도 누구도 육신을 따라 알지 않는다"라고 읽어야 한다고 본다.[94] 그는 이 독법의 요지를 "예수의 지상적이고 역사적인 존재 vs 그리스도로서 그의 종말론적이고 우주적인 정체성"이라는 두 관점의 대조에서 이해한다.[95] 하지만 마틴(Martin)은 그리스도에 대한 지식의 전환이 그리스도를 유대의 메시아로 인식하고 있는 것에서 모든 피조 세계의 주이신 온전한 그리스도로 아는 것으로 전환한 것이라고 주장한다.[96]

필자는 하프만(Hafemann)의 주장에서 말하는 두 관점의 대조 아래에서 그리스도에 대한 지식의 전환에 동의하기 어렵다. 물론 그의 독법의 요지인 그리스도 안에서 세상적 관점으로 사람들을 평가하지 않는다는 것에는 동의한다. 그렇다고 그의 주장대로 이해해야 한다는 것은 아니다. 왜냐하면, 바울은 이 구절에서 예수의 지상적이고 역사적인 존재라는 사실을 부정하거나 약화하지 않았기 때문이다.[97] 필자는 오히려 마틴(Martin)의 독법

94　Hafemann, 『고린도후서』, 280은 고후 5:16b을 "우리가 육신을 따라 그리스도를 알았을지라도 우리는 육신에 따라 누구도 알지 않는다"(We know no one according to the flesh, even if we knew Christ according to the flesh)라고 읽어서는 안 된다고 한다. 그는 "우리가 육신의 그리스도를 따라 알지라도 누구도 육신을 따라 알지 않는다"(We know according to the flesh no one, even if we know according to the flesh Christ)라고 읽어야 한다고 주장한다. 이러한 그의 독법은 바울이 그리스도 안에서 다른 사람들을 세상의 기준이나 기대로 평가하지 않는다는 점에 강조점을 두고 있다는 것을 드러내고자 한 것으로 보인다.
95　Ibid., 280.
96　Martin, 『고린도후서』, WBC 40, 344-5.
97　Ibid., 344-5.

이 좀 더 본 구절들에서 진술하고자 하는 바울의 신학적 의미를 파악하는 데 적절하다고 본다.

필자는 바울이 이제 그리스도의 죽음과 부활로 인해 더 이상 옛 시대의 관점에서 그리스도를 보지 않고, 새 언약 아래 성취자이신 예수 그리스도로 보게 되었다고 한 것으로 이해한다. 그 이유는 "보라 새 것이 되었도다"라는 선언이 새 언약을 염두에 둔 것이기 때문이다. 그렇다면 바울은 고린도후서 5:16의 종말론적-기독론적 인식론을 새 언약이라는 성취적 개념에서 5:17의 새 창조 개념을 진술하려고 한 것으로 이해할 수 있다.

고린도후서 5:16과 17절의 부사적 수식어인 "육신을 따라"(κατὰ σάρκα)[98]는 무엇을 의미하는가?

NIV에서 이 수식어는 "세상의 관점으로부터"(from a worldly point of view)라고 번역된다. 불트만(Bultmann)은 이 어구에 대해 빌립보서 2:7을 빌려와, 그리스도의 죽음 이전의 상태를 말하는 것이라고 한다.[99] 그런데 '육신을 따라'는 로마서 8장과 갈라디아서 4장에서 성령을 따른 삶과 대비된 개념으로 사용된다.[100]

그런데 고린도후서 5:16에는 '육신을 따라'가 성령을 따르는 삶과 대비된 개념으로 직접으로 언급되지 않는다. 하지만 5:14a-15에서 그리스도의 죽음과 부활에 의한 삶의 방식에 대한 전환과 5:17의 새로운 피조물, 새것

---

[98] 바울은 σάρκα(육신)의 의미를 다양하고 복잡하게 해석한다. Hafemann, 『고린도후서』, 280은 σάρκα(육신)에 대한 바울의 개념이 영어로 번역하기 어려운 단어라고 한다. 그는 NIV의 신약에 이 단어가 48개로 번역되고 있는 것을 보면 확실히 알 수 있다고 주장한다.

[99] R. Bultmann, *Theology*, 156; Martin, 『고린도후서』, WBC 40, 345.

[100] "κατὰ σάρκα"는 신약에 22번 나온다: 요 8:15; 롬 1:3; 4:1; 8:4, 5, 12, 13; 9:3, 5; 고전 1:26; 10:18; 고후 1:17; 5:16; 10:2, 3; 11:18; 갈 4:23, 29; 5:17; 엡 6:5; 골 3:22; 벧전 4:6. 이 단어는 육체, 육신, 혈육, 영과 대비된 육 등의 의미로 주로 사용된다. 바울에게 있어서 "육신을 따라"는 성령과 대비된 개념으로 롬 8장과 갈 4:23, 29에 나온다.

이라는 표현은 5:16의 '육신을 따라'가 무엇을 의미하는지를 암시해 준다. 5:17의 '새 것'이 3:6-18을 염두에 둔 진술이라면, 5:16의 지식 변화는 그리스도의 죽음과 부활로 인한 새 언약의 성취 개념 아래에서의 성령에 의한 '변화'로 이해된다. 이것은 3:18의 성령에 의한 '변화'를 가리킨다. 이런 점에서 고린도후서 5:16의 '육신을 따라'는 로마서 8장과 갈라디아서 4장과 동일한 의미로 사용된 것으로 성령과 대조된 관계로 사용한 어구다(참조. 고후 3:3:, 6-8).

그런데 성령에 의한 그리스도에 대한 인식의 전환(5:16b)은 사람들을 대하는 방식과 평가하는 기준이 달라지게 한다(5:16a). 즉 고린도후서 5:16-17에서의 새 창조 개념은 새 언약 아래에서 하나님에 대한 지식에 대한 인식(認識)의 전환과 그에 대한 바른 가치관(價値觀)의 정립을 의미한다(롬 10:1-4).[101]

그렇다면 바울은 왜 고린도후서 5:16a에서 사람을 대하는 방식이나 인식의 전환에 대한 것과 새 창조 개념을 왜 연관시켰을까?

그것은 새 창조를 말하는 단락이 복음을 전하는 바울의 직분과 관련된 것이기 때문이고, 고린도 교인들을 향한 사도직의 합법성에 대한 변증적 진술이기 때문이다.

또한, 그 이유를 고린도후서 3장에서도 찾을 수 있다. 고린도후서 3장에는 모세의 얼굴을 덮은 수건 비유를 통해 바울의 대적자들을 이스라엘처럼 마음이 완고한 자들이며 수건을 벗지 않고 구약을 읽는 자들이라고 한다. 반면 이 수건이 벗겨지는 경우는 그리스도 안에서(3:14), 주께로 돌

---

[101] 김천수, "로마서에 나타난 믿음과 순종에 관한 연구 : 두 개념의 통합적 의미에 관하여," (미간행 박사 학위 논문, 백석대학교 기독교전문대학원, 2009), 48-9는 롬 10:2에서 바울이 이스라엘의 그리스도에 대한 불신앙을 하나님께 '열심'은 있으나 올바른 지식을 따르지 않은 결과로 책망하고 있다고 본다.

아가면(3:16), 주의 영이 있는 곳(3:17)이라고 한다. 이런 진술은 그리스도로 말미암은 종말론적 새 언약 성취 개념에서 비롯된 것이다. 바울은 이 진술의 흐름에 따라 5장에서 와서 그리스도의 대속적 죽음과 부활과 관련해 새 창조, 화목 개념으로 재차 설명하고 있는 것이다.

이러한 진술에 따라 바울은 고린도 교인들에게 새로운 피조물로서, 새 언약 아래 새롭게 세워진 새 시대이며 새 체계인 하나님 나라의 백성으로, 세상을 바라보고 살 것을 권면하고 있다. 그러나 이들이 영적 존재라고 해서 바울의 대적자들이 말하는 초영성적 존재를 의미하는 것은 아니다(12:1, 5). 오히려 그리스도의 십자가의 죽음으로 구현한 그리스도의 '사랑'에 의해 사는 도덕적, 윤리적, 영적 거룩성이 회복된 존재로서 사는 자를 의미한다(5:14-21). 특히 바울은 자신의 사도권에 대해도 고린도 교인들이 이런 판단의 기준으로 그의 사도성을 인정하고, 그가 전하는 복음을 받아들이기를 권면한다(참고. 고후 5:11, 20; 6:1, 11-13).

이상으로 바울에게 있어서 '새 창조'는 예수 그리스도로 말미암은 언약의 회복과 성취 그리고 하나님의 나라 완성이라는 종말론적인 새 언약 개념으로 이해해야 한다. 고린도후서 5:14-17에서 새 창조 개념은 성령과 믿음에 의해 그리스도에 대한 인식과 삶의 방식에 대한 성경적 통찰력이 생겼다는 것을 의미한다. 특히 바울은 개인적으로 다메섹 도상에서 현현하신 부활의 그리스도에 대한 통찰로 인해 삶의 가치관이 달라지고, 사역의 방향이 달라진 것을 새 창조 개념으로 묘사한 것이다(고후 5:15-17).[102]

이것은 바울이 자신의 사도직을 '언약과 그리스도'라는 성경신학적 주제를 통합적이고 통시적으로 이해한 것이다. 이러한 이해를 바탕으로 바울은 사도직을 그리스도의 일꾼으로 하나님의 새 창조 사역에 참여자로

---

102 김세윤, 『바울신학과 새 관점』, 356-62.

인식한다. 또한, 사도적 사역과 관련해서는 근원이신 하나님에 의한 그리고 그리스도의 죽음과 부활로 말미암은 것으로 인식한다. 이런 인식은 바울에게 그리스도에 대한 복음의 진리를 믿는 믿음이 사도의 직무를 수행하게 하는 원동력이 된다고 고백하게 한다(4:12-15).

2) 하나님의 화목 사역의 참여자

바울은 고린도후서 5:18-19에서 그리스도의 죽음과 부활의 능력에 의한 "화목" 직분을 말한다. 화목[103]이라는 주제는 고린도후서의 주된 주제 가운데 하나라고 볼 정도로 바울의 사도직 변증과 고린도교회 훈계 가운데 자주 나온다. '화목'은 고린도후서 5:18-21과 의미상으로 좀 더 넓게 고린도후서 6:1-2, 11-13, 10:5, 7, 8; 13:5, 10 등에서도 암시되어 있다.[104] 그런데 이 '화목' 주제는 고린도후서 5:18-21에서 하나님의 사역과 하나님께 부여받은 바울 사도직의 사역으로 진술되고 있는 것을 볼 수 있다.

---

103 καταλλαγή가 한글성경에는 대부분 "화목"으로 번역되어 있다. 그런데 공동번역, 표준새번역, 현대인의성경 등에서는 "화해"로 번역되어 있다. 대부분의 각종 신학연구 서적에서 화목과 화해는 혼용되어 사용된다. 그런데 한글 성경에서 "화해"는 눅 12:58에서 헬라어 ἀπηλλάχθαι(ἀπηλλάσσω)를 번역한 것이다. 이 단어 역시 ἀλλάσσω(변화시킨다)어군에 속한다[ἀντάλλαγμα(교환), ἀπηλλάσσω(풀어주다), διαλλάσσω(교환하다), καταλλάσσω(화해시키다), καταλλαγή(화해), ἀποκαταλλάσσω(화해시키다), μεταλλάσσω(교환하다)]: *TDNT*, Vol.1, 251, 254; Kittel, 49-50.
 필자는 여기서 '화해'보다 '화목'이라는 단어를 주로 사용할 것이다. 그 이유는 필자가 인용하는 성경에서 '화목'이라는 단어를 사용하기 때문이다. 또한, 고후 5장에서 καταλλαγή가 일반 사전적 의미로도 쌍방 간의 분쟁을 해결한다는 '화해'(和解)의 의미보다 좀 더 넓은 의미로 관계 회복을 나타내는 '화목'(和睦)의 의미가 강하기 때문이다.

104 강창희, "고린도후서의 화해," Vol.-No.11 (2010), 12.

(1) 화목에 대한 바울의 이해

화목(καταλλαγή)은 '변화'라는 의미가 주로 사용되며, 이와 함께 '변화시킨다,' '교환하다,' '화해시키다' 등의 의미를 나타낸다.[105] 케제만(Käsemann)은 이 단어가 적대 관계에 대한 종결을 의미한다고 본다.[106] 바울만이 이 단어를 하나님과 인간의 관계를 언급하는 데 사용한다.[107] 곧 이 단어는 인간의 죄로 인해 하나님과 멀어지고 소외되는 것이 회복되고, 사랑의 하나님과 원수 된 것이 해결되었다는 것을 의미한다(사 59:21; 시 51:10 이하; 롬 1:18-32; 엡 2:12 등).[108]

화목(καταλλαγή)은 로마서 5:10-11, 11:15, 고린도전서 7:11, 고린도후서 5:18, 19, 20에 나온다. 이 용례들을 연구한 한천설은 바울이 "하나님께서 그리스도의 죽음을 통해 성취하였던 것을 표현하기 위해 화목이라는 용어를 사용하고 있다"고 본다. 그는 특히 위 본문들에서 '화목'과 '하나님의 의' 개념이 서로 교호적으로 사용되는 동의어로 본다. 이 두 용어의 교호적 사용이 그리스도의 죽음에 언약적 의미를 강화하고자 하는 바울의 확신에서 비롯된 것이라는 것이다. 특히 그는 바울의 화목 개념을 창세기 12:3의 아브라함에 대한 하나님의 약속 성취 개념에서 이해해야 한다고 주장한다.[109]

---

105 *TDNT*, Vol.1, 254는 καταλλάσσω가 ἀλλάσσω어군에 속한 것으로 제시한다. ἀλλάσσω는 눅 12:58에서 '화해하다'로 번역되어 있고, καταλλάσσω는 롬 5:10; 고전 7:11(화합하다); 고후 5:18, 19, 20에 대부분 '화목하다'로 번역되어 있다. 명사형 καταλλαγή(화목)는 롬 5:11, 11:15, 고후 5:18, 19에 나온다.
106 E. Käsemann, 『바울신학의 주제』, 58.
107 *TDNT*, Vol.1, 255.
108 이귀선, "바울의 화목 사상," 「서울여자대학 논문집」 제11호 (1982년 6월), 2.
109 한천설, "하나님의 의의 표현으로서의 그리스도의 죽음: 바울서신에 나타난 '의'와 '화목'의 교호적 사용을 중심으로," 「성경과 신학」, 70 (2014): 67-86은 바울의 그리스도 죽음에 대한 해석을 새 언약을 세운 희생제사이며 하나님의 의를 드러내기 위한 하나님의 사역으로 이해한다. 그리고 이러한 그리스도의 죽음의 결과에 대한 바울의 다양

필자는 한천설이 이해한 바울의 '화목' 독법을 하나님의 언약에 대한 통일성이라는 이해 아래 해석하는 경우 올바른 주장으로 받아들일 수 있다고 본다. 언약의 통일성을 나타내는 언약신학적 이해는 에스겔 37:24-28의 화평의 언약을 진술하는 곳에서 찾을 수 있다. 에스겔서의 화평의 언약은 다윗 언약(37:24a, 25b) - 모세 언약(37:24b) - 아브라함 언약(37:25a) - 새 언약(37:26-28)으로 연결해 설명되고 있다.

이와 같은 에스겔서의 새 언약인 화평의 언약은 옛 언약들과 연합되어 하나의 하나님 질서 속에 나타난 언약의 통일성을 함의한다. 다시 말하면 창세 언약으로부터 시작된 궁극적인 하나님의 언약은 구약의 옛 언약과 함께 새 언약의 실제 안에서 성취된다는 것을 암시하는 것이다.[110]

특히 앞서 언급했듯이, 이사야 42:9, 43:18, 51:9, 54:9의 '하나님의 구속사'에 대한 진술과 이사야 54:10의 하나님에 의한 '화평의 언약'에 대한 예언은 바울이 새 창조 개념(고후 5:17)과 하나님과의 화목 관계(5:18-20)를 진술하는 과정에 그대로 반영된다. 이것은 바울이 이사야서에 나타난 하나님의 구원과 언약에 대한 이해를 그의 다메섹 사건을 통해 만난 그리스도와 연결하는 순간 구약과 신약을 통시적으로 이해하게 된 것을 가리킨다.[111] 이러한 이해가 토대가 되어 고린도후서 5:16에서 바울은 자신의 사도직 신학적 근거를 진술한 것이다.

한 표현 가운데 하나가 '화목'이라고 본다.
110 Robertson, 『계약신학』, 49-51; 민경애, "히브리서," 120-2.
111 구약과 신약을 통시적으로 이해한다는 것은 구약의 언약과 신약의 그리스도와의 관계를 통전적인 성경신학적 인식을 통해 그리스도의 십자가 죽음과 부활 때문에 회복될 하나님 나라 개념 안에서 해석하고 있다는 것을 의미한다. 이것은 "이미와 아직"의 종말론적-구속사적 관점에서 궁극적인 하나님의 언약 성취 개념에 대한 이해를 바탕으로 한다: Ibid., 105-110.

이와 같은 새 언약과 관련된 화평 주제는 바울의 화해/화목 개념에서도 반영된다. 특히 화목 개념은 바울에게 있어서 인간의 죄 문제를 해결하는 구원론에 대한 신학적 표현 가운데 하나이다(롬 3:25; 5:10; 11; 11:15; 고후 5:18, 19, 20; 엡 2:16; 골 1:20, 22; 살전 5:13).

이 신학적 표현은 '화목' 이외에도 '속량'(롬 3:24), '의'(롬 4:25; 5:1) 등이 있다. 고린도후서에는 인간의 죄의 문제를 해결하는 하나님의 구속의 사역에 대해 '화목'(고후 5:18-20)뿐만 아니라 '그리스도의 사랑'(고후 5:14), '그리스도의 대속적 죽음'(고후 5:14, 15, 21), '하나님의 의'(고후 5:21), '새 창조'(고후 5;17) 등으로 설명되어 있다.

이상으로 바울은 자신의 각 서신서에서, 특히 고린도후서에서 새 언약 성취 개념 아래 그리스도의 죽음과 관련한 신학적 이해를 보다 적절하게 표현하려고 하는 것을 볼 수 있다.

(2) 화목하게 하는 직분

고린도후서 5장에서 바울은 이런 화목의 주제를 하나님의 주권적 사역과 함께 바울에게 부여된 직분과 관련해 진술한다. 특히 고린도후서 5:18-19에는 하나님께서 과거에 화목의 사역을 하신 것이 두 단계로 설명된다.

> **18b절** 하나님께서 자기와 우리를 화목하게 하셨다.
> 하나님께서 그리스도로 말미암아
> **19a절** 하나님께서 자기와 세상을 화목하게 하셨다.
> 하나님께서 그리스도 안에 계시므로

이 두 구절 사이에서 화목의 주제는 다음과 같이 진술되어 있다.

첫째, 화목의 주체자이시고 주도자는 전적으로 하나님이시다. 이것은 이 단락의 주어가 '하나님'이라는 것과 18절과 19절의 전제 구(句)인 "모든 것이 하나님께로서 났으며"와 "하나님께서 그리스도 안에 계시사"를 통해 더욱 확인된다.

둘째, 하나님의 화목 사역은 그리스도를 통해 성취된다. 이것은 '그리스도로 말미암아'와 '그리스도 안에'라는 표현을 통해 강조된다. 특히 바울은 화목의 수단을 그리스도의 대속적 죽음의 형태를 취한다.[112]

셋째, 하나님의 화목 사역은 지속해서 수행하는 것이 아니다. 이 사역은 그리스도의 십자가 사건을 통해 과거 단회적으로 완료된 일이다(롬 5:1-11). 머레이(Murray)는 이에 대해 "하나님은 유일한 동인(agent)일 뿐 아니라 이미 과거에 완성된 행동의 동인이다"라고 말한다.[113]

넷째, 하나님의 화목 사역은 '우리'와 '세상'을 위한 것이다. 화목이라는 주제가 하나님과 우리 사이의 '관계 변화'를 의미한다는 데서 찾을 수 있다.[114]

고린도후서 5장에서 '관계 변화'는 인간의 죄의 문제로 인한 하나님과 원수가 된 관계를 해결하는 차원에서만이 아니다. 오히려 더 나아가 그리스도의 구속 사역으로 인해 하나님의 의가 되는 그리스도의 사랑 안에 들어가는 관계 변화를 말한다. 이것은 그리스도로 말미암아 성취된 새 언약과 그 아래에서 하나님의 의가 이루어진다는 것을 가리키는 것이다. 곧 그리스도로 말미암아 새 창조에 의한 새 시대의 도래, 곧 종말론적 새 질서

---

112 한천설, "하나님의 의의 표현으로서의 그리스도의 죽음," 77.
113 이귀선, "바울의 화목 사상," 6.
114 한천설, "하나님의 의의 표현으로서의 그리스도의 죽음," 79-80은 바울이 "고후 5:18-21에서 '의'라는 용어 대신 '화목'이라는 말을 사용한 이유가 하나님과 우리 사이에 일어난 관계의 변화를 강조하기 위한 것"이라고 한다.

회복 안에 들어가는 것을 의미한다.[115] 이처럼 바울은 하나님의 화목 사역을 통한 새 하늘과 새 땅 하나님의 나라를 세우고자 하는 하나님의 약속 성취를 암시한다.

바울은 이런 하나님의 화목 사역을 바탕으로 자신의 사도의 직무 가운데 하나로 묘사한다. 고린도후서 5:18-20에서 직분과 관련한 화목 주제는 다음과 같이 설명된 것을 볼 수 있다.

> **18c절** … 하나님께서 우리에게 화목하게 하는 직분을 주셨다.
> **19d절** … 하나님께서 우리에게 화목하게 하는 말씀을 부탁하셨다.
> **20c절** … 우리가 그리스도를 대신하여 "너희는 하나님과 화목하라" 간청한다.

바울은 이처럼 사도의 직무를 하나님께 부여받음을 진술한다. 그리고 화목이라는 주제와 말씀 선포의 사역과 연결하여, 사도의 직무로서 "화목하게 하는 직분"(τὴν διακονίαν τῆς καταλλαγῆς)의 역할이 화목의 말씀을 전하는 것으로 규정짓는다. 이어 5:20c에서 바울은 그래서 고린도 교인들은 하나님과 화목하라고 간청한다. 이것은 바울이 자신과 동역자들에게 주어진 사역을 하나님에 의해 규정된 목회이며, 규정된 메시지를 전하는 자로 인식하고 있다는 것을 의미한다.[116]

결과적으로 바울은 화목을 ① 그리스도의 대속적 죽음에 의한 하나님의 화목 사역, ② 화목의 직분자들에 의한 화목의 메시지 선포, ③ 믿음으로 하나님의 화목자가 됨으로 이해한다. 다시 말하면 바울이 이해한 화목은 복음의 선포를 받아들이게 하는 새 언약 아래의 성령 사역으로 완성되는 것이다.

---

115 Martin, 『고린도후서』, WBC 40, 336.
116 한천설, "하나님의 의의 표현으로서의 그리스도의 죽음," 77.

이런 화목 사상에 근거해 바울이 자신의 사도의 직무 가운데 하나로 인식한 것은 "화목하게 하는 직분"이다. 이로써 바울은 사도직을 하나님의 화목 사역에 동참하는 "하나님과 함께 일하는 자"이며, "하나님의 일꾼"이라고 인식한 것이다. 또한, 하나님의 화목 사역을 성취시키는 그리스도의 구속 사역을 참여하는 "그리스도를 대신한 사신"이며, "화목의 말씀"을 전하는 직분자로 인식한 것이다.

이처럼 바울은 "화복하게 하는 직분"을 목회적 차원에서 자신의 다른 서신서에서 진술한 화목 사상과 같으면서도 독특하게 자신 사도의 직무로 인식하며 논증하고 있다. 그뿐 아니라 그는 하나님의 종으로서의 모세의 직분과 대비된 개념으로 새 언약 아래의 화목의 직분으로 이해한 것이다.

(3) "말씀"에 의한 화목 사역

바울은 고린도후서 5:19에서 독특하게 자신의 화목 사역을 "말씀"(λόγος)에 의한 것으로 진술한다. 여기서 우리는 바울이 자신의 사역에 굳이 "말씀"(λόγος)을 부탁받은 것으로 진술하며 말하고자 하는 바가 무엇인지 그 의미를 살펴볼 필요가 있다고 본다.

사실 하나님의 행하신 일은 '말씀 선포'라는 형식을 통해 전해져야 할 필요가 있으며, 청중들에게 그 말씀을 전함으로써 그에 대한 응답이 이뤄져야 한다(참고, 렘 1:9-10).[117] 더욱이 바울에게 있어서 '말씀'은 하나님께서 스스로 자신의 말씀에 충실하다는 것에서 시작된다(롬 9:6-13).[118] 그런데 고린도후서 5:19에서 바울에게 주어진 하나님에 의한 화해 사역은 하

---

117 Martin, 『고린도후서』, WBC 40, 349-50.
118 J. Louis Martyn, 『앵커바이블: 갈라디아서』, 김병모 역 (서울: 기독교문서선교회, 2018), 67.

나님의 화목에 대한 말씀 선포를 통해 발생된다.[119] 이처럼 바울에게 있어서 복음을 전파하기 위한 수단에 '말씀 선포'는 가장 중요한 전략이다.[120]

바울이 사도로서 고린도교회를 목회하는 과정에서 가장 집중했던 사역은 설교를 통해 복음을 전파하는 것이다.[121] 그는 사도로서 자신 사역의 최우선을 복음 전파에 두므로 그 스스로 '복음 전파자'로 규정한다(롬 1:1; 고전 1:17; 9:16 등). 바울에게 있어서 복음은 십자가에서 죽으시고 부활하신 하나님의 아들 예수 그리스도이며, 하나님께서 그리스도 안에서 그리스도를 통해 무엇을 하셨는지에 대한 것이다. 고린도후서 5:14-21에는 이러한 내용이 바울의 사도적 직무와 관련해 진술된다. 그 가운데 화목 사역을 '말씀 선포'를 통해 할 것이 강조된다(5:19, 참고. 1:19-20; 2:17; 4:2).[122]

'말씀 선포'에 대한 사역은 고린도후서 1:19-20에도 나오는데, 바울은 여기서 자신과 그의 동역자들의 사역을 하나님의 아들 예수 그리스도를 전파하는 것이라고 말한다.[123] 바울이 복음을 전파한다고 말할 때, 주로 하나님의 말씀(τὸν λόγον τοῦ θεοῦ), 혹은 말씀(λόγος-고후 2:17; 4:2; 5:19; 6:7; 10:10, 11; 11:16), 말하다(λαλέω-고후 2:17; 4:13; 7:14; 11:17, 23; 12:4, 19; 13:3), 전하다(εὐαγγελίζω-고후 10:16; 11:7) 등으로 표현한다. 이 단어들의 용례에서 볼 수 있듯이, 바울은 자신의 사역을 변호하거나 자랑한다고 할 때도

---

119 Hafemann, 『고린도후서』, 289.
120 한천설, "하나님의 의의 표현으로서의 그리스도의 죽음," 205-6.
121 Gerald F. Hawthorne, et al., eds., *Dictionary of Paul and His Letters* (Downers Grove, Illinois: InterVarsity Press, 1993), 605는 바울이 가진 목회의 근본적인 요소를 "복음 설교"라고 규정한다: 양현표, "사도 바울의 복음 전파를 위한 전략 연구," 『성경과 신학』, Vol. 71 (2014), 205 : 197-223.
122 고후 1:19-20에서 바울은 고린도교회 방문 계획 변경에 대한 변호를 통해 자신과 실루아노와 디모데의 사역이 하나님의 아들 예수 그리스도를 전파하는 것이라고 진술한다.
123 '복음'은 헬라어로 εὐαγγέλιον이며, 고후 2:12; 4:3, 4; 8:18; 9:13; 10:14; 11:4, 7에 나온다. '전파하다'는 헬라어로 κηρύσσω이며, 고후 4:5; 11:4에 나온다.

"말"하는 행위, 즉 설교 형식을 취한다는 것을 알 수 있다. 이 역시 바울이 복음을 전파하기 위한 것이다(고후 10:10-11; 11:4-7, 16-17, 23; 12:19).

그런데 바울의 말씀 선포로서의 설교 방식은 오늘날과 같이 강단에서의 설교 방식과는 확실히 다르다. 바울은 복음을 전파하기 위해 때와 장소를 가리지 않았고 형식과 관습 등의 틀도 깬다.[124] 그는 편지 형식으로 되어 있는 그의 서신서도 설교로 인식하고 있다(고후 10:10-11). 그 당시 편지는 회람처럼 돌려 읽히고 많은 회중 가운데서 낭독된다. 바울은 이런 편지 형식을 통해 자신이 전하고자 하는 복음의 메시지가 읽히고 전해지길 원한다(참고. 고후 3:2-3).

이외 편지가 메타포로 나오는 곳이 있다. 그것은 고린도후서 3:2-3에서 고린도교회를 편지로 비유한 것이다. 하지만 바울이 여기서 '편지'를 비유로 사용한 것은 편지의 기능인 '읽히고' '알려지는' 역할을 하는 것을 암시한다. 그는 자신이 전하는 복음이 고린도교회를 통해 많은 사람에게 전해지길 원했다. 이처럼 바울은 '편지'라는 개념을 이용해 복음을 전파하는 수단으로 '말씀 선포'를 나타낸 것이다.

또한, 바울은 고린도후서 2:17과 4:2에서 그의 대적자들과의 달리 자신의 사도의 직무 가운데 하나가 '하나님의 말씀'을 순전하게 전하는 것이라고 말한다. 그는 이 본문들에서 자신의 대적자들을 "하나님의 말씀을 혼잡하게 하는 자"들이라고 묘사한다. 반면 자신은 하나님께 받은 "순전한 말씀 전파자"로 묘사한다. 이것은 그가 자신의 사도직을 하나님 앞에서와

---

124 사도행전에는 바울의 아홉 편의 설교가 기록되어 있다. 바울은 설교를 안식일에 회당에서만이 아니라 그 언제, 어디서든 가리지 않고 하고 있다. 그곳은 회당(행 9:20; 13:14; 14:1; 16:12-13; 17:1, 10, 17; 18:1; 19:8 등), 가정집(행 16:14-15, 32-34; 18:8; 고전 1:6 등), 강가(행 16:13), 장터(행 17:17), 서원(행 19:9), 일터(행 18:3), 거리(행 17:16), 감옥(행 16:27), 법정(행 26:23), 폭풍 가운데 선상(행 27:23) 등이다: 양현표, "사도 바울의 복음 전파를 위한 전략 연구," 206.

그리스도 안에서 그리고 각 사람의 양심에도 당당하게 자신을 추천할 만한 자로 진리를 나타내는 "말씀 전파자"라고 주장한 것이다(2:17; 4:2). 이처럼 바울은 고린도후서 전체에서 자신의 사도직을 '말씀'을 전하는 자로 진술한 것이다.

고린도후서 4:13에서 바울은 "내가 믿었으므로 말하였다 한 것 같이 우리가 같은 믿음의 마음을 가졌으니 우리도 믿었으므로 또한 말하노라"라고 선언한다. 이 구절은 그의 사역 가운데 하나가 '말씀'에 의한 복음 전파임을 암시한다. 그런데 바울은 사도의 직무를 말로만 복음을 전파하는 것으로 진술하지 않는다.

그는 4:5에서 "그리스도 예수의 주 되신 것"과 "예수를 위해 우리가 너희의 종 된 것"을 전파한다고 진술한다. 이것은 복음을 전파하는 데 있어서 말로 하는 설교만이 아니라 섬기는 종의 모습을 보여 주는 설교를 하고 있다고 말하는 것이다. 이것은 말씀과 삶이 분리된 설교가 아니라 '보여 주는 설교'로서의 사도의 삶도 포함된다는 것을 의미한다. 그는 자신이 전하는 말씀과 그것을 바탕으로 한 삶의 모습을 분리해 보지 않고, 행위와 말씀이 하나가 된 설교가 복음을 전하는 진정한 메시지로 본 것이다. 즉 말씀이 삶으로 전환되어야 함을 의미한다.

다시 고린도후서 5:19로 돌아가서 '화목의 말씀'은 시편 105:25-36에 진술되는 하나님의 '심판의 말씀'(시 105:26-28)과 대조되는 암시로 보인다.[125] 이 단락은 출애굽기 3-12장에서 하나님께서 그의 종 모세와 아론을 통해 그의 대적들인 애굽에게 하나님의 심판의 '말씀'을 전하고 행하신 것에 관한 내용을 상기시킨다. 이것은 고린도후서 3:9의 옛 언약 아래서 모세의 직분 가운데 하나인 '정죄의 직분'을 어느 정도 상기시킨다. 그

---

125 Hafemann, 『고린도후서』, 284-5.

에 반해 바울은 자신의 사도직을 하나님의 종으로서 화목의 말씀을 전하는 직분으로 인식한다.

그런데 앞에서 언급했듯이 고린도후서 5:19의 화목 사상을 5:14-21 문맥 안에서 읽게 되면, 이 사상은 자신의 사도직과 관련해 '관계 변화'에 대해 진술하고 있는 것을 알 수 있다. 바울의 '화목 사상'은 자신이 전하는 복음을 받아들이지 못해 하나님과의 관계가 무너져 가는 고린도 교인들을 향한 회복의 메시지이다.[126] 그는 고린도교회가 하나님의 새 언약 공동체로서의 위치를 잃어버리고 변질될까 염려하는 목회자의 마음으로 화목 사상을 전한 것이다.

특히 바울은 새 언약의 성취 개념에서 새 시대의 도래 가운데 자신의 사도적 사역을 인식한 것이기에, 그에게 있어서 '말씀 선포'는 그리스도 안에서 사는 삶을 증거하는 것이 된다. 이런 이해를 근거로 바울은 자신의 사도직을 하나님의 화목 사역에 동참하는 자, 그 사역을 이루신 그리스도를 대신하는 사신, 사도의 정체성과 그 위치를 명확하기 위해 '말씀 선포' 자로 인식한 것이다.

이처럼 바울은 복음 전파를 위한 '말씀 선포,' 특히 '화목의 말씀 선포'를 사도의 직무의 중요한 전략 가운데 가장 주력하는 사역으로 여기고 있다(참조, 살전 2:4; 딤후 1:11).[127] 그는 자신의 직분을 그리스도께 받은 구원의 복음을 가감 없이 전달하는 것을 일차적인 책임으로 여기고, 그 '복음을 전하는 전달자'로 충실히 인식하고 있다.[128] 그뿐 아니라 그는 그리스도께

---

126 한천설, "하나님의 의의 표현으로서의 그리스도의 죽음," 79-80.
127 Soeren Aabye Kierkegaard, "Of the Difference between a genius and An Apostle," in *The Present Age and Two Minor Ethico-Religious Treatises*, (New York: Oxford University, 1940), 160; cited in 강창희, "바울의 사도직 이해," 109.
128 Ibid., 109-10.

서 하신 화목 사역의 동참자로 사도의 삶을 '보이는 설교'를 통해 사역을 수행한다고 인식한다. 이로써 바울은 자신의 사도직을 '하나님의 말씀의 전달자,' '복음의 전파자'로 인식한다.

3) 하나님과 함께 일하는 일꾼

고린도후서 6:1에서 "하나님과 함께 일하는 자"로 번역된 헬라어 '쉬넬군테스'(συνεργοῦντες)[129]는, 바울이 사용한 쉬넬그-(συνεργ-) 어군을 살펴본 결과, '하나님과 함께'라는 독법을 지지해준다. 이 단어는 고린도전서 3:9에서 "하나님의 동역자"(θεοῦ συνεργοί), 데살로니가전서 3:2에서 "그리스도의 복음을 전하는 하나님의 일꾼"(συνεργὸν τοῦ θεοῦ ἐν τῷ εὐαγγελίῳ τοῦ Χριστοῦ)으로 나온다. 이를 볼 때 바울에게 있어서 "하나님과 함께 일한다"라는 개념은 생소한 것이 아니다.[130]

이 호칭은 바울이 자기 스스로에 힘으로 사도의 직무를 수행하는 것이 아니라 전적으로 하나님에 의한 것이라고 의미한다(5:18, 19, 20, 21).[131] 즉 바울의 사도직의 근원은 하나님이시다. 이것은 바울의 사도적 사역이 전적으로 묵시론적-종말론적인 하나님의 구속 행위에 의한 것을 함의한다.[132]

그런데 고린도후서 6:4에 나오는 "하나님의 일꾼"(θεοῦ διάκονος)이란 호칭은 로마서 13:4에는 "하나님의 사역자"로 번역되어 나온다. 이 본문에서의 의미는 세상의 다스리는 자(롬 13:3) 혹은 권세자(롬 13:1-2)를 가리킨

---

129 "하나님과 함께 일하는 자"(한글성경 [개역개정, 개역 등]); 참고. "God's fellow workers"(NIV).
130 Hughes, 『고린도후서』, 216; Martin, 『고린도후서』, WBC 40, 367.
131 Hafemann, 『고린도후서』, 283-4.
132 류호영, "성경 해석의 관점," 230.

다(참고, 사 45:1; 렘 25:9; Wisd Sol 6:4).[133] 고린도후서 6:4에서는 "하나님의 종"[134]의 개념으로 바울이 자신을 사도로 '자천'(συνιστάντες ἑαυτοὺς)할 때에 이 호칭을 사용한다.[135] '자천'은 고린도후서 3:1의 '천거'(薦擧, 또는 추천) 문제를 상기시킨다. 고린도후서 6:4의 자천은 바울 자신의 사역을 증빙자료로 제시한다.[136] 추천의 내용은 고린도후서 6:4b-10의 사도의 역설적인 삶의 모습에 대한 목록표다.[137]

이 역설적 삶의 증표는 바울이 사도로서 '그리스도 안에 있는 사람'이며(고후 10:7; 12:1; 참고. 빌 3장), '내게 능력 주시는 하나님'에 의해 사도직을 수행하고 있음을 암시한다(12:9-10; 고전 2:5; 빌 4:11-13; 참고. 삿 7:2).[138] 여기서 바울은 영광과 십자가를 동일한 주제로 놓고 있다. 이것은 바울이 자신의 사도직을 묵시론적-종말론적이고 구속사적 관점에서의 예수 그리스도의 죽음과 부활이라는 개념 아래 자신의 사도직을 논증한 것을 보여 준다.

---

133 Dun, 『로마서(하)』, WBC 38B, 418.
134 Martin, 『고린도후서』, WBC 40, 378-9.
135 συνεργοῦντες는 συνιστάω의 1인칭 복수 현재분사형으로 ἑαυτοῦ와 함께 사용해 '자천'으로 해석된다. 이 두 단어가 함께 사용된 곳은 롬 5:8; 고후 3:1; 4:2; 5:12; 6:4; 7:11; 10:12, 18이다. TDNT, Vol. 7, 896과 BAGD, 790에는 고후 6:4에서 이 단어가 "스스로를 입증하다"라는 의미가 강하고, 이 용례와 유사한 것은 갈 2:18이라고 한다. συνιστάω는 눅 9:32; 롬 3:5; 5:8; 16:1; 고후 3:1; 4:2; 5:12; 6:4; 7:11; 10:11, 18; 12:11; 갈 2:18; 골 1:17; 벧후 3:5에 나온다. 동의어는 συνίστημι, συνιστάω 등으로 구성하다, 존재하다, 연합시키다, 추천하다, 나타내다 등의 의미를 내포한다. 이 단어들은 바울에 의해 자주 사용된다.
136 Kruse, 『고린도후서』, 190; Barrett, 『고린도후서』, 238-9.
137 Martin, 『고린도후서』, WBC 40, 361-5는 고후 6:4b-10에서 바울이 하나님의 일꾼으로서의 사도직을 전치사적 표현을 사용해 설명하고 있다고 본다.
138 빌립보서 4:10-13에 있는 내용에 대해 Lietzmann은 고린도후서와 유사한 정서를 표현한 것으로 본다고 해석한다. 하지만 Martin 자신은 안분자족(Self-sufciency)에 대한 의미가 더 강하다고 본다: Ibid., 400. 김정훈은 이와 관련해 "하나님의 일꾼"이라는 호칭이 하나님의 능력을 나타내는 자라는 의미도 함축되어 있다고 주장한다: 김정훈, 『바울서신 연구』, 245.

"하나님과 함께 일하는 자"와 "하나님의 일꾼"이라는 묘사에서의 종말의 의미는 고린도후서 6:2에서의 반복적으로 '때'(καιρός), '날'(ἡμέρα), '지금은'(νῦν)이라는 시간을 나타내는 단어와 두 번의 '보라'(ἰδού) 등의 종말과 관련된 단어들의 사용을 통해 알 수 있다.

첫째, '보라'(ἰδού)[139]는 이사야 42:9; 43:19; 65:17-18을 배경으로 한 요한계시록 21:5에서 찾을 수 있다. 여기에는 종말론적 새 창조 개념이 진술된다.[140] 고린도후서 5:17의 '보라'(ἰδού)는 종말론적으로 그리스도에 의한 하나님의 새 창조 행위에 의한 새 시대의 도래를 가리킨다.[141]

둘째, 고린도후서 6:2의 '지금'(νῦν)은 복음이 주어진 때, 시간을 의미하기도 하지만 그것에 대한 책임의 의미를 나타내기도 한다.[142] '때'의 주제는 고린도후서 5:16과 연결돼 이사야 48:6을 상기시킨다.[143]

---

139 *BDAG*, 468은 "보라"(ἰδού)라는 단어가 주로 말에 활기를 주기 위해나 독자 혹은 청취자의 주의를 환기시키고 강조하기 위해 사용된다고 한다. The Anchor Bible : v. 32A, 315는 LXX에 이 단어가 엄숙한 선언문에 사용한 것으로 나온다. 때때로 이 단어는 중요한 신학적 메시지를 전달하고자 할 때 사용된다. 바울서신은 롬 9:33; 고전 15:51; 고후 5:17; 6:2, 9; 7:11; 12:14; 갈 1:20 등에 나온다.

140 Ibid., 289. 이 개념은 롬 9:33에도 찾을 수 있다. 이것은 주어진 약속에 대한 계시가 진술된 사 28:16을 인용한 것이다. 여기서는 사 28:16의 '돌' 개념을 인용해 메시야적 해석을 제공해 준다: Dun, 『로마서(하)』, WBC 38B, 153.

141 Martin, 『고린도후서』, WBC 40, 345-6은 "보라"를 "새 것"의 개념과 같이 그리스도 안에서의 새 시대의 도래를 가리키는 것으로 종말론적 언약의 성취 개념이 강한 것으로 해석한다.

142 Ibid., 373-5. 김판임, 『고린도후서』, 168-9는 바울이 "지금"이라는 단어로 그리스도 안에 이루어진 구원의 현재를 강조한다고 한다. 그리고 이사야를 바울서신과 공관복음서 그리고 쿰란 문헌에서 즐겨 인용하던 것은 그들의 현재를 이해시키기 위한 것이라고 한다. 이사야서의 종말론적인 내용은 쿰란-에세네파 공동체나 그리스도교 공동체에서 자신들의 때를 종말론적으로 해석하는 데 즐겨 사용한다.

143 Hafemann, 『고린도후서』, 289는 바울이 이 두 곳 외에도 이 단어를 특히 구원의 때를 언급하기 위해 사용한 것으로 본다(롬 3:21; 5:9, 11; 8:1; 11:30; 13:11; 갈 2:20; 4:0).

고린도후서 5:16-17에서 "때"의 개념은 새 시대 속에 사는 새 창조된 자로서의 변화를 통해 궁극적인 완성에 이르는 구원의 때를 가리킨다. 또한, "때" 개념은 종말론적인 실존[144]을 의미하는 것으로 '여호와의 날'이 도래했음을 선포하는 것이다.[145] 곧 복음을 믿는 자는 생명이, 거부하는 자에게는 죽음이 임박했음을 암시한다(고후 2:15-16). 이상으로 바울은 이 단어들을 통해 자신의 사도직을 구원과 관련한 종말론적 긴급성을 가진다는 것을 암시한다.

마틴(Martin)은 고린도후서 5:16-17과 6:1-2의 새 창조와 구원의 때에 대한 "한 개인의 죄 사함에 의한 새롭게 된다는 의미가 전혀 없다"라고 주장한다.[146] 물론 이 단락들에서 바울은 공동체적 구원을 강조하고 있다. 공동체적 구원은 고린도후서 6:16-18에서의 "나의 백성" 됨에 의해 그 의미가 뒷받침된다. 하지만 종말론적 언약과 구원의 이해 아래 개인적 구원은 바울이 체험한 것을 고백했듯이 분명히 전제된다.[147] 따라서 바울에게 구원의 때란 새 언약의 성취 개념에서 하나님 나라 개념의 구원을 믿음으

---

144 Barrett, 184는 고후 5:16-17의 "때" 개념을 "종말론적 실존"이라고 주장한다. Martin, 『고린도후서』, WBC 40, 375는 이 의미를 가져와 "하나님께서 구원의 능력으로 행하기로 선택하신 때(καιρός)로 나아가는 길을 여셨다"라고 해석한다.
145 Ibid.; 375. Lehman, 『성경신학 I』, 435-6은 구약에서 "여호와의 날"이 심판의 때를 의미한다고 한다. 하지만 심판의 날이 가면 새로운 시대(날)의 구원의 때가 도래할 것이다. 이러한 예언의 구조는 요엘, 호세아, 아모스 그리고 이사야의 메시지들을 반영한다. Nolland, 『누가복음(상)』, WBC 34A, 118-9는 신약에서 특히 막 1:15에서 "때"의 개념이 그리스도의 언약 성취와 왕국의 도래라는 종합적이고 병행적 선언을 나타낸다고 한다. 그리고 이어 회개와 믿음이라는 역설을 통해 '여호와의 날'의 도래, 곧 구원의 때를 가리킨다. 바울은 이러한 구약과 신약(특히 복음서)의 이해와 동일하게 고린도후서 6:2에서 "날"의 개념을 나타낸다.
146 Martin, 『고린도후서』, WBC 40, 346.
147 Barrett, 『고린도후서』, 237-8은 이에 대해 "바울이 말한 현재 결단의 때란 종말론적 결단과 관련된 믿음에 의한 매 순간의 실존적 결단의 때를 의미한다"고 이해한다.

로 인해 개인적인 구원으로 향유(享有)하게 되는 것을 의미한다.

이상으로 고린도후서 6:1의 "하나님과 함께 일하는 자"와 6:4의 "하나님의 일꾼"은 "하나님과 함께 일하는 일꾼"으로서 '이미와 아직'이라는 개념 아래에 지금 현재 도래한 실현된 종말론적 이해를 바탕으로 사도직을 설명한 것이다. 바울이 말하는 '하나님에 의해' 일하는 '하나님의 종'으로서의 '하나님의 일꾼'은 현실적인 삶을 통해 고난을 이기는 하나님의 능력을 보여 주는 직분이다. 그는 자신의 사도직에 의해 구현된(이미 종말론) 그리고 구현될(아직 종말론) 하나님의 나라, 즉 새 언약 공동체를 통해 이루어질 하나님의 나라를 소망으로 둔 직분이다.

이처럼 "하나님과 함께 하는 일꾼"은 현실 속의 고난과 미래에 주어질 영광 가운데 사역을 감당하는 직분(고후 2:16; 3:5)을 의미하며, 그리스도의 죽음과 부활로 말미암아 복음을 실행하는 자가 되었다는 것을 암시한다.

4. 결론

본 장에서는 바울이 고린도후서 5:11-6:4a에서 자신의 사도직을 그리스도와 관련해 논증하고 있는 것을 살폈다.

첫째, 바울이 자신의 사도직을 "그리스도를 대신하는 사신"(고후 5:20)으로 묘사하며 그 동기와 근거를 그리스도와 관련해 제시한 것을 살폈다.

우선, 사도직의 신학적 동기에 대해서는 바울이 "그리스도의 사랑"과 "주의 두려움"으로 묘사한 것을 살폈다. 이 표현들은 사도의 직무가 한편으로 안전과 보호가 보장되고, 다른 한편으로 헌신을 요구받는다는 의미다. 바울은 이 신학적 동기를 통해 심판 주 그리스도께서 십자가 죽음으로 그 사랑을 구현하셨듯이 자신도 그의 사랑을 동기로 사도직을 수행하고 있다고 밝힌 것이다.

다음으로, 바울이 사도직의 신학적 근거로 제시한 "그리스도의 죽음과 부활"을 통해 말하고자 하는 바를 살폈다. 그리스도의 죽음에 대해서는 그리스도의 십자가 죽음과 그에 미치는 영향에 대해 살폈다. 그리스도의 십자가 죽음은 구약과 유대, 헬라 사상과 근본적 배경을 같이 한다. 하지만 각 서신서의 상황에 따라 다르게 진술된다. 고린도후서 5:14-21의 그리스도의 죽음은 대속적 의미를 가진 하나님에 의한 계획으로 진술된다. 그리스도의 죽음이 미치는 영향은 전 우주적 차원에서 모든 사람에게 열려 있으나 하나님 안에서 그리스도를 믿음으로 공유된다.

바울이 이해한 그리스도의 부활에 대해서는 고린도후서 5:15에 묘사된 "죽었다가 다시 살아나신 이"에 대한 용례(롬 6:8-10; 8:31-34; 고전 15장)와 그에 미치는 영향에 대해 살폈다. 그 결과 그리스도의 죽음과 부활은 분리해 이해할 수 없다는 것을 알 수 있다. 그리스도의 십자가 죽음에 의한 대속 사역은 부활로 인해 완성된다.

이와 같이 바울은 그리스도의 죽음과 부활을 자신의 사도직과 관련해 하나님의 주권적 구원사와 연결한다. 다시 말하면 바울이 인식한 사도직은 기독교 복음의 진리를 전하는 직분인 것이다. 따라서 바울에게 있어서 그리스도의 죽음과 부활은 사도직의 성경신학적 근거로 그의 사역에 대한 평가와 잣대가 된다.

둘째, "하나님의 새 창조 사역"과 "화목 사역"의 참여자로 인식하고 있는 바울의 사도적 사역에 대해 살폈다.

우선, "하나님의 새 창조 사역의 참여자"에 대해서는 새 창조 개념으로 묘사된 "새로운 피조물," "새 것," "그리스도 안에," "이제부터"를 살피고, 그로 인한 인식과 삶의 방식 전환에 대해 살폈다. 그 결과 바울이 새 창조 개념을 구속사적 관점에서 그리스도의 죽음과 부활의 결과로 이해한다는 것을 알 수 있다. 이것은 하나님의 창조 행위로, 그 시점은 종말론적 관점에서 '이미와 아직'이라는 긴장 속에 지속된다.

새 창조적 삶은 옛 시대와 새 시대의 전환점에서 새 시대를 공유하는 삶을 의미한다. 그 대상은 그리스도 안에 있는 자 모두를 포함한다. 따라서 바울이 이해한 새 창조는 미래의 소망이며 동시에 현존하는 실재가 된다.[148]

또한, 결과론적으로 바울이 이해한 새 창조는 성령과 믿음에 의해 그리스도에 대한 인식의 전환과 그로 인한 삶의 방식에 대한 전환을 의미한다. 바울은 새 창조의 역사가 먼저 자신에게 발생했다고 진술한다. 이로써 바울은 자신이 사도로서 새 언약 아래 하나님 나라 운동에 참여자가 된 것이다. 이것은 바울이 자신의 사도직을 "그리스도의 대신하는 사신"으로서 "하나님의 새 창조 사역에 참여한 사역자"로 인식한 것이다.

다음으로, 바울의 "하나님의 화목 사역에 참여자"로서의 사도직에 대해서는 화목에 대한 바울의 이해와 화목하게 하는 직분 그리고 말씀에 의한 사역에 대해 살폈다.

바울서신에 "화목"은 로마서 5:10-11, 11:15, 고린도전서 7:11, 고린도후서 5:18, 19, 20에 나온다. 이 용례에서 "화목"은 동일하게 하나님께서 그리스도의 죽음을 통해 성취한 것을 표현한 것이다. 이 개념은 에스겔 37:24-28의 화평의 언약을 반영한 것으로 언약의 통일성이라는 이해 아래에서 해석된다. 바울에게 있어서 화목 개념은 그리스도의 사랑, 그리스도의 대속적 죽음, 하나님의 의, 새 창조 등의 개념들과 상호 교호적으로 사용된다. 따라서 바울의 화목 개념은 언약의 이해 아래에서 종말론적인 구원론에 대한 결과론적인 신학적 표현이다.

---

[148] 홍인규, 『바울신학 사색』, 309.

이와 같은 화목 개념은 고린도후서 18-20에서 그리스도의 대속적 죽음에 의한 하나님의 화목 사역, 화목의 직분자들에 의한 화목의 메시지 선포, 믿음으로 화목자라는 주제로 이어진다. 바울은 이 사상을 근거로 하여 자신을 하나님께 부여받은 "화목하게 하는 직분"자이며, "화목의 말씀"을 전하는 "그리스도를 대신한 사신"으로 인식한다. 이것은 하나님의 화목 사역을 성취시키는 그리스도의 구속 사역에 참여하는 직분이라는 이해를 바탕으로 한다.

"말씀"에 의한 사역은 화목 사상에서 비롯된 것으로, 구원의 복음 전파 사역자로 인식한 것이다. 이 직분은 하나님에 의해 규정된 목회적 차원에서 주어진 것이다. 바울은 말씀에 의한 사역을 사도직의 직무 가운데 가장 중요한 직무의 하나로 인식한다. 그는 고린도교회 교인들에게 이 직무를 사용해 하나님과 화목할 것, 그의 사도권과 그가 전하는 복음을 받아들일 것을 권면한다.

셋째, 바울이 자신의 직분을 "하나님과 함께 일하는 자," "하나님의 일꾼"으로 묘사한 것을 살폈다. 이 직분은 새 창조와 화목 사역과 관련해 모두 하나님에 의한 것을 의미한다. 바울은 이 직분을 '이미와 아직'의 종말론적 긴장 아래에서 자신의 사도직을 수행하고 있다고 인식한다. 이것은 사도직이 현실적인 삶 속에서 고난을 이기는 하나님의 능력을 나타내며, 종말의 때에 하나님의 나라를 소망으로 둔 직분이라는 의미다. 다시 말하면 "하나님과 함께 일하는 일꾼"이란 그리스도의 죽음과 부활로 말미암은 복음을 실행하는 자로서 현실 속의 고난과 미래에 주어진 영광을 바라보고 사역을 수행하는 직분을 말한다.

이상으로 바울은 자신의 사도직에 대한 신학적 동기와 근거를 언약의 성취 개념 아래 그리스도의 대속적 죽음과 부활의 이해 아래 제시하고, 그로 말미암은 하나님의 새 창조와 화목 사역에 참여자로 자신의 사역에 대해 논증한다. 이처럼 "그리스도의 일꾼"에 대한 진술은 하나님의 구속사를 이루는 종말론적인 언약의 성취 개념을 반영한 것이다.

제6장

중매자로서의 참된 일꾼

1. 서언

고린도후서 10-13장은 1-7장과 달리 강력한 논증적 어조로 바뀌며, 그의 대적자들에게는 경고를, 그들에게 미혹되고 흔들리는 고린도교회에는 강한 권면을 한다. 바울은 이런 진술 가운데 자신의 사도직 참됨을 다양한 방식으로 논증한다.

특히 고린도후서 11장에서 바울은 그리스도와 고린도교회 관계를 정혼 관계로 비유하며 자신의 사도직을 "중매자"(11:2)라는 은유적 표현으로 설명한다. 이때 그는 자신의 대적자들을 "뱀"의 존재로 비유하며, 그리스도와 고린도교회의 정혼 관계를 유지하고 보호하려고 노력하는 그의 중매 사역의 방해자들로 본다(11:13-15). 이것은 바울이 그리스도와 교회 관계와 사도직의 역할 그리고 그의 대적자들에 대해 "결혼"이라는 언약 공식 안에서 종말론적으로 설명하고 있는 것이다.

바울은 자신의 사도성과 그의 사역의 참됨(12:6; 참고. 7:14)을 논증하기 위해 그의 대적자들이 공격한 방식과 주제를 따라 "약함"의 주제(11-13장)

를 사용한다. 그리고 그는 그의 고린도후서 6:4b-10의 "사도의 삶의 모습"을 통해서도 제시한다. 이 단락에서 바울의 역설적인 표현들과 전치사 구들은 그의 사도직을 "참된 일꾼"으로 논증한 것이다.

이에 필자는 바울이 11장에서 자신의 사도직을 결혼 메타포(metaphor)를 사용해 "중매자"라고 인식하며 제시한 것들과 자신의 사도성과 그 사역의 참됨을 논증하기 위해 진술한 본문들을 찾아 살필 것이다.

2. 중매자

바울은 고린도후서 11:2에서 결혼 메타포(metaphor)를 통해, 자신의 사도직을 "중매자," 교회를 "정결한 처녀인 너희," 그리스도를 "한 남편으로서의 그리스도"로 표현한다. 그리고 자신의 대적자들을 중매 사역의 방해자들로 묘사한다. 이에 필자는 고린도후서 11장을 중심으로 바울이 자신의 사도직을 논증하며 비유로 제시한 것들을 연구함으로써 그 신학적 의미를 파악해 보고자 한다.

1) 정혼 관계인 고린도교회와 그리스도

고린도후서 11:2에 정혼 관계로 제시된 교회와 그리스도에 대해 다음과 같이 살펴봄으로써 그 관계에 대한 신학적 의미를 파악해 보고자 한다.

첫째, 교회를 비유한 "정결한 처녀인 너희"에 대해서는 이 비유와 관련된 표현들과 용례들 그리고 "그리스도의 신부로서의 교회"에 대해 유의미한 정보를 주는 에베소서 5:22-32을 살펴볼 것이다.

둘째, "한 남편으로서의 그리스도"에서는 예비 신랑으로서의 "그리스도"와 "한 남편"에 대해 살펴볼 것이다.

(1) 정결한 처녀인 "너희"

고린도후서 11:2에 고린도교회를 비유로 제시한 예비 신부로서의 "정결한 처녀"(παρθένον ἁγνὴν)에서 처녀(παρθένος)는 일반적으로 '결혼하지 않은 여자'라는 의미를 나타낸다.

이 단어는 70인역에서 제의적 용법으로 사용할 때에 '순결한'이라는 의미를 나타내기도 하고(2Macc. 13:8), 때로는 내적 태도(잠 20:9)와 정결을 가리키기도 한다(4Macc. 18:7-8).[1] 신약에서 이 단어는 8번 사용되는데,[2] 그 의미는 도덕적 순결(딤전 5:22; 약 3:17; 요일 3:3), 깨끗함, 죄 없음(고후 7:11), 정결(고후 11:2) 등의 의미를 나타낸다.[3] TDNT에는 고린도후서 11:2에서 '처녀'가 비유적 용법으로 그리스도와 약혼한 예비 신부를 의미하는 것으로 이해한다.

---

[1] BDAG, 13은 "정결한"(ἁγνός)이라는 단어가 원래 종교적 용어로 신의 특성과 그에 속한 모든 것을 표현하는 데 나오고, 그러다가 점차 도덕적인 표현으로 전환된 것으로 해석한다. TDNT, Vol. 1, 122; G. Kittel, 17은 LXX에서 제의적 용어에 적절한 단어로 ἁγνός보다 καθαρός가 사용된다고 한다. ἁγνός은 LXX에 11번 사용되고 히브리어 טָהוֹר 혹은 זָכָה를 번역한 것으로 나온다.

[2] ἁγνός는 고후 7:11(깨끗함); 11:2(정결한); 빌 4:8(정결한); 딤전 5:22(정결한); 딛 2:5(순전한); 약 3:17(성결한); 벧전 3:2(정결한); 요일 3:3(깨끗한): '디럭스바이블'. 이 외에도 '정결'이란 단어와 같은 의미로 사용되는 단어는 온전, 정결, 거룩 등이다. 이 단어들은 구약의 언약 공동체가 하나님께 나갈 수 있는 최선의 조건으로 제시되는 제의적 용어다. 즉 새 언약 공동체로서의 참예배자의 정체성을 나타낸 것이다: 민경애, "히브리서 10:1-18," 55-8.

[3] TDNT, Vol. 1, 122; Kittel, 17.

고린도후서 11:2에서 '정결함'(ἁγνός)은 3절의 '진실함'(ἁπλότητος)⁴과 '깨끗함'(ἁγνότητος)⁵에 의해 그 의미가 강화된다. 고린도후서 11:3은 창세기 3:1-21에 나오는 뱀의 간계(πανουργία)⁶에 미혹된(ἐξαπατάω) 하와의 이야기를 빌려와 대비시킨다. 이 대비 구조를 통해 바울은 뱀의 간계로 미혹당한 하와와 하나님과의 관계를 옛 관계로, 정결한 신부인 교회와 그리스도와의 관계를 새 관계로 나타낸다.

특히 본 구절의 "정결한 처녀"는 구약에서 하나님의 신부로서의 이스라엘(사 49:18; 54:5-6; 62:5; 호 2:14-20)⁷에게 요구됐던 '거룩한' 백성을 반영한 것으로 보인다(참조, 레 11:44-45; 19:2; 20:7, 2; 21:8, 15; 22:9, 16, 32; 히 10:19-

---

4   ἁπλότητος(진실함)는 신약에 8번 나온다(롬 12:8[성실함]; 고후 1:12[거룩함]; 8:2[연보]; 9:11[연보], 13[연보]; 11:3[진실함]; 엡 6:5[성실함]; 골 3:22[성실함]). 이 가운데 고후 1:12에는 꾸밈없이 '말하다'는 의미로 쓰이고, 고후 11:3에서는 그리스도께 향한 '신실'이라는 의미로 쓰인다. 한글성경에 연보라고 번역된 것은 '아무 다른 생각 없이 행해지는 선한 일'이라는 뜻을 가진다: Walther Bauer, 『바우어 헬라어사전』, 161-2.
5   Martin, 『고린도후서』, WBC 40, 640은 고후 11:3에서 ἁπλότητος(진실함)와 ἁγνότητος(깨끗함)가 사본마다 다르게 나타나는 문제에 대해 자세하게 설명한다. 어느 사본들은 ἁγνότητος(깨끗함)가 생략되기도 하고(א° D° H K P ψ lat syr^p,h arm), 어느 사본에는 다 사용되기도 하며(P⁴⁶ א* B G syr^h cop^sa,bo goth eth), 또 어느 사본에는 반대 순서로 나오기도 한다(D* it^d Epiphanius). 생략되는 경우는 "유사종결"(homoeoteleuton)에 의한 것이다. 하지만 이 역시 완전한 해명이 되지 못한다. 하지만 11:3의 이 두 명사는 2절의 정결한(ἁγνός)에서 비롯된 것으로 보인다.
6   고린도후서 11:3의 뱀의 "간계"는 창 3:1을 반영한 것이다. 창세기의 "간교하다"는 MT에서 עָרוּם으로 나온다. עָרוּם은 구약에서 11번 사용된다: 창 3:1; 욥 5:12; 15:5; 잠 12:16, 23; 13:16; 14:8, 25, 18; 22:3; 27:12. LXX에서 עָרוּם는 헬라어 φρόνιμος로 번역된다. φρόνιμος는 신약에 14번 정도 나온다: 마 7:24; 10:16; 24:45; 25:2, 4, 8, 9; 눅 12:42; 16:8; 롬 11:25; 12:16; 고전 4:10; 10:15; 고후 11:19. 창세기 3:1의 간교함은 부정적 강세가 강하게 드러나며, 이와 유사한 용례는 욥 5:13에서 찾을 수 있다: TDNT, Vol. 9, 224, 234.
7   그리스도와 약혼한 고린도 교인들의 비유는 구약에서 말하는 하나님과 이스라엘과의 약혼관계를 상기시킨다(참고, 사 50:1-2; 54:1-8; 62:5; 렘 3:1; 겔 16:23-33; 호 2:19-20 등): Hafemann, 『고린도후서』, 495.

23; 12:28; 23:16; 벧전 1:16 등).⁸ 구약의 '거룩' 개념은 하나님과 이스라엘 백성 간의 언약을 상기시키고 새 언약을 바라보게 한다(겔 36:16-25).⁹ 하나님과 이스라엘 백성 간의 언약은 이제 그리스도와 고린도교회로 인해 성취되었고 궁극적으로 완성될 것이다.

바울은 이처럼 "정결한 처녀"라는 비유적 표현을 통해 하나님의 백성으로서 교회를 새로운 피조물(고후 5:17), 새 것(고후 5:17)으로 묘사한다. 이것은 고린도후서 3:18의 "그와 같은 형상으로 변화하여 영광에서 영광에 이르게 되는 것"을 상기시킨다. 이처럼 바울은 "정결한 처녀"에 대해 '이미' 선택된 정혼자로, 그러나 '아직'의 종말 때에 그리스도와의 결혼식을 앞둔 예비 신부로 이해한다. 그리고 언약 당사자는 교회를 가리킨다. 이로써 바울은 고린도교회가 결혼할 한 남편인 그리스도를 향해 정결한 처녀(고후 11:2)로서 진실함과 깨끗함을 지켜야 할 의무가 있다고 진술한 것이다(고후 11:3; 7:1).

따라서 본 구절에서 정결한 처녀인 '너희'는 우선적으로 고린도교회를 가리킨다.¹⁰ 이것은 교회가 그리스도와의 약혼과 앞으로 종말론적 완성에

---

8   "거룩"(קדש)은 레위기에서 유기적 연쇄 반응(거룩한 자-거룩하게 하시는 자-거룩함을 입은 자-거룩함을 입는 자-거룩케 하는 자)으로 묘사된다. 이런 "거룩" 개념은 신약에서 성도로 부르심을 받은 모든 자(롬 1:7; 히 2:11; 갈 3:27), 그리스도로 옷을 입은 자(요 3:5; 행 10:9-16; 고전 6:11; 12:13; 엡 5:26; 딛 3:5; 히 1022; 요일 5:6-8; 벧전 1:19; 계 7:14). 성령의 충만한 내주와 새롭게 하심을 입은 자(엡 5:18) 등으로 묘사된다: 민경애, "히브리서 10:1-18," 109-12.
9   쿰란 공동체에는 성령을 정화와 정결의 이미지로 연결해 사용한다(1QS 3:7; 4:20-21; 1QH 16:12). 이들은 공동체 입문에 이와 같은 정결 의식을 요구하며(1QS 1-4장), 율법과 공동체 규칙을 지키고 하나님을 찾는 것을 목표(1QS 1:1-3)로 삼는다: 조일형, "누가신학에서 '회개의 세례'와 '성령의 세례'의 관계에 관한 연구-누가복음 3:3, 16-17과 사도행전 1:8; 2:38을 중심으로," (미간행 박사 학위 논문, 백석대학교 기독전문대학원, 2013), 144.
10 *TDNT*, Vol. 5, 834; Kittel, 597.

이룰 '결혼' 사이에 지금 살고 있다는 것을 함의한다(참조, 고후 4:14).[11]

필자는 "그리스도의 신부로서의 교회"에 대한 유의미한 정보를 좀 더 제공받기 위해 에베소서 5:22-32을 살펴보고자 한다(계 19:7; 21:2, 9-10; 22:17). 그 이유는 바울이 고린도후서 11:2에서 그리스도의 신부로서 고린도교회를 어떻게 이해하여 자신의 사역을 중매자로 생각하는지를 정확히 파악하기 위해서다. 이 단락은 다양한 은유들을 통해 교회론에 대한 암시를 준다.

김정훈은 이에 대해 우리에게 유익한 정보를 제공한다. 그는 그리스도의 몸으로서의 교회론에 관해 연구하며, 그리스도의 몸 개념이 여러 메타포(metaphors), 즉 머리/몸, 신랑/신부, 사람/자신의 육체, 남편/아내 등에 의해 설명된다고 한다.[12] 특히 에베소서 5:26-27에 나오는 그리스도의 신부인 교회의 정결화는 그리스도의 교회에 대한 사랑을 근거로 한다고 본다(엡 5:25; 고후 5:14). 이것은 그리스도의 희생적 죽음이 교회를 정결케 하고, 영광스런 모습으로 자기 앞에 세우며, 도덕적으로 거룩하고 흠이 없게 지키게 한다는 의미다. 이렇듯 교회의 정결화는 그리스도에 의한 것이다.[13]

이상으로 에베소서 5:22-32과 고린도후서 11:2의 "그리스도의 신부로서의 교회"는 동일하게 그리스도의 희생적 사랑에 의한 교회 정결화를 말한다. 그런데 이 두 본문들은 분명한 차이점을 드러낸다. 에베소서에는 교회의 정결화와 인도와 보호를 그리스도께서 직접 하시는 것으로 묘사한다. 그리고 그리스도의 희생적 사랑을 본받는 교회가 어떻게 살아야 하는지를 부부관계를 통해 설명하고 있다. 반면 고린도후서에서 '그리스도의 신부'라는

---

11 Hafemann, 『고린도후서』, 495.
12 김정훈, "에베소서 5:22-33에 내포된 '그리스도의 몸'의 의미," 「기독신학저널」, 제4호 (2003), 112-3.
13 Ibid., 107-8, 118-120.

주제는 사도의 역할을 수행하는 바울에게 초점을 맞추고 있다. 이때 바울은 자신의 사도직을 "중매자"라는 은유적 표현을 사용한 것이다.

고린도후서 11:3의 '미혹하다'(ἐξηπατάω)[14]라는 표현은 정결한 처녀로서 예비 신부인 고린도교회가 한 남편인 그리스도로 향하게 하는 길에서 외부로부터 방해를 받고 있다는 것을 나타낸다. 외부에서 들어온 방해는 다른 복음(다른 예수, 다른 영)을 전하고 바울을 거부하게 하는 대적자들이다 (고후 11:4). 그들은 그리스도와의 결혼 관계를 파기시키는 미혹자들이다 (고후 11:3). 그들은 특별히 '가장한' 자들[15]이며 '자랑질'하는 자들[16]이다 (고후 10-12장). 바울은 이런 방해자들로 인해 고린도교회에게 그들을 '용납하지'(ἀνέξομαι)[17] 말며, 그리스도를 향한 정결성과 거룩성을 유지하라고 권면한다.

---

14 ἐξηπατάω의 의미는 '속이다,' '유인하다' 등의 의미를 나타낸다. 신약에서는 주로 죄로 '유인한다'는 의미를 나타낸다(롬 7:11; 16:19; 고전 3:18; 고후 11:3; 살후 2:3; 딤전 2:14). 이 단어는 ἀπατάω와 같은 어군에 속한 것으로 그 의미는 동일하다(엡 5:6; 딤전 2:14; 약 1:26): *TDNT*, Vol. 1, 384-5.
15 바울은 고후 11장에서 뱀과 같이 간계로 미혹하려는 자들을 '거짓 사도'요 '속이는 일꾼'이며 '그리스도의 사도로 가장하는 자들'이라고 표현한다(11:13). 그뿐 아니라 '사탄'과 빗대며 '광명의 천사로 가장한 자'(11:14)요 '의의 일꾼으로 가장한 것'(11:15)으로 묘사한다.
16 바울은 고후 10-12장에서 자신이 부득불 자랑할 수밖에 없는 이유에 대해 설명한다. 그것은 바울의 대적자들이 자신의 분수 이상의 자랑질을 하기 때문이다.
17 M.W. Holmes, *The Apostolic Fathers*, 383; *TDNT*, Vol.1, 359은 ἀνέξομαι(용납하다)를 ἀνέχω(ἀνεκτός[ἀννεκτότερος-마 10:15; 11:22, 24; 눅 10:12, 14], ἀνοχή[롬 2:4; 3:26])의 파생어로 제시한다. ἀνέξομαι는 신약에 약 14번 나온다: 마 17:17; 막 9:19; 눅 9:41; 행 18:14; 고전 4:12; 고후 11:1, 4, 19, 20; 엡 4:2; 골 3:13; 살후 1:4; 딤후 4:3; 히 13:22. 이 단어는 고후 11장에 4번 반복해 사용된다. 바울은 이 단어로 시작해 고린도교회가 그의 대적자들의 메시지를 받아들인 것을 문제로 제기한다(11:1). 고후 11:4에서 이 단어는 "to receive"의 의미를 나타내며(딤후 4:3; 히 13:22 = LXX 사 1:13), 11:1, 19에는 "accepting"라는 의미를 나타내기도 한다(Herm. m., 4, 4, 1).

고린도후서 11:2에서는 이런 권면을 받은 고린도교회를 그리스도의 정결한 처녀로서의 예비 신부로 비유한 것이다. 따라서 바울이 섬기는 고린도교회로서의 '교회'는 종말론적 언약의 성취와 궁극적 완성 개념 아래에서 이해되어야 한다. 바울이 말하는 그리스도의 신부의 자격을 가진 교회는 그리스도로 말미암아 성취되고 완성으로 향해 가는 종말론적인 새 언약의 공동체라야 한다는 것을 의미한다.

(2) 한 남편으로서의 "그리스도"

고린도후서 11:2에서 바울은 정결한 처녀의 예비 신랑을 "한 남편(ἑνὶ ἀνδρί)으로서 그리스도"로 묘사한다. 이 표현은 성경에서 여기 한 곳에만 나오는 독특한 표현이다.[18] 이 표현은 여호와 하나님과 이스라엘 백성 간의 계약(언약)관계를 반영한 것이다. 또한, 고린도후서 11:3에서 창세기의 언약을 파기한 하와를 예를 든 것은 언약에 신실하신 하나님을 암시한 것이다(11:3; 창 3:6).

고린도후서 11:3에 인용된 창세기의 하와 이야기에서 그녀의 남편인 아담은 신약에 와서 그리스도로 비유된다. 이것은 고린도전서 15:45과 로마서 5:12-21을 상기시킨다. 물론 고린도후서 11:2에는 위 두 구절과 같이 그리스도와 아담의 관계를 신학적으로 설명하고자 하는 의도가 있어 보이지 않는다. 하지만 바울은 고린도전서와 로마서 본문들에서 아담을 "오실 자의 모형"(ὅς ἐστιν τύπος τοῦ μέλλοντος)으로 보고 있다(참고, 롬 5:14b; 고전 15:45-49).

모형론적 이해를 바탕으로 한 "교회에 대한 그리스도의 아담적 머리 되심"에 대한 진술은 에베소서 5:23에서 발견할 수 있다. 이것은 창세기 1-2

---

18 "한 남편"(εἷς ἀνήρ)이란 표현은 고후 11:2; 딤전 3:2, 12; 5:9; 딛 1:6에 나온다. 이 가운데 그리스도와 관련해서는 고후 11:2 한 곳이다.

장의 아이디어가 반영된 것이다. 김정훈은 창세기 기사에서 아담이 자기 아내에게 생명의 원천이 되며 아담의 적절한 조력자로서 여자를 창조했다는 것을 근거로 제시한 것이 아담의 발생적 우선성과 기능적 우선성을 암시하는 것이라고 주장한다.[19]

그는 에베소서 5:23에 "머리" 개념이 반영된 것이고, 이 개념은 구약의 '머리' 사상과 바울의 아담 기독론[20]에 영향을 받은 것이라고 본다.[21] 김정훈의 이런 주장은 그리스도와 교회를 부부관계 안의 질서로 보게 한다. 즉 교회의 머리 되심의 신랑인 그리스도는 교회에 대해 생명의 근원이요 섬김의 대상으로서 권위를 가진다. 따라서 교회는 그 권위를 갖는 그리스도께 복종해야 한다.[22]

이런 이해로 본다면, 고린도후서 11:2의 정결한 처녀로서의 예비 신부인 교회는 한 남편으로서의 예비 신랑인 그리스도께 그에 대한 권위를 인정하고 복종함으로 충성을 다해야 한다. 그리고 교회는 그리스도께 드려지는 그날(마지막 날)까지 자신의 정결을 진실함과 깨끗함으로 지켜야 한다. 바울은 이런 주장을 강화하기 위해 11:2에서 약혼한 그리스도를

---

19 김정훈, "그리스도의 몸의 의미," 112는 이러한 이해가 창 1-2장을 염두에 둔 고전 11:13 이하와 동일한 아이디어라고 본다.
20 Ibid., 113, 각주 17은 "'그리스도의 몸'에 대한 은유의 배후에 아담 기독론이 서 있으며, '머리/몸' 이미지와도 연관 된다"고 본다.
21 Ibid., 112-3, 각주 15는 고전 11장에서 κεφαλή 용어 사용에서 서열 구조가 보인다고 한다(하나님/ 그리스도/ 남편들/ 아내들). 김정훈은 바울이 창 1-2장을 기본 바탕으로 '남편이 아내의 근원과 조력 대상으로서 그녀에 대한 권위를 갖는다'는 이해를 하고 있다고 본다: cf. E.E. Ellis, *Paul's Use of the Old Testament*, 222-3. 반면 S. Bedale, "The Meaning of κεφαλή in the Pauling Epistles," *JTS* 5(1954), 214-5; R. Schnackenburg, *The Church in the New Testament* (London: Burns & Oates, 1965), 171은 그리스도의 교회 머리되심이 아내와 남편의 관계와 유비되지 않는다고 본다. 이들은 바울의 이 은유 사용이 교회에 대한 그리스도의 주권적 위치를 나타내고자 한 것으로 이해한다: cited in 김정훈, "그리스도의 몸의 의미," 113, 각주 18.
22 Ibid., 112-3.

'한'(εἷς) 남편으로 묘사한 것이다.

"한 남편"에서 '한'(εἷς)²³은 결혼의 특성인 배타성과 독점성과 유일성을 나타낸다. 이는 구약에서 이스라엘의 유일한 남편이 되신(구약의 머리 개념과 같이) 여호와의 특성을 반영한 것이다(사 50:1-2; 54:1-8; 62:5; 렘 3:5-14; 겔 16:23; 호 1-3장 등).²⁴ 즉 완벽한(거룩한) 신랑에 걸맞는 정결한(거룩한) 신부가 요구됨을 의미한다(사 52:1; 54:1-6; 엡 5:22-23; 계 19:7; 21:2, 9; 22:17 등).

'한'(εἷς)은 유일하시고 거룩하신 하나님께 철저한 복종과 순종을 요구당하는 이스라엘처럼, 고린도교회(그리스도를 믿는 자) 역시 신랑에 대해 충성을 드려야 하는 구별성을 가져야 한다는 것을 암시한다. 이는 교회가 오직 그리스도와 하나가 되어야 하고, 그리스도 외에 다른 것과 연합하거나 대체할 수 없음을 강조한 것이다(참고. 골 2:2; 롬 8:9; 고전 1:30; 3:23; 6:17; 8:5; 11:3; 12:12; 갈 2:20; 엡 4:13; 딤전 2:5; 요일 5:1; 5:20 등).²⁵ 바울이 이 용어를 사용한 것은 교회를 주관하시는 분이 그리스도이심을 단언한 것이다.²⁶

다른 한편으로, 고린도교회의 예비 신랑으로서 "그리스도"께서는 언약 공동체로서의 교회에 대한 책임과 보호의 의무를 지신다. 이것은 언약의 주체자이신 하나님의 보호하심과 인도하심으로 표현된 하나님의 사랑과 그리스도의 사랑이 유비된 것이다(롬 8:39).

이상으로 고린도후서 11:2에서 그리스도와 교회의 관계는 그리스도의 대속의 은혜와 하나님의 언약의 신실성을 바탕으로 한 관계를 나타낸다. 이는 고린도교회가 그리스도의 사랑에 연합된 자(롬 5:8; 고후 5:14; 갈 2:20;

---

23 *TDNT*, Vol.2, 434는 εἷς(하나의)가 신약에서 숫자 개념으로 사용되는 것이 드물다고 한다. 이 단어는 단일한, 오직, 독특한, 일치된, 유일한 등의 일반적인 의미를 나타낸다.
24 Martin, 『고린도후서』, WBC 40, 647.
25 Ibid., 648.
26 Ibid., 647.

골 2:2)로 약혼 관계에 있다는 것을 의미한다.

2) 중매 사역

고린도후서 11:2에서 한 남편과 정결한 처녀의 정혼 관계를 비유해 그리스도와 고린도교회 관계를 설명하는 것을 살폈다. 이때 바울은 자신 사도의 직무를 그리스도와 고린도교회를 "중매한다"라는 은유적 표현으로 설명한다. 그리고 그는 이 중매 사역을 "하나님의 열심"에 의한 "열심"으로 한다고 변론한다. 이에 바울이 이해하는 "중매하다"는 의미와 "하나님의 열심"에 의한 "열심"에 대한 의미를 살펴보고자 한다.

(1) "중매하다"의 의미

"중매하다"라는 단어의 헬라어 '헬모사멘'(ἡρμοσάμην)은 '할모조'(ἁρμόζω)의 부정과거형으로 '맞추다'(fit), '연합하다'(join) 등의 뜻을 가진다.[27] 이 단어는 아주 드물게 능동태 대신 중간태로 '정혼하다'라는 의미를 나타낸다.[28] 바울은 본 구절에서 자신을 정결화하는 과정이나 정결케 하는 분에 관심을 집중하지 않는다. 오히려 그는 "중매하는 자"라는 자신의 사도 직분에 집중한다.[29]

---

[27] *BDAG*, 132. ἁρμόζω는 신약 한 곳에만 나온다. 그것은 결혼 이미지로 사용된 고후 11:2이다. 그리고 잠 19:14(LXX)에 나온다("οἴκον καὶ ὕπαρξιν μερίζουσιν πατέρες παισίν παρὰ δὲ θεοῦ ἁρμόζεται γυνὴ ἀνδρί"[집과 재물은 조상에게서 상속하거니와 슬기로운 아내는 여호와께로서 말미암느니라]). 고후 11:2의 ἁρμόζω가 mid. depon로 사용된 경우는 Philo ἡρμόσατο LA 2.67에서 찾아볼 수 있다: O.A. Philo & C.D. Yonge, *The works of Philo : Complete and unabridged* (Peabody: Hendrickson), 45: *BDF*, 6316(3); *BDAG*, 132.

[28] Walter Bauer, 『바우어헬라어사전』, 203-4.

[29] "중매자"에 집중한 바울의 의도는 고후 10-12장에 그의 대적자들에 대한 변증적이며 강한 논쟁적이라는 것을 가리킨다.

이런 역할은 유대의 관례에서 결혼 때까지 신부의 순결을 지켜주어야 하는 신부 아버지의 역할을 반영한다.[30] 고린도후서 11장에서 바울은 자신의 사역을 이와 같이 예비 신부의 아비의 마음과 동일시한다.

여기서는 일부 고린도 교인들이 자신이 전하는 복음을 거부하고 그의 사역 자체를 인정하지 않는 것으로 진술된다. 그는 이로 인해 고린도 교인들이 신앙을 저버리고, 다른 복음, 영, 예수를 받아들일까 염려한다. 그는 이런 염려를 바탕으로 자신의 사역을 "중매자"라는 은유적 표현을 한 것으로 보인다. 다시 말하면 바울은 자신의 사도의 직무를 서약한 신부를 보호하고 지키고자 했던 아비의 마음으로 그들을 섬긴다고 주장한 것이다 (참조, 고전 4:15; 고후 6:13; 12:14; 신 22:13-24).[31]

이런 바울의 주장은 고린도후서 12:14-21에서 고린도 교인들이 그를 교활하고 속임수를 쓰는 자로 오해하고 거부하는 것들에 대해 반론을 제시하는 것에서 찾을 수 있다. 이 단락에서 그는 고린도 교인들을 부모처럼 사랑의 덕을 세우고 두려운 마음으로 대한다고 변론한다. 이런 변론은 고린도 교인들이 그의 대적자들에 의해 영적 간음을 저지르게 될 상황에 노출된 것을 염려하는 데에서도 확인된다. 이것은 바울이 고린도 교인들의 거룩성을 위해 최선을 다해 영적 전쟁을 치르고 있다는 것을 암시한다 (참고. 고후 10:1-6; 13:1-10).[32]

---

30 강창희, 1056; 김판임, 252; 박익수, 324; 전경연, 231; 정성미, "아담과 그리스도에 관한 연구: 로마서 5:12-21의 본문을 중심으로," (미간행 박사 학위 논문, 백석대학교 기독교전문대학원, 2009), 142.
31 Hafemann, 『고린도후서』, 494-5는 고후 11:1의-2a에서 나타난 간청을 질투적 거부의 표현이 아니라 믿음에서 그들의 아비의 마음으로 그리스도와의 중매시키는 결혼, 즉 결혼을 준비시키는 마음으로 묘사된 것으로 해석한다.
32 Ibid., 495.

중매 개념은 요한복음 3:29의 결혼식에 참여한 '친구'에서도 그 연관성을 찾아볼 수 있다. 유대 풍습 가운데 하나인 '쇼스빈'(*shoshbin*)이라는 '신랑의 친구'의 역할이 있다. 이 역할은 오늘날 결혼식의 신랑 신부의 들러리와 흡사하다.[33]

하지만 유대 풍습에서 신부와 신랑의 친구의 역할은 그들 중 몇 명이 새 부부의 신방 앞에서 숫처녀(정결한 처녀)를 맞이한 신랑의 환호성을 듣는 역할이 포함된다. 바울은 이 풍습의 친구의 역할을 중매 개념에 반영한 것으로 보인다.[34] 그렇다면 중매자의 비유는 '친구'들이 정결한 처녀와 합방한 신랑의 기쁨을 함께 하는 것을 암시한다.

요한복음 3:28-30에서 세례 요한은 이 친구의 역할을 자신의 사역으로 비유해 설명한다.[35] 그는 자신의 역할을 증인이라고 표현한다. 그는 자신의 역할이 오실 예수를 기다리며 사람들에게 그에 대해 선포하고 그에게로 이끄는 증인의 역할(요 1:6-8)이라고 말하며 그 역할이 더 확장되어야 한다고 가르친다(요 3:26-29).

---

33 Craig S. Keener, 『성경배경주석(신약)』, 정옥배 외 역 (서울: 한국기독학생회출판부, 2002), 312-3.

34 George R. Beasley-Murray, 『요한복음』, WBC 36, 이덕신 역 (서울, 솔로몬, 2010), 197[idem, "John" (Dallas, Word, Incorporated, 2002)].

35 L. Morris, *The Gospel according to John*, Rev. ed. NICNT (Grand Rapids: Eerdmans, 1995), 213-14; D.A. Carson, *The Gospel according to John* (Grand Rapids: Eerdmans, 1991), 211; CNTUOT 2, 542는 요 3:29이 마 9:15; 막 2:19-20; 34-35에서 예수가 신랑으로 묘사되어 있는 것을 상기시키고 있다고 한다. 이는 구약의 배경인 이스라엘을 여호와의 신부로 묘사한 것이다(참조, 사 62:4-5; 렘 2:2; 호 2:16-20). 그리스도의 신부 이미지는 신약에서 교회에 적용된다(고후 11:2; 엡 5:25-27; 계 21:2, 9; 22:17). 또한, R.E. Brown, *The Gospel according to John*, 2 vols, AB 29A, 29B (Garden city, NY: Doubledy, 1966-1970) 156은 이런 구약적 관점을 반영한 것이 예수가 이스라엘이 기다렸던 왕이며 메시아이심을 제시한 것이라고 한다. 바울은 이 비유를 통해 고후 11:2에서 자신의 사도직에 대해 설명하고 있는 것이다.

이 단락에서 요한은 그리스도가 드러나고 그의 역사하심이 흥하는 것을 보는 기쁨의 충만함을 '쇼스빈'(*shoshbin*)의 기쁨으로 비유한다. 고린도후서에서 바울은 요한복음의 이 비유처럼 고린도 교인들을 그리스도의 신부로 보고, 결혼의 완벽한 완성을 소망으로 바라보는 종말론적 이해[36]로 '중매'라는 개념을 사용하고 있다.

그런데 바울은 자신의 사도직 기능을 아직 이뤄지지 않는 미래의 종말의 때에만 초점을 맞추고 있지 않다. 오히려 그는 지금 약혼 시점에서 다가올 결혼의 완성 사이에 사는 고린도 교인에게 초점을 맞추고 있다(참고, 고후 4:14).[37] 그러기에 그는 자신의 사도직 기능과 역할을 일차적으로 복음을 바르게 전달하는 것으로 인식한다.

이차적으로는 사람의 유전 때문에 부패하고(고후 11:4; 골 2:8), 거짓 사도들에 의해 왜곡되는 것을 방지하고(고후 11:3-5), 그것을 순수하게 보존하는 것으로 인식한다. 바울은 자신이 전할 복음을 오직 하나이며 변하지 않는 진리지만 전파되고 확장되어야 할 것으로 이해한다. 그래서 바울은 자신이 전하는 복음의 내용이 왜곡되는 것과 전파를 방해하는 것에 대해 단호한 거절을 요구한다(갈 1:6-9).[38]

이런 이유로 바울은 자신의 대적자들이 전하는 "다른 예수," "다른 영," "다른 복음"을 용납하고 바울이 전하는 그리스도를 거부한다면,[39] 이것이

---

36 Hafemann, 『고린도후서』, 495.
37 Ibid.
38 G.E. Ladd, 『신약신학』, 498.
39 바울은 고후 10-13장에서 자신의 대적자들의 신학적 입장을 논박하기보다 교회 안에서의 태도와 행동을 문제 삼는다. 그들은 영적 우월감과 교만과 권위주의적 행동으로 교인들로부터 복종과 노예적 예속을 요구하는 자들이다. 이는 영광의 신학에 근거한 승리주의자(triumphalist)의 관점을 가지고, 위험, 권위, 신령한 체험, 능력 등을 가진 것을 참 사도의 특징으로 내세우는 자들이다. 바울은 이런 행동과 태도를 '다른 예수' '다른 영,' '다른 복음'을 전하는 것으로 주장한다. 반면 그 자신은 그리스도의 섬김과 사랑과

야말로 정결한 처녀가 간교한 뱀과 같은 자들에게 미혹되어 부패하는 길을 선택한 것과 같다고 한 것이다. 이런 자들은 그리스도와의 결혼을 온전히 치를 수 없다. 그래서 바울은 장래의 한 남편 되신 그리스도께 고린도교회를 정결한 신부로 들이기 위해 그의 사도로서의 책무를 "하나님의 열심"으로 "열심"을 낸다고 말한 것이다(11:2).

이상으로 고린도후서 11:2의 정결한 처녀인 예비 신부에 대한 비유는 마지막 날에 궁극적인 결혼을 성사시키는 "중매자"로서의 사도직의 역할을 진술하기 위한 것이다. 중매자라는 개념을 통해 나타내는 사도직은 종말론적 관점에서 '이미와 아직' 사이에 삶을 어떻게 살아야 하는가를 가르치고, 인도하고, 보호하는 사역을 의미한다. 즉 바울은 자신의 사도직을 부패하고 파기된 옛 관계를 극복하고 새롭게 갱신된 새 언약 관계를 성사시키는 그리스도의 구속 사역에 동참하는 "중매자"로 인식한 것이다.

그는 자신 역시 거룩하신 하나님의 백성과 자녀로서 거룩함과 진실함과 순전함을 가지고 자신의 사도직을 수행하고 있다고 진술한다(1:12; 2:17; 6:6). 이 사도로서 정결성은 그리스도께서 십자가 사건으로 하나님의 아들이심을 확증하신 것처럼 바울 자신도 고난 가운데 사도의 직무를 수행함으로 증명한다.

(2) "하나님의 열심"에 의한 중매 사역

바울은 고린도후서 11:2에서 정결한 처녀인 고린도교회와 한 남편인 그리스도를 중매하면서 "하나님의 열심"(θεοῦ ζήλῳ)의 "열심"(ζήλῳ)을 낸다

생명을 위해 여호와의 종으로 성육신하시고 고난 받으시고 죽으신 것을 사도의 "본"으로 여긴다. 따라서 그와 다른 것을 전하는 것은 가장한 자들이고, 속이는 자들이고, 사탄의 종인 것이다. 이런 이해를 따라 그는 자신의 "약함"에 그리스도의 십자가가 나타나길 원하고, 그것을 "능력"이라고 한 것이다: 홍인규, "바울서신," 197-8.

고 말한다.⁴⁰ 여기서 그는 "열심"이라는 단어를 두 번 겹쳐 사용함으로써 그의 사역을 어떤 자세로 하고 있는가를 강조한다.

고린도후서 11:2의 '하나님의 열심'(θεοῦ ζήλῳ)은 문법적으로 두 가지로 해석된다. 하나는 속성의 속격으로 보는 것이고, 다른 하나는 기원의 속격으로 보는 것이다. 박익수는 속성의 속격으로 보면 '거룩한 열심/질투'⁴¹로 해석할 수 있고, 기원의 속격으로 보면 '하나님의 뜻에 따른 열심/질투'로 해석할 수 있다고 한다.⁴²

불트만(Bultman)은 이 표현을 '카타 데온'(κατά θεόν)과 같은 의미로 보고 '하나님의 뜻에 따른 열심/질투'로 해석한다. 이것은 이스라엘을 위해 행동하시는 '하나님의 열심'으로 해석한 것이다.⁴³ 마틴(Martin)은 고린도후서 11:2의 이 표현이 신부인 이스라엘과 유일한 남편 되시는 여호와의 관계에서 나온 특성적인 표현에서 비롯됐다고 본다.

그런데 필자는 여기서 문법적인 이해보다 이 구절에서 바울이 무엇을 말하고 있는지 그의 의도를 좀 더 구체적으로 살펴볼 필요가 있다고 본다.

우선, 구약에서 '열심'(ζῆλος)은 특별한 경우에 하나님과 그의 뜻에 대한 열심을 나타낸다(시 69:9; 119:139). 하나님(θεοῦ)의 '열심'(ζήλῳ)은 히브리어로 '킨아'(קִנְאָה)로 전환된다. 이 표현은 하나님을 배교하는 이스라엘의 음행에 대한 질투를 의미한다(민 25:11; 신 29:20[19, MT, LXX]).

---

40 ζῆλος는 '질투,' '열정' 등의 뜻을 가진 단어로 신약에 16번 사용된다: 요 2:17; 행 5:17; 13:45; 롬 10:2; 13:13; 고전 3:3; 고후 7:7, 11; 9:2; 11:2; 12:20; 갈 5:20; 빌 3:6; 히 10:27; 약 3:14, 16. 동사형 ζηλόω는 행 7:9; 17:5; 고전 12:31; 13:4; 14:1; 14:39; 고후 11:2; 갈 4:17, 18; 약 4:2; 계 3:19에 나온다. 고후 11:2는 이 두 개의 단어가 함께 사용되므로 ζῆλος의 뜻을 강화한다.
41 ζῆλος는 일반적으로 '열심'의 의미로 나타내지만, 부정적 의미로 '질투,' '시기'를 가리키기도 한다.
42 박익수,『누가 과연 그리스도의 참 사도인가』, 323.
43 Ibid., 323.

반면 하나님 계획에 대한 열방들의 방해에 대한 '하나님의 열심'은 그의 백성을 위해 역사적 혹은 종말론적으로 표출된다(참고. 겔 16:38[역사적]; 왕하 19:31; 사 9:7[6]; 26:11; 37:32; 42:13; 63:15; 겔 36:6; 38:19[질투]; 습 1:18; 슥 1:14).[44] 특히 '만군의 여호와'와 함께 사용하는 용례에서 '젤로스'(ζῆλος/열심)는 역사의 주(Lord of history)로서의 야훼 개념과 밀접하게 관련되어 있다(사 9:7[6]; 왕하 19:31).[45]

구약의 '하나님의 열심'에 대한 용례 가운데 특별히 이사야 9:7(MT, 6[LXX])에 나오는 '여호와의 열심'은 바울의 진술 의도와의 유사성을 가장 잘 나타낸다. 이사야 9:7([6], [MT, LXX]) 후반부[46]는 하나님께서 군사적, 정치적 사회적 억압에 눌려있는 자신의 언약 백성들을 회복시키시겠다는 예언에 나온다(사 9:2-7). 만군의 여호와께서 한 아기이신 약속된 통치자의 다스림으로 이루어질 나라를 세우고 유지하실 것이다. 이때 하나님께서는 그분의 열심(קִנְאָה)을 통해 하나님의 나라를 영원히 세우시고 유지하시고 보존하시며 복 내리실 것을 약속하신다.

이 열심(קִנְאָה)은 사랑의 개념이 내포된 하나님의 질투를 의미하기도 한다(전 4:4; 사 11:13).[47] 하나님의 사랑에 의한 열심/질투는 그분의 목적을 성취하려는 동기가 된다.[48] 이는 메시아를 통해 피조물과 구속받은 공동체에 변형과 심판의 새 시대를 가져오게 한다는 것이다.[49] 이러한 "하나님의 열심"으로 이뤄질 그의 약속의 신실성과 성취는 새 시대와 새 지도자

---

44   TDNT, Vol.2, 879는 이 단어가 스바냐에서 "여호와의 날"(יוֹם יהוה)과 함께 종말론적 의미를 나타낸다고 해석한다(습 1:18; 3:8).
45   Ibid., 879.
46   "만군의 여호와의 열심이 이를 이루시리라."
47   Groningen, 『구약의 메시아 사상』, 638-9.
48   Ibid., 638-9.
49   VanGemeren, 『예언서 연구』, 452.

를 보증 받는다. 그리고 하나님의 권능과 임재와 보호와 축복에 대한 약속을 의미한다.⁵⁰

이상으로 이사야서의 '하나님의 열심'은 하나님의 사랑에서 비롯된 것을 의미하며, 그 사랑의 표징이신 예수 그리스도를 통해 이뤄질 새 언약의 성취와 궁극적 완성을 의미한다. 이것은 종말에 이뤄질 하나님의 나라를 암시한다.⁵¹

그런데 고린도후서 11:2의 '하나님의 열심'이 이사야서의 이해를 반영하고 있다면, 새 언약 공동체는 고린도교회를 가리킨다. 그리고 바울 자신은 하나님 나라의 종으로서 사도직을 "하나님의 열심"으로 수행하고 있다고 진술한 것으로 이해할 수 있다.

여기서 바울은 종말의 때에 거행될 그리스도와 교회의 결혼식을 위해 교회가 정결한 신부로 단장해 나갈 수 있도록 싸우고 있다(참조, 계 21:2, 9; 22:17). 바울은 복음이 오염되고 하나님의 나라 공동체가 부패하는 것을 용납할 수 없다는 사도로서의 사명 의식에서 자신을 "중매자"로서 인식하며 온 힘을 다하고 있는 것이다.

이처럼 바울은 자신의 사도직을 아비의 마음과 신랑 친구의 마음을 가진 중매자로 비유하며, "하나님의 열심에 의한 열심"으로 사도의 직무를 수행하고자 한다고 논증하고 있다.

또한, 고린도후서 11:2의 '하나님의 열심'에 의한 '열심'이라는 강조 표현은 민수기 25:11을 상기시킨다. 민수기 25:11에는 하나님께서 비느하스의 이스라엘의 부패에 대한 강한 행동을 '나의 노'(חֲמָתִי)를 돌이키게 한 질투/열심(קִנְאָה)이라고 칭찬하신 것으로 진술한다. 그리고 그의 행동을 '나의

50　Ibid., 452-3.
51　Groningen, 『구약의 메시아 사상』, 638-9, 641.

질투심'(קִנְאָתִי)으로 한 '질투'(קִנְאָה)라고 표현함으로써 '열심'이라는 동일한 단어를 사용한다. 아마도 바울은 이 표현을 통해 고린도 교인이 자신이 전하는 복음을 거부하고 거짓 사도들이 전하는 다른 예수, 다른 복음, 다른 영을 용납하는 것에 대한 강한 책망을 나타내고자 한 것으로 보인다.[52]

특히 로마서 10:2의 하나님께 대한 이스라엘의 '열심'은 유대교 경건의 특징으로 하나님의 뜻을 수행하려는 압도적 관심에서 증거된다. 이러한 하나님께 집중된 열렬한 '열심'은 하나님을 온전히 아는 지식(ἐπίγνωσιν)에서 비롯된 것이 아니다. 그들의 '열심'은 '하나님의 의'를 모르고 '자기 의'를 세우려는 것과 같은 신앙인 것이다.[53] 이에 대해 바울은 로마서 10:4에서 "그리스도는 모든 믿는 자에게 의를 이루기 위해 율법의 마침이 되시니라"고 진술한다.

이러한 이해는 고린도후서 5:14-21에서 그리스도의 대속적 죽음과 부활로 주어지는 '하나님의 의'와 같은 의미를 나타내는 것이다. 바울은 이러한 이해를 바탕으로 자신의 대적자들과의 논쟁에서 '하나님의 열심'에 의한 '열심'으로 사도적 사역을 수행함으로써 "참된 일꾼"이라고 논증한 것이다.

이상으로 바울은 자신이 섬기며 사도직을 수행하는 고린도교회가 궁극적인 하나님 나라의 완성에 거하는 백성으로 살아가길 원하며, 그런 백성에게 예수 그리스도 외에 그 어떤 것도 용납할 수 없다고 선언하고 있다. 특히 로마서 10:2에서 바울이 이스라엘의 '열심'과 대비해 그리스도로 말미암아 구원받은 백성은 하나님 나라의 언약 백성으로 살아계신 하나님의

---

52 바울은 고후 11:4의 "너희가 잘 용납하는구나"라는 표현에서 "용납하다"(ἀνέξομαι)라는 단어를 통해 자신의 대적자들의 메시지와 자신의 복음, 둘 중에 어느 것을 선택할지 강력하게 요구하고 있다.

53 장기성, "로마서 10:4의 τέλος νόμου Χριστός의 의미에 관한 연구," (미간행 박사 학위 논문, 백석대학교 기독교전문대학원, 2011), 86-9.

성전으로서의 삶을 살아야 한다고 권면하는 것이다(고후 6:14-18). 이것은 하나님의 자녀로서의 온전한 보호하심과 인도하심을 받는 새 언약 백성에게 주어진 책무이기도 하지만 특권이기도 하다(고후 6:18).

결론적으로 "하나님의 열심에 의한 열심"은 약속에 신실하신 하나님의 사랑에 의한 열심이며, 그리스도의 대속적 죽음과 부활을 통해 새 언약의 성취, 완성하신 그리스도의 능력에 의한 열심이다. 그리고 이것은 새 언약 아래 성령에 의한 열심이다. 따라서 바울은 자신 자신의 열정적인 열심으로 사도직을 수행하는 것이 아니라 오직 하나님의 능력과 그리스도의 강권적 사랑과 성령에 의한 사도로서 "중매자"의 역할을 감당하겠다고 말한 것이다. 이것은 바울이 자신의 사도적 사역을 구속사적 관점과 묵시론적 종말론[54]을 바탕으로 하는 언약의 성취 개념 아래에서 인식한 것이다.

3) 사역의 방해자들

바울은 자신의 사도적 사역에 대해 고린도후서 11:2에서 자신의 사도직을 "중매자"로 인식하며 고린도교회와 그리스도의 정혼 관계를 유지 보호하는 자로 묘사한다. 이런 이해 아래서 그는 자신의 대적자들의 정체를 고린도후서 11:13-15에서 독특한 논증 방식으로 밝힌다.[55] 이때 그는 자신의 대적자들을 "가장하다"(假裝, μετασχηματίζω)[56]라는 개념을 통해 그 정체

---

54 류호영, "성경 해석의 관점," 220.
55 고후 11:13-15는 바울의 대적자들이 누구인가를 논증하는 단락이다. Martin, 『고린도후서』, WBC 40, 645는 여기에서 논증이 주제제시(propositio, 13절)/해설(ratio, 14절), 결론(conclusio, 15a절), 예변법적인 판단 문구(proleptic judgment-formula, 15b절) 양식으로 되어 있고, 그 방법은 수미쌍관법적 구조 가운데 점층법적 논증 방식(a fortiori: 가벼운 것/무거운 것)을 사용한다(Bultmann, 211)고 본다.
56 "가장하다"라는 단어는 고후 11:13, 14, 15에 나온다. "가장하다"의 헬라어 μετασχηματίζω는 신약에 고전 4:5; 고후 11:13, 14, 15; 빌 3:21에만 나온다.

를 밝힌다. 그것은 바울의 직분을 가장한 것으로 "그리스도의 사도로 가장한 자들"과 "의의 일꾼으로 가장한 것"으로 묘사된 것이다.[57]

필자는 여기서 바울이 고린도후서 11:13-15에 묘사한 자신의 대적자들에 대해 살펴볼 것이다. 이때, 그들의 정체[58]를 밝히기보다 바울이 그들을 묘사한 표현들의 신학적 의미와 그 의도를 파악하는 데 집중하고자 한다.

(1) "그리스도의 사도"로 가장한 일꾼

바울은 고린도후서 11:12에서 그의 대적자들을 "그리스도의 사도로 가장하는 자들"이라고 묘사하며, "거짓 사도"(ψευδαπόστολοι), "속이는 일꾼"(ἐργάται δόλιοι)으로 지칭한다(11:3). 이에 "거짓 사도"와 "속이는 일꾼"에 대한 의미를 살펴보고자 한다.

① 거짓 사도

고린도후서 11:13에서 첫 번째 가장한 자로 묘사된 것은 "거짓 사도"(ψευδαπόστολος)다. 프슈다포스톨로스(ψευδαπόστολος)는 아포스톨로스

---

[57] 고후 11:13-15에서 묘사된 바울의 대적자들은 다음과 같다.
μετασχηματιζόμενοι εἰς ἀποστόλους χριστοῦ-13절(그리스도의 사도로 가장하는 자들)
 = ψευδαπόστολοι(거짓 사도)
 = ἐργάται δόλιοι(속이는 일꾼)
μετασχηματίζεται εἰς ἄγγελον φωτός(광명의 천사로 가장한다)-14절
 = Σατανᾶς(사탄)
μετασχηματίζονται ὡς διάκονοι δικαιοσύνης-15절
(의의 일꾼들로 가장한다)
 = διάκονοι αὐτοῦ(Σατανᾶ-사탄의 일꾼들)

[58] 고후 10-13장에 나타난 바울의 대적자들의 정체는 다음과 같이 추론할 수 있다. 그들은 그룹이며(2:17; 10:12), 외부(아마도 예루살렘)에서 온 사람들이며(3:1; 11:4), 바울의 복음 사역지를 침범한 자들이며(10:15-16), 유대인 그리스도인들이며(11:22-23), 정식 추천서를 가져온 인정받은 자들이며(3:1), 수사학에 능통한 자들이며(11:6), 표적과 기사와 능력을 가진 자들(12:12; 13:3)이다: 홍인규, "바울서신," 193-4.

(ἀπόστολος)와 프슈도-(ψευδο-/거짓된)를 결합한 복합어다.[59] 이런 식으로 결합한 용어는 고린도후서 11:26의 '거짓 형제'(ψευδαδέλφοις/ψευδάδελφος; 거짓 형제-갈 2:4)와 고린도전서 15:15의 '거짓 증언'(ψευδομάρτυρες/ψευδομάρτυρ; 거짓 증언, 거짓 증언자) 등이다.[60] 어쨌든 프슈다포스톨로스는 신약성경에서 한 번(hapax) 사용된 단어로 볼 수 있는데 그리스도에 의해 위임되지 않은 자들을 가리킨다.[61]

"거짓 사도"(ψευδαπόστολος)는 요한계시록 2:2에 나오는 "자칭 사도라고 하는 자들"(τοὺς λέγοντας ἑαυτοὺς ἀποστόλους)과 같은 개념으로 볼 수 있다.[62] 몇몇 학자들은 요한계시록 본문에서 이 호칭이 니골라당을 가리킨다고 본다.[63] 하지만 이 본문의 '시험하다'(ἐπείρασας), '드러내다'(εὗρες)라는 부정과거 시제 동사를 사용한 것은 니골라당을 가리키기보다 같은 기독교 내에서의 경쟁관계나 갈등을 드러내는 것으로 나타낸 것으로 보인다.

그 당시 기독교 공동체 내의 갈등은 초대교회의 특징이다(마 7:15-23). 그래서 그 당시에는 지도자들의 거짓과 참을 확인하는 '점검'을 필요한 절차로 여기기도 하였다. 이런 시대적 이해를 한 요한계시록 2:2은 에베소 교

---

59 Just., D. 35, 3은 마 24:11, 24(막 13:22)의 ψευδοπροφῆται 대신 ψευδαπόστολοι라고 표현한다: *BDAG*, 1096.
60 부정접두사인 ψευδο-(거짓된)와 결합된 복합어는 이외에도 신약에 다양하게 나온다. 그것은 ψευδοδιδάσκαλος(거짓교사; 벧후 2:1); ψευδολόγος(거짓말쟁이; 딤전 4:2), ψευδομαρτυρέω(거짓 증언을 하다; 마 19:18; 막 10:19; 눅 18:20; 롬 13:9), ψευδομαρτυρία(거짓 증언, 거짓 증거; 마 15:19; 26:59), ψευδοπροφήτης(거짓 선지자; 마 7:15; 24:11, 24; 막 13:22; 눅 6:26; 행 13:6; 벧후 2:1; 요일 4:1; 계 16:13 19:20; 20:10 등), ψευδόχριστος(거짓 메시야; 마 24:24; 막 13:22), ψευδώνυμος(거짓되게 일컫는; 딤전 6:20) 등으로 나온다. Pol 7:2에는 ψευδοδιδασκαλία(거짓 가르침, 이단) 등이다: M.W. Holmes, *The apostolic Father*, 215: *BDAG*, 1096-7.
61 Martin, 『고린도후서』, WBC 40, 677-8.
62 David E. Aune, 『요한계시록(상)』, WBC 52A, 김철 역 (서울: 솔로몬, 2011), 538.
63 Bousset(1906), 204; Kraft, 56; Müller, 102; cited in Aune, 『요한계시록(상)』, WBC 52A, 538.

회 내의 갈등의 요인이었던 교회 적대자들의 '거짓'(그들의 거짓된 것-αὐτοὺς ψευδεῖς)을 밝히고 그들의 정체를 드러나게 한 것을 칭찬하는 내용이다.[64]

그러나 고린도후서 11:13에서 바울은 그의 대적자들의 합법성을 '점검'(tested/ἐπείρασας)하려는 의도가 있어 보이지는 않는다. 오히려 이 본문에서 바울이 "거짓 사도"라는 표현을 사용한 것은 그의 대적자들의 위법성에 대한 논증(論證)을 강화하려는 의도가 더 강해 보인다.[65]

바울이 보기에 고린도교회의 갈등의 요인이 되는 그의 대적자들은 고린도교회를 부패하게 하는 자들이며(고후 11:3), 이미 거짓 사도로서 그리스도의 사도로 가장한 자들이다. 그들은 바울의 사역을 흉내 내는 '가짜들'이다(고후 11:12, 22-23). 바울은 그들이 아무리 스스로 "그리스도의 일꾼"(διάκονοι Χριστοῦ; 고후 11:23)으로 여긴다고 해도 그들이 전하는 복음, 예수, 성령이 바울이 전하는 것과 다르기 때문에 가짜인 것이다(고후 11:4). 이런 자신의 사도직에 대한 자부심은 그리스도에 대한 올바른 인식에 대한 확신과 믿음에 기초한다.

더욱이 "그리스도의 사도로 가장하는 자들"(μετασχηματιζόμενοι εἰς ἀποστόλους Χριστοῦ)로서 "거짓 사도"(ψευδαπόστολος)라는 표현에 사용된 '사도'(ἀπόστολος)라는 단어는 바울의 대적자들이 고린도교회 내부에서 시

---

64 "tested"(ἐπείρασας)는 신약성경과 초기 기독교 문학에서 예언자 혹은 선지자들의 적법성을 확인하는 장면에 나온다(고전 14:29; 요일 4:1-3; Did. 11:7-12). Ibid., WBC 52A, 538-9는 예언자에 대한 적법성 확인절차가 점차 확대돼 다른 기독교 지도자들에게(살전 5:21; 계 2:2; Did. 11:3-6), 교사들에게(Did. 11:1-2), 평범한 그리스도인들에게까지(Did. 12:1-5) 적용되었을 것으로 추론한다.

65 고후 11:13의 내용이 바울의 대적자들에 대한 부정적인 경고에 강조점을 둔 것이라고 알 수 있는 것은 οἱ γὰρ τοιοῦτοι(13절)와 ἐκκόψω τὴν ἀφορμήν(12절: 그 기회를 끊으려 함이라)이라는 표현을 통해서다. 이것은 한글성경에 번역되어 있지 않은 γὰρ(οἱ γὰρ τοιοῦτοι)를 통해 더욱 확실해진다. 13절은 12절에 대한 이유와 원인을 밝히고 있는 것이다. 그뿐 아니라 οὗτοι보다 τοιοῦτοι를 사용함으로써 더 날카로운 표현을 하고 있다: Martin, 『고린도후서』, WBC 40, 677.

작된 것이 아니라 외부에서 '들어온'(ἀφορημίν) 자들이라는 것을 확인시켜 준다.⁶⁶ 바울은 자신의 대적자들이 자신의 목회 활동 현장인 고린도교회에 외부자로 들어와 왜곡된 복음을 전하는 것을 우려했다.

바울은 이런 상황에도 고린도 교인들이 그리스도에 향한 신앙이 변질되지 않길 원했고, 고린도교회가 혼돈과 갈등에서 벗어나길 원했다. 바울은 이런 의도로 그들의 대적자들이 그리스도에게서 보내심을 받았다고 자칭(自稱)하는 자체를 '거짓'이라고 보고, 그들을 "거짓 사도"라고 규정한 것이다.

② 속이는 일꾼

바울의 대적자들에 대한 두 번째 묘사는 그리스도의 사도로 가장하는 자들로서의 "속이는 일꾼"(ἐργάται δόλιοι)이다. '속이는,' '교활한'이라고 번역된 돌리오스(δόλιος)란 형용사는 신약에서 고린도후서 11:13에 한 번 사용된다. 그런데 '궤휼'로 번역한 명사형 돌리오스(δόλιος)는 10번 사용된다(마 26:4; 막 7:22; 14:1; 요 1:47; 행 13:10; 롬 1:29; 고후 12:16; 살전 2:3; 벧전 2:1, 22; 3:10).⁶⁷

이 가운데 고린도후서 12:16에 "교활한 자의 속임수"(πανοῦργος δόλῳ)라는 표현이 나온다. 이것은 바울에게 고린도교회를 속이는 교활한 자라고 공격하는 때에 사용한 표현이다.⁶⁸ 이것을 볼 때, 바울이 11:13에서 그의

---

66 Ibid., 677.
67 *BDAG*, 256은 δολ-어군이 이외에도 δοδιότης(교활, 악의, 음흉, 흉계; *1 Cl.* 35:8[시 49:19]), δολιόω(기만하다, 속이다; 롬 3:13[시 5:10; 13:3], δολόω(위조하다, 불순물을 섞다; 고후 4:2[고전 5:6처럼]) 등의 단어가 있는 것으로 제시한다.
68 바울은 고후 12:16에서 예루살렘을 위한 헌금에 동참을 권고한다(8-9장). 그러면서 그는 고린도교회에서 재정적 지원을 거부하고 자급자족하려고 하는 것에 대해도 변호한다: Hafemann, 『고린도후서』, 562-3.

대적자들을 "속이는 일꾼"이라고 표현한 것은 그들이 사용한 용어를 되돌려 주는 바울의 논증 방식에서 비롯된 것으로 보인다.

고린도후서 11:13의 '속이다'(δόλιος)라는 단어는 그 의미가 동일한 것은 아니지만, 고린도후서 11:3의 '간계'(πανουργία)와 '미혹하다'(ἐξηπατάω)라는 단어들과 그 의미의 유사성을 찾을 수 있다. 바울은 이 단어들을 통해 그의 대적자들과 몇몇 그들을 추종하는 자들을 가리킨 것으로 보인다.

이와 같이 바울은 '속이다'(δόλιος)라는 단어와 유사한 의미를 가진 단어들을 통해 고린도교회의 정결을 오염시키고 거룩성을 파괴하고 있는 자들의 정체가 속이는 역할을 하는 그들의 대적자들이라고 주장한다. 다시 말하면 바울은 고린도후서 11:3의 간계와 미혹이라는 개념을 11:13에서 재차 언급함으로써 고린도교회를 부패케 하는 자들을 각인시킨 것이다.

고린도후서 4:2에는 '돌리오스'(δόλιος)와 같은 어군에 속한 '혼잡하게 하다'라고 번역된 헬라어 '돌룬테스/돌로우'(δολοῦντες/δολόω)가 나온다. 이 단어가 사용된 4:2은 3장에서 바울이 자신의 사도직을 새 언약의 일꾼이라고 설명하며 자신의 직분을 '자천'(自薦)하고자 하는 과정에서 사용된다.

'혼잡하게 하다'라는 단어는 고린도후서 2:17의 "하나님의 말씀을 혼잡케 하는(καπηλεύοντες) 수많은 사람들(οἱ πολλοί)"에서도 사용된다. 이들은 오염되고 왜곡된 메시지를 전하는 바울의 대적자들을 묘사한 것이다. 이때 바울은 자신을 그들과 달리 하나님 앞에서와 그리스도 안에서 올바르고 순전한 하나님의 말씀(복음)을 전하는 자로 주장한다.[69] 그렇다면 바울은 그의 대적자들이 말로 복음을 전하는 데 있어서 올바른 것들을 전하지 않는다는 것을 논증한 것이다.

---

69 고후 2:17의 진술 내용은 11:13에 묘사한 바울의 대적자들의 사역도 바울과 동일하게 복음을 전하는 것을 주된 사역으로 삼고 있다는 것을 알 수 있게 한다.

그런데 바울과 그의 대적자들의 갈등은 신학적 이해에 대한 문제도 심각하지만 '일상생활'의 문제도 심각하다. 바울은 겉과 속이 다른 것도 속이는 것으로 본다. 또한, 사역과 말씀이 다르게 보인다면 이 역시 속이는 것으로 본 것이다. 그래서 바울은 고난 목록과 사도의 역설적 모습을 나열함으로써 삶과 말씀이 동일하다는 것을 증명한다.

그런데 "속이는 일꾼"에서 '일꾼'(ἐργάτης)라는 표현은 주로 기독교의 선교 활동에 참여하는 자들로 인식한다. 마틴(Martin)은 이 단어가 그리스도의 종이자 전도자로 '일한다'(ἐργάζομαι)라는 것을 강조한 것으로 본다. 이는 '선교를 위한 사도직'이라는 직분의 의미가 있다.[70]

하지만 여기서는 선교 활동가만을 가리키는 것으로 보이지 않는다.[71] 필자가 볼 때 'ἐργάτης'(일꾼)에 대한 바울은 '선교'라는 국한된 사역보다 복음을 전하고, 가르치고, 양육하는 통괄적인 의미로서 '일'이라는 활동으로 이해한 것으로 보인다. 이것은 선교(宣敎)를 어떻게 보는가에 따라 그 의견이 다를 수 있다. 선교를 사전적 의미인 '종교를 전하고 널리 펼침,' '포교' 등의 의미로만 이해해 고린도후서 11:13의 '일'을 선교로 이해한다면, 이것은 바울의 사역을 축소시키는 것이다.

그렇다면 바울이 고린도후서 11:13에서 "속이는 일꾼"이라고 묘사한 것은 왜곡된 복음을 전함으로써 고린도교회 교인들에게 영향을 미치는 모든 목양적 결과를 가리키는 것이라고 할 수 있을 것이다.

---

70 Martin, 『고린도후서』, WBC 40, 679.
71 ἐργάτης는 신약에 마 9:37, 38; 10:10; 20:1, 2, 8; 눅 10:2, 7; 13:27; 행 19:25; 고후 11:13; 빌 3:2; 딤전 5:18; 딤후 2:15; 약 5:4에 나온다.

(2) "의의 일꾼"으로 가장한 사탄의 일꾼

바울은 고린도후서 11:15에서 "사탄의 일꾼"으로 묘사한다. 그리고 사탄이라는 존재가 무엇인지에 대해도 고린도후서 11:14에서 밝힌다. 이에 "광명의 천사"로 가장한 사탄과 그의 대적자들을 묘사한 "사탄의 일꾼"에 대해 살펴보고자 한다.

① 광명의 천사로 가장한 사탄

바울은 고린도후서 11:15에서 자신의 사도 직분을 "의의 일꾼"으로 묘사하고, 그에 반해서 그의 대적자들은 "의의 일꾼을 가장한" "그의 일꾼"으로 묘사한다. "그의 일꾼"(διάκονοι αὐτοῦ)에서 '그'라는 지시대명사는 14절의 '사탄'(Σατανᾶς)을 가리킨다.[72] '사탄'은 구약이나 유대교에서 정확한 그 지칭으로는 찾을 수 없지만, 그 개념으로는 발견된다(참조, 욥 1:6-12; 사 14:12-15; Life of Adam and Eve 9:1; Apocalypse of Moses 17:1-2).[73]

욥기 1:6-12에 나오는 사탄은 히브리어 '사탄'(שָׂטָן), 헬라어 '디아볼로스'(διάβολος)로 나오며, '비방자,' '마귀' 등의 의미를 나타낸다.[74] 이 단어는 신약에서 33번 사용된다.[75] 특히 사도행전 5:3에는 사탄을 속이는

---

[72] 한글성경에는 고후 5:15에 "사탄의 일꾼"(개역개정, 공동번역, 표준새번역), "사단의 일꾼"(개역, 개역한자, 개역한글 침례), "사탄의 종"(현대인의성경) 등으로 번역되어 있다.

[73] Martin, 『고린도후서』, WBC 40, 680-1; Hafemann, 『고린도후서』, 504.

[74] *BDAG*, 226. 참고. 대상 21:1; 욥 1:6, 7, 8, 9, 12; 2:1, 2, 3, 4, 6, 7; 슥 3:1, 2.

[75] Σατανᾶς는 마 4:10; 12:26; 16:23; 막 1:13; 3:23, 26; 4:15; 8:33; 눅 10:18; 11:18; 13:16; 22:3, 31; 요 13:27; 행 5:3; 26:18; 롬 16:20; 고전 5:5; 7:5; 고후 2:11; 11:14; 12:7; 살전 2:18; 살후 2:9; 딤전 1:20; 5:15; 계 2:9, 24; 3:9; 12:9; 20:2, 7에 나온다. 한글개역 성경에 "사단"은 48번 사용된다. 그 가운데 신약은 34번 사용된다: 대상 21:1; 욥 1:6, 7, 8, 9, 12; 2:1, 2, 3, 4, 6, 7; 슥 3:1, 2; 마 4:10; 12:26; 16:23; 막 1:13; 3:23, 26; 4:15; 8:33; 눅 10:18; 22:18; 13:16; 22:3, 31; 요 13:27; 행 5:3; 26:18; 롬 16:20; 고전 5:5; 7:5; 2:11; 11:14, 15; 12:7; 살전 2:18; 살후 2:9; 딤전 1:20; 5:15; 계 2:9, 13, 24; 3:9; 12:9; 20:2, 7.

존재로 묘사한다.[76] 고린도후서 11:14에는 사탄을 "광명의 천사"(ἄγγελος φωτός)로 가장한 존재라고 묘사한다. 이것 은 아마도 창세기 3장에서 뱀 이야기를 회상한 위경 문서에서 사탄이 광채의 천사로 묘사되고 모세묵시록에서 천사의 모습으로 묘사되는 것을 배경으로 한 것으로 보인다.[77] 어쨌든 사탄이라는 존재는 그 자신의 정체를 누군가로 위장한 자라는 것을 의미한다.

그렇다면 사탄이 위장하려는 "광명의 천사"(ἄγγελος φωτός)는 누구를 의미하는가?

'포스'(φῶς)는 고린도후서 11:14 외에 4:4, 6과 6:14에서 나온다.[78] 이 단어는 4:4의 "그리스도의 영광의 복음의 광채," 4:6의 "예수 그리스도의 얼굴에 있는 하나님의 영광을 아는 빛"에서 사용되는데 이 두 구절은 그리스도와 관련된 구절들이다. 그렇다면 11:14의 "광명의 천사"(ἄγγελος φωτός)는 빛 되신 그리스도를 중재하는 존재를 가리킨 것이다.[79]

그리고 고린도후서 6:14의 "빛"(φῶς)은 어둠과 대비로 제시된다. 6:14-18에서 바울은 빛과 어둠의 대비 관계를 믿는 자와 믿지 않는 자, 의와 불법, 그리스도와 벨리알, 하나님의 성전과 우상 등과 같이 제시한다. 이 단락에서 '빛'과 관련된 자들은 살아계신 하나님의 성전으로서의 그리스도인들을 가리킨다. 그리고 그들은 하나님께서 언약 백성과 자녀 되게 하심에 대한 약속을 가진 '빛'을 따르는 자들로 묘사된다.[80]

---

76 "베드로가 이르되 아나니아야 어찌하여 사탄이 네 마음에 가득하여 네가 성령을 속이고 땅 값 얼마를 감추었느냐."
77 Martin, 『고린도후서』, WBC 40, 680-1; Hafemann, 『고린도후서』, 504.
78 "φῶ-"는 고린도후서에서 4번 사용된다: 4:4(광채-φωτισμόν, 4:6(빛- φῶς, φωτισμόν), 6:14(φωτί), 11:14(φωτός).
79 예수께서 세상의 빛으로 오신 분이라는 그분의 주장은 요 1:7-9; 3:19-21; 8:12; 9:5; 12:36, 46에서 찾아볼 수 있다: Hafemann, 『고린도후서』, 504.
80 고후 7:2에서 바울은 자신의 사도직을 고린도 교인들에게 그 약속을 가진 자로서 합당하게 거룩함을 가지라고 권면하는 '빛의 사역자'로 인식한다.

이와 반대로 사탄은 광명의 천사를 가장한 자로서 바울이 이끄는 반대의 길로 인도한다. 그는 하나님의 영광을 드러내고 하나님의 백성을 구원하여 마지막 날까지 지키고자 하는 바울과 그의 사역을 제지하려고 한다. 이 일을 위해 사탄은 바울의 대적자들을 그리스도의 사도라고 가장하게 시킨다. 바울의 대적자들은 사탄의 속임수에 빠져 그를 따르고 섬기며 바울과 다른 메시지(예수, 성령, 복음)를 전파하면서도 바울과 같은 복음의 사역자라고 착각한다. 바울은 이런 이유로 고린도후서 11:15에서 그의 대적자들을 사탄의 '일꾼'(διάκονοι αὐτοῦ, 그의 일꾼)으로 묘사한 것이다.

② 사탄의 일꾼

사탄의 일꾼에서 '일꾼'(διάκονος)이란 단어는 앞에서도 잠깐 살폈지만, 고린도후서에 3:6(새 언약의 일꾼), 6:4(하나님의 일꾼), 11:15(사탄의 일꾼/의의 일꾼), 11:23(그리스도의 일꾼)에 나오는 고린도후서에서 사도직을 대표하는 표현이다. '일꾼'(διάκονος)은 고린도전서 3:5에서 '사역자'로 번역되어, 사도의 직분이 복음을 전해 믿게 하는 역할을 하는 자라는 의미로 진술된다.[81]

그렇다면 바울의 대적자들은 바울과 같이 자신들도 '일꾼'으로 자처(自處)하며, 자신들만의 복음을 전하는 데 주력하고 바울과 마찬가지로 선교 사업을 하고 있다고 믿고 있다는 것이 된다. 즉 바울은 그의 대적자들 역시 사탄에 미혹되어 그의 종으로 부려진다고 본 것이다.

위에서 살펴봤듯이 바울은 자신의 대적자들을 '가장한 자들'이라고 정체를 밝히며 자신의 사도직을 '참된 직분자'로 논증하고 있다. 특히 그는

---

[81] 행 14:26에는 교회 선교 사업을 "일"(그 일 - τὸ ἔργον)로 번역한다: 독일성서공회해설 개역개정판 한글 성경 신약, 212, 사도행전 15:1-2 주석.

자신의 사도의 직분을 묘사하는 "그리스도의 사도"와 "의의 일꾼"을 가지고 그의 대적자들을 그의 각 직분으로 '가장한 자들'이라고 설명한다. 이 가운데 '의' 개념은 고린도후서 3:9과 5:21에서 찾아볼 수 있다.

우선, 앞서 살폈듯이, 고린도후서 3:9에서 "의의 직분"(διακονία δικαιοσύνης)은 "정죄의 직분"(διακονία κατακρίσεως)과 대조로 나온다. 바울은 고린도후서 3:9의 '의' 개념을 11:15에서 그의 대적자들을 공격하며 자신의 사도권을 입증하는 데 사용한다. 그런데 고린도후서 11:15에서 '의'는 직분(διακονία)[82]이 아니라 일꾼(διάκονος)[83]과 함께 제시한다. 이것은 아마도 그의 사역에 관한 것이 아니라 사도권에 대한 논증이라는 사실을 강조하기 위한 것으로 보인다.[84]

바울은 사도의 역할을 그의 대적자들이 선호하는 모세의 직분보다 우월하고 영원한 직분(고후 3:6-18)이라는 사실과 그리스도의 대속적 죽음에 의해 주어지는 '하나님의 의'를 선포하는 것(고후 5:14-21)임을 논증한 것이다. 이러한 바울의 논증은 새 언약과 그리스도와의 관계에 대한 통찰(고후 3:6-21)에 의한 그리스도의 구속하심의 사랑(고후 5:14-15)이 하나님의 의가 됨(고후 5:21)을 기초로 한다.

이처럼 바울이 자신의 사도직에 적용한 '의'의 개념을 그의 대적자들의 정체를 밝히는 데 사용한 것은, 그들이 복음을 전한다고 하나 복음을 제대로 이해하지 못하고 깨닫지 못한 자들이라고 인식한 것이다. 이러한 사실은 사도행전 15장에서 찾아볼 수 있다. 사도행전 15장에 진술된 바울의

---

82 διακονία는 종으로서 시중, 봉사, 직무 등의 직책이나 직업상 맡은 사무를 나타낸다.
83 διάκονος는 주로 시종인, 집사, 목사 등의 직함에 관한 것을 의미한다.
84 Martin, 『고린도후서』, WBC 40, 682는 바울이 그의 대적자들을 "의의 일꾼"으로 묘사한 것에 대해 사도적 사역과 역할에 관심을 가진 것이 아니라 사도의 "직함"에 더 관심을 가지고 있는 것으로 해석한다.

대적자들은 아직도 유대 회당에서 안식일에 모세 율법을 낭독할 뿐 아니라(행 15:21) 자신들과 그들의 조상도 능히 메지 못한 멍에, 곧 율법에 매이게 하는 사역을 하는 자들이다(행 15:10).

이러한 사실은 갈라디아서 2:11-18에서 찾을 수 있다. 이 단락에서 바울은 바나바와의 갈등에서 유대인들의 외식처럼 바나바도 그들의 외식에 유혹되었다고 비난한다. 바울은 바나바(갈 2:13)를 고린도후서에서의 '가장한' 자(고후 11:13, 14, 15)로 여겨지지 않는다. 하지만 바울이 자신이 전하는 복음과 다른 왜곡되고 오염된 복음의 메시지(다른 예수, 다른 영, 다른 복음)를 전하는 것에 대해 강한 거부감을 드러내고 있다는 것은 확실하다.

그래서 바울은 자신의 대적자들을 단호히 "사탄의 일꾼"으로 지칭한다. 이런 사건들을 배경으로 바울은 그의 대적자들과 그들이 하는 사역이 고린도교회를 부패하게 하는 요인으로 작용하고 있다고 주장한 것이다(고후 11:3).

이런 문제가 그 당시 초대교회에 큰 문제로 제기되고 만연되고 있었다는 사실을 확인할 수 있는 것은 다음 두 구절에서이다.

첫째, 고린도후서 11:14에서 "이상한 일이 아니니라"(καὶ οὐ θαῦμα)이다.
둘째, 11:15에서 "대단한 일이 아니니라"(οὐ μέγα οὖν)라는 표현이다.[85]

그러나 이런 표현들이 고린도교회에 이 문제를 심각하지 않게 여기거나 사소하게 생각한다는 의미가 아니다. 오히려 바울이 이 표현을 사용한 것

85　Ibid., 645, 680은 고후 11:13-15에서 다양한 수사적 특징이 나타난다고 본다. 특히 그는 14a절의 "이것은 이상한 일이 아니니라"(καὶ οὐ θαῦμα), 15b절의 "대단한 일이 아니라"(οὐ μέγα οὖν), 15c절의 "그 행위대로 되리라"(οὐ ἔσται κατὰ τὰ ἔργα αὐτῶν)를 스타카토식의 표현이라고 한다.

은 고린도교회에 그 당시 현재 위험이 크고 만연하다는 것을 강조하는 수사법이다.[86] 그래서 바울은 사도로서 전하는 '말씀'과 '행위'가 같아야 한다고 주장한 것이다. 그리고 이런 의미로 바울은 자신이 전하는 복음의 메시지와 행위가 같다는 것을 부득불 자랑할 수밖에 없다고 주장한 것이다.

이상으로 바울은 자신의 대적자들을 "그리스도의 사도로 가장한 일꾼"으로 묘사하며, "거짓 사도," "속이는 일꾼," "의의 일꾼으로 가장한 사탄의 일꾼"으로 지칭한다. 이들은 바울과 동일하게 자신의 직분을 그리스도의 일꾼으로, 하나님의 종으로 복음을 전하고 의를 이루는 자로 여긴 것이다. 바울은 이런 인식을 가진 그들의 직분을 자신의 직분과 확연히 다름을 논증한다.

바울은 자신의 사도직을 하나님과 그리스도의 일꾼이며 성령에 의해 일하는 자로 주장한다. 바울은 자신의 사도성과 그의 사역에 대한 합법성의 근거로 근원이신 하나님, 그리스도의 죽음과 부활로 구현한 그의 사랑 그리고 새 언약 아래 성령에 의한 직분 등의 신학적 진술을 제시함으로써 자신의 대적자들과 다른 "참된 일꾼"임을 증명한다. 그리고 바울은 복음의 메시지와 같은 삶을 살고자 하는 사도로서의 역설적인 삶의 모습을 증거로 제시한다. 반면 그의 대적자들에 대해서는 삶과 말과 행동이 다른 허세뿐인 자랑을 하고 있다는 사실을 드러낸다.

이상으로 바울은 자신의 중매 사역을 방해하는 그의 대적자들을 "그리스도의 사도를 가장한 자들"이며 "사탄의 일꾼"이라고 밝힌다.

---

86 Ibid., 680-1. 바울은 그 당시 교회에 만연하는 상황을 발생시키는 문제 요인을 주로 그의 대적자들의 능력 과시와 권위주의, 현상주의에서 비롯된 것으로 묘사한다. 그래서 바울은 그들을 "지극히 크다 하는 사도들"이라고 풍자적으로 빗댄 것이다(홍인규, "바울서신," 195). 그리고 이런 이유로 바울은 자신의 사도직 자격조건이 부족하지 않다고 주장하는 것이다. 바울은 자신의 대적자들의 이런 모습을 그리스도로 말미암은 종말론적 인식의 전환을 경험하지 못함에서 비롯된 것으로 이해한다(고후 5:14-21).

3. 참된 일꾼

바울은 자신의 사도직과 그의 사역의 참됨을 논증하기 위해 대비된 개념과 용어들을 사용한다. 필자는 그가 이런 대비적 구조를 통해 자신의 사도직 적합성과 그 사역의 참됨을 증명한 것으로 이해한다(참고. 고후 3:6-18).

이러한 특성을 드러내며 참된 일꾼의 증표로 제시한 것은 다음과 같다.

첫째, '강함'과 대비된 '약함'이다. 고린도후서 10-12장에서 바울은 그의 대적자들이 '강함'을 자랑하며 자천한 것과 대비해 그들이 제기한 그의 약점이기도 한 '약함'을 자랑한다고 말한다. 이것은 바울이 자신의 사도권의 "참됨"을 증명하기 위한 논증 방식이다.

둘째, 고린도후서 10-12장 사이의 논쟁적 진술을 반영한 것으로 유추(類推)되는 용어들과 개념들이 나타나는 고린도후서 6:4b-10이다.[87] 이 단락에는 아주 독특한 문학적 장치를 사용하고 있다. 이 장치를 통해 나타내고 있는 내용은 변증법적 요소가 강조되어 있다.

하지만 필자는 이 단락에서 변증법적 요소만이 강조된 것이 아니라 사도에 대한 실존적 상황과 함께 그것을 극복해 나가게 하는 긍정적인 요소들도 제시한 것으로 본다.[88] 이것들은 사도로서의 바울의 삶을 지켜주는 원칙들이며 하나님의 은혜로 고난 가운데 복음을 전하는 사도직을 수행할

---

[87] Ibid., 362-3. 이 단락에 사용되는 단어들이 주로 10-12장 사이의 논쟁적인 진술을 반영한 것이라고 한다. Hafemann, 『고린도후서』, 311-2은 이러한 이해가 고린도후서 6:4-10에서 변증적인 의도로 진술된다고 한다.

[88] 조병수, 『고린도후서』, 127은 6:4b-7a이 바울이 사도로서 자신의 자천하는 상황을 말하고 있다고 본다. 그는 바울이 이 본문에서 현격한 대조를 이루는 두 사항을 제시하여 복음을 위해 받는 고난과 이겨내는 능력을 묘사한 것으로 이해한다.

수 있게 하는 원동력이 된다.[89] 다시 말하면 바울이 이 단락에서 사도의 성품과 특징을 나타내면서도 사도로서의 역설적인 삶을 모습을 통해 "참됨"을 논증한 것으로 보인다. 그뿐 아니라 그가 이 단락에서 자신의 사도직을 수행하는 데 사용한 도구에 대해와 궁극적 사도의 삶의 모습을 통해 자신의 사도성을 증명하고 있는 것으로 보인다.

이에 필자는 "참된 일꾼"의 증표로 제시한 '약함'에 대한 자랑(고후 10-13장)과 사도의 역설적 삶의 모습을 묘사한 것(고후 6:4b-10)에 대해 살펴보고자 한다.

1) 참된 일꾼으로서의 자랑: "약함"

고린도후서 11-12장에는 '자랑'이라는 주제가 강하게 나타난다. 김판임은 여기서 두 번의 자랑이 나온 것으로 본다. 첫 번째 자랑은 11:1-5에 나오고, 두 번째 자랑은 11:16-21에 나온다.[90] 그런데 필자는 첫 번째 자랑이라고 제시한 고린도후서 11:1-5을 자랑 단락으로 보기보다 오히려 자랑할 수밖에 없는 그 이유를 진술한 것으로 보는 것이 더 적절하다고 본다. 즉 이 단락은 부득불 할 수밖에 없는 자랑에 대한 이유를 진술한 것이다.

우선, 고린도후서의 '자랑'에 대한 용례를 살펴보자. '자랑하다'로 번역된 헬라어 '카우카오마이'(καυχάομαι)는 신약에서 33번 사용된다.[91] 이

---

89 김판임, 『고린도후서』, 172-5.
90 Ibid., 249.
91 καυχάομαι는 바울이 선호한 단어로 신약에서 33번 사용된다: 롬 2:17, 23; 5:2, 3, 11; 고전 1:29, 31; 3:21; 4:7; 13:3; 고후 5:12; 7:14; 9:2; 10:8, 13, 15, 16, 17; 11:12, 16, 18, 30; 12:1, 5, 6, 9; 갈 6:13, 14; 엡 2:9; 빌 3:3; 살후 1:4; 약 1:9; 4:16. 명사형 καύχησις는 고후 1:12; 7:4, 14; 8:24; 11:10, 17에 나온다.

단어는 고린도후서에서 16번 사용되는데, 10-12장에 13번으로 집중적으로 사용된다(10:8, 13, 15, 16, 17; 11:12, 16, 18, 30; 12:1, 5, 6, 9).[92] 고린도후서 10-12장 가운데 '자랑'은 11:12과 18a절 외에는 바울이 자신의 사도직에 대한 '자랑'을 통해 사도의 합법성을 변호하는 데 사용된다.

이외에도 자랑은 고린도후서 5:12의 외모로 자랑하는 자들(대적자들), 7:14의 언행일치를 나타낸 바울 사역의 참됨이 고린도교회를 통해 확인된 것에 대한 자랑, 9:2의 고린도교회가 예루살렘교회를 위한 헌금에 대한 열심을 자랑함 등으로 바울의 사역과 관련한 자랑과 그렇지 못한 자들의 자랑 등에 나온다.

그런데 명사형 '카우케시스'(καύχησις)가 나온 곳 가운데 1:12, 7:4, 14, 8:24을 살펴보면, 1:12은 바울이 고린도교회를 섬기는 사도직을 육체의 지혜가 아니라 하나님의 은혜로 하는 것을 자랑한다. 7:4, 14, 8:24은 바울

92　명사형까지 포함하면 15번이 나온다. 10-12장 가운데 나오는 자랑을 정리하면 아래와 같다.
　　10:8　주께서 주신 권세로 고린도 교인을 세우려는 사역을 자랑
　　10:13　분수 이상의 자랑을 하지 않음
　　　　　하나님이 주신 범위 한계 내에서 사역함
　　10:15　남의 수고로 이룬 것 자랑하지 않음
　　　　　고린도 교인의 믿음이 성숙해 가는 것을 자랑
　　10:16　남의 규범에 이룬 것 자랑하지 않음
　　　　　복음의 전파 확장에 전념
　　10:17　주 안에서 자랑이 올바른 자랑
　　11:12　기회 되는 대로 자랑하는 자들(바울의 대적자들 자랑)
　　11:16　어리석은 자랑
　　11:18　육신에 따른 자랑(대적자들)
　　11:30　약한 것을 부득불 자랑
　　12:1　주의 환상과 계시에 대한 자랑
　　11:5　약한 것 외에는 자랑하지 않음
　　11:6　참말이기에 자랑
　　11:9　약함에 대한 자랑은 그리스도의 능력이기 때문

이 자신의 사도 사역 결과인 고린도교회에 대해 자랑한다. 이 구절들에서 바울은 사도로서의 자신이 아니라 하나님의 은혜와 그리스도의 능력이 나타난 것을 자랑하고, 그의 사역의 결과로서의 고린도교회를 자랑한다. 바울의 사도로서의 이런 자랑은 자신의 사도직 추천서를 고린도교회로 제시한 고린도후서 3:2-3에서도 찾을 수 있다.

그렇다면 고린도후서 11:16-12:10에서 바울이 하고자 하는 '자랑'은 어떤 자랑인가?

바울은 11:16-12:10에서 자주 반복적으로 한 자신의 자랑을 어리석은 자랑이며(11:16, 17; 12:6), 부득불 하는 자랑이며(11:30; 12:1), 약함에 대한 자랑이라는 등의 역설적 표현을 통해 한다. 이런 자랑은 세상의 잣대로 보면 자랑이라고 할 수 없는 것들이다. 이렇듯이 바울은 고린도후서 후반부에서 '자랑'과 '약함'이란 주제를 함께 놓는다. 자랑의 주제가 된 '약함'이 바울의 중심 사상[93]이 되기 시작한 때가 고린도 사역에서부터라는 견해도 있지만 대부분 그의 사역 초기부터라고 본다.[94]

고린도후서에서 '약함'[95]의 주제를 제시한 것은 먼저 그의 대적자들이다. 그들은 바울이 사도로서 육체의 약함과 외양과 언변 부족, 기사와 능력의 부족함, 자비량 선교 방식과 재정 문제 등을 문제 삼으며 그의 사도권에 도전한다. 이런 문제 제기는 고린도 교인들에게 바울에 대해 비난과 그의 사역에 대한 거부뿐만 아니라 그의 사도직의 진정성에 의구심까지도

---

[93] P. Barnett, 『고린도후서 강해』는 고린도후서의 중심 주제 가운데 하나가 "약함 안에서의 능력"으로 본다.

[94] 강창희, "바울의 사도직 이해," 100, 각주 4.

[95] "약하다"라는 단어는 고린도후서 10:10; 11:21, 29, 30; 12:5, 9, 10; 13:3, 4, 9에 나온다(한글개역개정). 신약에는 헬라어 형용사 $ἀσθένεια$가 23번 나오고, 고린도후서에는 11:30; 12:5, 9, 10; 13:4에 나온다. 동사형(분사, 부정사 포함)은 32번 나온다. 그 가운데 고린도후서에는 11:21, 29; 12:10; 13:3, 4, 9에 나온다.

갖게 한다. 그러면서 그들은 자신에 대해 육체적 자랑을 일삼고, 자칭 지극히 큰 사도들이라고 자랑한다(고후 11:5).

바울의 대적자들의 이러한 도전은 고린도 교인들을 호도(糊塗)하고, 미혹(迷惑)하고(고후 11:1-4), 복음 전파의 길을 막게 하고, 바울의 선교 영역을 침범하며, 그의 교회에 영향권을 행사하려고 하는 것으로 나타난다(고후 10:13, 15, 16).[96] 이것은 그들 스스로 '강함'을 주장하는 선교 방식에 의한 것이다.

이에 대해 바울은 자신의 대적자들의 도전에 방어하기 위해 그들과 동일한 방법인 육체적 '자랑/강함'을 제시한다(고후 11:16-23a; 12:1-5a). 하지만 그는 이 자랑을 어리석은 자랑(고후 11:16), 부득불 하는 자랑(고후 12:1)으로 여긴다. 그리고 곧바로 강함에 대한 자랑을 내려놓고 자신의 '약함'을 자랑한다(고후 11:30; 12:5).

이 약함의 자랑은 언행일치에 의한 자랑이고 참말에 대한 자랑이기에 어리석은 자의 자랑이 아니다(고후 12:6). 약함에 대한 자랑의 이유는 그의 약함이 도리어 그리스도의 능력으로 인해 그가 사도직을 수행하는 데 있어서 '완전함'과 '강함'이 나타나기 때문이다(고후 12:9, 10). 바울은 그 근거를 그리스도께서 죽음을 부활로 이기신 것처럼 바울 자신의 사역 역시 "그리스도의 사신"(고후 5:14-21)으로 약함/고난을 통해 강해진다는 진리에 둔다.

그리스도인들의 약함은 그리스도의 죽음과 부활에 연합된 자로서 나타내는 특징이다. 이 약함은 결국 궁극적 완성과 승리를 가져온다(행 14:22). 이와 같은 바울의 그리스도 죽음과 부활에 대한 확신과 믿음은 그에게 사도직을 수행할 힘을 준다(갈 2:20[97]). 이것은 요한복음 16:33에서 예수께서

---

96 Dunn, 『바울신학』, 578.
97 "내가 그리스도와 함께 십자가에 못 박혔나니 그런즉 이제는 내가 사는 것이 아니요 오직 내 안에 그리스도께서 사시는 것이라 이제 내가 육체 가운데 사는 것은 나를 사랑하사 나를 위해 자기 자신을 버리신 나를 위해 자기 자신을 버리신 하나님의 아들을 믿는 믿음 안에서 사는 것이라"(갈 2:20).

말씀하신 "세상에서는 너희가 환란을 당하나 담대하라 내가 세상을 이기었노라"를 반영한 것이다.

그런데 바울이 자신 대적자들의 자랑과 맞서서 '약함'을 자랑하는 또 다른 목적은 고린도교회(고후 11:4, 6, 7-9, 11, 19; 12:11, 13)와 그의 대적자들의 불순종(고후 11:4-5, 12-15, 20-23a; 12:1, 11)을 고발하는 데 있다.[98] 그래서 바울은 대적자들에 대한 "가장하는 일꾼"이라는 인식과 자신의 사도직에 대한 "참된 일꾼"이라는 인식을 분명히 구별한다(고후 11:12-15). 그리고 그는 고린도 교인들이 미혹 당하지 않고 믿음으로 바로 서기를 권면하며, 자신이 "참 사도"(고후 11:16-12:10)로서 얼마나 고린도 교인들을 사랑하는지(고후 11:10)를 논증한다.

2) 참된 일꾼으로서의 증표: 사도의 삶의 모습

고린도후서 6:4b-10에서 바울은 하나님의 일꾼으로서의 사도직을 전치사적인 표현으로 설명한다. 6:4b-10의 전치사 어구는 엔(ἐν) 어구 18개(4b-7a절), 디아(διά) 어구 3개(7b-8a절), 호스(ὡς) 어구 7개(8b-10절)로 되어 있다.[99] 이 전치사구들을 어떻게 해석하는가에 대해서는 학자들의 견해가 분분하다. 그런데 이 단락에 진술되는 내용은 사도의 사역과 삶에 나타나는 역설적인 모습이다. 바울은 이를 통해 자신의 사도직을 증명하고자 한다.

이에 필자는 먼저 고린도후서 6:4b-10을 어떻게 읽을 것인가를 살펴보고, 그 후에 이 단락의 전치사구들이 어떤 의미를 드러내고 있는지를 살펴보고자 한다.

---

98 Hafemann, 『고린도후서』, 493.
99 이 전치사 어구들은 6:4a의 모든 일(ἐν παντί)과 하나님의 일꾼(ὡς θεοῦ διάκονοι)을 설명한다.

(1) "고난" 가운데 "인내"

고린도후서 6:4b-10의 구분과 해석에 대해 학자들의 견해는 다양하다. 여기서는 이 전치사 어구들에 대한 구분과 그 어구들을 통해 바울이 말하고자 하는 바를 살펴보고, 바울이 자신의 사도직과 관련해 무엇을 말하고자 하는지를 알아보고자 한다.

마틴(Martin)은 6:4b-10을 다음과 같이 구분한다.

① 4b-5절: 엔(ἐν)으로 시작된 9가지 형태의 고난 목록(3개의 묶음)
② 6-7a절: 엔(ἐν)으로 시작된 내적인 증표(4개의 묶음)
③ 7b-8a절: 디아(διά)로 시작된 사도직의 수단(1개)과 그에 대한 반응(2개)
④ 8b-10절: 호스(ὡς)로 시작된 사도직에 대한 상반된 견해(7개)[100]

그는 첫째 연(聯)인 6:4b-5에서 "인내"(많이 견디는 것: ἐν ὑπομονῇ πολλῇ)와 세 개의 고난의 목록을 하나로 묶는다.[101] 그 이유는 바울이 하나님을 증언하고 있는 신실한 자에게 많은 인내가 요구된다는 것을 말하기 때문이라고 한다.[102] 이는 NIV의 번역에 의해서도 어느 정도 증명이 되고,[103] 이로 인해 마틴(Martin)의 주장을 어느 정도 뒷받침해 준다.

---

100 Martin, 『고린도후서』, WBC 40, 361-5.
101 Ibid., 361은 ἐν ὑπομονῇ πολλῇ과 3개의 고난 목록의 묶음을 따로 나눈다(① θλῖψις, ἀνάγκη, στενοχωρία ② πληγή, φυλακή, ἐακαταστασία ③ κόπος, ἀγαυπνία, νηστεία).
102 Ibid., 360-1, 380은 이 단락에서 바울이 에녹2서 66:6에 나오는 일련의 병행들을 인용 개작해 자신의 사도직을 변호한다고 본다. 이것은 그 당시의 도덕론자들의 전형적이고 상투적인 표현들을 반영한 용어들이다. 따라서 본 단락에 나오는 전치사적 표현은 논쟁적이며 자전적인 표현들이다.
103 NIV는 6:4b-5을 다음과 같이 번역하고 있다.
"in great endurance; in troubles, hardships and distresses; in beatings, imprisonments and riots; in hard work, sleepless nights and hunger."

그런데 하프만(Hafemann)은 NIV가 이렇게 번역한 이유에 대해 다음과 같이 주장한다.

① 인내(많이 견디는 것: ἐν ὑπομονῇ πολλῇ)가 뒤따르는 고난 목록과 대조되게 "많은"이라는 수식어를 가지고 있다.
② 인내는 뒤따르는 복수형 고난 목록과 다르게 단수형 추상적인 단어다.
③ 인내라는 단어가 고난이라는 목록과 연관되지 않으면 그 의미가 제대로 이해되지 않는다.

바울의 '인내'는 고난들 가운데 발생한다. 그는 이런 이유로 '인내'가 뒤의 이어지는 4b-10절의 전치사 어구들을 모두를 이끈다고 본다.[104] 그는 이 단락에서 '인내'에 초점을 둔 이유를, 바울이 자신의 사도직을 역경 가운데 인내하게 하신 하나님께 두고 스스로를 자천했기 때문이라고 한다.[105]

하지만 필자가 볼 때 그 이유가 어쨌든지 NIV 번역은 마틴(Martin)의 주장에 더 힘을 실어준다고 본다. 반면 조병수는 이 전치사 어구들을 세 부분으로 나눈다.

① 상황을 묘사하는 엔(ἐν) 전치사 어구들(4b-7a절)
② 방법을 설명하는 디아(διά) 전치사 어구들(7b-8a절)
③ 모습을 나타내는 호스(ὡς) 전치사 어구들(8b-10절)

---

104 Hafemann, 『고린도후서』, 312-3은 6:4b-10의 전치사적 표현을 다음과 같이 구분한다.
105 Ibid.는 바울이 사도의 고난과 인내를 그리스도의 죽음과 부활을 구현한 것으로 이해하고 진술한 것으로 이해한다.

그는 이것들을 통해 6:4a의 "모든 일"(ἐν παντί)과 "하나님의 일꾼"(θεοῦ διάκονοι)에 대한 의미가 설명돼 있다고 본다.[106]

이들의 주장에서 필자는 하프만(Hafemann)이 주장한 바울이 '인내'에 초점을 맞추고 있다는 것에 어느 정도 동의한다. 하지만 '인내'를 이끄는 범위를 총체적인 전치사 어구들로 보는 그의 주장은 동의하기 어렵다. 그렇다고 필자가 마틴(Martin)의 네 가지 단위로 구분하는 것에 동의한다는 것도 아니다. 오히려 이 단락을 세 부분으로 구분한 조병수의 견해를 더 따르고자 한다. 하지만 엔(ἐν) 전치사 어구들(4b-7a절)이 사도의 상황을 묘사하고 있다는 조병수의 주장은 또 다른 견해를 가진다.

필자는 퍼니쉬(Furnish)가 6:4b-7a를 번역한 것이 가장 적절하다고 본다. 그는 6:4b의 '인내'를 '많은 인내'(with much endurance)로 번역하고, 이어지는 고난 목록을 인(in) 전치사를 따르는 세 묶음으로 나눈다.[107] 곧 엔(ἐν) 전치사를 가진 인내는 위드(with)로, 기타 고난 목록에는 인(in)으로 번역한다. 그리고 이어지는 6-7a절에 있는 목록의 엔(ἐν)은 다시 위드(with)로 번역해 4b절의 '인내'와 연결 짓는다.[108]

이상으로 살펴본 결과, 필자는 4b-5절의 핵심 단어를 '인내'(많이 견디는 것: ἐν ὑπομονῇ πολλῇ)로 보는 것이 문맥상 가장 적절하다고 생각한다. 그렇

---

[106] 조병수, 『고린도후서』, 127 참조.
[107] "--in the course of afflictions, catastrophes, pressures; in the course of beatings, imprisonments, riots; in the course of labors, sleepless nights, times without food;": Victor Paul Furnish, *II CORINTHIANS*, 338.
[108] Furnish는 6:4-7a를 다음과 같이 읽는다: Ibid.
"Rather, we are recommending ourselves in every way, as ministers of God should: with much endurance--in the course of afflictions, catastrophes, pressures; in the course of beatings, imprisonments, riots; in the course of labors, sleepless nights, times without food; with probity, with knowledge, with forbearance, with kindness, with the Holy Spirit, with authentic love, with the word of truth, with the power of God."
Martin, 『고린도후서』, WBC 40, 361, 358 역시 인내와 뒤따르는 고난 목록을 3개로 묶는다. 하지만 그는 ἐν 전치사를 모두 in으로 번역한다.

다면 4b-5절에서 '인내'는 '고난'(환란, 궁핍, 고난, 매 맞음, 갇힘, 난동, 수고로움, 자지 못함, 먹지 못함)에 의해 발생한 것으로 이해할 수 있다.

또한, 4b절의 '인내'(ὑπομονη)가 단수 여격 명사로 되어 있고 6-7a절의 엔(ἐν) 전치사를 가진 명사들도 단수 여격 명사들[109]로 되어 있는 것을 보면, 4b절의 '인내'(ὑπομονη)와 6-7a절의 엔(ἐν) 전치사 어구들이 이어져 있다는 것으로 추론할 수 있다. 이런 점은 고린도후서에 세 번 나오는 '휘포모네'(ὑπομονη)의 용례를 통해서도 확인할 수 있다(1:6; 6:4; 12:12).[110]

결론적으로 필자는 인내(많이 견디는 것)와 깨끗함과 지식과 오래 참음과 자비함과 성령의 감화와 거짓이 없는 사랑을 하나의 연(聯)으로 보고, 이것이 바울의 내적 증표 목록이라고 본다.

그렇다면 바울은 이 연(聯)에서 '인내'와 고난 목록을 어떻게 이해하는가? '인내'(견디게 하느니라)는 고린도후서 1:6과 12:22에서 찾아볼 수 있다. 우선 1:6에서 바울은 고린도 교인들이 그와 동일한 고난을 견디게 하는 위로의 하나님을 찬양하는 찬양문에서 '인내'를 언급한다(1:3-7). 이 구절에서 바울은 '고난'(πάθημα; 1:5) 혹은 '환난'(θλίβω)을 이기게 하는 '인내'(ὑπομονή)에 대해 말하며, '위로'(παράκλησις)[111]하시는 하나님을 찬양한다. 이것은 바울이 사도직을 수행하는 데 있어서 '고난'만을 집중하지 않았다는 사실을 확인시켜 준다.

---

109 고후 6:6-7a에 나오는 단어들, ἀγνότης, γνῶσις μακροθυμία, χρηστότης, πνεῦμα, ἅγοις, ἀγάπη, ἀνυπόκριτος, λόγος, ἀλήθειας, δύναμις θεοῦ는 단수 여격 명사들이다.

110 ὑπομονή(인내)라는 단어는 ὑπο + μονη로 된 합성어이며 동사형 ὑπομένω는 굳게 견디다, 계속 기다리다라는 의미를 나타낸다. ὑπομονή(인내)는 신약에 31번 나오는데 성도의 기본적 태도와 미덕을 의미한다. 이러한 이해는 바울에게 있어서도 풍부하게 묘사된다(16번 나옴). 바울에게 있어서 인내는 악하고 불의한 현 시대에서의 고난을 견뎌낸다는 종말론적 의미를 내포한다(롬 12:2; 고전 3:7): *TDNT*, vol.5, 579-87.

111 고린도후서에서 παρακαλέω(1:4, 6)는 15번이 사용되고, παράκλησις(1:3, 4, 5, 6, 7)는 10번이 사용된다.

또한, 바울은 고린도후서 12:12에서 '인내'(모든 참음: πάσῃ ὑπομονῇ)를 직접적으로 사도의 표 가운데 하나라고 진술한다. 12:12을 앞의 문맥과 이어서 볼 때, 이것은 '고난'(12:10) 가운데 '인내'(모든 참음)함으로 사도의 표가 된다는 것을 강조한 것이다.

이와 같이 바울은 '고난'의 상황과 그 환경에만 집중하게 하지 않는다. 오히려 그는 그 고난을 견디게 하는 '인내'와 그 가운데에서도 위로하시는 하나님을 바라보게 하는 '소망'에 둔다. 즉 바울은 환난 가운데 이기게 하시는 하나님께 그의 신학적 이해의 근원을 둔 것이다.

이상으로 바울은 자신과 동역자들 그리고 믿는 자 모두가 예수의 고난에 동참하는 것처럼 예수의 승리에도 참여할 것을 말한다(행 14:22; 빌 3:10).[112] 또한, 그러면서도 바울은 자신의 사도직을 "고난 가운데 인내"하게 하시는 하나님과 함께 하는 직분으로 인식한다(고후 6:1-4a). 이것은 바울이 고린도후서에서 그리스도의 죽음과 부활, 고난과 영광, 십자가 신학과 영광의 신학을 하나의 신학적 이해의 틀 가운데 놓고 있다는 것을 의미한다. 바울은 이와 같이 역설적 대비 구조적인 신학을 바탕으로 자신의 사도직을 논증하고 있다.

(2) 내적 증표들

필자는 6:4b-7a에 나오는 엔(ἐν) 전치사 어구들인 고난 가운데서의 인내와 뒤따르는 전치사 어구들을 사도에 대한 내적 증표들로 이해하고자 한다.

그런데 마틴(Martin)은 이 단락을 두 개의 연으로 구분해 9가지 형태의 고난 목록 그리고 8개의 내적 증표라고 본다.[113] 그의 주장 가운데 두 개의

112　F.F. Bruce, 『데살로니가전·후서』, 김철 역, WBC 45, (서울: 솔로몬, 1990), 73-4.
113　Martin, 『고린도후서』, WBC 40, 361-5.

연을 가진 엔(ἐν) 전치사 어구들에 대한 소(小) 묶음으로 묶는 것은 참고할 만하다. 그는 첫 번째 내적 증표로서 '인내'를 발생시키는 고난 목록을 3개로 묶는다.

① 일반적인 관점에서 묘사된 고난들: 환난(θλῖψις), 궁핍(ἀνάγκη), 고난(στενοχωρία)[114]
② 바울이 직접 경험한 고난들: 매 맞음(πληγήν), 갇힘(φυλακήν), 난동(ἀκατασασία)
③ 바울이 자원한 고난들: 수고로움(κόπος), 자지 못함(ἀγρυπνία), 먹지 못함(νηστεία)[115]

사도의 사역에 대한 이런 특징들은 결국 바울이 고린도 교인과 대적자들에게 보여 주고자 하는 내적 증표가 된다.

이 용어들은 바울이 사도로서 겪는 상황을 설명할 때 사용되며, 그 사역의 특징을 보여 준다. 특히 환난(θλῖψις), 고난(στενοχωρία)이라는 단어는 바울의 사도로서의 사역에 대한 종말론적인 성격을 반영한다(롬 12:2; 고전 3:7).[116] 바울은 이렇듯이 자신의 사역 가운데 겪었던 경험들을 토대로 고난 목록을 제시한다. 그리고 하나님을 증언하는 신실한 사람으로서의

---

114 Ibid., 361은 첫 묶음에 있는 용어들이 어떨 때는 θλῖψις와 ἀνάγκη(살전 3:7), 어떨 때는 θλῖψις와 στενοχωρία(롬 2:9; 8:35)가 함께 사용된다. 이것들은 사도로서의 그의 실존을 가리키는 것으로 해석한 것이다.
115 Ibid.는 둘째 묶음과 셋째 묶음에 나오는 용어들이 11:23, 27에 나오는 것과 유사하며, 바울이 자신의 사역의 특징을 보여 주고자 할 때 사용되고 있다고 본다. 그리고 이것이 사도로서 하나님의 일꾼으로 자천하는 것에 대한 내적 증표를 말하는 것으로 이해한다.
116 Ibid., WBC 40, 361-2.

사도라면 이러한 고난 가운데에서도 많은 인내를 할 수 있음을 증명하고자 한 것이다(롬 5:3-5).[117]

하프만(Hafemann)이 말한 것처럼, 고린도후서 6:4b-5에서 바울은 사역을 수행하는 가운데 당하는 고난을 명시함으로 예수 그리스도의 십자가(죽음)를 구현하고 있는 것을 보여 준 것이다.[118] 이것은 하나님의 일꾼이라는 그 사실을 증명(입증)하려는 것이 아니라, 그가 하나님의 일꾼으로 수행한 모든 일을 통해 하나님의 능력을 증명(입증)하려고 한 것이다[119](참조. 롬 8:31-39; 고전 3:1-13[120]).

다시 말하면 바울은 고난 목록을 통해 자신의 사도성의 참됨을 증명하고, 그것이 사도로서 자신의 삶의 모습이라고 말한 것이다.

그 다음으로 바울은 고린도후서 6:6-7a에서 깨끗함(ἁγνότης),[121] 지식(γνῶσις),[122] 오래 참음(μακροθυμία),[123] 자비함(χρηστότης),[124] 성령의 감화/성

---

117 Ibid., 361, 380. 롬 5:3-5에서 바울은 환난 중에도 즐거운 이유에 대해 진술한다. 여기서 바울은 환난이 인내를 발생시키는 것으로 묘사하며 마지막 소망으로 연결한다. 그리고 이것이 성령의 역사로 인해 이루어진다고 말한다.
118 Hafemann, 『고린도후서』, 312-3.
119 Martin, 『고린도후서』, WBC 40, 378-9.
120 W. Robertson Nicoll, M.a., LL.D., *THE EXPOSITIOR'S GREEK TESTAMENT*, "The Second Epistle of Paul to the Corinthians" (London, Hodder and Stoughton, 1903), 75. 롬 8:31-39와 고전 3:1-13은 하나님의 사랑에 의한 하나님의 능력을 진술하고 있다.
121 ἁγνότης(깨끗함)는 고린도후서 6:6과 11:3에만 나온다.
122 이 단어는 신약에 28번 나온다: 눅 1:77; 11:52; 롬 2:20; 11:33; 15:14; 고전 1:5; 8:1, 7, 10, 11; 12:8; 13:2, 8; 14:6; 고후 2:14; 4:6; 6:6; 8:7; 10:5; 11:6; 엡 3:19; 빌 3:8; 골 2:3; 딤전 6:20; 벧전 3:7; 벧후 1:5, 6; 3:18.
123 이 단어는 신약에 롬 2:4; 9:22; 고후 6:6; 갈 5:22; 엡 4:2; 골 1:11; 3:12; 딤전 1:16; 딤후 3:10; 4:2; 히 6:12; 약 5:10; 벧전 3:20; 벧후 3:15에 나온다.
124 이 단어는 신약에 롬 2:4; 3:12; 11:22; 고후 6:6; 갈 5:22; 엡 2:7; 골 3:12; 딛 3:4에 나온다.

령(πνεῦμα ἅγοις),[125] 거짓 없는 사랑(ἀγάπη ἀνυπόκριτος),[126] 진리의 말씀(λόγος ἀληθείας),[127] 하나님의 능력(δύναμις θεοῦ)[128] 등의 단어를 사용한다. 이 단어들은 사도직에 대한 성품과 특성을 나타낸다. 이로써 바울은 자신을 "하나님의 일꾼"이라고 스스로를 천거한 것이다.

마틴(Martin)은 이 단어들이 주로 고린도후서 11-12장 사이의 논쟁적인 진술에서 반영된다고 본다. 그는 바울이 6:6-7a에서 문학적 장치들을 사용하며, 자신들의 대적자와 고린도 교인들의 방종한 사상을 염두에 두고 이 단어들을 사용했다고 본다. 다시 말하면 이 단어들은 그의 대적자들의 특징적인 면들을 빗대어 대비한 용어들이라는 것이다.[129]

또한, 바울이 자신의 사도 직분에 대한 합법성과 그 사역의 참됨에 대해 3장, 5장, 6장의 문맥 가운데에서 논증하는 것을 볼 때,[130] 6:4-10은 분명

---

[125] ἅγοις는 신약에 94곳에 나온다: 마 1:18, 20; 3:11; 12:32; 28:19; 막 1:8; 3:29; 12:36; 13:11; 눅 1:15, 35, 41, 67; 2:25, 26; 3:16, 22; 4:1; 10:21; 11:13; 12:10, 12; 요 1:33; 14:26; 20:22; 행 1:2, 5, 8, 16; 2:4, 33, 38; 4:8, 25, 31; 5:3, 32; 6:5; 7:51, 55; 8:15, 17, 19 9:17, 31; 10:38, 44, 45, 47; 11:15, 16, 24; 13:2, 4, 9, 52; 15:8, 28; 16:6; 19:2, 6; 20:23, 28; 21:11; 28:25; 롬 5:5; 8:27; 9:1; 14:17; 15:13, 16; 고전 6:19; 7:34; 12:3; 고후 6:6; 13:13; 엡 1:13; 3:5; 4:30; 6:18; 살전 1:5, 6; 4:8; 딤후 1:14; 딛 3:5; 히 2:4; 3:7; 6:4; 9:8; 10:15; 벧전 1:12; 벧후 1:21; 유 1:20; 계 21:10.

[126] ἀγάπη ἀνυπόκριτος는 롬 12:9(사랑에는 거짓이 없나니), 고후 6:6(거짓 없는 사랑), 딤전 1:5(거짓 없는 믿음에서 나오는 사랑)에 나온다.

[127] 요 17:17(아버지의 말씀은 진리), 고후 4:2(아버지의 말씀을 혼잡하게 하지 아니하고 오직 진리를 나타냄), 고후 6:7(진리의 말씀), 엡 1:13(진리의 말씀), 골 1:5(복음의 진리의 말씀), 딤후 2:15(진리의 말씀), 약 1:18(진리의 말씀).

[128] 마 22:29, 막 12:24, 눅 1:35(지극히 높으신 이의 능력); 22:69(하나님의 권능), 행 8:10; 롬 1:16; 고전 1:18, 24; 2:5; 6:14(그의 권능); 고후 4:7(큰 능력은 하나님께 있고); 6:7; 13:4; 엡 3:7(그의 능력); 딤후 1:8; 벧전 1:5; 계 12:10(우리 하나님의 구원과 능력 ⋯ 나타났으니); 15:8(하나님의 영광과 능력); 19:1(⋯ 능력이 우리 하나님께 있도다).

[129] Martin, 『고린도후서』, WBC 40, 362-3.

[130] Hafemann, 『고린도후서』, 311-2는 3장에서의 새 언약 아래의 사도직의 직분에 대한 변증적 진술, 5장에서의 그리스도의 대속적 죽음과 부활과 관련해 하나님의 새 창조 사역과 화목 사역의 참여자에 대한 진술, 6장의 하나님과 함께 하는 일꾼 등에 대한 진술 등에서 바울이 자신의 사도직 참됨과 합법성을 논증하고 있다고 본다.

변증적인 의도에서 진술된 것이다. 특히 6:1-3과 6:11-18의 한 문맥 가운데 있는 6:4-10은 고린도 교인들에게 권면하며 변증하고자 하는 의도로 쓰인 것이 분명하다.

이상으로 바울은 6:4b-7a에서 자신의 사도직을 논쟁적이고 자전적인 표현들을 사용해 논증하며 "하나님의 일꾼"이라고 자천한 것이다. 그리고 그는 사도로서의 내적 증표로 "많이 견디는 것과 깨끗함과 지식과 오래 참음과 자비함과 성령의 감화와 거짓이 없는 사랑과 진리의 말씀과 하나님의 능력"을 제시한 것이다.

3) 사도직의 수행 도구

바울은 자신이 사도직을 수행하는 데 있어서 자신의 힘이 아니라 하나님이 주신 능력으로 사도직을 수행하고 있다고 말한다(고후 3:5; 10:8 등; 참고. 빌 3:8). 필자는 그것이 6:7b-8a에 묘사된 것들이라고 본다. 이 단락에는 수단을 나타내는 디아(διά) 전치사 어구를 통해 불의가 가득한 현실(참고. 10:3-4) 속에서 사도가 어떤 무장을 하고 영적 전투에 임하고자 하는지 그 수행 도구가 표현되어 있다. 이에 필자는 이 표현들을 살펴봄으로써 그 신학적 의미를 파악해 보고자 한다.

(1) 좌우에 가진 의의 무기

바울은 고린도후서 6:7c의 "의의 무기를 좌우에 가지고"(διὰ τῶν ὅπλων τῆς δικαιοσύνης τῶν δεξιῶν καὶ ἀριστερῶν)라는 표현을 통해 "하나님의 일꾼"으로서의 사도를 전투에 임하는 군사로 묘사한다. 좌우에 무기를 가진 형상은 그 당시 로마 군인들의 모습을 연상시킨다.[131] 이와 유사한 묘사는 데살로니가전서 5:8("믿음과 사랑의 호심경을 붙이고 구원의 소망 투구를 쓰자")에서 찾을 수 있다. 이 구절에는 종말의 때까지 복음 선포의 의무를 진 사도와 그리스도인들의 투쟁적 모습을 묘사한 것이다(6:3).[132]

고린도후서 6:7c의 "의(δικαιοσύνη)의 무기"에서 '의'는 무슨 의미를 나타내는가?

이에 대해 뜨랄(Thrall)은 '의의 무기'(διὰ τῶν ὅπλων τῆς δικαιοσύνης)를 내용상의 속격으로 보고,[133] '의로 구성된 무기'(weapons consisting of righteousness)라고 해석한다. 그리고 여기에 나오는 '의'(δικαιοσύνη)는 인간의 도덕적 정의라고 보는 것이 적당한 해석이라고 주장한다.[134]

뜨랄은 '의'(δικαιοσύνη)가 '하나님의 의'(δικαιοσύνη θεοῦ)를 나타낼 가능성이 없지 않다고 본다.[135] 하지만 그래도 그는 6:7b에서의 '의'가 인간의 도덕적 정의를 나타낼 가능성이 더 유력하다고 본다. 그는 그 근거로 로마서 6:13의 "… 하나님께 드리며 너희 지체를 의의 무기로 하나님께 드리라"를 든다. 그는 이를 근거로 고린도후서 6:7b의 '의의 무기'도 바울이 고린도 교인들에게 '의의 무기'인 것처럼 하나님께 그들의 지체의 일원들

---

131 김판임, 『고린도후서』; 176. Martin, 『고린도후서』, WBC 40, 390은 좌우로 의의 무기를 가진다는 것이 철저한 무장을 보여 주고자 하는 것으로 이해한다.
132 바울에게 있어서 군사적 metaphor를 사용하는 것은 독특한 것이 아니다.
133 BDR, 167.
134 M.E. Thrall, *A critical and exegetical commentary on the Second Epistle of the Corinthians* (London; New York: T&T Clark International, 2004), 461-2.
135 이런 주장을 할 수 있는 것은 '의의 무기'를 주격을 나타내는 속격으로 보고 '의로움으로 제공되는 무기'라고 해석하기 때문이다: J. H. Moulton & N. Turner, A grammar of New Testament Greek, Volume 3: Syntax. Vol. 1: 2d ed., with corrections and additions (Edinburgh: T. & T. Clark, 1963), 207; M.E. Thrall, *The Second Epistle of the Corinthians*, 462.

을 '의의 무기'로 드린 것으로 해석한다.[136]

필자는 뜨랄의 해석을 어느 정도 인정한다. 하지만 '의의 무기'가 인간의 도덕적 정의를 나타낸다는 것은 바울의 의미하는 바와는 조금은 다르다고 본다.[137] 로마서 6:13의 '의의 무기'가 믿는 자들에게 예수 그리스도로 말미암아 다시 살아난 자로서 우리의 육체(μέλος)를 하나님께 드려 사용되라는 권면에 사용된 것은 맞다. 하지만 로마서 3장에 진술된 내용은 인간의 도덕적 정의를 의미하기보다는 구속사적 의미가 더 강하다.

비록 구약에서 '우리의 의로움'은 하나님의 명령대로 순종하고 지키는 것으로 진술되지만(신 6:25) 이 역시 예수 그리스도의 순종 때문에 이루어지는 '의'를 말하며, 그분을 믿음으로 말미암아 하나님의 의를 이루게 된다는 것을 의미한다. 즉 '의'는 언약의 성취 개념 아래 구속사적 관점에서 이해해야 한다(롬 3:21-26). 따라서 그 이해를 바탕으로 로마서 6:13의 '의의 무기'는 믿음의 순종을 요구함을 의미한다고 볼 수 있다.

고린도후서에서 '의'[138]는 주로 '하나님의 의'를 가리킨다(5:21).[139] 하나님의 의는 그리스도를 통한 구원이라는 의미에서 사법적인 동시에 은혜로

---

[136] Ibid.
[137] 바울의 의의 무기는 구체적인 군사적 무기를 은유적으로 표현한 것으로 항상 복수로 나온다(롬 13:12; 고후 6:7). "의"란 하나님이 자신을 드러내는 방식이다. 따라서 의의 무기란 사람이 어떻게 할 수 있는 것이 아니다. 단지 하나님의 능력으로 역사하는 의의 통치를 드러낼 것을 의미할 뿐이다: 김천수, 48-9.
[138] δικαιοσύνη(의)는 신약에 86곳에 나온다. 그 가운데 고린도후서에는 3:9; 5:21; 6:7, 14; 9:9, 10; 11:15에 사용된다. 바울은 의로움(그 외에도 지혜, 거룩함, 구원함)이 예수 그리스도에 의해 된 것으로 이해한다(고전 1:30). *TDNT*, Vol. 2, 195은 δικαιοσύνη(의)가 강력한 법적과 언약적 요소를 함의하고 있는 히브리어 "צְדָקָה"(BDB, 843.1.)를 나타낸다고 본다.
[139] δικαιοσύνη θεοῦ는 마 6:33; 롬 1:17; 3:5, 21(하나님의 한 의), 22, 25, 26; 10:3; 고후 5:21; 빌 3:9(하나님으로부터 난 의), 약 1:20; 벧후 1:1(우리 하나님과 구주 예수 그리스도의 의)에 나온다.

운 것이다.[140] 따라서 그리스도께서 우리의 '의'가 되신다(고전 1:30; 참고. 롬 10:4).[141]

이러한 사상은 구약의 전쟁 모티프 가운데 '의'를 이루시는 신적 용사이신 여호와 하나님을 반영한다. 이것은 이스라엘과 하나님의 선택과 언약이라는 특수한 의미를 통해 형성된다. 하나님의 언약은 전적인 은혜 언약이다. 하지만 이 언약은 삶과 죽음의 서원으로서 피로 세운 엄숙한 약정(約定)이다. 이런 이해는 "피 흘림이 없은즉 사함이 없느니라"(히 9:22)는 것을 전제로 한다.[142]

이와 같이 의(δικαιοσύνη)는 언약이라는 개념 아래 하나님의 은혜 아래 구속사적 관점에서 진술된 것이다. 따라서 고린도후서 6:7b의 "의의 무기"는 예수 그리스도를 온전히 믿는 믿음에서부터 나오는 의의 무기를 가리킨다(참고. 고후 5:7, 14-21; 6:1-2; 14-18). 이것은 그리스도께서 하나님께 순종하심과 같이 우리 역시 믿음으로 순종하는 것을 말한다.

이런 '의'의 개념은 9장에서 연보 문제를 논하는 과정에서 '무기'로서가 아니라 '열매'로서 재차 진술된다. 바울은 고린도 교인들에게 연보를 준비하라 권면하며 그리스도인의 봉사의 직무(12절)를 설명한다. 그리고 하나님의 은혜로 행하는 모든 착한 일이 너희의 '의의 열매'라고 설명한다. 이것은 '그(하나님)의 의'(9절)가 '너희의 의의 열매'(10절)로 맺힌 것을 의미한다.

이는 그리스도께서 하나님께 순종함으로써 '우리의 의로움'(신 6:25; 참고. 5:21)이 되듯이, 그리스도인들이 예수 그리스도를 믿음에 의한 순종의

---

140 하나님의 의는 예수 그리스도의 죽음과 부활로 인해 나타나고, 이것은 예수 그리스도를 믿는 자를 의롭게 한다(롬 3:21-26).
141 *TDNT*, Vol. 2, 203-4.
142 윤용진, 『여호와의 전쟁신학』(서울: 도서출판 그리심, 1998), 314-5.

'행함'으로 이루는 하나님의 의를 의미한다. 이러한 견지에서 사도직을 수행하는 데 있어서 의의 무기는 전적인 하나님의 은혜로, 하나님의 능력으로 말미암은 것이다(고후 6:1, 7).

다시 고린도후서 6장으로 돌아가서 바울은 2절에서 의의 무기를 사용하는 전쟁의 상황에서 투쟁적 의지를 발(發)해야 하는 은혜의 때, 구원의 때가 바로 '지금'이라고 진술한다. 이는 하나님의 은혜를 받아들이는 것에 대한 긴급함을 의미한다.[143] 또한, '지금'의 때는 '여호와의 때'를 의미하는 것으로 하나님이 원하시는 '그때'에 이스라엘이 그분의 백성들이 된다는 언약적이고 종말론적인 의미를 나타낸다.

바울은 고린도후서 6:2에서 종말론적 언약의 성취 개념을 새 언약/새 창조의 백성(고후 3:6; 5:17)으로서 고린도 교인들이 이사야의 소망 성취로 묘사한다. 바울은 고린도후서 6:4-10에서 이러한 언약의 성취 개념 아래 사도로서 자신을 "하나님의 일꾼"으로 자천하며 종말론적 구원의 도구로 하나님과 함께 일하는 자로 주장한 것이다(고후 6:1; 5:20; 참조. 고후 2:15-16; 3:14-15).

이러한 점에서 바울에게 자신의 사도직을 수행하는 데 있어서 가장 필요한 무기는 하나님의 능력을 나타내는 '의의 무기'이다. 그리고 신앙을 지키고 복음의 사역자로 살아야 하는 실존적 현재의 전투적 상황에서 '좌우'에 가진 의의 무기는 그 어느 때보다 전투적이고 투쟁적이야 함을 의미한다(참고, 고후 11:2).

또한, '의의 무기'는 새 언약 아래 성령이 주신 것을 의미한다.[144] 이에 대해서는 이 책의 제4장에서 이미 연구된 고린도후서 3장의 새 언약의 일

---

143 Martin, 『고린도후서』, WBC 40, 174-5.
144 Ibid. 390-1은, Kleinknecht의 양식 분석에 의하면 고후 6:7b-10에 나오는 내용의 도입부인 7b절의 의의 무기가 새 언약의 직분을 설명하고 있는 것이라고 본다.

끈에서 제시된 성령의 사역의 하나인 "의의 직분"에서 설명되었다.

이상으로 '의의 무기'는 하나님의 구속 은혜를 구현하신 그리스도의 죽음과 부활의 능력에 의해 이루어진 하나님의 의가 우리에게 주어진 것을 믿는 믿음에서 비롯된다. 곧 하나님의 새 언약을 성취하신 그리스도를 믿는 믿음이 우리에게는 무기이다. 그리고 그 믿음에 의한 순종의 행위가 '의의 열매'로 맺어지는 것이다. 따라서 이 '의의 무기'는 '이미와 아직'이라는 종말론적 긴장감 속에서 구원의 완성을 향해 가는 투쟁적 의미가 있다.

우리는 마지막 종말의 때에 한 남편이신 그리스도를 기다리는 예비 신부로서 끝까지 지켜야 하는 믿음의 순결과 정결을 위해 전투적인 태세를 가져야 한다. 그러나 이것은 우리의 힘과 능력에 의해서가 아니다. 오직 언약에 신실하신 하나님과 그 언약을 성취 완성하신 그리스도와 그것을 이루고 지키게 하시는 성령에 의해 이루어질 것이다. 바울은 이러한 이해에 따라 자신의 사도직을 삼위 하나님의 사역에 참여자로서 좌우에 가진 의의 무기를 가진 참된 사도로 인식한 것이다.

(2) "영광"과 "욕됨"

고린도후서 6:8a의 '영광과 욕됨'(διὰ δόξης καὶ ἀτιμίας), '악한 이름과 아름다운 이름'(διὰ δυσφημίασ καὶ εὐφημίας)을 사도직의 수행 도구로 볼 것인가 아닌가에 대해서는 논의가 필요하다. 마틴(Martin)은 이것들을 사도적 사역의 결과와 반응으로 본다.[145] 하프만(Hafemann)은 7b-8a절의 디아(διά)로 시작하는 세 개의 전치사구를 환경의 목록으로 본다.[146]

---

[145] Ibid., 390-1.
[146] Hafemann, 『고린도후서』, 313.

그러나 필자는 이 세 개의 구(句)를 사도직의 수행하는 데 있어서의 도구로 본다. 다만 7b절의 디아(διά) 전치사구보다 8a절에 있는 두 개의 디아(διά) 전치사구들이 부수적인 상황을 나타내는 것일 수 있다.[147] 그런데 8b절의 두 개의 역설적 표현은 8c-10절에 나오는 역설적 표현과는 다른 의미를 나타낸다.

고린도후서 6:8c-10에서 "호스(ὡς) A 카이(καὶ, 혹은 δὲ) B"는 "A 같으나 (실제로는) B다"라고 해석할 수 있다. 이것은 역설적인 모습 가운데 실제로 나타내고자 하는 것은 B라고 진술하는 것이다. 그러나 8a, 8b절의 역설적 표현 "디아(διὰ) A 카이(καὶ) B"는 A와 B가 다 디아(διά)에 의해 병행이 된 것으로 진술된다. 따라서 8a, 8b절의 역설적인 단어들인 두 쌍의 네 개 용어들은 좌우에 가진 의의 무기처럼 자신의 사도직을 수행하는 데 있어서 사용되는 도구라는 의미를 나타낸다.[148]

바울에게 '영광과 욕됨,' 그리고 '악한 이름과 아름다운 이름'은 사도직을 수행하면서 좌우에 가진 의의 무기와 같다. 그런데 '영광'과 '욕됨'이 함께 나온 곳이 한 군데 더 있는데, 그것은 고린도전서 15:43a의 "욕된 것으로 심고 영광스러운 것으로 다시 살아나며"이다. 이 표현에 대한 바울의 이해를 알기 위해서는 고린도전서 15:35-49을 읽어야 한다.

이 단락에서 바울은 죽은 자의 '몸의 부활'을 설명한다. 그런데 이 주제는 고린도전서 15:22의 "아담 안에서 모든 사람이 죽은 것 같이 그리스도 안에서 모든 사람이 삶을 얻으리라"으로 시작된다. 여기서 바울은 욕됨과 그리스도의 죽음, 영광과 그리스도의 부활을 서로 유비시키는 것을 볼 수 있다.

---

147 BDAG s.v. διά A. III. 1.c; Thrall, *The Second Epistle of the Corinthians*, 461.
148 Thrall, *The Second Epistle of the Corinthians*, 461은 8a절이 부수적인 상황을 나타내지만, 7b-8a절에 나오는 διά가 수단을 나타낸다고 본다. 그는 여기에서 요점을 사도들이 모든 상황을 복음주의 승리의 도구로 바꾸는 방법을 아는 데 있다고 본다.

이런 진술은 고린도전서 15:43에 나온 '영광과 욕됨'의 주제와 고린도후서 6:8a에서의 '영광과 욕됨'의 주제를 동일 선상에서 볼 수 있게 한다. 즉 바울이 자신의 사도직을 수행하면서 '영광과 욕됨'을 수단으로 제시한 것은 하나님의 의를 이루신 예수 그리스도의 죽음과 부활의 이해와 동일 선상에서 나온 것이다. 따라서 고린도후서 6:8a의 '영광과 욕됨'은 고린도후서 6:7b의 '좌우에 가진 의의 무기'와 동일하게 사도직을 수행하는 데 사용되는 무기를 의미한다.

(3) "악한 이름"과 "아름다운 이름"

고린도후서 6:8b의 '악한 이름'(δυσφημία)과 '아름다운 이름'(εὐφημία)은 무슨 의미로 사용되는가?

바울은 사역을 수행하는 현실 속에서 영광과 칭찬보다 수치와 비난을 더 많이 받았다(고전 4:12-13; 갈 4:14 등). 그러나 바울은 이런 모든 상황 속에서도 흔들리지 않고 자신을 지켰다. 그리고 '하나님의 의'로 사도의 직무를 감당하는 것에 온 힘을 다했다. 바울은 사도직을 수행하는 데 있어서 실존적 상황에 나타나는 악조건들을 악함으로 비유하며 강한 하나님의 능력을 나타내기 위한 것으로 암시한다. 이처럼 '악한 이름'과 '아름다운 이름'은 두 개가 상충하면서도 그 상충한 것들이 도리어 궁극적으로 드러내고자 하는 것을 드러내는 역할을 한다(고후 12:10; 13:3, 4, 9).

이런 역설적인 그리스도인의 모습에 대해서는 고린도전서 4장에 묘사되어 있다. 바울은 고린도 교인들에게 이런 양면적인 모습이 그리스도인의 모습이라고 한다. 더욱이 사도에게 이런 대조된 생활 가운데 비치는 모습이 어떤 경우에도 '빛'이 되고자 한다(고전 4:9-16).[149] 이것은 모든 모

---

149 Thrall, *The Second Epistle of the Corinthians*, 462-3.

습, 모든 상황이 다 하나님께 드려지는 의의 모습(고후 5:21; 6:3-4a; 9:8-12; 참고. 롬 6:19)을 의미한다. 바울은 마치 예수님의 죽음과 부활이 세상에 역설적 모습으로 비친 것처럼 자신의 사도직에 대해도 그렇게 보이길 원한 것이다.

바울은 이 표현도 하나님의 의를 이루신 예수 그리스도의 죽음과 부활과 동일선상에서 자신의 사도직을 이해한 것이다. 이것은 새 언약의 성취 개념을 함의한다. 따라서 바울에게 있어서는 수치도, 악평도 그 반대의 모습인 영광스러움과 호평도 모두 하나님 안에서 복음을 전하려 하는 자의 모습이기에 부끄러운 것도 자랑스러운 것도 아니다. 따라서 이 역설적 표현인 '악한 이름'과 '아름다운 이름'도 바울에게 있어서 복음을 전하는 것에 흔들림 없이 감당하게 하는 무기가 된다.

4) 사도의 궁극적인 모습

앞에서도 살폈듯이 고린도후서 6:8c-10의 역설적 표현은 8a, 8b절의 역설적 표현과 다른 의미를 나타낸다. "호스(ὡς) A 카이(καὶ 혹은 δὲ) B"를 통해 보이는 현실 가운데 보이는 사도의 모습이 비록 A 같더라도 궁극적으로 나타내고자 하는 사도의 모습은 B라고 말하고 있다.[150] 그런데 A 부분에 나오는 용어들(앞에 나오는 어구들)은 주로 바울의 대적자들이나 고린도 교인들이 바울을 그렇게 취급하고 있는 것들을 묘사한 것이다. 이를 좀 더 자세히 살펴보자.

---

[150] Ibid., 461.

첫 번째 어구 "속이는 자 같으나 참되고"(ὡς πλάνοι καὶ ἀληθεῖς)에서 '속이는 자'(πλάνοι)[151]는 '혼동하다'(πλανάω)[152]의 용례와 연결해 생각하면, 바울의 대적자들이 그를 거짓 선지자와 충성 되지 못한 지도자로 비난한다는 것을 알 수 있다. 바울이 사도직을 수행하는 동안 자기가 한 말에 대해 변명해야 하는 상황이 있었고, 그것으로 인해 이런 비난을 듣고 있는 것을 그의 서신서 곳곳에서 발견된다(고후 11:31; 12:16-18; 롬 9:1-2; 고전 15:15; 갈 1:20). [153]

바울은 이런 비난과 부정적 평가에도 불구하고 그 스스로 사도직을 수행하는 데 있어서 당당하다. 그의 직분은 선한 양심이 증언하는 참된 (ἀληθής) 직분이며(고후 6:8b; 4:2; 5:11), 하나님의 부르심에 충실했고, 더욱 고린도 교인들에게는 진실했다(고후 6:11-13; 11장). 그러기에 그는 어떤 경우에도 부끄럽지 않고 당당하며 참되다(ἀληθής). 이것은 그가 전하는 복음의 진리가 증명해준다(고후 13:8).[154]

그러나 이러한 평가는 바울이 사역하는 그 순간에 듣고자 하는 것이 아니다. 도리어 새 언약의 일꾼과 그리스도의 일꾼에서 진술된 것과 같이 종말의 때에 하나님 앞에 궁극적으로 증명될 것을 기대한다. 곧 바울은 자신의 사도직에 대해 '이미'의 종말론적인 이해보다 '아직'의 종말론적 이해 아래 완성을 향해 가는 사도직을 묘사한 것이다.

---

151 πλάνος는 마 27:63; 고후 6:8; 딤전 4:1; 요이 1:7에 나온다.
152 *BAGD*, 665. 신약에는 37번 나온다: 마 18:12, 13; 22:29; 24:4, 5, 11, 24; 막 12:24, 27; 13:5, 6; 눅 21:8; 요 7:12, 47; 고전 6:9; 15:33; 갈 6:7; 딤후 3:13; 딛 3:3; 히 3:10; 5:2; 11:38; 약 1:16; 5:19; 벧전 2:25; 벧후 2:15; 요일 1:8; 2:26; 3:7; 계 2:20; 12:9; 13:14; 18:23; 19:20; 20:3, 8, 10.
그런데 Martin, 『고린도후서』, WBC 40, 392는 바울의 진정성에 대한 부정적 견해는 그가 죽은 후에도 계속되고 있다고 본다.
153 Ibid., 392.
154 Ibid.

제6장 중매자로서의 참된 일꾼 319

두 번째 어구 "무명한 자 같으나 유명한 자요"(ὡς ἀγνοούμενοι καὶ ἐπιγινωσκόμενοι)는 완료 수동태 분사로 되어 있다. 이것에 대해 마틴(Martin)은 바울이 다른 사람들의 행위를 보여 주는 데 더 관심을 나타내고자 한 것으로 이해한다.[155] 첫 번째 분사인 '무명한 자'(ἀγνοούμενοι)[156]는 바울이 자격을 갖추지 못한 자이기에 사람들이 그를 무시하고 사도로 인정하지 못한다는 것을 나타내고자 한 용어임이 틀림없다(고후 5:12; 10:2, 10). 이는 고린도후서 3:1에서 추천서를 요구하는 진술 내용을 통해 확인된다. 그 외에도 고린도후서 10-13장에 나오는 바울에 대한 평가에서도 볼 수 있다. 이런 평가는 바울을 비난하고 그를 인정하지 않는 부정적인 편에서 나온 평가다.

한편, 그는 자신을 하나님으로부터 인정받은 온전한 사도로 자신을 주장한다. '유명한 자'(ἐπιγινώσκω)[157]라는 단어가 두 번 나오는 고린도후서 1:13(ἐπιγινώσκετε-아는 것; ἐπιγινώσεσθε-알기를)에서 바울은 고린도 교인들이 그를 사도로 인정하고 대접해 주길 소망한다.[158] 그러면서도 고린도후서 1:14(ἐπιγινώτε-알았으나)에서 바울은 주 예수의 날에 서로서로 온전한 그리스도인으로 인정받는 관계가 될 것을 진술한다.

---

155 Ibid., 393-4.
156 동사형 ἀγνοέω는 신약에 21번 나온다: 막 9:32; 눅 9:45; 행 13:27; 17:23; 롬 1:13; 2:4; 6:3; 7:1; 10:3; 11:25; 고전 10:1; 12:1; 14:38; 고후 1:8; 2:11; 6:9; 갈 1:22; 살전 4:13; 딤전 1:13; 히 5:2; 벧후 2:12.
157 ἐπιγινώσκω는 신약에 40번 나온다: 마 7:16, 20; 11:27; 14:35; 17:12; 막 2:8; 5:30; 6:33, 54; 눅 1:4, 22; 5:22; 7:37; 23:7; 24:16, 31; 행 3:10; 4:13; 9:30; 12:14; 19:3; 22:24, 29; 23:28; 24:8, 11; 25:10; 27:39; 28:1; 롬 1:32; 고전 13:12; 14:37; 16:18; 고후 1:13, 14; 6:9; 13:5; 골 1:6; 딤전 4:3; 벧후 2:21.
158 고린도후서 1:13에는 "오직 너희가 우리를 부분적으로 알았으나 우리 주 예수의 날에는 너희가 우리의 자랑이 되고 우리가 너희의 자랑이 되는 그것이라"(οὐ γὰρ ἄλλα γράφομεν ὑμῖν ἀλλ᾽ ἢ ἃ ἀναγινώσκετε καὶ ἐπιγινώσκετε· ἐλπίζω δὲ ὅτι ἕως τέλους ἐπιγνώσεσθε).

이런 진술은 고린도전서 13:12에서 "그때에는 주께서 나를 아신 것 같이 내가 온전히 알리라"(τότε δὲ ἐπιγνώσομαι καθὼς καὶ ἐπεγνώσθην)라고 하는 것과 유사하다. 이 역시 종말론적 의미에서 바울이 사도로 인정받은/인정받을 것을 의미한다. 따라서 고린도후서 6:9a의 "무명한 자 같으나 유명한 자요."(ὡς ἀγνοούμενοι καὶ ἐπιγινωσκόμενοι)라는 진술은 바울이 자신의 사도라는 직분이 궁극적으로 하나님 앞에서 인정받은 사도라는 것을 나타낸 것이다.

특히 고린도후서 6:9b, c에 나오는 **세 번째와 네 번째 어구** "죽은 자 같으나 보라 우리가 살아있고"(ὡς ἀποθνήσκοντες καὶ ἰδοὺ ζῶμεν)와 "징계를 받는 자 같으나 죽임을 당하지 아니하고"(ὡς παιδευόμενοι καὶ μὴ θανατούμενοι)는 죽음과 생명이라는 주제와 깊은 관련이 있다. 바울이 사도직을 수행하는 데 있어서 당하는 고난은 죽음을 직면하는 것과 같은 실존적인 위협 속에서 살아내고 있음을 의미한다(고후 11:23).

바울은 실제로 죽음에 노출되어 있다. 그런데 바울은 죽음과 같은 고난을 하나님께 받는 징계와 훈계의 의미가 들어 있음을 암시한다(고후 6:9; 참고. 시 118편). 다만 바울에게 있어서 이 징계와 훈계는 자신의 대적자들이나 고린도 교인들이 생각하듯이, 심판의 의미가 아니라 하나님의 긍휼하심과 사랑하심에 대한 표시이다.[159]

---

[159] 고후 6:9에는 시 118:17, 18 [LXX 117:17, 18]과 매우 유사한 점이 많다. Martin, 『고린도후서』, WBC 40, 395-6은 고후 6:9에서 시 118:17, 18을 반영한다고 본다. 그 이유는 시편의 "παιδεύων ἐπαίδευσεν με ὁ κύριος"(시 118:18)라는 표현 때문이라고 한다. 그는 바울이 4:8 이하에서도 '할렐루야 시편' 모음집에 속한 시 116편을 간접적으로 인용한 것으로 본다. 그리고 이것들에서 παιδεύων의 배후에 있는 의미가 하나님의 징계 혹은 훈육을 의미하고 있다고 본다. 이런 사상은 구약과 유대교의 저작들 속에 하나님의 훈육이 하나님의 사랑과 관심의 증거로 제시된다(잠 3:11-12; 욥 5:17; 시 94:12; 119:67, 75; 렘 31:18, 19; *Pss. Sol.* 18:4; 히 12:5-13; 계 3:19 등).

이 어구들에 나오는 죽음과 생명 주제는 고린도후서 4:8-15 사이에 진술되고 있는 예수 그리스도의 죽음과 부활과도 연관이 있다. 바울은 매일 죽으나(고전 15:31) 날마다 그 죽음에서 예수의 생명이 드러난다(고후 4:11)고 진술한다.[160] 이것은 고린도후서 6:9b, c에서 바울이 당하는 죽음과 징계를 받는 것과 같은 고난과 고통에 대한 그 대비된 표현으로 예수의 죽음과 그 죽음을 이기시게 한 하나님의 구속 은혜와 능력을 동일시한 것이다.[161] 이런 것들을 볼 때, 바울은 죽은 자같이 보이고 징계 받은 자같이 보이나 절대 죽지 않고 죽임을 당하지도 않는 부활의 생명을 얻은 자의 삶을 사는 것이라고 이해한 것이다. 그는 이런 사상을 바탕으로 하나님의 일꾼으로서의 사도직을 감당한다고 인식한다.

고린도후서 6:10a에는 **다섯 번째 어구**로 사도의 역설적인 모습을 "근심하는 자 같으나 항상 기뻐하는 자"(ὡς λυπούμενοι ἀεὶ δὲ χαίροντες)라고 묘사한다. 이 가운데 '기쁨'(χαρά)이라는 주제는 바울에게 있어서 고난 가운데 그의 삶을 지탱케 해 주는 본질적인 특징이다.[162] 그러나 바울의 실존적인 삶의 현장에는 근심과 염려거리뿐이다. 근심의 근원은 주로 바울이 돌보던 교회 때문이고 그 가운데 주된 근심거리는 고린도교회다.[163] 특히 그는 고린도교회에게 눈물의 편지를 보낸 정도로 근심에 가득 찼다고 밝힌다(고후 2:2-5; 7:8-11).

---

160 김판임, 『고린도후서』, 177.
161 Martin, 『고린도후서』, WBC 40, 394-6.
162 Ibid., 397. 기쁨(희락)이라는 주제는 갈 5:22에서 성령의 열매 가운데 하나로 언급되고, 빌 4:4과 살전 5:16에서는 "항상 기뻐하라"라고 명령한다(참고. 롬 12:12).
163 Ibid., 397은 바울의 주된 근심거리였던 고린도교회가 분열(고전 1:10-13; 3:1-9), 미성숙한 신앙(고전 3:1-3), 해이한 도덕성(고전 5:1-8; 고후 12:20, 21), 이기적 성품(고전 11:17-34), 왜곡된 부활관(고전 4:8; 15:1-58), 바울의 사도직에 대한 부인과 거부(고후 10-13장) 등의 문제를 보였고, 이런 문제들로 바울이 눈물의 편지를 보낸 것으로 해석한다(고후 2:4).

고린도후서에서 '기뻐하다'(χαίρω)는 2:3; 6:10 7:7, 9, 13, 16; 13:9, 11에 나오며,[164] '근심하다'(λυπέω)는 2:2, 4, 5; 6:10; 7:8, 9, 11에 나온다.[165] 이 두 주제의 용례가 2-7장 사이에 집중된 것을 보면, 바울은 고린도후서 전반부에서 이 주제들을 사용해 자신의 사도직을 논증하고 있는 것을 알 수 있다.

바울은 이 표현들을 통해, 근심 가운데 어떻게든지 기뻐할 것을 찾고자 함을 볼 수 있다. 그리고 고린도후서 13장에 가서 결론적으로 근심과 기쁨의 주제가 왜 사도직을 논증하는 데 있어서 중요한 주제인지를 밝힌다. 바울은 고린도후서 13:7, 9에서 자신의 근심과 약함이 복음을 전하고 교회를 세우는 데 도움이 된다면 이것이 기쁨의 근원이 된다고 진술한다(13:7, 9).[166]

이처럼 바울은 자신이 아무리 근심과 염려 가운데 있다고 하더라도 그리고 그렇게 보인다고 할지라도, 그에게 복음을 전하는 하나님의 일꾼으로 그 어떤 것도 방해가 되지 않는다는 것을 밝힌 것이다(6:3-4a). 오히려 그는 근심 가운데에서도 기쁨으로 그 직분을 감당하고 있음을 강조한다.

여섯 번째 어구의 역설적 표현, "가난한 자 같으나 많은 사람을 부요하게 하는 자"(ὡς πτωχοὶ πολλοὺς δὲ πλουτίζοντες) 역시 바울의 실존 상황과 그에 대비된 사도로서의 바울의 궁극적인 모습을 묘사하고 있다. 고린도 교인들의 부요함(고후 9:11; 고전 1:5)과 달리 바울은 사도로서 누려야 할 당연한 권한도 포기하고 가난을 선택했다(고후 11:7-10; 12:13; 고전 9:12, 15, 18). 근심이 기쁨이 되듯이 바울에게 있어서 가난은 섬기는 교회를 위해라면 기꺼이 부요함을 포기하고 선택할 수 있는 것이다. 이것은 고린도후서 8:9

---

164 χαίρω는 신약에 68번, 바울서신에 25번이 나온다.
165 λυπούμενοι의 동사형 λυπέω는 신약에 21번 나온다: 마 14:9; 17:23; 18:31; 19:22; 26:22, 37; 막 10:22; 14:19; 요 16:20; 21:17; 롬 14:15; 고후 2:2, 4, 5; 6:10; 7:8, 9, 11; 엡 4:30; 살전 4:13; 벧전 1:6.
166 Barrett, 『고린도후서』, 245.

에서 말하고자 하는 예수 그리스도의 구속 은혜를 반영한 것이다.[167]

> 우리 주 예수 그리스도의 은혜를 너희가 알거니와 부요하신 이로서 너희를 위해 가난하게 되심은 그의 가난함으로 말미암아 너희를 부요하게 하려 하심이라(고후 8:9).

여기에서의 사상은 자기비하적 기독론(Kenotic Christology)을 암시하는 것이다.[168] 이것은 예수의 낮아지심 곧 성육신하심과 십자가의 죽으심을 통한 구속하심의 은혜를 말한다(롬 15:3; 갈 4:4-7; 빌 2:6-11). 이렇듯이 바울은 예수 그리스도께 직접 호소함으로써 자신의 사도직을 구속사적 관점에서 묘사하고 있다. 이는 신학적인 개념이 직접 반영되지는 않지만, 고린도후서 5:21에서 바울의 사도직을 "그리스도의 사신"이라고 칭하며 죄와 의의 교체에 대해 진술하는 것과 같이 고린도후서 6:10의 "하나님의 일꾼"으로서의 가난과 부요함의 역설적 묘사는 구속사적 관점 아래에서 자신의 사도직을 설명하며 변증한 것이다.

일곱 번째 어구의 역설적 표현은 "아무것도 없는 자 같으나 모든 것을 가진 자"(ὡς μηδὲν ἔχοντες καὶ πάντα κατέχοντες)[169]다. 에케인(ἔχειν)과 카테코(κατέχω)는 같은 어군에 속한다. 이 두 단어는 주로 '가진다,' '소유하다'라는 의미를 가지며 종교적 의미로는 영적인 '소유,' '교제'의 의미를 나타낸다.[170]

---

167 Ibid.
168 Ibid., 283-4.
169 Martin, 『고린도후서』, WBC 40, 399는 이 구절이 고전 7:30과 같은 방식의 헬라어의 단어 유희를 사용한 것으로 본다. κατέχω는 눅 4:42; 8:15; 14:9; 행 27:40; 롬 1:18; 7:6; 고전 7:30; 11:2; 15:2; 고후 6:10; 살전 5:21; 살후 2:6, 7; 몬 1:13; 히 3:6, 14; 10:23에 나온다.
170 *TDNT*, 816, 828.

그렇다면 이 구절은 바울이 카리스마적 능력이나 이적을 수행하는 여러 가지 증표를 가지지 않았다고 비난한 그의 대적자들의 문제 제기에 대한 변증적 진술로 보인다. 바울은 이런 면에서 아무것도 가진 것이 없다. 그는 자신이 고린도 교인들이나 대적자들이 요구하는 것처럼 재물의 부요함이나 카리스마적 능력이나 이적을 가진 '큰'(ὑπερβολή) 사람이 아니라고 분명하게 말한다.[171] 그는 세상에서 가치 있다고 여기는 것들을 배설물로 여길 뿐 아니라 그리스도의 종으로서 자신이 가지고 있는 것들조차 포기했다고 말한다(빌 3:7-9).[172]

그러나 바울이 절대로 포기하지 않고 가지고자 한 것이 있는데 그것은 바로 그리스도에게 속한 사람이라는 인식이다(고후 10:7; 12:2; 참고. 빌 3장). 그는 궁핍한 상황에서도 자신의 사도직을 수행할 자세가 되었고 어떤 상황이든지 사도직을 수행할 수 있는 근간을 갖고 있다는 자부심을 드러낸다. 그 근간은 능력 주시는 하나님에게 있다(고후 12:9-10; 고전 2:5; 빌 4:11-13; 참고. 삿 7:2).[173]

---

171 Ibid., 399. ὑπερβολή는 신약에 롬 7:13; 고전 12:31; 고후 1:8; 4:7, 17; 12:7; 갈 1:13에 나온다. 바울이 고후 4:7에서 자신을 질그릇으로 비유한 것은 자신의 능력이 아니라 하나님의 크신 능력으로 사도직을 수행하고 있다는 것을 말하고자 한 것이다. 그 외에 고후 11:5, 15; 12:11에서 바울은 자신을 비난하는 자들이 스스로 크다고 여기나 그것이 대단할 것이 없다고 주장한다.

172 William R. Baker, *2 Corinthians* (Joplin: College Press Publishing Company, 1999), 254, 399-400은 이런 태도가 막 8:34-36에서 예수의 제자도에 대한 가르침을 따른 것이라고 다음과 같이 말한다.
"누구든지 나를 따라오거든 자기를 부인하고 자기 십자가를 지고 나를 따를 것이니라 누구든지 자기 목숨을 구원하고자 하면 잃을 것이요 누구든지 나와 복음을 위해 자기 목숨을 잃으면 구원하리라 사람이 만일 온 천하를 얻고도 자기 목숨을 잃으면 무엇이 유익하리요."

173 Martin, 『고린도후서』, WBC 40, 400.

고린도후서 6:3-10에서 바울은 자신을 하나님이 주신 능력과 성령의 역사로 말미암아 사도직을 수행하는 완벽한 사도로서 하나님의 일꾼으로 자천할 수 있다고 진술한다. 그는 모든 것을 가진 사람인 것이다. 이런 개념 아래 바울은 고린도교회로부터 물질적 지원을 거절할 수 있었고, 반면에 고린도교회에게 헌금을 권면할 수 있는 것이다.

또한, 고린도후서 6:11-13의 권면은 바울과 고린도 교인들과의 관계를 하나님의 가족관계 속에 있다는 사실을 반영한다. 그것은 교회를 새 언약 공동체로 인식한 것이다. 바울은 자신을 믿음의 아버지로, 고린도 교인들에게 가족으로, 고결성과 참된 애정을 가지고 사역을 하고자 한다는 것을 강조하고 있다.[174] 다시 말하면 그들이 바울을 거부하는 것은 그에게 있어서 자식을 잃는 아픔과 견줄 만한 것임을 암시한 것이다.

결론적으로 고린도 교인들에 대한 믿음의 검증은 복음을 대표하고 구현하는 자로서의 바울의 사도직을 어떻게 받아들이고 인정하여 그가 전하는 복음의 말씀에 충성하느냐에 달린 것이다. 따라서 바울이 이곳에서 자신을 하나님의 일꾼으로 자천하는 것은 한편으로 고린도 교인들에게 대한 믿음의 진정성을 요구하기 위한 것이다.

이로써 바울은 자신의 삶 가운데 일어나는 위의 목록 일들이 자신의 사도직에 대한 합법성을 해치기보다 하나님의 종으로서 하나님께서 고린도교회에 알리는 수단이 된다는 사실을 강조한 것이다.[175] 이것은 "약할 때 강한 것"(고후 13:9)과 같은 사도의 표지(標紙)를 제시한 것이다(고후 12:12). 이러한 것들은 고린도 교인들에게 바울을 하나님의 일꾼으로서 인정하고 그가 전하는 복음을 온전히 믿음으로 받아들여 충성해야 함을 진술한 것이다.

---

174 Hafemann, 『고린도후서』, 314.
175 Ibid., 314.

4. 결론

본 장(章)에서는 바울이 자신의 사도직을 "중매자"라고 인식하고, 그의 사도성과 사역에 대해 "참된 일꾼"이라고 논증한 것을 중심으로 살폈다.

첫째, 바울이 고린도후서 11:2에서 결혼 메타포(metaphor)를 통해 자신의 사도직을 "중매자"로 비유한 것을 살폈다. 그리고 "한 남편인 그리스도"와 "정결한 처녀인 너희"가 누구이며 무엇을 의미하는지, "하나님의 열심"으로 중매자의 사역을 수행한다는 것이 무엇인지 살폈다. 이와 관련해 바울의 사역을 방해하는 그의 대적자들의 정체에 대해도 살폈다.

그 결과 바울이 이들의 관계를 그리스도의 사랑에 의해 연합된 관계로 묘사하고 있는 것을 알 수 있다. 그리스도께서는 교회에 대한 책임과 보호의 의무에 신실하신 분으로, 고린도교회는 거룩한 언약 백성으로서 순종과 믿음을 요구받는 구별된 자로 제시한다. 그리고 바울은 자신의 사도직을 그 관계를 유지 보존하기 위해 교회의 거룩성을 지키게 하는 중매자로 묘사한다.

이때 바울은 예비 신부의 아버지요 친구의 마음을 가지고 하나님의 열심에 의한 열심으로 이 직분을 수행하고자 한다. 그것은 자신의 능력이나 힘이 아니라 온전히 약속의 하나님과 그 약속을 성취 완성하신 그리스도의 능력과 성령의 역사로 이 직무를 수행하고 있다고 밝힌 것이다. 곧 사도로서 "중매자"는 성도에 대한 종말론적 책무를 수행하는 직분이다.

바울은 자신의 대적자들을 그의 중매 사역을 방해하는 자들로 인식하고, 그의 직분을 흉내내는 "그리스도의 사도," "의의 일꾼"을 도용한 자들이라고 묘사한다. 그들의 특성은 사탄을 닮아 거짓말쟁이고 속이는 자들이다. 그래서 바울은 그들을 '거짓 사도,' '속이는 일꾼,' '사탄이 일꾼 된

자들'이라고 지칭한다. 바울은 이들의 정체를 밝히는 과정에서 자신의 사도성과 사역의 적합성을 입증한다

이와 같이 바울은 고린도교회와 그리스도의 관계를 종말론적 언약의 성취와 완성 개념 아래서 설명한다. 이 관계 가운데 바울은 자신의 사도직은 종말론적 책무를 수행하는 교회론적 직분론으로 설명하고 있다. 그뿐 아니라 이 직분을 '이미와 아직'의 종말론적 긴장 속에서 그리스도의 삶의 방향을 인도하고 보호하는 것으로 인식한다. 이것은 그리스도께서 십자가의 죽으심으로 하나님의 아들이심을 확증 받으신 것처럼 바울 역시 고난 가운데 사도의 직무를 수행함으로써 사도로서 자신의 참됨을 증명하는 것을 의미한다.

둘째, 바울이 자신의 사도직과 그의 사역을 '참됨'을 증거하기 위해 독특한 논증 방식을 사용한 것을 살폈다. 그 하나가 자신의 '약함'에 대한 '자랑'이다. 여기서 바울은 그의 대적자들이 자신을 '강한 자'로 자랑하며 그의 약점인 '약함'을 들춘 것을 이용해 반격한 것이다. 바울은 '약함'이 그리스도의 능력을 통해 드러나는 '강함'이라는 역설적 방식으로 논증한다. 이것은 종말론적이고 구속사적 관점에서의 예수 그리스도의 죽음과 부활이라는 개념 아래 사도직을 논증한 것이다.

바울은 자신의 사도직을 그리스도의 죽음(십자가)과 부활이라는 주제를 반영하고 있는 것처럼 고난과 영광, 약함과 강함을 그 중심에 놓고 대비한다. 이로써 궁극적으로 바울이 말하고자 하는 사도직은 스스로 하나님과 함께 영원한 생명에 거할 뿐 아니라 사도직을 통해 성도들에게 그를 본받게 하려는 직분이다.

다음의 역설적 논증 방식은 고린도후서 6:4b-10의 복잡한 전치사 어구들에서 찾을 수 있다. 바울은 이 전치사 어구들을 통해 참된 일꾼의 증표로 "사도의 삶의 모습," "사도직의 수행 도구," "사도의 궁극적인 모습"을

제시한다. 이 역시도 그리스도의 죽음과 부활이라는 '역설적인 대비 구조적 신학'을 바탕으로 자신의 사도직을 논증한 것이다.

우선, 고린도후서 6:4b-5에서 인내와 고난 목록은 고난이 인내를 발생시키는 것으로 이해된다. 이것은 성령에 의한 내적 증표들로 사도의 언행일치의 삶의 모습을 강조한 것이다. 이는 바울이 종말론적 관점에서 고난의 상황과 환경 속에서도 인내하게 하시는 하나님에 의해 마지막 영광을 소망으로 두고 사도직을 수행하고 있다고 인식한 것이다.

다음으로 바울은 자신의 사도직 수행도구를 '좌우에 가진 의의 무기,' '영광과 욕됨,' '악한 이름과 아름다운 이름'으로 묘사해 제시한다. 이 역설적인 표현들은 하나님의 의를 이루신 예수 그리스도의 죽음과 부활에 참여한 것을 의미한다. 다시 말하면 이 표현들은 실존적 현재의 영적 전투적 상황에서 마지막 종말의 때까지 믿음의 순종으로 순결과 정결을 지키기 위해 투쟁하는 직분을 가리킨다.

따라서 "참된 일꾼"은 구속의 은혜를 베푸신 하나님과 그것을 성취하시고 완성하신 그리스도와 인도 보호하시는 성령에 의해 사도의 직분을 수행하고자 한다.

마지막으로 바울은 사도의 궁극적인 삶의 모습을 역사적으로 묘사하므로 현실에서 사도의 실존적 모습과 함께 "참됨"을 증명하려고 한다. 이러한 모습은 종말의 때에 하나님에 의해 승리하신 그리스도를 소망으로 둔 사도직을 가리킨다. 하지만 이것은 종말의 '아직'의 때에만 이루어지는 것이 아니라 그리스도 안에서 종말의 '이미'를 구현하고 살고 있다는 것을 논증한 것이다. 이로써 바울은 자신의 사도직을 묵시론적 종말론적 구속사적 관점에서 "참된 일꾼"인 것을 증명한다.

제7장

결론 – 한국교회를 향한 제언

이 책의 결론으로 바울의 사도적 직분 인식과 사역에 대해 도출된 결과를 정리하면 다음과 같다.

첫째, 바울은 언약신학적 관점에서 바른 교회관을 세우고 성도들을 섬긴 사도였다. 그에게 있어서 교회는 하나님의 구속 은혜에 의한 새 언약의 성취자이신 그리스도로 말미암아 세워진 묵시론적-종말론적인 새 언약 공동체를 의미한다. 교회는 복음의 역사로 세워진 하나님의 교회로서 그 자체가 복음의 증거로 세상에 선포된다.

바울은 이와 같은 교회를 섬기는 새 언약의 일꾼으로 자신의 사도직을 인식한다. 바울은 자신의 사도직 합법성을 그리스도의 이름으로 섬긴 사역의 열매로서의 교회를 통해 증명한다. 곧 교회가 사도의 사역에 의한 결과물이며, 교회가 그 교회를 섬기는 사도를 인정하게 한다. 이런 교회의 정체성은 종말론적-기독론적 이해를 바탕으로 하며, 바울 자신의 사도직 본질 역시 이 신학적 이해 위에서 찾는다.

둘째, 바울은 자신의 사도직에 대한 신학적 이해를 바탕으로 사도적 직무를 수행한 사도였다. 이것은 "새 언약의 일꾼"이며, "그리스도의 일꾼"

이라는 인식이다. 이 인식은 "언약과 그리스도"라는 통시적 성경신학적 이해 아래 종말론적 성취 개념과 구속사적 관점에서 자신의 사도직 본질과 정체성에 대해 이해한 것이다. 이러한 이해는 바울을 사도로서 그 어떤 고난과 역경에도 흔들리지 않는 믿음에 바로 서게 한다.

또한, 바울은 자신을 자신의 능력이나 힘으로 사도의 직무를 감당한다고 말하지 않는다. 오직 삼위 하나님의 사역에 동참하는 성령에 의한 사도로 인식한다. 이러한 사도직에 대한 인식은 그를 넘어지거나 자기 의를 드러내게 하지 않는다. 이것은 그리스도의 죽음과 부활에 연합함으로 나타나는 사도의 역설적 모습이며, 궁극적으로 이룰 그리스도인들의 모습이다.

셋째, 바울은 자신의 사도적 직무 수행의 핵심을 생명 살리는 데 두었다. 그는 다메섹에서 부활의 그리스도를 만남을 통해 새 언약 아래 새 질서와 새로운 체계에서의 삶을 살게 된 것으로 인식하였다. 그리스도의 죽음과 부활의 능력으로서의 새 창조는 그리스도에 대한 인식의 전환과 사람을 대하는 방식에 대한 전환, 곧 삶과 사역의 방향이 오직 성령에 의해 인도된다는 것을 의미한다.

이것은 육신에 따라 사는 삶이 아니라 성령에 의한 삶을 가리킨다. 바울은 이러한 이해를 바탕으로 사도의 직무를 수행하며, 마지막 주님의 재림 때까지 지속될 것을 고백한다. 따라서 그의 직분은 성령의 사역에 의한 영혼을 살리는 일, 율법에 매인 자를 자유케 하는 일, 그리스도를 닮아가는 삶으로 변화되는 일에 동참함으로써 성도들을 구원의 길로 인도하는 일을 한다.

넷째, 바울은 고린도교회를 미래의 종말의 때에 있을 그리스도와의 온전한 결혼식을 준비하는 예비 신부와 같은 존재로 이해하였다. 이것은 하나님의 백성이 거룩성을 지켜야 하는 것처럼 교회가 그리스도에 대해 "진실함"과 "깨끗함"을 지켜야 한다는 것을 의미한다. 바울은 이러한 중매자로서 사도직을 "이미와 아직"이라는 종말론적 긴장과 긴박감 속에서 수행한다고 말한다. 이 사역을 위해 바울은 자신의 능력이나 힘이 아니라 온전히 그리스도의 십자가의 능력을 나타내는 "하나님의 열심"에 의한 "열심"을 가지고 수행하고자 한다.

다섯째, 바울은 자신이 전한 복음과 삶의 동일성을 강조하며 스스로 실천력을 보여 준 사도였다. 그는 자신의 사도직 참됨을 증명하기 위해 제시한 "약함"에 대한 자랑이나 사도의 삶의 모습, 수행 도구 그리고 궁극적으로 나타내고자 하는 사도의 모습조차도 온전히 그리스도의 죽음과 부활을 근거로 한 하나님께서 함께하시는 사역, 성령에 의한 사역을 수행한 것으로 인식한다. 이로써 그는 그리스도의 죽음과 부활로 성취 완성하신 삶에 연합된 직분자로서 삶을 이루고자 한 것이다.

이상과 같이 도출된 바울의 사도직 이해는 오늘날 한국교회의 목회자들과 사역자들에게 하나님이 기뻐하시는 거룩하고 건강한 교회를 섬기는 일에 적으나마 도움이 될 수 있을 것으로 본다. 사실 필자는 이 책을 한국 개신교회의 문제들과 그 대비책으로 제시된 경향들에 대한 위기의식이 동기가 되어 시작한 것이다.

한국 개신교회는 수많은 대내외적 문제로 인해 교회 성장의 정체(停滯)와 반기독교적인 사회적 풍토 조성의 현실에 직면해 있다.[1] 이런 현상들의 요인으로 대부분의 학자들은 물질주의, 성장주의, 제도권의 남용과 교회

---

1 유태화, "교회의 본질과 미래 목회 모색," 「백석신학저널」, 제27권 (2014년 가을호), 206. 문화체육관광부의 "2018년 한국의 종교현황" 통계 발표에 보면 실제로 개신교인 수가 줄어든 것으로 나오지는 않는다. 한국 전체 인구의 43.94%가 종교인이고, 그 가운데 개신교 19.73%, 불교 15.53%, 천주교 7.93%로 나온다. 필자는 교인수와 상관없이 개신교의 문제를 통해 반기독교적인 성향을 보이는 적대적인 사회 분위기로 만드는 것을 한국교회의 위기 상황이라고 본다. http://www.mcst.go.kr (2019.1.14.).

의 부패, 목회자들의 왜곡된 정체성(正體性) 인식과 자질 문제 등을 제기한다.[2] 오늘날 한국 개신교회는 이러한 문제들을 극복하기 위한 다방면의 대응 방식을 찾는다.

첫째, 대응 방식은 교회의 외적 형태나 시스템, 프로그램 등과 같은 교회의 실천적인 운영 체제(運營體制)에 관심을 두는 것이다. 이러한 접근 방식은 문제의 해결을 변영과 번성을 추구하는 편향된 경향으로 흐를 가능성이 크다.[3] 그뿐만 아니라 이 방식은 목회자의 본질을 왜곡하고 직분 의식을 변질시킬 위험성이 크다. 그 결과는 복음의 진리가 곡해로 인해 교회의 영적 성장을 심각하게 저해할 것이다.

둘째, 대응 방식은 탈교회화 현상[4]이다. 이 현상의 하나로 예를 들면 "가나안 성도"[5]와 그 모임을 들 수 있다.[6] 여기서 "가나안 성도"와 그들의 모임

---

2 "한국기독교목회자협의회성명서," http://www.kpastor.org/inews/inews. (2011.1.14); 『한국교회 성장둔화 분석과 대책』, 한국기독교문화연구소 편 (서울: 숭실대학교출판부, 1998).

3 김영한, "성장둔화에 대한 요인분석과 그 대안에 관한 논구," 『한국교회 성장둔화 분석과 대책』, 한국기독교문화연구소 편 (서울: 숭실대학교출판부, 1998).

4 이전에도 탈교회화 현상은 있어 왔다. 특히 W. Pannenberg, *The Church*, Et. Keith Crim (Philadelphia: Te Westminster Press, 1983), 9. '교회 밖의 기독교'(Christianity outside the Church)와 '교회 없는 기독교'(Churchless Christianity)를 이야기하며, 기독교의 분열과 다툼과 그로 인한 교세 약화 등에 대한 현상을 심각한 문제로 제시하였다: cited in 이귀선, "사도 바울의 교회관 I," 『서울여자대학 논문집』, Vol.14 (1986), 287.

5 "가나안"이란 "안 나가"를 풍자한 말로 교회는 나가지 않지만 신앙을 버리지 않았다고 주장하는 교회 밖의 성도를 의미한다. 이들은 기존 교회의 권위주의적이며 제도화에 대해 반감을 가진 그룹이다: 양희송, 『가나안 성도, 교회 밖 신앙』(서울: 포이에마, 2014).

6 이 현상을 추구하는 자들은 이들을 일반 교인으로 인정하고, 그들 중심의 모임도 교회에 대한 개념의 심화와 확장 양상으로 이해하여, 21세기 새로운 형태의 교회로 받아들여야 한다고 주장한다: ibid., 1-2; 홍인규, "교회의 원형과 본질을 찾아서," 『백석신학저널』 제25호 (2013); idem, "바울과 교회," 『백석신학저널』 제27호 (2014); 이귀선,

을 교회로 인정해야 하느냐 아니냐를 논점으로 삼는 것은 별 의미가 없다.[7] 다만 필자는 이 현상의 근본 원인이 1세기 사도권에 뿌리를 둔 강력한 리더십의 부재와 직분에 대한 성경적 이해에 대한 결여에 있다고 본다.[8]

셋째, 대응 방식은 교회의 직분의 중요성을 강조하는 것이다. 이 방식으로 몇몇 교회들이 선택한 한 가지는 소위 '두 날개'로 불리는 사도직과 선지자직의 역사적 회복과 부활을 강조하는 신사도(新使徒)운동이다.[9] 이 운동을 지지하는 자들은 기존 교단의 쇠퇴로 인하여 부상하는 운동으로 이해하며 '뉴패러다임운동'(New Paradigm Movement)이라고 부른다.[10] 이 운동은 교회 "직분"의 중요성에 대해 새로운 의식을 불러일으키는 것처럼 보인다.

"사도 바울의 교회관," 287.

[7] 그 이유는 이들이 기존 정통교회의 틀을 벗어났지만 믿음을 고백한 자들의 모임(신자들의 공동체; coetus fidelium)이라는 점에서 그들도 분명히 교회이기 때문이다: Louis Berkhof, 『벌코프 조직신학』, 825; Hans Küng, 『교회』, 106-17.

[8] Vincent P. Branick, 『초대교회는 가정교회였다』, 홍인규 역 (서울: 기독교연합신문사, 2005), 205는 이런 탈교회화 현상의 원인을 사도의 부재와 직분에 대한 성경적 이해의 결여에서 찾는다. 그는 교회사적으로 바울 이후, 초대교회의 강력한 권위 구조를 지녔던 사도적 조직이 무너져 교회가 점차적으로 성경적 교회의 원형과 본질에서 멀어지게 되었다고 본다.

[9] 이 '신사도개혁운동'(New Apostolic Reformation Movement)은 1906년 미국 아주사 부흥(Azusa Rivival)을 기점으로 시작된 '늦은 비의 새 질서' 운동을 거쳐 '빈야드 운동'으로 그리고 존 아놋에 의해 '거룩한 웃음 운동'(Holy Laughter Movement)으로 이어진다. 이 운동은 성령 세례로서의 은사 운동에서 시작하여 치유, 예언와 이적과 기적 운동으로 발전했다. 한국교회에는 일부 교회들에서 적용하고 있는 "셀교회" "G12" 시스템이 이러한 운동의 직접적 영향 아래 있는 것으로 보인다: 김광열, "21세기 성령운동 연구: '제3의 물결' 대한 개혁신학의 평가," 「개혁논총」, Vol. 17 (2011), 122, 각주 2; 최윤배, "개혁신학의 관점에서 본 신사도 운동의 영성," 「한국조직신학논총」, 제38집 (2014년 6월), 134, 152.

[10] '글로리아타임스'(www.thegloriatimes.org), [신사도운동 대해부] ①~⑩은 한국 개신교의 교세 하락의 요인을 상황적 요인, 제도적 요인, 교리적 요인, 리더십 요인 그리고 개신교 성장 정체 등이라고 보고, 기존 교회를 대체할 만한 교회는 이런 요인들을 극복할 수 있는 신사도적 교회라고 주장한다. 하지만 홍영표의 신사도 운동에 대한 이러한 입장은 모순되고 자의적인 평가에 기인하는 것이다.

개혁주의 신학자들은 이 운동에 대해 철저하게 비판적 견해를 밝힌다.[11] 특히 이승구 교수는 기독교 세계관적 입장에서 신사도 운동을 교회성장학파로 분류해 그 문제점들을 지적한다. 그는 신사도 운동에서 주도적 역할을 하는 와그너(Wagner)의 주장이 수정된 세대주의적 관점에서 접근하고 있으며,[12] 그들의 주장이 비성경적이며, "사도" 개념 역시 "오직 성경"이라는 종교개혁의 원리를 버리는 것과 같다고 비평한다.[13] 필자도 신사도 운동에 대한 개혁주의 입장 학자들의 부정적인 평가[14]처럼 이들이 제시하는 사도와 선지자직의 부활과 회복에 의한 성장주의적 교회의 모습이 결코 교회의 문제들을 해결하는 대책이 될 수 없다고 본다. 따라서 이러한 개혁주의적 평가와 함께 사도직의 본질에 대한 이해와 사도와 교회의 관

---

11   김광열, "21세기 성령 운동 연구"; idem, "한국교회 회복의 대안을 찾아서," 「조직신학연구」, 제5권 (2004); 최윤배, "개혁신학의 관점에서 본 신사도 운동의 영성," 136은 개혁주의 입장에서 신사도 운동을 다음과 같이 주장한다.
"신사도 운동을 주장하는 학자들은 약 2,000년간 기독교회가 사도직과 선지자 직을 교권을 위해 일방적으로 폐기하였고, 그로 인해 이 두 직분을 유지하지 못했다고 함으로써, 역사상의 보편 기독교회의 권위를 전적으로 부정하는 셈이 되었다."
12   Peter Wagner, et al., *Pastors & Prophets* (Colorado Springs, CO: Wagner Publications, 2000); idem, 『목사와 예언자』, 임종원 역 (서울: 진흥, 2004), 19는 신약 시대를 율법 시대와는 다른 '은혜의 시대'라고 언급하며, 그런 상황에서 예언자가 어떤 존재인지를 설명한다: cited in 이승구, "와그너와 신사도 운동의 오류," 『거짓과 분별』(서울: 예책, 2014), 193-4.
13   이승구, "와그너와 신사도 운동의 오류," 192-212는 신사도 운동에 대한 문제점들을 다음과 같이 제시한다: ① 일반적 문제 - 성경적이라고 하면서 자신의 경험에 따라 세대주의 신학을 수정하여 근거로 삼고 있다, ② 근원적인 문제 - 오늘날에도 예언자들이 있다, ③ 좀 더 심각한 문제 - 오늘날에도 사도가 있다. ④ 근원적 문제 제기 - 그는 사도 시대와 우리 시대의 구별 필요성을 강조하며 평가한다. 그는 신사도 운동에 대한 이런 평가를 제시하지만, 성경에서 "사도"를 어떻게 이해하고 있는가에 대해서는 언급하지 않는다.
14   앞에 언급된 학자 외 양현표, "개혁주의 관점에서 본 신사도개혁 운동," 「개혁논총」, Vol. 30 (2014): 229-61; 김선권, "개혁신학의 관점에서 본 신사도 운동의 영성," 「조직신학논총」, Vol. 38 (2014): 157-96 등을 들 수 있다.

계 등에 대한 성경신학적 연구가 심도 있게 이뤄져야 한다고 본다.

필자는 이 점에서 성경적 교회의 직분론, 물론 그리스도께서 자신의 백성에게 선물로 주신 은사의 일환으로서의 직분론에 대한 성경신학적 연구가 절실히 필요하고 본다.[15] 그리고 고린도후서에 나타난 바울의 사도직에 대한 성경신학적 이해가 오늘날 교회 문제의 큰 요인 가운데 하나인 목회자의 자질과 목회직의 본질에 대해 성경적 답변을 제공할 것이라고 본다. 이에 필자는 고린도후서에 나타난 사도직 이해를 연구한 결과에서 오늘날 한국교회와 목회자들에게 주는 교훈과 적용에 대해 몇 가지를 제안해 보고자 한다.

첫째, 전적으로 삼위 하나님을 의존하는 목회를 해야 한다.

복음 전파라는 명분으로 그것이 무엇이 되었든지 채용하는 방식의 인본적인 교회 운영방식이나 세상적 전략과 물량 공세 등을 거부하고, 성령의 인도하심을 전적으로 의존하는 목회 방향으로 선회해야 한다. 목회자와 성도들은 현상적이고 세상의 것에 집중하는 신앙이 아니라, 그리스도의 십자가 고난과 부활로 말미암은 영원한 영광을 바라보는 종말론적인 신앙

---

15 사도직과 교회의 직분론은 Louis Berkhof의 『벌코프 조직신학』과 Hans Küng은 『교회』에서 찾아볼 수 있다. 그런데 Berkhof, 『벌코프 조직신학』, 843-7은 주로 교회론 가운데 하나의 부차적인 항목으로 다뤄지고, Hans Küng, 『교회란 무엇인가?』, 이홍근 역 (경북: 분도출판사, 1994), 145-51; idem, 『교회』, 517-687은 탁월한 교회론을 저술하고 사도직의 계승을 인정하지 않지만 로마 가톨릭교회의 직제를 수용하고 그들의 임무를 옹호한다. 또한, 현대 교회의 문제들을 다루며 목회자의 본질과 정체성을 언급하는 책에서도 성경적 목회자의 본질에 관해 독립된 연구나 심도 있게 다뤄지지 않고 있다: cf. Eddie Gibbs, 『넥스트 처치』, 임신희 역 (서울: 교회성장연구소, 2010); Michael Frost & Alan Hirsch, 『새로운 교회가 온다』, 지성근 역 (서울: 한국기독학생회출판부, 2011), 299-325; Peter Scazzero & Warren Bird, 『정서적으로 건강한 교회』, 최종훈 역 (서울: 이레서원, 2007); 이학준, 『한국교회, 패러다임을 바꿔야 산다』 (서울: 새물결플러스, 2011).

을 회복해야 한다.

　이런 인식의 전환은 오늘날 목회 현장의 각종 어려움과 고난을 이겨낼 힘을 공급해 줄 것이다. 또한, 그것은 종말론적 영광을 바라보며 소망 중에 미래를 향해 나아가는 자들에게 위로를 주고 인내할 힘을 제공해 줄 것이다. 바울처럼 약함을 자랑하고 전적으로 하나님을 의지하는 자에게 그리스도의 능력이 나타날 것이다.

　둘째, 교회가 하나님의 종말론적인 새 언약 공동체라는 의식을 가져야 한다.

　한국교회 성도들이 자신들을 새 언약 공동체로 인식한다면, 오늘날 개인주의적이고 이기적이며 기복적인 신앙에서 벗어나 다른 사람들에 대해 책임의식을 갖게 될 것이다. 새 언약 공동체라는 인식은 오늘날 성도들에게 신적 통치를 받는 자라는 인식과 예배 공동체라는 인식을 회복시켜 준다. 이러한 인식의 회복은 오늘날 성도들에게 언약 공동체적 삶을 살 수 있도록 이끌어 줄 것이다.

　셋째, 사도적 "섬김"(διάκονος/διακονία)의 의식을 갖고 강단에서 선포하는 말씀과 삶의 일치를 보여야 한다.

　목회자는 자칫 섬김과 봉사 의식을 집사나 평신도들만이 가져야 한다는 착각을 하기 쉽다. 따라서 목회자는 사도적 사역의 디아코노스/디아코니아(διάκονος/διακονία) 의식을 먼저 회복함으로써 교인들에게 올바른 사도적 사역의 역할을 가르치고 인도할 수 있어야 한다.

　이러한 인식의 전환은 오늘날 물질주의와 대형주의에 빠짐으로써 복음의 길에서 이탈한 한국교회를 회복시켜 줄 것이다. 복음에 장애가 되는 모든 것을 포기하고 절제하는 바울의 사도적 사역에 대한 신학적 이해는 현대 목회자에게 복음의 확장을 통한 하나님 나라의 실현을 독려한다.

넷째, 성경적이고 신학적인 교회론의 직분론에 대한 인식의 정립이 필요하다.

오늘날 직분에 대한 오해는 종종 장로, 권사, 집사, 평신도 등의 서열을 나누는 상하 직위로 착각하게 만든다. 따라서 바울이 먼저 사도적 사역을 수행하는 자로서 자신의 직분을 성경적이고 신학적인 이해를 바탕으로 "일꾼"이라고 인식한 것처럼, 오늘날 목회자 역시 성경신학적 사도직에 대한 이해가 필요하다.

이러한 신학적 이해는 자신의 사도적 사역을 수행하는 직분자가 하나님의 일꾼이며, 그리스도를 대신한 일꾼이며, 성령에 의한 사역자라는 인식을 하게 한다. 우리는 모두 하나님의 부르심을 받은 하나님의 종이라는 인식을 가져야 한다. 또한, 오늘날의 목회자는 종말론적인 언약의 성취 개념에서 다양한 은사 가운데 하나로서 사도적 사역에 헌신하라는 부르심을 받았다는 인식을 가져야 할 것이다.

다섯째, 오직 복음만이 유일한 목회 전략이 되어야 한다.

이런 전략은 종교 다원주의나 혼합주의, 더 나가 각종 이단이 난무하는 현시대의 거센 흐름을 저지하는 역할을 할 것이다. 특히 "언약과 그리스도"에 대한 성경신학적인 정립과 복음적인 원리에 부합한 목회는 목회자 자신뿐만 아니라 믿는 자들 모두에게 올바른 신앙인으로 살게 하는 원동력이 될 것이다. 복음에 대한 바른 인식에 의한 설교는 오늘날 '열심'이 무엇인지 제대로 알지 못한 상태로 '열심'을 상실한 신앙인들의 영성을 일깨우는 역할을 하게 될 것이다. 또한 그들의 가치관과 삶의 방식 전환을 끌어내므로 새로운 피조물로서의 삶을 살 수 있게 할 것이다.

이상과 같이 고린도후서에 나타난 바울의 사도직 이해의 중심이 되는 하나님의 언약과 그리스도의 관계에 대한 성경신학적 이해와 인식, 곧 종말론적 성취 개념 아래의 사도의 직분 의식과 사도적 사역에 대한 이해는 목회의 방향과 목회자가 지녀야 할 자질을 검증해 주는 불가결한 조건이 될 것이다. 이것은 개인적 신앙관이나 체험에 의한 목회 방향이나 교회의 실천적 운영 체제(運營體制)에만 집중하는 편향된 관심도나 비성경적인 목회관 등에서 벗어나 바른 교회관과 목회관을 확립시켜 줄 것이다.

목회자는 신적 통치를 받는 언약 공동체적 교회 중심의 하나님의 종으로서 섬김의 목회를 해야 할 것이다. 목회자가 자신의 목회직에 대해 바른 인식을 갖는다면, 그는 교회를 영적 유기체로서 건강하게 서갈 수 있도록 할 것이며, 교인들을 바른 신앙인으로 성장하게 하여 주께서 재림하시는 날까지 세상에서 정결한 신부로서 살아갈 수 있게 할 것이다. 이것은 그리스도로 인한 언약과 구속이라는 기독교적 기본 진리를 통전적 성경 해석적 원리와 묵시적이고 종말론적 신앙관을 가져야 한다는 것을 의미한다.

참고문헌

1. 국문 문헌

강사문. "구약에 나타난 섬김의 의미."「장신논단」. Vol. 15 (1999): 8-33.

강창희. "고린도후서의 화해."「신학과 선교」. Vol.-No. 11 (2008): 9-52.

____.『고린도후서』. 서울: 횃불, 2007.

____. "고린도후서에서의 바울의 사도직 이해."「신학과 선교」. Vol. 8 (2004): 98-130.

권호덕. "패러다임 변화의 관점에서 본 출애굽기."『성경해석으로서의 교의학』. '조직신학논문집' 2. 서울: Th & E., 2007.

김경진. "공관복음의 제자도 비교 연구."「신약논단」. 제21권 1호 (2014): 1-26.

____. "바울과 누가: 동지인가, 적인가?."「성경과 신학」. (2013): 91-124.

____.『하나님 나라와 윤리』. 서울: 그리심, 2007.

김광수.『바울서신 다시 읽기: 고린도후서』. 서울: 은성, 1999.

김광열. "21세기 성령운동 연구: '제3의 물결'에 대한 개혁신학의 평가."「개혁논총」. Vol. 17 (2011): 121-49.

김균진. "예수의 십자가의 죽음에 대한 구원론적 해석(1)." 「신학논단」. Vol. 24 (1996): 89-113.

김근수. "바울의 율법론." 「개혁논총」. Vol. 17 (2011): 191-223.

김덕수. "목회자를 위한 목회적 교회론 정립을 위하여." 『언약과 교회』. 용인: 킹덤북스, 2014: 1000-34.

김선권, "개혁신학의 관점에서 본 신사도 운동의 영성," 「조직신학논총」, Vol. 38 (2014): 157-96.

김성목. 『히브리서의 기독론』. 서울: 기독교문서선교회, 2016.

김세윤. 『고린도전서 강해』. 서울: 두란노아카데미, 2008.

_____. 『바울신학과 새 관점』. 서울: 두란노, 2002.

_____. 『바울 복음의 기원』. 서울: 엠마오, 1996.

김영한. "성장둔화에 대한 요인분석과 그 대안에 관한 논구." 한국기독교문화연구소 편. 『한국교회 성장둔화 분석과 대책』. 서울: 숭실대학교출판부, 1998.

김옥순. "성만찬 예전예배에 대한 해석학적 차원에서 디아코니아 의미." 「신학과 실천」. Vol. 28 (2011): 257-95.

_____. 『디아코니아학 입문』. 서울: 한들출판사, 2010.

_____. "기독교봉사 개념의 기초로서 신약성서 속의 διακονεῖν 어군에 관한 연구." 「신학과 실천」. Vol. 20 (2009): 185-225.

김정훈. "신약 II." 백석신학대학원 2014년 강의교재.

_____. 『바울서신 연구』. Th & E, 2011.

_____. "에베소서 5:22-33에 내포된 '그리스도의 몸'의 의미."「기독신학저널」. Vol. 4 (2003): 105-29.

김진섭. "신학은 학문이 아니다! - 전적으로 동의하십니까?"「제7회 개혁주의 생명신학 학술대회」(2011): 1-26.

김창락, "제11장 바울의 서신들," in 김경희.『신약성서 개론-한국인을 위한 최신 연구』. 서울: 대한기독교서회, 2002.

김판임. "신약성서의 교회와 교회 지도자의 이해."「신약논단」. 제20권 제4호 (2013년 겨울): 1087-121.

_____.『고린도후서』. 서울: 대한기독교서회, 2012.

김태훈. "바울은 다메섹에서 예수를 어떻게 인식했는가?"「신약논단」. Vol. 21 (2014): 199-232.

김한호·허우정. "디아코니아 목회와 교회성숙."「한국실천신학회」. Vol. 2013 No. 3 (2013): 7-32.

김희성. "신약성서의 십자가 이해."「교수논총」. Vol. 16 (2004): 53-81.

류호영. "성경해석의 관점." 백석대학원대학교. 2019년 강의교재.

박윤선.『고린도전후서』. 서울: 영음사, 1962.

박익수.『누가 과연 그리스도의 참 사도인가?』. 서울: 대한기독교서회, 1999.

박해령. "구약성서의 죄 개념과 사유의 하나님."「신학논단」. Vol. 27 (2009): 7-25.

배재욱. "고린도후서 6:1-13에서 화해를 위해 일하는 διακόνος의 지도력."「신약연구」. 제10권 제2호 (2011): 303-32.

_____. "섬기는 지도자에 대한 신약성경적 이해."「신학과 목회」. Vol. 31 (2009): 175-200.

배현주. "악의 상징을 통하여 본 바울의 사도적 권위 형성 : 고린도후서 10-13장에 관한 한 연구."「부산장신논총」. Vol. 8 (2008): 59-88

성종현. "에클레시아와 디아코니아."「장신논단」. Vol. 13 (1997): 49-68.

손석태. "옛 언약과 새 언약."「개신논집」. Vol. 15 (2015): 5-33.

_____. "창세기의 언약사상."『언약과 교회』. 김의원 박사 정년퇴임 기념논문집. 용인: 킹덤북스, 2014.

손인웅. "나의 목회신학: 하나님의 나라를 실현하는 디아코니아 사역."「교회와 신학」. Vol. 30 (1997): 96-103.

양현표. "개혁주의 관점에서 본 신사도개혁운동."「개혁논총」. Vol. 30 (2014): 229-61.

_____. "사도 바울의 복음전파를 위한 전략 연구."「성경과 신학」. Vol. 71 (2014): 197-223.

양희송.『가나안 성도, 교회 밖 신앙』. 서울: 포이에마, 2014.

왕인성. "'사도직'(apostolate)의 기원과 개념적 이해."「부산장신논총」. Vol. 10 (2010): 79-99.

유영기. "새 언약의 약속과 신약에서의 성취에 대한 해석학적 차이."「성경과 신학」. Vol. 7 (1989): 99-126.

유태엽. "나사로 이야기와 제자직."「신약논단」. 제19권 제1호 (2012, 봄): 71-103.

유태화. "교회의 본질과 미래 목회 모색."「백석신학저널」. Vol. 27 (2014): 203-30.

윤용진.『여호와의 전쟁신학』. 서울: 그리심, 1998.

이귀선. "사도 바울의 교회관."「서울여자대학 논문집」. Vol. 14 (1986): 287-304.

_____. "바울의 화목사상."「서울여자대학 논문집」. 제11호 (1982): 1-20.

이상목. "초기 교회의 사도."「신학사상」. 제173집 (2016, 여름): 37-71.

이성호. "바른 교회, 바르게 세우기: 직분에 대한 칼빈의 이해."「신학정론」. Vol. 27 No. 1 (2009): 51-78.

이승구.『거짓과 분별』. 서울: 예책, 2014.

이승호.『바울의 선교와 신학』. 서울: 대한기독교서회, 2009.

_____. "바울의 사도 이해,"「신학과 목회」Vol. 27 (2007): 55-84.

이신열. "칼빈과 디아코니아."「고신신학」, Vol-No. 11 (2009): 51-78.

이진섭. "바울과 율법."「Canon & Culture」. Vol. 5 No. 2 (2011): 81-121.

이학준.『한국교회, 패러다임을 바꿔야 산다』. 서울: 새물결플러스, 2011.

이한수.『로마서 1』. 서울: 이레서원, 2002.

_____.『바울신학 연구』. 서울: 총신대학출판부, 1994.

임영효. "고린도후서 구성의 통일성."「고신신학」. Vol.-No. 2 (2000): 101-26.

장종현·최갑종.『사도 바울』. 천안시: 천안대학교출판부, 1999.

전경연.『고린도후서』. 서울: 성서교재간행사, 1990.

정성국. "새언약의 우월함에 대한 바울의 그리스-로마적 대답."「성서학 학술 세미나」. Vol. 2011 No. 9 (2011): 1-26.

_____. "바울의 선교적 구약 사용."「신약연구」. Vol. 10 No. 2 (2011): 265-302.

조병수. 『고린도후서 어떻게 읽을 것인가』. 서울: 성서유니온, 2013.

조석민. 『고린도후서 주석』. 고양: 이레서원, 2016.

조재형. "영지 사상에서 살펴본 고린도후서에 나오는 바울의 적대자." 「신약논단」. 제20권 제2호 (2013, 여름): 443-78.

지명수. "사도직 소고." 「신학지평」. Vol. 18 (2005), 236-52.

최갑종. 『로마서 듣기』. 서울: 대서, 2009.

_____. 『바울 연구 I』. 서울: 기독교문서선교회, 1999.

_____. 『나사렛 예수』. 서울: 기독교문서선교회, 1996.

최영숙. "출애굽기 34:29-35에 대한 바울의 해석-고린도후서의 옛 언약과 새 언약." 「신약연구」. Vol. 12 No. 1 (2013): 108-30.

_____. "καυχᾶσθαι ἐν τινι의 새 번역과 바울의 '자랑' 모티브에 대한 새로운 이해." 「성경원문연구」. Vol.-No. 30 (2012): 84-102.

_____. "단절인가? 구별인가? 고린도후서 6:14-7:1의 문제점," 「신약연구」, Vol. 11 No. 3 (2012): 705-34.

_____. "복음의 변증가 바울과 그의 선언, 고린도후서 2:14-17." 「신약연구」. Vol. 10 No. 3 (2011): 623-52.

_____. "바울의 고난과 하나님의 능력." 「신약논단」. Vol. 17 No. 2 (2010): 395-425.

_____. "바울의 고난과 교회의 하나됨 : 고린도전서 4장 6-13절 중심으로." 「성경과 신학」. Vol. 52 (2010): 35-63.

최윤배. "개혁신학의 관점에서 본 신사도 운동의 영성."「조직신학논총」. Vol. 38 (2014): 157-96.

최흥식. "고린도후서의 구조와 신학적 주제들."『고린도후서 어떻게 설교할 것인가』. 서울: 두란노, 2009.

한천설. "하나님의 의의 표현으로서의 그리스도의 죽음: 바울서신에 나타난 '의'와 '화목'의 교호적 사용을 중심으로."「성경과 신학」. Vol. 70 (2014): 67-94.

_____. "δικαιοσύνη θεοῦ 개념에 대한 재조명."「신학지남」. Vol. -No. 313 (2012): 38-69.

홍인규. "바울서신 강의교재." 백석신학대학원 (2019).

_____. "바울과 교회."「백석신학저널」Vol. 27 (2014): 171-202.

_____. "교회의 원형과 본질을 찾아서: 바울과 가정교회."「백석신학저널」Vol. 25 (2013): 59-86.

_____.『바울신학 사색』. 서울: 이레서원, 1990.

홍주민. "교회의 본질로서 디아코니아."「신학연구」. 제45집 (2004): 239-81.

한국기독교문화연구소.『한국교회 성장둔화 분석과 대책』. 서울: 숭실대학교출판부, 1998.

김영복. "복음 전하는 자의 고난과 사역 태도에 대한 바울의 변증 연구: 고린도후서 1-7장 중심으로." 미간행 박사 학위 논문. 칼빈대학교 대학원, 2010.

김천수. "로마서에 나타난 믿음과 순종에 관한 연구: 두 개념의 통합적 의미에 관하여." 미간행 박사 학위 논문. 백석대학교 기독교전문대학원, 2009.

김태영. "고린도후서에 나타난 바울의 사도직 이해: 고린도후서 10장-13장을 중심으로." 미간행 박사 학위 논문. 협성대학교 대학원, 2017.

이준호. "교회에서 여자의 위치와 역할에 대한 바울의 견해와 한국교회 여성안수 논쟁." 미간행 박사 학위. 백석대학교 기독교전문대학원, 2006.

임삼규, "하나님의 신실하심과 '온 이스라엘의 구원'에 관한 연구-로마서 11:25-32을 중심으로." 미간행 박사 학위 논문. 백석대학교 기독교전문대학원, 2014.

장기성. "로마서 10:4의 τέλος νόμου Χριστός의 의미에 관한 연구." 미간행 박사 학위 논문. 백석대학교 기독교전문대학원, 2011.

정성미. "아담과 그리스도에 관한 연구 : 로마서 5:12-21의 본문을 중심으로." 미간행 박사 학위 논문. 백석대학교 기독교전문대학원, 2009.

조일형. "누가신학에서 '회개의 세례'와 '성령의 세례의 관계에 관한 연구-누가복음 3:3, 16-17과 사도행전 1:8; 2:38을 중심으로." 미간행 박사 학위 논문. 백석대학교 기독전문대학원, 2013.

민경애. "히브리서 10:1-18에 나타난 구약인용문들의 언약신학적 의미." 미간행 석사 학위 논문. 백석대학교 기독교전문대학원, 2011.

2. 번역 문헌

Allen, Leslie C. 『에스겔(하)』. WBC 29. 정일오 역. 서울: 솔로몬, 2008.

Aune, David E. 『요한계시록(상)』. WBC 52A. 김철 역. 서울: 솔로몬, 2011.

Balla, Peter. "고린도후서."『신약의 구약 사용 주석 시리즈 4-바울서신』. 이상규 역. 서울: CLC, 2012.

Barclay, W.『바울의 인간과 사상』. 서기산 역. 서울: 기독교문사, 1990.

Barrett, C.K.『국제성서주석·고린도후서』. 번역실 역. 서울: 한국신학연구소, 1996.

____.『고린도전서』. 번역실 역. 서울: 한국신학연구소, 1985.

Barnett, P.『고린도후서 강해』. 정옥배 역. 서울: 한국기독학생회출판부, 2006.

Barton Bruce B. 외 3명.『고린도후서』. 김진선 역. 서울: 성서유니온, 2001.

Beale, G.K.『신약성경신학』. 김귀탁 역. 서울: 부흥과개혁사, 2013.

Beasley-Murray, George R.『요한복음』. WBC 36. 이덕신 역. 서울, 솔로몬, 2010.

Berkhof, Louis.『벌코프 조직신학』. 권수경·이상원 역. 고양: 크리스챤다이제스트, 2008.

Best, Ernest.『고린도후서』. 노승환 역. 서울: 한국장로교출판사, 2009.

Betz, H.D.『갈라디아서』. 번역실 역. 서울: 한국신학연구소, 1991.

Blomberg, Craig L.『고린도전서-NIV 적용주석』. 채천석 역. 서울: 솔로몬, 2012.

Branick, Vincent P.『초대교회는 가정교회였다』. 홍인규 역. 서울: 기독교연합신문사, 2005.

Bruce, F.F.『데살로니가전후서』. 김철 역. WBC 45. 서울: 솔로몬, 1990.

____.『바울신학』. 정원태 역. 서울: 기독교문서선교회, 1987.

Calvin, John. 『영·한 기독교 강요』. 성문출판사편집부 역. 서울: 성문출판사, 1996.

Carson, D.A., Moo, Douglas J. & Morris, Leon. 『신약개론』. 노진준 역. 서울: 은성출판사, 1994.

Conzelmann, Hans. 『신약성서신학』. 박두환 역. 서울: 한국신학연구소, 2001.

Dietzfelbinger, C. 『사도 바울의 회심사건』. 조경철 역. 서울: 감신, 1996.

Dunn, James D. G. 『바울신학』. 박문재 역. 고양: 크리스챤다이제스트, 2003.

_____. 『로마서(상)』. WBC 38A. 김철·채천석 역. 서울: 솔로몬, 2003.

Durham, John I. 『출애굽기』. WBC 3. 손석태·채천석 역. 서울: 솔로몬, 2001.

Fee, Gordon D.. 『고린도전서』. NICNT, 최병필 역. 서울: 부흥과개혁사, 2019.

Fee, Gordon D. & Stuart, Douglas. 『책별로 성경을 어떻게 읽을 것인가』. 김진선 역. 서울: 성서유니온, 2006.

Fitzmyer, J.A. 『바울의 신학』. 배용덕 편역. 서울: 솔로몬, 2002.

Frost, Michael & Hirsch, Alan. 『새로운 교회가 온다』. 지성근 역. 서울: 한국기독학생회출판부, 2011.

Gibbs, Eddie. 『넥스트 처치』. 임신희 역. 서울: 교회성장연구소, 2010.

Goppelt, L. 『모형론-신약의 구약해석』. 최종태 역. 서울: 새순출판사, 1993.

Groningen, Gerard Van. 『구약의 메시아 사상』. 유재원·류호준 역. 서울: 기독교문서선교회, 1999.

Guthrie, Donald. 『신약개론』. 나용화·박영호 공역. 서울: 기독교문서선교회, 1988.

Hafemann, Scott J. 『NIV 적용주석 시리즈-고린도후서』. 채천석 역. 서울: 솔로몬, 2013.

Hagner, Donald A. 『마태복음(하)』. WBC 33B. 채천석 역. 서울: 솔로몬, 2008.

Hamilton, Victor P. 『오경 개론』. 강성열·박철현 역. 고양: 크리스챤다이제스트, 2007.

Hawthorne, Gerald F. 『빌립보서』. WBC 43. 채천석 역. 서울: 솔로몬, 2006.

Hays, H. Richard. 『신약의 윤리적 비전』. 유승원 역. 서울: IVP, 2002.

Holland, Tom. 『바울신학 개요』. 박문재 역. 고양: 크리스챤다이제스트, 2005.

Hughes, Philip E. 『고린도후서』. NIC. 서울: 생명의말씀사, 1983.

Hurtado, L. W. 『주 예수 그리스도』. 박규태 역. 서울: 새물결플러스, 2010.

Käsemann, Ernst. 『바울신학의 주제』. 전경연 역. 한신대학출판부, 1989.

Keener, Craig S. 『성경배경주석(신약)』. 정옥배 외 역. 서울: 한국기독학생회출판부, 2002.

Keown, Gerald L. 외 2인. 『예레미야(하)』. WBC 27. 정일오 역. 서울: 솔로몬, 2006.

Kreitzer, Larry. 『고린도후서』. 김병국 역. 서울: 이레서원, 2000.

Kruse, Colin G. 『고린도후서』. TNTC 8. 왕인성 역. 서울: 기독교문서선교회, 2013.

Küng, Hans. 『교회』. 정지련 역. 서울: 한들출판사, 2011.

_____. 『교회란 무엇인가?』. 이홍근 역. 경북: 분도출판사, 1994.

Kümmel, W. G. 『신약성서신학』. 박창건 역. 서울: 성광문화사, 1998.

_____. 『신약정경개론』. 박익수 역. 서울: 대한기독교서회, 1983.

Ladd, George Eldon. 『신약신학』. 이한수·신성종 역. 서울: 대한기독교서회, 2001.

_____. 『신약의 중심사상』. 이남종 역. 서울: 새순출판사, 1990.

Lehman, Chester K. 『성경신학 I』. 김인환 역. 서울: 크리스챤다이제스트, 1999.

Longenecker, Richard N. 『갈라디아서』. WBC 41. 이덕신 역. 서울: 솔로몬, 1990.

Machen, J. Gresham. 『바울 종교의 기원』. 김남식 역. 서울: 한국로고스연구원, 1991.

Martin, R.P. 『고린도후서』. WBC 40. 김철 역. 서울: 솔로몬, 2007.

Martyn, J. Louis. "Galatians." *The Anchor Yal Bible*. 김병모 역. 서울: 기독교문서선교회, 2018.

Michel, Otto. 『히브리서』. 강원돈 역. 서울: 한국신학연구소, 1988.

Mounce, William D.. 『목회서신』. WBC 46. 채천석·이덕신 역. 서울: 솔로몬, 2009.

Nolland, John. 『누가복음(상)』. WBC 34A. 김경진 역. .서울: 솔로몬, 2003.

_____. 『누가복음(하)』. WBC 35c. 김경진 역. 서울: 솔로몬, 2010.

Osborne, Grant. 『고린도전서』. 김일우 역. 서울: 성서유니온, 2004.

Philippi, Paul 외 4인 공저. 『디아코니아』. 지은규 역. 용인: 프리칭아카데미, 2010.

Robertson, O. Palmer. 『계약신학과 그리스도』. 김의원 역. 서울: 기독교문서선교회, 1995.

Scazzero, Peter & Bird, Warren. 『정서적으로 건강한 교회』. 최종훈 역. 서울: 이레서원, 2007.

Spykman, Gordon J. 『개혁주의 신학』. 류호준·심재승 역. 서울: 기독교문서선교회, 2002.

Stuart, Douglas. 『호세아-요나』. WBC 31, 김병하 역. 서울: 솔로몬, 2011.

Theißen, Gerd. 『원시 그리스도교에 대한 사회학적 연구』. 김명수 역. 서울: 대한기독교출판사, 1992.

VanGemeren, Willem A. 『예언서 연구』. 김의원·이명철 역. 서울: 엠마오, 1997.

Wagner, Peter. 『목사와 예언자』. 임종원 역. 서울: 진흥, 2004.

Wenham, David. 『바울과 예수』. 이한수 역. 고양: 크리스챤출판사, 2004.

Wright, Nicholas Thomas. 『고린도후서』. 이철민 역. 서울: 한국기독학생회출판부, 2013.

____. 『하나님의 아들의 부활』. 박문재 역. 고양: 크리스챤다이제스트, 2005.

3. 외국 문헌

Allen, Leslie C. *Ezekiel 20-48*. WBC 29. Dallas: Word, Incorporated, 2002.

Aschcraft, Morris. "Paul's Understanding of Apostleship." Review and Expositor 55 (1059).

Aune, David E. *Revelation 1-5*. WBC 52A. Dallas, Word, Incorporated, 2002.

Bae, Hyunjoo. *The Symbolism of Evil Powers in 1 and 2 Corinthians: Powe, Wisdom, and Community*. Drew University, 2001.

Baker, William R. *2 Corinthians*. Joplin: College Press Publishing Company, 1999.

Balla, Peter. "2 CORINTHIANS." *Commentary on the New Testament use of the old Testament*. ed. G.K. Beale and Carson, D.A. Grand Raids, Baker Academic, 2007.

Barett, C.K. *A Commentary on the Second Epistle to the Corinthians*. Black's New Testament Commentaries. London: A. & C. Black, 1973.

_____. *The Signs of an Apostle*. Philadelphia: Fortress Press, 1972.

Barnett, Paul. *The Second Epistle to the Corinthians*. NICNT. Grand Rapids: Eerdmans, 1997.

_____. "Apostle," *Dictionay of Paul and his Letters*. ed. Gerald F. Hawthorne & Ralph P. Martin. Downers Grove: IVP, 1993.

_____. *The message of 2 Corinthians : Power in weakness*. Downers Grove: Inter-Varsity Press, 1988.

Beasley-Murray, George R. *John*. WBC 36. Dallas: Word, Incorporated, 2002)].

Bedale, S. "The Meaning of κεφαλή in the Pauling Epistles." JTS 5 (1954).

Block, Daniel I. *The Book of Ezekiel*. Vol. 2. NICOT. Grand Rapids: WEPC, 1998.

Bornkamm, G. *Paul*. trans, D.M.G. Stalker. London: Hodder and Stoughton, 1971.

Brown, R.E. *The Gospel according to John*. 2 vols. AB 29A, 29B. Garden city, NY: Doubledy, 1966-1970.

Bruce, F.F. *1 and 2 Corinthians.* New Century Bible. London: Oliphants, 1971.

Bultmann, Rudolf. *Theology of the New testament.* London: SCM, 1952.

Calvin, John. *Institutes of the Christian Religion.* trans. Ford Lewis Battles, 4 Vols. The Westminster Press, 1960.

Carson, D.A. *The Gospel according to John.* Grand Rapids: Eerdmans, 1991.

Choi, Young Sook. *Denn wenn ich schwach bin, dann bin ich stark: Die paulinischen Peristasenkataloge und ihre Apostolatstheologie.* Tübingen: Franke, 2010.

Cover, Robin C. "Sin, Sinner (OT)." *ABD.* NewYork: Doubleday, 1992.

Dahl, N.A. *Studies in Paul: Theology of the Early Christian Mision.* Minneapolies: Augsburg, 1977.

Dunn, James D.G. *The New Perspective on Paul: Collected Essays.* Tubingen: Mohr Siebeck, 2005.

_____. "Romans 1-8." WBC 38A. Dallas, Word, Incorporated, 2002.

Durham, John I. *Exodus.* WBC 3. Dallas: Word, Incorporated, 2002.

Ellis, E.E. "How the New Testament Uses the Old." in *New Testament Interpretation: Essays on Principles and Methods.* ed. I.H. Marshall. Exeter: Paternoster, 1977.

_____. *Paul's Use of the Old Testament.* London: Oliver & Boyd, 1957

Fee, Gordon D. *The First Epistles to The Corinthians.* NICNT. Grand Rapids: Eerdmans, 1987.

Fraser, J.W. "Paul's Knowledge of Jesus: II Corinthians V. 16 Once More." NTS 17 (1970-71)

Furnish, Victor Paul. *Jesus According to Paul*. Cambridge: Cambridge University Press, 1993.

_____. *II Corinthians*. The Anchor Bible. New York: Doubleday, 1984.

Garland, David E. *2 Corinthians*. The New American Commentary Vol. 29. Nashville: Broadman & Holman Publishers, 1999.

Georgi, Dieter. *The Opponents of Paul in Second Corinthians*. Philadelphia: Fortress Press, 1986.

Goppelt, L. *Theologie des Neuen Testaments*, Gottingen, 3. Aufl. 1981.

Hafemann, S.J. *2 Corinthians*. Grand Rapids: Michigan, 2000.

_____. *Paul, Moses, and the History of Israel: The Letter/Spirit Contrast and the Argument from Scripture in 2 Corinthians*. WUNT 81. Tübingen: J.C. B. Moh, 1995.

_____. "Letters to the Corinthians." *Dictionary of Paul and His Letters*. Ed. Gerald F. Hawthorne & Ralph P. Martin. Downers Grove: IVP, 1993.

_____. "Suffering." *Dictionary of Paul and His Letters*. Ed. Gerald F. Hawthorne & Ralph P. Martin. Downers Grove: IVP, 1993.

_____. *Suffering and Ministry in the Spirit, Paul's Defense of His Ministry in II Corinthians 2:14-3:3*. Grand Rapids: William B. Eerdmans Publishing Company, 1990.

_____. *Suffering and Spirit: An Exegetical Study of II Cor. 2.14-3.3 with the Context of the Corinthian Correspondence*. Ph.D. Dissertation and Tübingen, 1985.

Hagner, Donald A. *Matthew 14-28*. WBC 33B. Dallas: Word, Incorporated, 2002.

Hahn, F. *Mission in the New Testament*. trans, F. Clarke. London: SCM Press, 1965.

Harris, Murray J. *The Second Epistle to the Corinthians : A Commentary on the Greek Text*. NIGTC Grand Rapids: W.B. Eerdmans, 2005.

Hawthorne, Gerald F. *Philippians*. WBC 43. Dallas: Word, Incorporaed, 2004).

Hawthorne, Gerald F. et. al., eds., *Dictionary of Paul and His Letters*. Downers Grove, Illinois: InterVarsity Press, 1993.

Hays, H. Richard. *Echoes of Scripture in the letters of Paul*. New Haven: Yale University Press, 1989.

_____. *The Faith of Jesus Christ*. Chico, CA: Scholars Press, 1983.

Holladay, W.L. *A concise of Hebrew and Aramaic Lexicon of the Old Testament*. Leiden: Brill, 2000.

Holmes, M.W. *The Apostolic Fathers : Greek texts and English translations*. Updated ed. Grand Rapids. Mich.: Baker Books, 1999.

Jacob, Edmond. *Theology of the Old Testament*. New Yok: Harper & Row, 1958.

Jung, Sungkook. "Paul's Missional Use of Scripture: A redefined Approach with Special Reference to 2 Cor 3." Unpublished PhD thesis, Philadelphia: Westminster Theological Seminary, 2010.

Käsemann, Ernst. "The Spirti and the Letter." in *Perspectives on Paul*. Philadelphia: Fortress Press, 1971.

Kim, Seyoon. *The Origin of Paul's Gospel*. Grand Rapids: Eerdmans, 1981.

Kistermaker, Simon J. *II Corinthians*. Grand Rapids: Baker Books, 1997.

Keown, Gerald L. *Jeremiah 26-52.* WBC 27. Dallas: Word, Incorporated, 2001.

Lightfoot, J.B. *Saint Paul's Epistle to the Galatians.* 10th ed. Grand Rapids: Zondervan, 1957.

Longenecker, Richard N. (ed.), *Patterns of Discipleship in the New Testament.* McMaster New Testament Studies: Grand Rapids: Eerdmans, 1996.

Longenecker, Richard N. *Galatians.* WBC 41. Dallas: Word, Incorporated, 2001.

Lyttelton, G. *Observations on the Conversion and Apostleship of St, Paul.* London, 1747.

Martin, R.P. *2 Corinthians.* WBC 40. Dallas: Word, Incorporated, 2002.

Marshall, I. Howard. *Acts.* The Tyndale New Testament Commentaries 5; Grand Rapids: Eerdmans, 2002.

Morris, L. *The Gospel according to John.* Rev. ed. NICNT. Grand Rapids: Eerdmans, 1995.

Moule, Handley C. G. *The Epistle to the Romans.* Minneapolis: Klomc & Klock Christian Publishers, 1982.

Moulton, J.H. & Turner, N. *A grammar of New Testament Greek.* Syntax. Vol. 1: 2d ed. with corrections and additions. Edinburgh: T. & T. Clark, 1963.

Mounce, W. D. *Pastoral Epistles.* WBC 46. Dallas: Word, Incorporated, 2002.

Nicoll, W. Robertson. "The Second Epistle of Paul to the Corinthians." M.a., LL.D. *THE EXPOSITIOR'S GREEK TESTAMENT.* London, Hodder and Stoughton, 1903.

Niebuhr, K.W. *Grundinformation Neues Testament*. Gottingen: Vandenhoeck & Ruprecht, 2008.

Nolland, John. *Luke 1-9:20*. WBC 34A. Dallas, Word, Incorporated, 2002.

_____. *Luke 18:35-24:53*. WBC 35c. Dallas: Word, Incorporated, 2002.

Pannenberg, W. *The Church*, Et. Keith Crim. Philadelphia: Te Westminster Press, 1983.

Philo, O.A. & Yonge, C.D. *The works of Philo : Complete and Unabridged*. Peabody: Hendrickson,

Plummer, Alfred. *A Critical and Exegetical Commentary on the Second Epistle of St. Paul to the Corinthians*. The International Critical Commentary 34; Edinburgh: T. & T. Clark, 1915.

Polhill, John B. *Acts*. The New American Commentary 26; Nashville: Broadman Press, 2001.

Rad, G. von. *Old Testament Theology*. Trans. D.M.G. Stalker. 2 vols Kentucky: WHK, 2001.

Richardson, P. "Spirit and Letter: A Foundation for Hermenutics." (1973). *EuQ* 45.

Ridderbos, Hermann. *The Coming of the Kingdom*. Philadelphia: Presbyterian and Reformed Publishing Company, 1975.

Roetzel, Calvin. *Paul: The Man and the Myth*. Minneapolice: Fortress Press, 1999.

Roloff, J. "Apostel/Apostolat/Apostolizitaet." NT, TRE 3 Berlin: Walter de Gruyter, 1978.

Sandnes, Karl Olave. *Paul-One of the Prophets? : A Contribution to the Apostle's Self-Understanding.* Wissenschaftliche Untersuchungen zum Neuen Testament 2. Reihe 43; Tübingen: J. C. B. Mohr Paul Siebeck, 1991.

Savage, Timothy B. *Power through Weakness : Paul's Understanding of the Christian Ministry in 2Corinthians.* Cambridge: Cambridge UniversityPress, 1996.

Schmithals, Walter. *Gnosticism in Corinth, trans.* J. Steely. Nashville and New York: Abingdon Press, 1971.

Schnackenburg, R. *The Church in the New Testament.* London: Burns & Oates, 1965.

Schuetz, John. *Paul and the Anatomy of Apostolic Authority.* Cambrige: Cambridge University Press, 1975.

Stuart, Douglas. *Hosea-Jonah.* WBC 31. Dallas: Word, Incorporated, 2002.

Taylor, Nicholas. *Paul, Antioch and Jerusalem: A Study in Relationship and Authority in Christianity.* JSNT Supplement Series 66.

Thrall, M.E. *A critical and exegetical commentary on the Second Epistle of the Corinthians.* New York: T&T Clark International, 2004.

_____. *The Second Epistle to The Corinthians.* 2 vols. ICC Edinburgh: T. & T. Clark, 1994.

Wagner, Peter. et al., *Pastors & Prophets.* Colorado Springs, CO: Wagner Publications, 2000.

Westerholm, Stephen. "Letter and Spirit: The Foundation of Pauline Ethics." NTS 30 (1984).

Witherington III, Ben. *Conflict and Community in Corinth : A Socio-Rhetorical Commentary on 1 and 2 Corinthians.* Grand Rapids: Eerdmans, 1995.

4. 성경, 사전, 인터넷 자료

한글개역개정판 『ESV 스터디 바이블』. 서울: 부흥과개혁사, 2014.

개역개정판 『주석성경』. 서울: 아가페출판사, 2007.

Peterson, Eugene H. 『쉬운성경 & The Message 한영성경』. 서울: 아가페출판사, 2006.

독일성서공회해설 개역개정판. 『성경전서』. 서울: 대한성서공회, 2004.

표준새번역 개정판. 『성경전서』. 서울: 대한성서공회. 2003.

개역한글판. 『성경전서』. 서울: 대한성서공회, 2002.

『현대인의 성경』. 서울: 생명의말씀사, 1997.

Bible Works BNT.

Bible Works ERV.

Bible Works ESV.

Bible Works KJV.

Bible Works LXT.

Bible Works NAB.

Bible Works NAS.

Bible Works NAU.

Bible Works NIV

Bible Works NKJ.

Bible Works NRS.

Bible Works RSV.

Bible Works WTT.

라형택·유복곤. 『스트롱코드 헬라어사전』. 서울: 로고스, 2015.

Holladay, William L. 『구약성경의 간추린 히브리어, 아람어 사전』. 손석태·이병덕 역. 서울: 솔로몬, 1998.

Bauer, Walter. 『바우어 헬라어사전』. 이정의 역. 서울: 생명의말씀사, 2017.

Kittel, Gerbard & Gerhard Friedrich. 『신약성경신학사전』. Ed. Geoferey W. Bromiley. 번역위원회 역. 서울: 요단출판사, 1986.

Bauer, W., Arndt, W.F., Gingrich, F.W., and Danker, F,W. *A Greek-English Lexicon fo the New Testament and other Early Christian Literature*. Third edition; Chicago and London: The University of Chicago Press, 2000.

Kittel, Gerbard & Gerhard Friedrich. *Theological Dictionary of the New Testament*. Ed. Geoferey W. Bromiley. 10 vols. Grand Rapids: Eerdmans, 1964-1976.

Blass, F. & Debrunner A. *A Greek Grammar of The New Testament and Other Early Christian Literature*. Chicago and London: The university of Chicago press, 1961.

Freedman, D.N. *The Anchor Bible Dictionary*. New York: Doubleday, 1992.

http://www.mcst.go.kr/.

http://www.kpastor.org/inews/inews. "한국기독교목회자협의회성명서"(2011).

『글로리아타임스』(www.thegloriatimes.org), [신사도 운동 대해부].

『기독교연합신문』(2005.11.10.).